# 刑法学总论新教程

XINGFAXUEZONGLUN
XINJIAOCHENG

杨振洪 杨源哲 主编

中国法制出版社
CHINA LEGAL PUBLISHING HOUSE

# 目 录

# 导论　刑法学总论概述

## 郭某等三人抢劫案

**案情：** 某地中学生郭某（已满 14 周岁）、张某（13 周岁）和欧某（16 周岁，有间歇性精神病）结伴到某地旅游，游玩时三人花天酒地，回来时囊中羞涩，身无分文。为了购买火车票，三人铤而走险，商议去抢劫商店。某日下午，三人走到一家单门独户的商店门口，见女孩王某独自一人在看管，遂以为天赐良机，郭某用水果刀气势汹汹威胁王某"不许动，不许叫"，随即翻箱倒柜，但只拿到 5 元钱。张某和欧某在门口窥探望风，恰遇王某父亲打道回府，欧某丧心病狂，在精神病突然发作情况下用凳子将王父打得命归黄泉。张某和郭某乘机逃之夭夭，不久东窗事发被抓获归案。欧某精神病一直没有康复。

**问题：** 第一，犯罪学家将张某的行为作为犯罪研究，未满 14 周岁的张某的行为是犯罪吗？第二，对欧某的行为如何定性，如何处理？第三，郭某只抢到 5 元钱也算犯罪吗？

**提示：** 第一，刑法学与犯罪学的犯罪概念并不是半斤八两。第二，欧某在精神病发作前后的行为性质不同，精神病发作前一起去抢劫的行为构成犯罪，精神病发作后将王父打死属于人的无意识行为。对其犯罪行为，待其精神恢复正常，具有应诉能力和受刑能力后再行起诉和审判；如果待到欧某精神恢复正常时，其抢劫罪已过追诉时效，就不再追究其刑事责任。第三，抢劫罪侵害的客体是复杂客体，郭某抢劫行为对王某的生命构成直接威胁，不能只看到郭某仅仅抢到屈指可数的 5 元钱，不能囿于感性经验的樊篱来判断郭某抢劫行为的社会危害性。刑法学有助于人们克服日常生活常识的局限性，深入学习刑法理论必将提升人们判断行为是非的能力。

**导言思考题：**

1. 简述刑法学的概念及其研究对象
2. 中国刑法学的研究范围包括哪些

3. 简述刑法学的分类

4. 刑法学与刑法有什么联系与区别

5. 刑法学与犯罪学、刑事诉讼法学有什么关系

6. 为什么要学习刑法学

7. 怎样学习刑法学

8. 上刑法学总论课记什么、怎样记

# 第一节　刑法学的概念、分类与由来

## 一、刑法学的概念

1. 刑法学的研究对象

刑法学以刑法为研究对象，研究刑法的原则、规范及其应用。刑法学的研究对象是从内涵来揭示刑法学的本质。

2. 刑法学总论的研究范围与理论体系

（1）刑法学总论的研究范围。刑法学的研究范围从外延来明确刑法学的含义。刑法学除了运用刑法学的一般原理诠释、论述现行刑法外，还须研究有关刑法的立法解释和司法解释，执行刑法的实践经验与存在的问题，国际条约中有关刑事犯罪的规定在我国的适用问题等。

我国刑法学总论的研究范围包括：刑法论（我国刑法的一般原理，例如刑法的概念、性质、特征、任务、基本原则、刑法体系、刑法解释和效力范围等）、犯罪论（犯罪概念、特征、犯罪构成、各种犯罪形态以及定罪原则与方法）、刑罚论（刑事责任及刑罚的概念、功能、目的、刑罚体系、适用原则和方法，刑罚执行和消灭等）。

（2）刑法学总论的理论体系。体系是理论内容的逻辑表达形式，学科体系的科学化是任何一门学科成熟的标志。学科体系是依据某种原理、原则为主线将学科知识排列成有序的、有机统一的系统整体。刑法学体系是指刑法学理论内容的排列组合形式，是刑法学按照其所研究的犯罪、刑事责任、刑罚及其相互关系的内在联系排列组合而成的理论结构形式。

3. 刑法学的定义

刑法学有多种含义。首先，一般意义上的刑法学是从法学学科分类来讲的，

刑法学是以犯罪、刑事责任、刑罚及其相互关系为研究对象的部门法学学科。另外，"刑法学"还被理解为大学法学本科的必修课之一，它是法学的主要基础课程之一。最后，"刑法学"还可以是学者撰写的著作的书名，被冠以"刑法学"书名的著作一般是诠释刑法学这一法学分支学科的基本原理和刑法规则，用作刑法学课程教材或参考读物的图书。①

## 二、刑法学的分类

根据研究对象、范围以及与其他学科的交叉关系，对刑法学可以进行不同的分类。刑法学界对刑法学的分类可谓众说纷纭，可以将刑法学分为狭义刑法学、中义刑法学和广义刑法学。

1. 狭义刑法学

狭义刑法学仅指规范刑法学，是指以本国的现行刑法为研究对象的部门法学科。法学核心课程中的刑法学实际上就是狭义刑法学。从内容来看，它包括刑事立法学、刑法解释学和理论刑法学。② 狭义刑法学中刑法解释学举足轻重，以至有的学者认为狭义的刑法学就是指刑法解释学。狭义刑法学是刑法学的基础，是刑法入门的基本知识体系。本书乃狭义刑法学总论部分的一种教科书。

2. 中义刑法学

中义刑法学包括的分支学科如图所示。其中犯罪学是从整体上全方位地研究犯罪之产生原因、运行表现和防治措施的一门学问。严格意义上的犯罪学理论始于 19 世纪后半期的意大利实证主义学派，在我国，犯罪学研究始自 20 世纪 70 年代末。从某种意义上讲，犯罪学实质上只是犯罪原因学，它从宏观和微观两个层面考察犯罪原因。

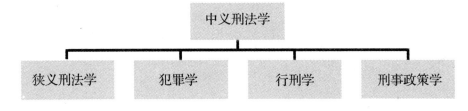

---

① 不少学者认为，刑法学是以刑法为研究对象的"科学"。我们认为，刑法学形形色色，不宜笼统地认为它就是"科学"或社会科学。

② 刑事立法学研究的对象是刑法规范的制定、修订与完善，为刑法解释、适用奠定基础。刑法解释学以一定的刑法哲学理念为指导，对现行刑法规范进行学理解释，探寻刑法规范的漏洞，为刑事立法论提供建议，研究如何为刑事司法提供操作性强的办案规则。理论刑法学研究的对象是刑法的一般原理，是对蕴含在刑法条文中的法理加以阐述而形成的知识体系，从宏观上为刑事立法学和刑法解释学提供理论支撑。

行刑学又称刑罚执行学，是关于行刑规范和行刑效果的知识体系。行刑学的研究对象是行刑法，行刑法就是监狱法。

刑事政策学是研究犯罪的社会控制及矫正一般原理与原则、措施的学科。简单地说，刑事政策学就是以刑事政策为研究对象的理论体系。刑事政策学是刑事法学和公共政策学的交叉学科。中国历史上有"刑罚世轻世重"、"刑新国用轻典"、"刑乱国用重典"的法律格言。新中国在法治国家目标确立之前，实行的是惩办与宽大相结合的政策，今天宽严相济成为新时期的刑事政策。各国学者对于刑事政策学的研究对象至今未能达成共识，不少学者认为刑事政策学研究对象应包括犯罪原因、刑罚制度效果和犯罪预防。

随着刑事法的学科分化，作为刑事法本体学科的刑法学越来越演变成为一门规范学科，从而与作为经验（事实）学科的犯罪学分道扬镳，日益疏远。鉴于此种现状，德国著名学者李斯特提出了"全体刑法学"的概念。李斯特主张把刑事关系的各个部门综合成为全体刑法学，包括犯罪学、刑事政策学、刑罚学、行刑学等。全体刑法学概念的确立，使刑法学这门学科得以充实与膨胀，使之在一定程度上突破注释刑法学的狭窄学术樊篱。我国刑法学家储槐植教授较早提出建立"刑事一体化"思想。

3. 广义刑法学

广义的刑法学是研究所有与犯罪、刑事责任、刑罚有关问题的学科。19 世纪以前的刑法学就是这种广义的刑法学。此后，随着法学的发展，广义刑法学的许多内容逐渐成为独立的学科。有的学者还将刑事证据学、法医学等与刑法学相关的内容囊括在广义刑法学中。我们认为其外延应根据研究和学科建设的需要来确定，刑法学的内容不宜过于庞杂。广义刑法学至少包括的分支学科见下图：

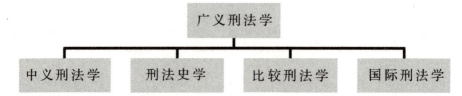

## 三、刑法学的由来

1. 刑法学是在刑法产生后问世的法学学科

刑法学不是与刑法同时产生的，它是对大量的刑事立法以及刑事司法实践进行理论研究后才应运而生的。

2. 刑法学问世的标志

我国春秋时期就有所谓刑名之学。① 但 1764 年意大利著名刑法学家贝卡里亚《论犯罪和刑罚》一书的出版，才标志着刑法学的正式诞生。《论犯罪和刑罚》一书较为全面系统地阐述了刑法的一系列基本问题，被公认为刑法学的奠基之作，贝卡里亚因此被尊称为"刑法之父"。此后，经费尔巴哈、龙勃罗梭、菲利、李斯特等人的不断努力，先后出现了刑事古典学派与刑事实证学派（包括刑事人类学派和刑事社会学派），进一步发展了刑法理论体系。

# 第二节　刑法学与刑法及其相关学科的关系

## 一、刑法学与刑法的关系

1. 刑法学与刑法的联系

（1）联系：第一，刑法学以刑法为研究对象，没有刑法就没有刑法学，没有刑法的发展就没有刑法学的繁荣。第二，刑法的制定、修改与废除需要刑法学理论的指导，没有刑法理论支撑，刑法就不能体系化、合理化。第三，刑法的解释和刑法的具体运用需要刑法学理论的指导。纷繁复杂的现实生活无法用刻板抽象的法律条文去裁剪，刑法的抽象性、概括性与现实行为的生动性、多样性之间的矛盾决定了法律人总得有求于刑法学这个无声的导师。

（2）区别：第一，范畴与效力不同。刑法学属于上层建筑中的理论范畴，对刑事司法具有理论指导意义和参考价值，但并不直接具有法律效力；刑法属于上层建筑中的制度范畴，具有法律效力。有些刑法学著作堂而皇之地冠名为"刑法"，张冠李戴，使人迷惑不解。第二，范围不同。刑法有国别，刑法理论无疆域。刑法学除了研究本国现行刑法以外，还要研究本国刑法史以及外国刑法和国际刑法。第三，种类单一与繁多不同。一国一个法域内只能有一部刑法，"独此一家，别无分店"，全体公民须一体遵行；刑法学可谓百花齐放，争奇斗艳。

---

① 刑名之学原为战国时期名家研究形体与名称关系的学说。刑，通形，即物的实体；名乃名称。先秦法家将刑名与法术联系起来，法家认为刑即"行为事实"，名即法令法规、名分、诺言。法家主张循名责实，"审合刑名"。"刑名之学"一语，出自《史记》：《老庄申韩列传》和《商君列传》。我国古代封建法典从《法经》到《大清律》几乎清一色属于刑律，法学几乎一枝独秀，只有律学独占鳌头。律学作为注释法学主要就是研究刑律的学问，大致相当于现在的刑法学。

## 二、刑法学与犯罪学、刑事诉讼法学的关系

### 1. 刑法学与犯罪学的关系

刑法学和犯罪学都以犯罪为研究对象，犯罪学是广义刑法学的组成部分。没有任何两个学科像犯罪学与刑法学这样特殊，它们都以"犯罪"为研究对象。这种特有的现象造成两个学科的界限从犯罪学产生至今就一直模糊不清。但是，它们却是以不同的方法、在不同的方向上各自发展着。有的学者认为犯罪学是社会学的分支，二者不能相提并论，等量齐观。

（1）研究对象的侧重点不同。刑法学研究的是关于犯罪的法律制度，不是犯罪和刑罚这两个现象的本身，它侧重揭示犯罪的法律特征以及犯罪与刑事责任、犯罪与刑罚之间的相互关系。犯罪学则是研究犯罪现象本身的，它从犯罪发生的过程入手，研究犯罪现象、犯罪发生的原因，寻求预防犯罪的方法，制定预防犯罪的对策。犯罪学作为一个学科与刑法学的最大不同是，它不停留在法律制度内，它超越法律之外，从社会等其他方面观察、研究整体的犯罪现象，这显示了犯罪学的优势和价值所在。

（2）研究范围不完全重叠。犯罪学研究的范围比刑法学研究的范围更为广泛，犯罪学要研究犯罪动机及其形成要素，要研究罪犯被判刑后服刑的社会效果，而这些问题一般不在狭义刑法学研究之列。

（3）研究方法判若云泥。刑法学是在法律之内研究犯罪，而犯罪学则是在法律之外研究犯罪；刑法学更多运用分析、注释等方法，犯罪学则大量运用社会调查方法、社会实证方法等社会学的方法来研究犯罪现象。

### 2. 刑法学与刑事诉讼法学的关系

刑法学与刑事诉讼法学联系最为密切，二者相互依存，相辅相成，同属于刑事法学范畴。二者的区别在于：

（1）学科性质以及研究对象大相径庭。刑法学属于实体法学，研究犯罪、刑事责任、刑罚等刑事实体问题；刑事诉讼法学属于程序法学，研究证实犯罪，揭露犯罪，追究犯罪的程序、步骤、方式方法等程序问题。

（2）学科内容或基本原理迥然不同。刑法学论述我国刑法的一般原理和基本原则，犯罪概念、特征、构成要件、各种形态和定罪原则与方法，刑事责任及刑罚的概念、功能、目的、种类、适用原则和方法，以及各种具体犯罪的概念、构成要件、刑事责任。刑事诉讼法学的主要内容是诠释刑事诉讼法的基本原则，刑事诉讼理论的基本范畴，论述诉讼主体、管辖、回避、辩护、刑事证

据、强制措施、附带民事诉讼和刑事诉讼的各种程序等。

## 第三节　刑法学总论的学习意义与方法

### 一、刑法学总论的学习意义①

1. 学习刑法学各论的必经之道

刑法学分总论和各论。刑法学总论论述刑法的原则、原理和共性制度问题；刑法学各论阐述刑法分则规定的各类、各种犯罪的罪责刑问题。刑法学的基本理论问题集中在刑法学总论中，刑法学总论是刑法学各论的前提和基础。只有首先掌握总论的内容，循序渐进②，才能在学习各论中提纲挈领，事半功倍。越过总论直接学习各论，想一蹴而就，势必如坠烟海，不得要领。

2. 刑法学是法律人必须掌握的专业知识

包括刑法学总论在内的刑法学是一门古老而又年轻的法学分支学科。刑法学是大学法律专业必修的专业课程。在我国，刑法学是教育部确定的高等学校法学专业必修的主干课程之一，它与民法学同为学时和学分最多的课程之一，也是法学的主要基础课程之一。刑法知识是准备从事法律职业工作的学子必须学好的专业知识，学好刑法学才能考取法律职业资格和从事法律工作。学以致用，未雨绸缪，对于将来以法律为谋生之道的学子而言，学习刑法学总论是提高法科学生法学理论素养，培养其胜任法律工作的必经之道。有人称刑法学与民法学同为法律人安身立命的"饭碗之学"。

医学院的学生如果不求甚解，毕业后会出医疗事故，把病人治死；法学院的学生如果对刑法学似懂非懂，毕业后也会办出冤假错案。没有刑法学理论素养的法律工作人员如同半路出家且不懂医术的江湖郎中，在人命关天的案子中难免草菅人命。由于此两类学生毕业后的工作都"人命关天"，所以早在古罗马时代，医学院和法学院的学生的学制均为5年，比其他专业要多学一年。

---

① 作为法学院学生来讲，学习刑法学最直接的目的是拿到两证——毕业证和司法考试资格证。司法考试号称"天下第一考"，刑法学则是其中的占分大户。自2004年司法考试总分值增加为600分以来，每年刑法部分的分值都在80分左右。

② 巴甫洛夫告诫过青年朋友，在积累知识方面要养成严格循序渐进的习惯。

# 无法区分到底是谁所为的案件

**案情：**甲乙上山打猎，在一茅屋旁的草丛中，见有动静，以为是兔子，于是一起开枪，不料将在此玩耍的小孩打死。在小孩身上只有一个弹孔，甲乙使用的枪支、弹药型号完全一样，无法区分是谁所为。对甲乙的行为如何定性？A. 甲乙分别构成过失致人死亡罪；B. 甲乙构成过失致人死亡罪的共同犯罪；C. 甲乙构成故意杀人罪的共同犯罪；D. 甲乙不构成犯罪。

**问题：**第一，根据我国刑法的规定，二人以上的共同过失行为可以构成共同犯罪吗？第二，本案中追究行为人的刑事责任与民事责任有何不同？

**提示：**第一，甲乙应当预见而没有预见，属于典型的疏忽大意的过失；第二，过失犯罪不成立共同犯罪；第三，过失致人死亡罪是结果犯；第四，无法区分到底是谁所为，根据"疑罪从无"的原则，推定甲乙二人的行为都没造成死亡结果；第五，刑法与民法不同，追究刑事责任必须具有"必然性"，不能只有或然性或盖然性。

只有对刑法理论鞭辟入里的人才能选择答案 D。非专业人士几乎无一例外答错。可见刑法理论乃一门法学专业理论，"饭碗之学"不能人人得以操持。

### 3. 掌握刑法基本原理乃公民提升法学素养的必由之路

纵使不从事专职的法律工作，刑法学总论也是值得广大公民涉足的知识领域。有人错误地认为，刑法作为公法与私人利益风马牛不相及，人们只要不想故意犯罪，从呱呱坠地到寿终正寝都不会与刑法沾边，不需要煞费苦心学习刑法知识。其实，正如孟德斯鸠所言："公民的自由主要依靠良好的刑法。"刑法是保护私人合法利益最为严厉的一种手段，公民需要了解刑法学的一般原理；受到"亲告罪"罪行侵害的当事人更是需要懂得刑法知识，才能驾轻就熟，维权有方；对不作为犯罪、过失犯罪、法定犯不能完全凭日常生活的常识予以评判，道德评价也会失灵；系统掌握正当防卫和紧急避险的条件，才能在犯罪分子和危险面前大智大勇，果断反击或明智避险。临时抱佛脚，遇事浮光掠影地看一下刑法条文，难免在评价、制止犯罪时缺乏理性，甚至被人误导，上当受骗。学习刑法学总论，系统接受刑法学原理的熏陶，有利于培养公民的法律意识和法纪观念，有利于增强公民依法自我保护意识和同犯罪作斗争的勇气，有利于提高陪审员参与刑事司法审判的专业水准。

4. 通过刑法学观察了解社会的方方面面

鉴于刑法规定了生杀予夺的最严厉惩罚手段，鉴于犯罪与刑罚在社会发展过程中与公民的日常生活关系重大，刑法学总论的一系列理论问题总是成为社会的热点，受到人们的高度关注，如沈阳的刘涌案，广州的许霆案、孙志刚事件、小悦悦事件。在 2013 年，浙江省张高平案平反的影响超出了法律界和法学界，更是引起全国人民的集体关注和沉思。① "刑事法是一个与民生密切关联的部门法体系……在现代社会，每个人都可能成为犯罪嫌疑人，每个人都可能成为被害人……衡量一个国家的民生水平、民生程度，刑事法是一个不可忽视的因素。"②

法学院学生作为未来社会的精英，不仅要了解法内之事，而且要懂得法律现象与其他社会现象的相互联系，俯瞰天下大事，了解社会发展进程中方方面面的信息，触类旁通，通权达变。刑法学是研究犯罪的，而犯罪历来是国家和社会的"晴雨表"，犯罪折射出某个社会、某个国家的基本行为规则是否公正，吏治是否廉洁，管理是否科学，公民法律权利是否得到保障，社会资源配置是否合理。正如胡云腾先生所言："只要全面了解一个社会的犯罪现象及其特点，就能了解该社会的政治、经济和法律规则状况。正因为如此，拿破仑在遗嘱中才谆谆告诫其子：'有朝一日尔若成为法兰西帝国的国王，唯一要做的就是密切关注国家的犯罪情况，因为那是衡量国家治理的好与坏的标尺'。"③

## 二、刑法学总论的学习方法

美国著名法官卡多佐对法学院的学生说：你们学到的更为主要的东西是以法律方式思考问题的能力……对司法过程借以运行的方法和技术的理解力。④

---

① 在重审的法庭上，张高平一针见血地对司法官们说："今天你们是法官和检察官，但是你们的子孙不一定是法官和检察官，如果要是没有法律和制度的保障，你们的子孙也可能被冤枉，徘徊在死刑的边缘。"这个没读过多少书的农民兄弟能够高屋建瓴，说出这种警句，真令人肃然起敬。这个案子之所以当时被错判，是在没有任何物证也没有目击证人的前提下，通过刑讯逼供取得口供导致的。这又是一个"疑罪从轻"、"留有余地判死缓"的经典。被冤枉者无奈地呻吟："打我我勉强可以理解，但牢头狱霸为什么能知道案情？"质问："宇宙飞船都上天了，此地公安怎么还能用诱供、逼供这种古老的方式办案？"辩护人痛陈："公安机关抓了无辜者，放走了真凶，导致真凶又杀害一名无辜者，难辞其咎。"出庭检察官最后说，"正义虽然迟到了，但是不会缺席"，"正义就在眼前，历史不会重演"。国人看到这些，听到这些，如同在社会大课堂里洗耳恭听刑法学总论，社会文明的明文规定与落后的不成文潜规则一览无余，发人深省。

② 雷小政：《民生与民声：刑事法的还璞归真》，法律出版社 2012 年版，第 4 页。

③ 胡云腾：《存与废——死刑基本理论研究》，中国检察出版社 2000 年版，代序言第 10 页。

④ 参见〔美〕卡多佐：《法律的生长》，刘培峰译，贵州人民出版社 2003 年版，第 155 页。

刑法学总论，实质上是刑法方法的载体。英文"study"有学习、研究之意，但在汉语中"学习"和"研究"并不相同。刑法学内容博大精深，涉及领域非常广泛，实践性极强。不少刑法学教科书堂而皇之地在导论中指点迷津，罗列了一大堆所谓研究方法，其实这些研究方法对于初学者来说似雾里看花，中看不中用。

### 1. 刑法条文、刑法学原理与刑法案例结合学习法

理论联系实际是我们重要的学习方法。在学习刑法学的过程中，理论联系实际就是要将刑法条文、刑法学原理与刑法典型案例结合起来学习。国外无论是在英美法系国家，还是在大陆法系国家，刑法教科书与论著中都充满了各种案例。学习刑法学，除按时进行系统的课程学习，记好笔记，与教师同步思考外，课外还必须通过典型案例分析，加深对刑法学基本原理的理解，用刑法基本理论提纲挈领，学会准确运用刑法条文，特别是要揭示法律条文背后的法学原理或法律精神，不仅要知其然而且要知其所以然。本书每章安排了几个典型的案例，供读者探赜索隐。从案例中学习刑法，才能举一反三，将刑法知识融会贯通，做到学得进，记得牢，用得活，有助于避免眼高手低现象，克服理论脱离实际的不良学风。

### 2. 问题学习法

西方文明发源地古希腊的智者学派"对任何事物都提出质询，就是在宗教或者政治禁忌面前也无所畏惧，勇敢地将所有的信仰和制度统统传唤到审判席前，接受理性的审判"。[①] 学贵质疑，学者要敢于坚持真理，不能盲从。

2300多年前伟大的思想家苏格拉底曾有一句名言"我只知道一件事，那就是我什么都不知道"。他的"问答法"其实就是一种要求定义准确、思路清晰、分析精当的方法。问题是打开一切知识大门的钥匙，学习需要带着问题进行。学习刑法学不能降低到一般性了解刑法的水准，要求阅读一定量的刑法学论文资料，了解刑法学研究发展的学术前沿问题，特别是刑法理论中的争议问题。读书不能拾人牙慧，人云亦云。问题学习法的基本要求是：

（1）内容问题化。即将要学习的内容归纳成若干问题。问题是打开刑法学知识殿堂的钥匙。本书每章将其基本内容归纳为几个思考题，列在卷首，学习时读者可以根据自己的实际情况有所增减。

（2）问题要点化。知识的海洋漫无边际，在有限的学习时间里接触大量的

---

① 〔美〕威尔·杜兰特：《哲学的故事》，梁春译，中国档案出版社2001年版，第9-10页。

学习材料，必须直奔主题，抓住重点，不能眉毛胡子一把抓。本书对海量的刑法学知识进行系统梳理，力图简明扼要，学习时读者可以用彩笔勾勒出关键词和必须识记的知识点。

（3）要点条理化。知识内部的结构有自身的逻辑性，如果杂乱无章是不便记忆的。知识结构要求层次分明，要点前后位置要顺理成章，对容易混淆的相关知识点要找出不同点。

### 3. 比较学习法

刑法学虽主要研究本国现行刑法，但也涉及古今中外的刑法。比较方法，它可以开拓我们的理论视野。有比较才能有鉴别，有鉴别才能有进步。研究方法的比较包括不同国家之间刑法条文的比较和不同流派刑法思想观点的比较。作为学习方法的比较，主要是就不同权威学者对相同刑法问题发表的学术观点进行比较。刑法学总论的学习过程中，很难依靠孤立的死记硬背方法去识记一些专门的法律概念，使用比较方法去掌握刑法学基本概念则行之有效。例如在学习犯罪的停止形态时，应当寻找出犯罪预备形态、犯罪未遂形态、犯罪中止形态的不同点，抽象出它们的共同点。比较时可以列表比较，图表一目了然，要善于运用图表增强记忆。

### 4. 做好听课笔记

教学要师生互动，彼此心领神会。有人只想用 U 盘将教师电子教案拷回去，而拷回去又束之高阁，其效果自然不佳。听课不能像看电影，浮光掠影，"上课笑嘻嘻，下课全忘记"。"好记性不如烂笔头"，此乃至理名言。听课要善于做笔记。

（1）记什么，要牢记四个字——"纲、新、争、异"。具体要求如下：

"纲"：刑法学总论教学纲要、教师板书的基本观点。

"新"：刑法和刑法司法解释新规定、刑法学界新观点、刑法课教师新成果。

"争"：重大刑法理论问题和典型刑事案件争议的焦点、各派基本观点及其简要评价。

"异"：刑法规定、刑法理论与常理和生活常识不一致的地方，凭常识判断容易出错的地方，刑法与民法大相径庭之处。如张三李四用同样型号的枪弹误伤王五致死，无法确定是谁打死的。凭常识一般会判定张三李四的行为构成过失杀人罪，是共同犯罪；民法上对法律责任的认定讲究"盖然性"，如果张三李四不能证明不是自己误伤致死的，都要负责赔偿；刑法上则推崇"必然性"，张三李四的行为不构成犯罪，他们没有刑事责任。

（2）怎样记，要讲究"速、简、空、随"。"怎样记"与刑法学总论没有什么必然的联系，但属于"教程"要明确的事项。

"速"：快速记录，用自己看得懂的速记符号记录。

"简"：简明扼要，删繁就简，记关键词语，不要全盘照抄。

"空"：笔记要留有余地，便于课后整理笔记，修正错误，补充内容。

"随"：对听课中遇到的问题、呼之欲出的真知灼见、一闪而过的思想火花要随即记录下来，将来加以整理、补充，进一步探赜索隐，可成原创佳作。

书山有路勤为径，学海无涯苦作舟。学习刑法学总论还有一个学习态度问题，只有勤学苦练才能融会贯通。[①] 刑法学理论知识是人类精英们精心设计的知识体系，一些门外汉大言不惭地说学习刑法学乃小菜一碟，不必煞费苦心花费那么大精力。其实，考前突击复习或运用时临时抱佛脚，没那么多的"边际效应"。简明文字中折射出来的微言大义只有苦心孤诣才能领悟真谛，刑法学的学习需要持之以恒才能得心应手，融会贯通。

---

① "书到用时方恨少"，不夯实刑法知识基础，似懂非懂，考试时势必底气不足，难免捉襟见肘。这是考试包括国家司法考试通不过的普遍原因。某年某校十多个法学博士参加国家司法考试全军覆没，某地某市中院十多名法官无一榜上有名。当然，毋庸讳言，教科书理论脱离实际的问题长期得不到有效解决，教师传授的是纸上的"理想法"。学生考试名落孙山原因也是多方面的，有的学者总结了三大原因：第一，刑法学内容博大精深，刑法规范相关规定庞杂，考查知识点多。第二，学术观点异彩纷呈，刑法学考查的理论难度较大。从2002年开始，兼顾应用能力与法学理论素养的均衡考查成为命题的方针，试题的理论性显著增强。第三，刑法学考查的方式比较灵活，类似脑筋急转弯式的题目屡见不鲜，案例分析题的灵活性和应用性强。——参见北京万国学校组编：《刑法专题讲座》，九州出版社2012年版，"司考时代刑法学的突围"第1页。

# 第一章　刑法概述

## 许霆盗窃案

**案情：** 2006 年 4 月 21 日晚 10 时，许霆来到广州天河区某银行的 ATM 取款机取款。取出 1000 元后，他惊讶地发现银行卡账户里只被扣了 1 元。当晚，许霆与郭某反复操作多次，许霆先后取款 17.5 万元。事后，二人各携赃款潜逃。2008 年 5 月某日，许霆在陕西宝鸡火车站被警方抓获，但 17.5 万元赃款已被其挥霍一空。广州市中院审理后认为，被告许霆以非法侵占为目的，伙同同案人采用秘密手段，盗窃金融机构，数额特别巨大，行为已构成盗窃罪，遂判处无期徒刑，剥夺政治权利终身，并处没收个人全部财产。一审判决后，一些学者和律师认为其行为属于不当得利，网民认为判刑过重的帖子铺天盖地。广东高院发回重审，最后判 5 年有期徒刑。

**问题：** 第一，许霆的行为是不当得利行为还是犯罪行为？第二，许霆开始被判无期徒刑，后改判 5 年有期徒刑，根据何在，是否合理？

**提示：** 第一，许霆第一次取款存在不当得利情形。第二，后来明知自动取款机发生故障，还多次取款，行为性质发生变化。许霆利用自动取款机故障进行盗窃的行为，数额特别巨大，其行为已经构成犯罪。[①]

**第 1 章思考题：**

1. 什么叫刑法、刑法典、单行刑法、附属刑法

2. 简述刑法的性质与特点

3. 刑法的渊源有哪些

4. 什么叫形式刑法与实质刑法，狭义刑法与广义刑法，普通刑法与特殊刑法

5. 简述刑法体系的概念

---

① 参见赵秉志、彭新林："关于许霆案件的法理问题思考"，载《刑法论丛》第 14 卷，法律出版社 2008 年版，第 242－243 页。

6. 简述刑法解释的概念与必要性

7. 刑法解释的原则和方法有哪些

# 第一节 刑法的概念、性质、功能与特点

## 一、刑法的概念

刑法是规定犯罪、刑事责任与刑罚的法律，刑法是掌握政权的阶级即统治阶级，为了维护本阶级政治上的统治和经济上的利益，根据自己的意志，规定哪些行为是犯罪和应负刑事责任，并给犯罪以何种刑罚处罚的法律。[①] 这种观点目前是我国刑法理论界大多数学者所持的观点。

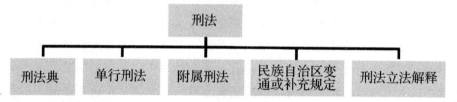

刑法有多种含义。从法律形式来讲，刑法是一国法律体系中的一个部门法，是规定犯罪、刑事责任与刑罚的国家基本法律部门之一。从外延来看，刑法基本上由刑法典、单行刑法、附属刑法、刑法立法解释等组成。

严格来讲，刑法并不是规定犯罪、刑事责任与刑罚的法律规范的总和。英国法学家哈特倡导的"规则模式论"将法律简单地归结为单一的规则要素。我国法学界不少学者给某个法律部门下定义时，动辄表述是什么"法律规范的总和"。"规范总和说"来源于新分析法学派的规则模式，但明显存在逻辑错误，因为刑法中规定的并不都是法律规范，刑法中的基本原则、法律概念和一些技术性规定是与法律规范并列的内容。

## 二、刑法的性质

1. 刑法的阶级性质

（1）刑法是阶级社会的产物。刑法是人类社会发展到一定历史阶段的产

---

① 高铭暄、马克昌主编，赵秉志执行主编：《刑法学》，北京大学出版社、高等教育出版社2011年版，第7页。

物。人类跨入阶级社会门槛后，统治阶级为了镇压被统治阶级的反抗，执政者为了消除平民阶层的不满和对抗行为，以国家的名义把反对统治关系的行为规定为犯罪，以刑罚惩罚犯罪分子，由此便产生了刑法。

（2）在阶级对立社会里刑法是统治阶级意志的反映。刑法的基本内容都是由统治阶级根据自己的意志和利益制定的。当然，为了统治阶级的整体利益，刑法也处罚统治阶级内部的一些犯罪人，也规定一些所谓保护全体人民利益的法律条款，但从本质上仍是维护统治阶级的利益。

（3）我国刑法的阶级属性。它是建立在我国社会主义经济基础之上的上层建筑的重要组成部分，反映了广大人民群众的意志。除港、澳、台地区刑法以外，我国大陆的刑法是社会主义类型的刑法。在我国大陆剥削阶级已经消灭，刑法历来具有的作为阶级统治的工具的价值下降，作为社会管理手段的价值扩大了，但我国社会主义刑法仍具有阶级性。

2. 刑法的法律性质

在国家法律体系的纵向序列中，刑法是仅次于宪法的国家基本法；在国家法律体系的横向序列中，刑法是与民法、行政法并列的基本法。刑法的法律性质是刑法作为国家法律体系中的基本法律部门所具有的部门法特征。

（1）刑法是公法。公法是涉及公共利益，尤其是国家利益的法律。刑法作为公法与作为任意法的私法不同，任意法具有意思自治的性质，法律允许法律关系参加者自己确定相互之间的权利义务的具体内容。按照刑法的规定，某一行为一旦构成犯罪，除少数告诉才处理的犯罪以外，一律应当以国家的名义追究刑事责任。刑法作为一种公法，要求犯罪嫌疑人、被告人不能与被害人"私了"。只要主体的行为触犯刑法构成犯罪，就应当受到国家司法机关的刑事追究，不能以私自向被害人支付赔偿金的方式而躲避刑事审判，逍遥法外。

（2）刑法属于成文的刑事法。在我国，刑事习惯和判例不是刑法渊源。刑法、刑事诉讼法、监狱法等，被称为全体刑法。① 凡与犯罪有关的一切法律，均可称为刑事法。刑事法的特点是与犯罪相关，它是与民事法、行政法相对应的概念，刑事法是关于犯罪的侦查、认定以及刑事责任的追究、实现的法律。在刑事法中，刑法居于核心地位，是主法，实体法，又称为本体刑法。

（3）刑法是实体法。实体法是指以规定和确认权利义务或职权职责为主的法律。刑法与刑事诉讼法虽都属于刑事法，但刑法与属于程序法的刑事诉讼法

---

① 张明楷：《刑法学教程》，北京大学出版社 2007 年版，第 2 页。

迥然不同。刑法与刑事诉讼法的关系，是实体法与程序法的关系。刑法规定的是犯罪与刑罚的实体内容，刑事诉讼法规定的是处理刑事案件的诉讼程序。两者的关系十分密切，是一种内容与形式的关系。大陆法系国家严格区分实体法与程序法，而且对实体法予以格外重视，可以说是实体优先；而在英美法系国家实体法与程序法并未严格区分，且实行程序优先。

一个人是否有罪，并非刑法本身所能确定的，必须经过人民法院依诉讼程序审理并作出生效判决后，才能最终确定。刑事诉讼程序对刑法内容的作用并不仅限于此，刑法内容的其他方面也需要与之配套的刑事诉讼程序，以保证刑法内容的全面实现。有的刑法规则没有相应的程序法规则予以配套。例如不具有刑法规定的减轻处罚情节的犯罪分子要在法定刑以下判处刑罚，必须经过最高人民法院的核准。"经最高人民法院核准"就是一个诉讼程序问题，是应当由刑事诉讼法来加以规范的。对这类案件，依什么程序报核，最高人民法院依什么程序核准等问题，刑事诉讼法至今没有只言片语的规定。

（4）刑法是强行法、固有法并兼顾继受法。刑法规范不是任意性法律规范；我国刑法基本上是固有法，但在一定程度上也受到外国刑法特别是大陆法系刑法的影响。

## 三、刑法的功能

刑法的功能也就是刑法的机能或刑法的作用，是指刑法发挥的积极作用和表现出来的积极效果。刑法的功能与刑法的性质密切相关，刑法的性质决定刑法的功能，刑法的功能体现刑法的性质。

刑法的功能是从客观上对刑法的评价。从主观上来分析，刑法的功能也就是刑法的任务。我国《刑法》第2条对刑法的任务进行了规定。刑法理论界一般认为，我国刑法的任务包括两个方面的内容：一是使用刑法惩罚犯罪分子，二是使用刑法保护人民。这两个方面密切联系，有机统一。惩罚犯罪分子与保护人民是手段与目的的关系，惩罚犯罪分子是指采用刑罚即刑事制裁的方法，同一切犯罪行为作斗争，目的是为了保护人民。保护人民主要是指保护国家利益、人民利益，保护全体公民的基本权利和合法权益。

理论界一般认为，刑法具有规制功能、惩罚功能和保障功能等。

### 1. 行为规制功能

行为规制功能即通过对犯罪行为的规范评价，对公民的行为进行规范、制约的功能。它包括引导功能和评价功能。前者是指刑法具有引导人们实施某种行为、不实施某种行为的功能，后者是指刑法具有评价人们各种行为的功能。

刑法将某种行为规定为犯罪并宣布给予刑罚，表明该种行为在刑法上是无价值的，并命令人们不要作出实施该种行为的意思决定，从而实现规制人们行为的功能。

2. 惩罚功能

它又称为刑法的秩序维持功能，简称为保护功能，是指刑法对犯罪人的惩罚功能，对犯罪行为的制止和预防功能。对法益的保护和对秩序的维持是通过对犯罪的制止和预防实现的。

3. 人权保障功能

它又称为刑法的自由保障功能，简称为保障功能，是指刑法对法益的保障和对人权的保护。刑法不仅是公民的大宪章，同时也是犯罪人的大宪章（李斯特语）。刑法在实现法益保护功能时，必须考虑使刑法不至于侵犯公民的个人自由，不至于侵犯公民的人权。保障功能包括两方面的含义：第一，刑法保障善良公民不受国家的随意侵害；第二，司法机关不得违反刑法的规定对犯罪人科处刑罚，犯罪人有不受刑法规定以外的制裁的权利。

## 四、刑法的特点

1. 规制内容的特定性

刑法是规定犯罪及其法律后果的法律规范，刑法中的规范一般是禁止性规则。

2. 法益保护的宏观广泛性与不完整性

刑法调整与保护的社会关系的范围与其他部门法不同。一般部门法都只是调整和保护某一方面的社会关系。从宏观上看，刑法所调整的社会关系相当广泛，凡是其他部门法调整的社会关系，最终均有可能需要刑法保护。刑法调整社会各个领域的社会关系，如政治、经济、财产、婚姻家庭、人身关系、社会秩序等多方面的社会关系，都是刑法调整的可能对象。但刑法实际调整的范围又是非常狭小的，具有不完整性或片断性。

第一，刑法只是将严重侵害法益的违法行为而非所有的违法行为规定为犯罪，发生一般违法行为，正常社会秩序受到轻度扰乱或破坏时，尚不需要也不能运用刑法来矫正。这就是刑法的谦抑原则。目前我国刑法只规定了452个罪名。

第二，即使发生严重危害社会的行为，由于刑事政策未将该行为规定为犯罪，或由于某些特殊原因没有规定惩处这些行为，或者立法滞后刑法还来不及将某类严重危害社会的行为规定为犯罪，则刑法仍然师出无门，该行为成为"漏网之鱼"。不能只关注行为的严重社会危害性，更应关注行为的刑事违法性。如果只看到刑法调整对象非常广泛的一面，忽视其片断性，就会产生"泛刑法化"或"泛犯罪化"。① 有关部门三令五申严禁公安机关插手一般经济案件，但很难令行禁止。这除了与地方保护主义有关以外，刑法理论上没有正确界定刑法调整对象也难辞其咎。②

**3. 最为严厉的强制性**

任何法律都有强制性，其他部门法对一般违法行为也适用强制方法，如赔偿损失、警告、行政拘留等。但刑法因刑罚手段不仅可限制人身自由，甚至可剥夺人的生命而显得最为严厉。

**4. 最后手段性和补充性**

刑法具有最后手段性，只有当一般部门法不能充分保护某种合法权益时，才由刑法保护；只有当一般部门法还不足以抑止某种危害行为时，才能补充适用刑法。其他部门法能够调整好社会关系时，刑法备而不用，引而不发。

**5. 其他法律的保障法**

刑法是国家强制力的依据和象征，是包括宪法在内的其他部门法的保护法，其他法律调整的社会关系和保护的合法权益都借助于刑法保护。

## 第二节　刑法分类

### 一、狭义刑法与广义刑法

根据刑法规定范围的大小，可以将刑法分为狭义刑法与广义刑法。狭义刑法又称刑法典，狭义刑法在有些国家明确命名为刑法典，例如《德国刑法典》，在有些国家未明确标明是刑法典，而是称为刑法，例如我国《刑法》和《日本

---

① 历史上曾出现"泛刑罚主义"现象。统治者挥舞刑法大棒，动辄对社会成员适用刑罚，古雅典执政官德拉古制定的成文法规定连一个人"懒惰"、"盗窃蔬菜"也要适用刑法来处理，甚至处以死刑。

② 某地公安机关曾将一位与该地企业发生经济纠纷的南京某大学的法学教授羁押到该地审问，后来在上级领导过问下该教授才得以"释放"。2008年初，辽宁某县一负责干部居然派当地公安人员进京抓记者，被新闻媒体称为"最牛县委书记"。

刑法》，没有称刑法典乃习惯问题，实乃刑法典。当我们在一般意义上使用刑法这个概念时，指的就是狭义刑法。刑法典是刑法这个部门法的核心和主要组成部分，凡是提及现行刑法典时应加书名号，例如"《刑法》第1条规定了我国刑法的立法宗旨"这句话中第一次提到的"《刑法》"是指现行刑法典，句中第二次提到的"刑法"是指我国法律体系中的刑法法律部门。

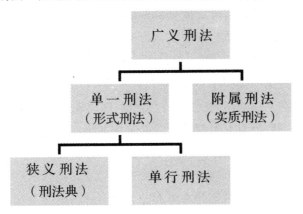

广义刑法，通说指一切刑法规范的总和，不仅包括刑法典，而且包括其他规定有犯罪及其法律后果的法律规范，如单行刑法和附属刑法。刑法学所指部门法的刑法与广义的刑法的范围相同。

## 二、普通刑法与特别刑法

普通刑法是法律无特别规定时，效力及于一国领域内任何地区和个人的具有普遍适用性质的一般刑法，是刑法的基本构成部分，普通刑法主要表现形式是刑法典，另外还有具有相同效力范围的其他单行刑法。有人把刑法典称为主刑法，把特别刑法称为辅刑法。

特别刑法是指效力仅适用于特定人、特定时间、特定地点、特定事项的刑法。它具体可以分为时间的特别刑法，如战时特别法；地域的特别刑法，如特定地区的戒严法；对人的特别刑法，如军事刑法；对事的特别刑法，如禁毒法。没有普遍效力的单行刑法和附属刑法是典型的特别刑法，港、澳、台地区刑法属于中国的特别刑法。特别刑法属于专项性刑事实体法。当一个行为同时触犯普通刑法条文与特别刑法条文时，即在普通刑法和特别刑法都可对某种犯罪适用的情况下，应遵循特别刑法优于普通刑法的原则；当一个行为同时触犯两个特别刑法的条文时，则应遵循新法优于旧法的原则。

### 三、单一刑法与附属刑法

根据刑法规范的独立性和附属性，可以将刑法分为单一刑法与附属刑法。

单一刑法是指内容全部或者基本上是刑法法律规范的法律，在立法中，凡为单一目的和事项而制定的刑事法规，均为单一刑法，例如刑法典和军事刑法。由于单一刑法在外形或者名称上就具有刑法的性质，因而大陆法系国家的刑法理论又称之为形式刑法。单一刑法又可以分为两种：一是刑法典，其内容均为刑法原则、规范和技术性规定。二是单行刑法，日本学者称之为"准刑法"，它对刑法典规定的犯罪类型加以补充扩张。① 单行刑法的内容基本上是刑法规范，但也不排除在个别单行刑法中包含某些非刑法规范的内容，例如行政处罚。在我国，单行刑法是全国人大常委会针对特定的事、特定的人、特定的地区或者特定的时间颁布的刑事法律，多以"决定"或"补充规定"的形式出现。

附属刑法是指规定在非刑事法律中关于犯罪及其刑罚的法律规范。这些法律的刑法规范不是该法律内容的主体部分，因而称为附属刑法。由于附属刑法在外形或者名称上不具有刑法的性质，因而又称为实质刑法。

### 四、国内刑法与国际刑法

国内刑法是由某个主权国家制定，适用于该国领域内的刑法。一般意义上的刑法都是国内刑法。国际刑法是国际公法中的第二大分支。国际刑法一般是指国际公约中规定危害人类共同利益的国际犯罪及其制裁的刑事规则。

我国早就明确承认 1946 年 12 月 11 日联合国大会关于禁止和制裁反和平罪、战争罪和反人道罪的决议。此后，中国又陆续加入了《防止及惩治灭绝种族罪公约》等一系列同国际犯罪作斗争的国际条约。中国已加入的国际条约规定了侵略罪、反和平罪、灭种罪、反人道罪、种族歧视罪、海盗罪、扣留人质罪等国际犯罪，但中国刑法对于发生在中国境内的上述犯罪行为，没有专门加以规定。我国在处理国内刑法同国际刑法规范冲突时，应适用国际刑法规范优先原则。

---

① 参见〔日〕西田典之：《日本刑法总论》，刘明祥、王昭武译，中国人民大学出版社 2007 年版，第 5 页。

## 第三节　刑法渊源

### 一、刑法渊源的概念与分类

1. 刑法渊源的概念

刑法的渊源有多种含义，本书特指刑法在现实中的存在和表现形式，即刑法的"认识渊源"，它表明哪些法律属于刑法，哪些法是法官在定罪量刑时所应遵循的依据。有些学者称其为刑法渊源的形式主义。

刑法渊源具有重要意义。[①] 掌握它有助于明确有哪些规范性文件属于刑法，哪些国家机关有权制定或解释刑法，不同刑法渊源之间具有什么样的效力等级关系。

2. 我国刑法渊源的分类

我国刑法的渊源包括哪些，如何分类，在刑法学界莫衷一是。按法律规则的效力层级来分可以将刑法的渊源分为刑法的直接渊源与刑法的间接渊源。刑法的直接渊源，是指司法机关在刑事案件的审判中，可以直接援引为定罪量刑的依据的法律规范。刑法的间接渊源是指不能直接援引为定罪量刑的依据但为理解刑法规范的内容或决定刑法规范适用范围不可或缺的法律规则。

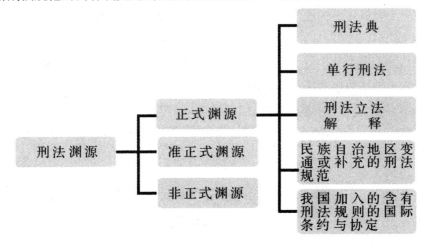

---

① 在众多的刑法学教科书中，几乎没有介绍刑法渊源的。主要原因在于这些教科书都是按照刑法典的体系编写的，而刑法典中没有刑法渊源的内容。

大多数学者依据博登海默对法律渊源所做的划分，将刑法的渊源分为正式渊源与非正式渊源。刑法学界目前普遍认为，刑法典、单行刑法、附属刑法是刑法的正式渊源、直接渊源，可以作为审判机关定罪量刑的依据，对此没有争议。但对于除上述几种渊源之外的其他在司法实践中起着重要作用的法律规定，是否属于刑法渊源，学者们意见不一。

刑法比其他部门法要求更高的体系统一性，行政法规、地方法规、部门规章、地方政府规章乃至习惯都可以成为民法的法律渊源，而刑法的法律渊源则没有行政法规和地方性法规等。

宪法是我国的根本大法，是一切法律制定的根本依据，宪法为刑法的制定、适用、解释确定了根本的原则与依据。但刑法与民法不同。"我国一些地方的法院在民事和经济审判中，在缺乏实体法依据时，曾援引宪法为依据，表明宪法具有可司法性"①。我国至今至少有 60 个案件适用了宪法，但宪法中并没有明确的刑法规范，也没有作出明确的刑罚规定。因此我们认为，宪法对刑事立法具有"母法"意义，能否作为我国刑法的正式渊源，有待司法实践的验证。②

## 二、刑法的正式渊源

### 1. 刑法典

刑法典是国家立法机关系统地、专门地规定犯罪、刑事责任与刑罚内容，并具有较为完备体系的法律。一般认为它是狭义的刑法、普通刑法。我国《刑法》于 1979 年 7 月 1 日通过，1997 年 3 月 14 日修订，是国家的基本法律之一。

刑法修正案不是单行刑法，而是刑法典的有机组成部分。它是指最高立法机关在保留刑法典原有体系结构的基础上，集中针对某些刑法条文作出的修改补充法案。刑法修正案的出台不仅仅是立法思路转换、立法水平提高的标志，而且弥补了 1997 年刑法典限于当时情势遗留的法律漏洞。至今为止，我国已有八个刑法修正案。

### 2. 单行刑法

单行刑法是国家立法机关以决定、规定、补充规定、条例等名称颁布的、对刑法规定进行部分补充、修改或废除部分刑法规定的单行规范性法律文件，

---

① 王利明：《民法》，中国人民大学出版社 2000 年版，第 21 页。
② 参见上官丕亮："当下中国宪法司法化的路径与方法 —— 以湖北钟祥石巷村的调查为基础"，载《现代法学》2008 年第 2 期。

是规定某种或某类犯罪及其后果或者刑罚的某一事项的法律。1979 年旧刑法实施之后、1997 年新刑法实施之前，立法机关一共颁布过 24 个单行刑法。1997年刑法修订后，唯一有效的单行刑法是全国人民代表大会常务委员会于 1998 年 12 月 29 日颁布的《关于惩治骗购外汇、逃汇和非法买卖外汇犯罪的决定》。刑法学界有人认为我国已基本摒弃单行刑法而采取修正案方式来局部修改刑法。

3. 附属刑法

附属刑法指是指在经济法、行政法等非刑事法律中附带加以规定的，据以调整特定社会关系的罪刑规范，是全国人民代表大会及其常务委员会通过的非刑事法律中所包含的有关犯罪、刑事责任和刑罚的条款。附属刑法一般只是重申刑法典的内容，并无特别的实质性的规定。旧刑法典适用期间，立法机关共颁布了 130 余个附属刑法条文。新刑法生效后，这些附属刑法条文均已被吸收到刑法典之中。目前我国没有典型的附属刑法。

4. 刑法立法解释

刑法立法解释是由立法机关通过立法程序对刑法条文含义进行的阐释，是相对比较迅速和稳妥地使法律适应时势的手段。

有的学者认为，刑法有权解释具有从属于刑法立法的性质。它附属于刑法并包含于刑法之中，而不是独立地存在于刑法之外，不属于刑法渊源。我们认为，刑法有权解释分为刑法立法解释和刑法司法解释。后者由于解释的主体、范围等原因而被排除在刑法渊源之外，但前者另当别论。刑法立法解释的主体是全国人大常委会，立法解释程序与立法程序没有什么区别，立法解释是有关国家机关为进一步明确法律具体含义或针对法律制定后出现的新情况而明确适用法律依据所进行的解释，如《关于〈中华人民共和国刑法〉第九章渎职罪主体适用问题的解释》和《关于〈中华人民共和国刑法〉有关信用卡规定的解释》，其并不附属于《刑法》中的某一个具体的条文，《立法法》还规定"全国人民代表大会常务委员会的法律解释同法律具有同等效力"，可见法律解释本质上属立法活动。刑法立法解释的必要性与合理性有待深入研究，但从现有的刑法立法解释来看，它们有相对的独立性，并不完全依附于《刑法》中的条文。

5. 民族自治地区变通或补充的刑法规范

《刑法》第 90 条规定："民族自治地方不能全部适用本法规定的，可以由自治区或者省的人民代表大会根据当地民族的政治、经济、文化的特点和本法规定的基本原则，制定变通或者补充的规定，报请全国人民代表大会常务委员会批准施行。"

6. 我国加入的含有刑法规则的国际条约与协定

国际条约与协定对签约国有约束力。我国政府签订的国际条约与协定是我国法律的渊源之一。如 1988 年全国人大常委会批准加入了《禁止酷刑和其他残忍、不人道或有辱人格的待遇或处罚公约》，特别是 1998 年签署了《公民权利和政治权利国际公约》。这意味着国内刑法的内容必然要与国际公约中人道主义精神相协调。1997 年《刑法》第 49 条对于审判时怀孕的妇女以及犯罪时不满 18 周岁的人不适用死刑的规定，在某种意义上可以看作是对《公民权利和政治权利国际公约》相关内容的认可和接受。刑事审判可以援引我国已经签署或者加入的国际条约中的刑法规范作为判决的法律依据。但我国加入的含有刑法规则的国际条约与协定是不是我国刑法的直接渊源，学术界观点不一。有的学者认为它是我国刑法非正式的渊源。

## 三、刑法准正式渊源

1. 司法解释

刑法司法解释是否属于刑法渊源之一，刑法学界与司法实务界看法不尽相同。[1] 从实际情况来看，刑法司法解释由于它的具体性、实用性，其在各级法院审判中的实际作用有时甚至超过了法律本身，具有普遍约束力。但有的刑法司法解释"创造"了法律规范，有越权之嫌。严格来讲刑法司法解释本质上属于司法适用的一个环节。承认司法解释是刑法的组成部分，无疑会降低立法机关法律地位和模糊司法机关的性质。[2]

我们认为，刑法司法解释是介于刑法正式渊源与非正式渊源之间的准正式渊源。刑法司法解释可以分为规范性解释和个案性解释。

在法律上，只有最高人民法院和最高人民检察院才能制定司法解释，但实际上高级人民法院和中级人民法院也在制定指导辖区司法审判的规范性文件，"这些文件无司法解释之名，但有司法解释之实"。[3]

2. 准司法解释

有时，最高司法机关还与其他有关部门共同对刑法适用中的问题进行解释，

---

① 许多学者认为刑法司法解释不是刑法的组成部分。罪刑法定原则之中的"法"不包括司法解释。法院是法律的适用机关，不享有创制法律规范的权能。

② 不过，刑法司法解释在刑法渊源中没有一席之地，不等于可以轻视它，司法考试试题中就有不少题目直接出自刑法司法解释，只有掌握刑法司法解释才能学好刑法学。

③ 陈兴良：《教义刑法学》，中国人民大学出版社 2010 年版，第 51 页。

这可视为"准司法解释"。最高人民检察院、解放军总政治部颁发的《军人违反职责罪案件立案标准的规定》（2013年3月28日起施行）。该规定进一步对《刑法》第10章规定军人违反职责犯罪行为进行阐释和细化，明确了案件立案标准。

### 四、刑法的非正式渊源

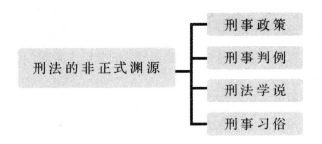

刑法的非正式渊源是指虽不构成刑法的组成部分，但对理解、适用刑法具有辅助和参考作用的文件和文化观念。

1. 刑事政策

刑事政策是对付犯罪的政策，但"刑事政策"是一个歧义丛生的概念。刑事政策属于公共政策，它是指国家或执政党根据本国犯罪态势，基于控制、预防犯罪的目的，在刑事立法、刑事司法和刑事执行领域所制定、执行的策略、方针和行动准则。

刑事政策包括刑事立法政策、刑事司法政策与刑事执行政策。刑事立法政策主要是指国家的立法者在制定刑事法律规范时所采取的有关的方针、策略、措施。我国第一部刑法典立法时就有"宜粗不宜细"的刑事立法政策。刑事司法政策与刑事执行政策主要是指在刑事法律规范适用过程中或对犯罪人的刑罚执行过程中制定或执行的政策、策略，例如我国的"严打"政策和"宽严相济"的刑事政策。

从1949年10月1日新中国成立到第一部刑法典于1979年7月6日颁布以前，我国有将近30年的时间里实际上把刑事政策作为定罪量刑的依据。现行刑法中仍然体现了党和国家的刑事政策的精神，如"惩办与宽大相结合"的政策原则。所以，学者们普遍认为刑事政策应为我国刑法的一种非正式渊源。

2. 刑事判例

判例是普通法系国家的法律渊源之一。在我国，刑事判例并未成为刑法的正式渊源。罪刑法定原则不允许通过判例去补充、修改制定法，我国刑事判例仅存在于对现行制定法进行解释的场合。

自1985年最高人民法院公报创刊时起，即开始以公报形式发布经最高人民法院审判委员会讨论同意公布的刑事案例。这些案例要么属于新类型案件，要么属于复杂疑难案件，要么是在全国具有重大影响的案件。这些刑事案例都有详细的事实、判决理由和结果，蕴含了深邃的法律意义。它克服了制定法固有的滞后性、模糊性，适应了社会生活的千变万化，以其典型性、真实性、公正性和权威性在司法实践中成为了最高人民法院指导地方各级人民法院审判工作的重要工具。所以，刑事判例不失为我国刑法的非正式渊源。

3. 刑法学说

刑法学说对刑事司法活动具有潜移默化的说服力和影响力，因此刑法学说是我国刑法的非正式渊源。刑法学说是指社会组织、专家学者、法律工作者通过专著、教科书、论文、案例分析以及对刑法典的注释等方式表达的刑法理论观点，如权威刑法学家的著作，全国人大、法院高层领导的论述，法学研究机构编写的刑法论文集，普法宣传部门选编的刑法案例，学者们在报纸杂志上发表的刑法论文。其中有的属于一般性的学理解释，有的则是对刑法学基本原理的原创性研究。在历史上，古罗马五大法学家的著作曾起到法律渊源的作用，法谚云"法学家创造了罗马法"。当今各国权威刑法学家的理论主张无疑对刑事立法和司法具有一定的影响。在司法实践中，在司法官的内心推理过程中，总要接受一定的刑法学说，以其作为处理刑事案件的理论根据。有时同一合议庭的法官对同一案件的看法判若云泥，原因就在于出自不同的师门，接受的刑法学熏陶不同。

4. 刑事习俗

（1）刑事习俗的概念。"刑事"即有关犯罪的；"习俗"即习惯、风俗，是指人们逐渐养成的，习以为常的行为方式、倾向或社会风尚。在刑法非正式渊源中，刑事习俗是作为一种文化观念或作为事实上的"习惯法"出现的。在不作为犯罪中，不作为犯罪违反的是什么义务？理论上有的学者主张习惯义务或公序良俗要求履行的作为义务也应包括在内，国外已经有类似的立法例，如德国刑法第330条规定："意外事故或公共危险或遇难时有救助之必要，依当时情形又有可能，尤其对自己并无重大危险而且不违反其他重要义务，而不救助者，处一年以下自由刑或并科以罚金。"法国和意大利也有类似的立法。日本刑法也将一般日常生活习惯上或一般道义上的要求包括在不作为法律义务中。

（2）刑事习俗成为刑法非正式渊源的理由。直至今日，习俗依然是维护正常社会生活秩序的极为重要的非正式规则，"是人们理解构成要件和判断行为的违法性时，必须考虑的因素"。① 刑事习俗影响着司法审判人员对刑法规范的理解，从而对定罪量刑有着一定的影响力，起着补充、说明刑法规范的作用，因此刑事习俗可以列入刑法非正式渊源。

（3）刑事习俗对处理少数民族地区少数民族人员犯罪具有特别重要的意义。刑法非正式渊源中的刑事习俗与少数民族政策有着千丝万缕的联系。从某种意义上说，刑事习俗是指少数民族地区少数民族的刑事习俗。1986 年 3 月 24 日最高人民检察院《关于〈人民检察院直接受理的法纪检察案件立案标准的规定（试行）〉中一些问题的说明》② 规定："根据宪法、婚姻法有关规定的精神和司法实践，各自治区和少数民族集居较多的省，可根据本地的实践情况和少数民族的婚姻、风俗习惯，对重婚罪的立案标准做出相应的变通规定，但须报最高人民检察院备案。""根据当地民族的政治、经济、文化的特点"就意味着考虑当地的习俗，可见《刑法》对刑事习俗作为刑法的非正式渊源并未否定。

少数民族独特的风俗习惯中存在着一些被现代文明认为是犯罪的现象。风俗习惯乃至因风俗习惯所实施的行为，当地少数民族与外地人对其有着不同的价值评判。即使真正落后、野蛮的风俗习惯，也需要逐步地改变。经过几十年党和政府的教育和引导，特别是改革开放的洗礼，少数民族的生活方式和习惯发生了很大的变化，风俗习惯也以潜移默化的方式在不知不觉地发生变化，但少数民族风俗习惯中与现行刑法不一致的地方仍然是不容回避的现实。③ 对因少数民族风俗习惯而触犯刑法的，在处理上要原则性与灵活性相结合，有时需要做变通处理：

第一，在定罪方面，抢婚行为一般不认为是犯罪；对通过批评教育解除事实重婚关系的一般不再追究刑事责任；对因当地风俗习惯而争"坟山"、"屋场"及争山林田地而发生群体性事件时，一般只处罚首要分子，对其余人员只

---

① 张明楷：《刑法学教程》，北京大学出版社 2007 年版，第 12 页。

② 该文件目前已失效。

③ 新中国成立初期，西盟佤族地区有的村寨还残留着为求五谷丰登不惜杀人祭天的旧习俗，"毛泽东同志谈到这个问题时，一直以商量的语气与佤族首领交谈，最后说：'这事还是由你们民族商量解决吧。'"吴大华："论'两少一宽'刑事政策及其刑法对少数民族的特殊保护"，载《刑法问题与争鸣》2004 年第 1 辑，中国方正出版社 2004 年版，第 132 页。

批评教育。有些地方的苗族有"60年娘家"的风俗习惯,[①] 即女子出嫁后在丈夫家受虐待,特别是出嫁女子在丈夫家自杀,娘家同一大房族的人都会到其丈夫家"讨说法",想和解的一般杀猪请酒,大事化小;闹僵了的则对丈夫家打砸抢,众人故意毁坏财物。一般来说,不出人命案便不会追究行为人的刑事责任。

第二,犯罪故意与过失等要素,往往以社会一般习惯作为判断的客观标准。有些少数民族青年男女结秦晋之好,洞房花烛之夜男方房族有"闹洞房"之俗,对闹洞房中男性的有些行为不能定为"强制猥亵、侮辱妇女罪"。

最后,量刑时参考习惯、文化观念,例如对"大义灭亲"者一般从轻处罚。

# 第四节　刑法体系

## 一、刑法体系的概念及其与刑法学体系的关系

### 1. 刑法体系的概念

刑法体系(有的书中称之为"广义的刑法体系"),是指刑法各种渊源之间相互联系和相互制约而构成的一个有机整体。本书中讲的刑法体系,是指刑法典的组成和结构,也就是刑法篇章的构成和刑法范围的表达形式。

刑法体系这一刑法学基础理论问题历来为我国刑法学界所忽视,问津者寥寥无几。毋庸置疑,刑法体系不仅与法学教学内容和法律院校教学计划有直接关系,而且对刑事立法、司法实践、刑法研究规划、法学图书资料分类等工作,都具有举足轻重的意义。

### 2. 刑法学体系与刑法体系的关系

刑法学体系与刑法体系既有联系,又有区别。后者是刑法基本内容在条文结构上的组合排列,是刑法组成单位的构成和刑法范围的表达形式,是法律体系的一个组成要素。前者作为一种理论的体系是指刑法学理论内容的排列组合形式。刑法学的体系既要参考刑法的体系,但又不局限于刑法的体系,它是按照刑法学理论的内在联系和研究对象的特殊性,并照顾到叙述的方便而排列起

---

① 作者家乡少数民族人口占总人口62%,存上古之风,被联合国教科文组织誉为"没有污染的神奇绿洲",这个湘西南的县里的少数民族中现在仍然存在这些风俗习惯。

来的。一国刑法体系的范围一般是本国的全部现行法，而一国刑法学体系的范围却可以包括古今中外一切刑法、刑法思想以及国际刑法、比较刑法等等。

## 二、刑法典的体系

### 1. 层次结构

刑法典共 452 条，6 万多字。其中总则 101 条，分则 350 条，附则 1 条。其结构为：最大单位为编，编之下又根据法律规范的性质和内容有次序地划分为章、节、条、款、项等层次。另外，在有的条款里还有"段"以及"但书"的情况。

（1）编。编是刑法典的第一级单位，我国修订后的新刑法典从总体上分为总则、分则和附则 3 个部分。刑法总则是认定犯罪、确定刑事责任和适用刑罚的共同规则体系，刑法分则是关于具体犯罪的罪状及其相应的刑罚幅度的规范体系。第三部分为附则，仅一个条文，即《刑法》第 452 条。该条的内容：一是规定修订后的刑法典开始施行的日期；二是规定以往的单行刑法除有关行政处罚和行政措施的规定有效外，其刑事规范失效或予以废止。

（2）章。共 15 章，总则分为刑法的任务、基本原则和适用范围、犯罪、刑罚、刑罚的具体运用、其他规定 5 章，分则分为危害国家安全罪等 10 章。

（3）节。章下分节，但有的章不分节。我国刑法，根据内容决定章下是否设节。在刑法总则中，凡内容较多并且有明确的层次之分的，往往设节，否则就不设节。刑法总则的第 2、3、4 章和刑法分则的第 3、6 章，因内容庞杂而又分为若干节，这显得体例不一致，有点头重脚轻。

（4）条。章或节下为条，条是刑法典的基本组成单位，是表达刑法规则的基本单位，刑法规范通常都是以条文形式出现的。配置在各编、章、节中的刑法条文，刑法典的全部条文编号从第 1 条直到第 452 条，便于检索引用。编号自成系统，不受编、章、节划分的影响。引用《刑法》条文时直接说明引用多少条、款、项，不必说出哪一编哪一章哪一节。

（5）款。条下为款，但有的条文只有一个自然段，没有款的划分。款是条的组成单位，条下的款没有编号，用另起一行的形式来表示。例如《刑法》第 20 条有 3 个自然段，表示该条下设 3 款。刑法典中本身没有款的编号，一个条文中有两个以上自然段的，引用时按其位置顺序说明为"第多少条第多少款"。只有一个自然段的条文，只说"第多少条"，不说"第多少条第 1 款"。

（6）项。款以下为项，项是某些条或款之下的组成单位，用（一）、（二）、

（三）等基数号码表示，但各条、款下并非都存在项。一般来说，列为项的内容之间往往具有并列关系，并共同从属于条或款。例如，《刑法》第 34 条第 1 款下有 3 项。条下只有 1 款，该款又有几项的，引用时写成"第多少条第多少项"。

有的地方还有"目"，一般来说，目是某些条与款之下设立的单位，但目可能设于节下条上。

（7）条款中的"段"。有的条款里包含有两层以上的意思，用分号或者句号予以划分，分别称之为前段、后段；或者前段、中段、后段。例如《刑事诉讼法》第 52 条第 1 款中，"人民法院、人民检察院和公安机关有权向有关单位和个人收集、调取证据"这一段文字叫"前段"；"有关单位和个人应当如实提供证据"这一段文字叫"后段"。

**2. 但书**

"但是"后面的部分，学理上称之为"但书"。我国刑法中的但书，刑法理论界一般认为有以下几种情况：第一，前段的补充，例如，《刑法》第 13 条在正面规定了什么是犯罪之后，接着用但书指出："情节显著轻微危害不大的，不认为是犯罪。"第二，前段的例外，《刑法》第 65 条前段规定了一般累犯的概念并"应当从重处罚，"，后段规定"但是过失犯罪除外"。第三，前段的限制，例如《刑法》第 69 条第 1 款前段规定了数罪并罚的原则，后段但书是限制，"但是管制最高不得超过 3 年，拘役最高不得超过 1 年，有期徒刑最高不得超过 20 年"。

# 第五节　刑法解释

## 一、刑法解释的概念与意义

法律语言以自然语言为载体，自然语言的不确定性导致法律概念的含混或模棱两可。刑法的抽象性、概括性与现实行为的生动性、多样性之间的矛盾，刑法的稳定性与不断变化的社会之间的矛盾，决定了刑法解释的存在有其必要性。清晰性要求是合法性的一项最基本的要素，如《刑法》规定保护野生动物，北京动物园伤害动物的案件引起争议，动物园的动物是"野生状态"还是具有"野性的"动物？法律规定语焉不详。

刑法的解释是指对刑法内容和条文含义的阐明。刑法的解释，可以从不同角度进行分类，理论上一般是从解释的效力和解释的方法上加以区分。从解释的主体和效力上，可分为有权解释（包括刑法立法解释和刑事司法解释）和学理解释。[①]

刑法的解释是理解刑法、适用刑法的重要环节。日本刑法学者大谷实说"狭义刑法学就是刑法解释学"。[②] 王泽鉴先生认为，"法律的解释，乃成为法律适用的基本问题。法律必须经由解释方可适用……解释法律，系法律学的开端，并为其基础，系一项科学性的工作，但又为一种艺术"。[③] 刑法解释有助于人们正确理解刑法规定的真实含义与立法精神，防止规避刑法的行为；有利于刑法的统一正确实施，防止同案异判；有利于发现和弥补现行刑法的某些缺陷，纠正刑事立法的失误；有利于刑法的发展和完善，根据立法意图与时俱进，赋予某些条文新的含义。

## 二、刑法解释的原则

1. 遵守宪法和刑法基本原则

这条原则可以简称"合法性"原则。但这里讲的"合法"是指符合宪法的要求和刑法基本原则的要求。刑法解释的首要原则就是要遵守宪法和刑法的基本原则。

宪法是国家根本大法，所有法律解释不得违背宪法，刑法解释无论是有权解释还是学理解释，都应遵守宪法。《刑法》第 240 条规定了"拐卖妇女、儿童罪"，在解释犯罪对象时，应以性别和年龄为解释标准，如将生活作风不好等为由将有关妇女排除在犯罪对象之外，就违反了法律面前人人平等这一宪法原则的要求。

刑法三大基本原则是刑法解释的基本准则。例如《刑法》第 333 条第 2 款规定非法组织卖血罪、强迫卖血罪中"对他人造成伤害"的转化为"故意伤害

---

① 学理解释就是由法学研究机构、政法院校以及其他专家、学者对法律所作的解释，通常表现为教科书、专著、论文、专题讨论、专题报告、调查研究等。这种解释在法律上不具有约束力，但是正确的学理解释，无论对于法律宣传，还是对立法和司法工作都具有重要作用。大陆法系国家的法律被称为"法学家法"。在我国，学理解释者应为立法解释、司法解释提供理论依据，而不能事先要求有权机关作出解释，然后将有权解释内容录入自己的论著。遇到某个有争议或者疑难问题时就表示"这个问题有待立法或司法解释"，这在我国已司空见惯。探赜索隐是学者的天职，这种现象不知是昭示学者失职还是学者人微言轻。

② 〔日〕大谷实：《刑法讲义总论》，黎宏译，中国人民大学出版社 2008 年版，第 11 页。

③ 王泽鉴：《法律思维与民法实例》，中国政法大学出版社 2003 年版，第 260 页。

罪",但"造成伤害"是否包括轻伤?基于罪责刑相适应原则,应解释为只包括重伤和致人死亡。刑法解释不能违背刑法基本原则,否则,即使有权解释也是无效的。司法解释中曾出现有意无意地背离刑法基本原则的现象。①

2. 不得越权解释或超越文字的可能含义

刑法解释不得超越解释限度,超越限度的刑法有权解释是对罪刑法定原则的违反。我国只有"两高"才能制定司法解释,但是目前的司法解释存在多层次的局面:非适格主体同适格主体联合发布的解释层出不穷,比如两高经常同公安部、司法部联合发文对某一犯罪的定罪量刑标准加以解释;实际起到司法解释效力的"两高"的准刑事司法解释大量存在;部分地方法院的"地方司法解释"作为内部行文转发法院内部或给下级法院参考。从解释主体来看,这些刑法解释都是越权解释。另外,"两高"的司法解释中也有创制新的刑法规范的现象,有侵犯立法权之嫌。越权刑法解释实际上都是违法的,都应予以撤销,但在我国,目前的立法没有建立相应的撤销机制。在英美法系国家,法律解释的"普通词义规则"要求法官进行法律解释时必须适用法律全文中的通常含义。

对于学理解释而言,刑法解释应当局限在"文义射程之内",即解释的限度是刑法条文的可能含义,超出文字的可能含义或超出文字的边缘含义,学理解释就成了随心所欲的个人偏见。如《刑法》第240条规定了"拐卖妇女、儿童罪",实践当中发生过拐卖成年男子的案件,妇女、儿童的含义明确,其外延无论如何也不能包括成年男子,否则超出了文字的可能含义。

学理解释者在法律允许的言论自由范围内,无须仰人鼻息,可以发表个人独到的见解。但是,学理解释不能从解释者个人主观愿望出发,随心所欲地解释,不得歪曲刑法条文的本意,不得规避刑法,断章取义。

3. 合理性原则

"理",即公理、道理。合理性原则要求刑法解释体现社会公理,符合社会

---

① 法释〔2000〕33号文件第5条第2款与第7条两处规定共同过失犯罪。例如第5条第2款明文规定:"交通肇事后,单位主管人员、机动车辆所有人、承包人或者乘车人指使肇事人逃逸,致使被害人因得不到救助而死亡的,以交通肇事罪的共犯论处。"《刑法》第25条明文规定"共同犯罪是指2人以上共同故意犯罪",有的学者认为这两处规定直接违反了罪刑法定原则,突破了我国刑法关于共同犯罪的立法规定。我们认为,就交通肇事罪而言,不存在共同过失犯罪;但肇事后单位主管人员、机动车辆所有人、承包人不积极抢救受害人,反而指使肇事人逃逸,放任受伤者死亡,单位主管人员、机动车辆所有人、承包人与司机的行为本应构成不作为的间接故意杀人罪,在这种故意的情形下才形成共犯。但司机交通肇事致人死亡已经作为加重结果包含在交通肇事罪的犯罪构成中,不宜重复评价。因此,单位主管人员、机动车辆所有人、承包人的行为似乎可以形成间接共犯;司机只要在逃逸过程中不另外犯罪,应依法按交通肇事罪的结果加重犯处理。

正义。合理性在此是指合乎情理、公理、道理。中国古代的法官就叫"理官"，法官的职责就是理清是非，依理裁决纠纷。法即常理，制定法是对常理的宣告。但是制定法不可能穷尽常理，常理在制定法外始终存在。因此，定罪量刑有时要考虑制定法之外的常理。① 西方法官的自由裁量、自由心证，中国古代的以经决狱就体现了刑法解释的合理性原则。

英美法系国家法律解释的"黄金规则"类似于合理性原则，它研究如何通过灵活的解释克服僵硬法条及其机械适用可能带来的荒谬结果，其中心内容就是：法官可以根据立法意图改变法律术语的字面含义，或者插入一些可以认为立法意图中必然暗含的义项，或者省略字面含义的某些内容，以避免出现荒谬的结果。②

现实生活中，由于法律的滞后性，可能出现"合法不合理，合理不合法"的现象。在合法性与合理性性二者发生冲突的情况下，尤其要关注合理性，"法官的责任就是当法律运用到个别场合时，根据他对法律的诚挚的理解来解释法律"。③ 例如，《刑法》第316条第1款规定的脱逃罪的主体是"依法被关押的罪犯、被告人和犯罪嫌疑人"，"事实上无罪被关押的人可以成为本罪的主体。他们应该按照正常的诉讼程序来对自己的合法权利进行救济，而不应采取脱逃这种极端方式"。但是"事实上无罪却被错判死刑立即执行的人在刑罚执行之前脱逃，只要未造成其他严重后果的，就不宜定为脱逃罪"④，对于无罪的人进行关押并进而定为脱逃罪不符合正义要求。

立法具有妥协性，语言表达具有局限性，社会发展具有动态性，因此可能使一些法律规范模棱两可、冲突抵牾或留下不少漏洞空白。法律是机械而僵硬

---

① 1944年，德国一个士兵回家探亲，在妻子面前发泄对希特勒等人的牢骚与不满。其妻子在他服兵役期间红杏出墙，乘此机会试图借刀杀人，以便与奸夫长期厮守。该士兵离家返队后，妻子随即向当地纳粹党头目告密，揭发丈夫对元首不满的言论。后来，德国军事法庭判处其丈夫死刑，因前线战事吃紧，兵力不足，该士兵被短暂关押后又被送往前线。"二战"结束后，该女子因告密并使丈夫受到囚禁而被控诉。在法庭上，该女子声称根据当时有效的法律，她丈夫的言论已经构成犯罪，她告发丈夫是大义灭亲，是合法的。法庭根据正义、良知的原则，认为当时希特勒的法律违背正常人的正义观念，不能被视为是法。

② 在当今中国，法律解释坚持合理性原则，具体就是要求做到：第一，符合社会现实和社会公理。第二，尊重公序良俗。第三，顺应客观规律和社会发展趋势，尊重科学。第四，以党的政策和国家政策为指导（因为政策更具有灵活性，更能及时反映社会发展的实际需要）。——参见葛洪义主编：《法理学》，中国政法大学出版社1999年版，第391-393页。

③ 《马克思恩格斯全集》第1卷，人民出版社1995年版，第178页。

④ 高铭暄、马克昌主编，赵秉志执行主编：《刑法学》，北京大学出版社、高等教育出版社2011年版，第561页。

的，为了实现普遍正义，往往要损害个案公平。许霆案的改判在一定程度上是贯彻"合理性原则"的结果。

### 4. 遵守语法与逻辑规则

合乎逻辑是一切理性要求的底线，违反逻辑就没有任何理性可言。古希腊思想家苏格拉底告诫人们：你要表达就必须尊重逻辑。大陆法系的法官，裁判案件的过程中，遵循着一个严格的形式逻辑三段论，即形式逻辑中直言三段论的第一格（又叫"审判格"）：大前提是法律规范，小前提是案件事实，由此推出结论是判决结果。

刑法是一种规范体系，内容和形式都具有严谨的逻辑性，标点符号的改动都可能导致刑法内容面目全非。对刑法的解释如果语无伦次，同一术语异处异义，观点自相矛盾，模棱两可，必然使人无所适从。因此，在刑事审判活动中，无论是进行上述三段论的推理，还是找法、释法、用法三部曲，都必须遵守语法规则和逻辑规则，这是各国刑法解释最起码的共同要求。①

### 5. 文理解释优于论理解释的原则

最高人民法院《关于审理行政案件适用法律规范问题的座谈会纪要》曾对法律解释方法的运用次序问题发表指导性意见：人民法院对于所适用的法律规范，一般按其通常语义进行解释；有专业上的特殊含义的，该含义优先；语义不清楚或者有歧义的，可以根据上下文和立法宗旨、目的和原则等确定其含义。

## 三、刑法解释的方法

黑格尔指出，方法是关于"逻辑内容的内在自身运动的形式的意识"。② 刑法解释的方法有多种，以下介绍刑法适用中常用的一些解释方法。

### 1. 文理解释

文理解释（又称文义解释、语义解释、语法解释）有"黄金规则"之称，刑法解释最基本的方法，指按照法律条文用语及其通常使用方式，对法律文本的本身含义作出的说明，包括对用词、语法、表述方式、标点符号等从字面含义上进行的解释。文理解释方法又可以分为字面解释和语法解释。前者主要是对法律条文所使用的词汇予以注释；后者主要是对法律条文的词组联系、句子

---

① 刑法理论认为"正当防卫是合法行为"，《刑法》第 20 条第 2 款前段却规定"正当防卫明显超过必要限度造成重大损害的，应当负刑事责任"，是立法的疏忽还是法学理论的失误，矛盾律在此只能噤若寒蝉。

② 黑格尔：《逻辑学》，商务印书馆 1966 年版，第 36 页。

结构、文字结构、文字排列及标点符号等进行语法结构的分析。

文理解释方法是刑法解释中最主要的解释方法，也是首选的解释方法。遇到典型的刑事案件时，就可以按照文理解释的方法"释法"。

文理解释包括两种方法：第一，通用解释。在通常情况下，解释为公众所认可并使用的词语意义，例如"杀人"解释为剥夺他人生命的行为，"伤害"解释为侵犯他人身体健康权的行为。第二，特殊文意解释。即对刑法使用的专门词语，按照法律的习惯意义甚至专门以刑法的含义加以解释。例如自然语言中的"行为"指积极的作为，但刑法上的行为包括"不作为"；刑法上的"卖淫"指非法的性交易，包括同性之间的性交易；"妇女"一般指18岁以上的成年女性，刑法中"奸淫被拐卖的妇女"中的"妇女"应特别解释为所有女性。

文理解释的必要性在于：

首先，文字语言作为制定法的载体，不可能绝对精确地表达立法者的思想。刑法内容是由文字表达的，刑法用语以普通用语为基础，这就决定了其需要解释。除了数字等实在难以解释的用语以外，其他法律用语都有很大的解释空间。

其次，语言本身有模糊性。任何语言包括法律语言都不是精密的表意工具，即使刑法用语核心意义明确，也总会出现用语"淡化"现象，随着由核心向边缘的扩展，其外延越来越模糊，语言含义会变得越来越不确定，在一些"边缘地带"，需要通过解释来明确刑法用语的本来含义和扩展边际。

再次，绝大多数词语是多义词，需要通过解释界定刑法用语的义项。例如刑法中的"暴力"就是一词多义，将人杀死、致人重伤属于暴力，一般性的伤害也属于暴力，甚至轻微殴打也可以算作暴力。在某个条文中出现的"暴力"一词究竟是什么含义必须通过解释才能明确其内涵。抢劫罪中要求的"暴力"就可以包括杀人，暴力危及飞行安全罪中的"暴力"就不包括杀死，而妨害公务罪中的"暴力"则只限于轻伤，连重伤都不包括。

最后，词语随着社会发展会产生新的义项，需要通过解释明确刑法是否容纳新的含义。例如，《刑法》第358条规定了组织卖淫罪，本罪的犯罪对象即"卖淫"者传统为女性，组织女性向男性卖淫，这是常见的、一般人都能预想到的含义。现在出现了组织男性向女性卖淫、组织男性向男性卖淫、组织女性向女性卖淫等过去未曾有过的现象。这是否构成组织卖淫罪？司法实践中存在过争议。其实法条并未规定卖淫仅为女性向男性卖淫，因此组织男性向女性、组织男性向男性和组织女性向女性卖淫也应该构成组织卖淫罪。①

从解释词语的字面意义来讲，文理解释包括四个方面：一是刑法中所用的普通语词，如财产、军人、盲人、14周岁等等，按照词语的通常意义进行解释即可。二是自然语言和刑法中都有但在刑法上有其专门涵义的术语。如《刑法》第4条"对任何人犯罪，在适用法律上一律平等"一语中出现了自然语言中也有的"人"的概念，在自然语言中，"人"是指"自然人"，而刑法中的"人"包括自然人和其他犯罪主体。三是刑法中的刑法专门术语。如罪刑法定、犯罪、主犯、累犯、数罪并罚、附加刑等等，应该作为法律概念进行解释，其基本含义应在《刑法》中探赜索隐，寻找答案。四是刑法中使用的技术性术语。如精神病人、发明、肢体残废、放射性、传染病病原体等等，应该依据各门学科已经界定的含义和标准进行解释，而不能由解释者自行界定含义和标准。

法律条文应按其字面的、文字的、最惯用的意义来解释。但应注意：第一，刑法词语具有相对性，同一词语在不同法条中可能具有不同含义。例如在抢劫罪中"暴力"包括故意伤害甚至故意杀人，但在妨碍公务罪中仅指轻伤，否则转化为故意伤害罪。第二，如果文理解释产生多种可能存在的解释结论时，应当继续采取论理解释中若干解释方法求得更为合理的结论。第三，如果字面意义的应用会在某宗案件中产生极为不合理的、令人难以接受和信服的结果，应采用变通的解释，无须死板地依从字面上的意义，以避免这种与公义不符的结果。

2. 论理解释

论理解释是在文理解释之外寻求解释依据的解释方法的统称，如参酌立法背景、沿革、目的、社会需要等因素（依据）阐明刑法真实含义的解释方法。对论理解释，按照使用方法（依据）的差异，又可细分为：当然解释、反对解释、补正解释、体系解释、历史解释、比较解释、扩大解释、缩小解释等。论理解释是按照立法精神，联系有关情况，从逻辑上所作的解释。其主要特点是，

---

① 2003年1月至8月，被告人李某为了营利，先后与他人预谋，采取张贴广告、登报的方式招聘男青年做"公关人员"。李某指使他人对公关先生进行管理，并在其经营的酒吧内将多名"公关先生"多次介绍给男性顾客，由男性顾客将"公关人员"带到指定场所从事同性卖淫活动。东窗事发后，辩护人提出，刑法及相关司法解释对同性之间的性交易是否构成卖淫未作明文规定，而根据有关辞典的解释，卖淫是指"妇女出卖肉体"的行为。因此，组织男性从事同性卖淫活动的，不属于组织"卖淫"，依照罪刑法定原则，李某的行为不构成犯罪。法院认为，卖淫就其常态而言，虽是指女性以营利为目的，与不特定男性从事性交易的行为；但随着立法的变迁，对男性以营利为目的，与同性和不特定女性从事性交易的行为，也应认定为卖淫。

从条文的内部结构关系及条与条之间的相互联系上，探求立法的意图，阐明立法的主要精神。对于历史解释即"沿革解释"，有的学者认为其不是对刑法条文的含义从逻辑上所作的解释。

（1）扩张解释。它又叫"扩大解释"、"扩充解释"，是超过被解释对象的字面日常含义对刑法规范所作的解释，一般是扩展、使用该字词较为边缘的含义，但没有超出一般国民的预测可能性。从逻辑上来讲，是基于立法目的而扩大了外延。例如，《刑法》第49条规定"审判的时候怀孕的妇女，不适用死刑"，该条文中"审判的时候怀孕"扩张解释为"从羁押到执行"的整个诉讼过程。又如，对《刑法》第384条挪用公款罪中"挪用公款归个人使用"，2002年4月28日全国人大常委会将"个人使用"作了扩张解释。2004年12月29日全国人大常委会对"信用卡"的解释也是扩大解释。再如：《刑法》第196条中的"信用卡"包括不具有透支功能的普通银行借记卡；第205条"出口退税、抵扣税款的其他发票"是指除增值税专用发票以外的，具有出口退税、抵扣税款功能的收付款凭证或者完税凭证；第238条中的"债务"包括非法债务；第326条中的"文物"包括"刑法有关文物的规定，适用于具有科学价值的古脊椎动物化石、古人类化石"；第341条中的"出售"包括"出卖和以营利为目的的加工利用行为"。

刑法中"破坏交通工具罪"中"汽车"一词是否包括"拖拉机"？按照《现代汉语词典》的解释，汽车是指用内燃机做动力，通常有四个以上橡胶轮胎，因此大型拖拉机应当归入"汽车"之列。

扩大解释是目前刑法解释中适用最多、最常见的解释方法之一，但容易与类推解释相混淆。其区别是：扩大解释注重的是对法条词语内涵外延的解读，类推解释注重的是两类案件事实的整体比较；扩大解释并未超出该词语所可能具有的含义范围，如果完全超出该词语所可能具有的含义范围，对刑法进行解释，则属于违反罪刑法定原则的类推解释。扩大解释与类推解释的界限是相对的，违反罪刑法定原则的扩大解释实际上就是类推解释。

司法实践中曾有男性之间的"鸡奸"是否构成"强奸罪"的争论。《刑法》将强奸罪的对象限于"妇女"和"幼女"，这里的"妇女"按文理解释是指已满14周岁的女性；如作扩大解释，则为所有女性；但如解释为包括男性在内的"人"，则为类推解释。刑法允许有利于被告人的类推解释，但罪刑法定原则禁止不利于被告人的有罪类推。

（2）限制解释（缩小解释）。当刑法条文的含义过于宽泛或笼统时，可以从概念的外延缩小范围（实际上是通过增加概念内涵的方法），这种解释方法叫限制解释。即当刑法条文的字面含义超出立法原意时，对刑法用语所作的比字面含义较窄的解释。例如刑法基本原则之一"对任何人犯罪，在适用法律上一律平等"，其中的"人"应作限制解释，限于有刑事责任能力的人，14 周岁以下的人、无刑事责任能力的精神病人等被排除在外。再如，1983 年 11 月 17日最高人民法院、最高人民检察院联合发布的《关于查处破坏邮电通信案件工作的通知》指出："邮电工作人员利用职务上的便利，从邮件中窃取财物，情节恶劣、后果严重的，应依照刑法第 191 条第 2 款的规定从重处罚。"这里用了"情节恶劣、后果严重"来限制对刑法上述条款的适用。可见，这是一种限制解释。《刑法》第 29 条"教唆不满 18 周岁的人犯罪的"中"不满 18 周岁"一词应限制其下限——"已满 14 周岁不满 18 周岁"，否则存在间接正犯问题。

"为境外窃取、刺探、收买、非法提供国家秘密、情报罪"中的"情报"被解释为"关系国家安全和利益、尚未公开或者依照有关规定不应公开的事项"，属于限制解释。最高人民法院对"入户抢劫"中的"户"的解释也是限制解释。

（3）当然解释（自然解释）。当然解释是指刑法规定虽未明示某一事项，但依规范目的、事物属性和形式逻辑，将该事项当然包括在该规范适用范围内的解释。如对《刑法》关于死缓两年的理解，死缓期间如果故意犯罪，查证属实后，适用死刑程序无需等到两年期满；而对于死缓中的重大立功或无故意犯罪需减为有期徒刑或无期徒刑的，必须在两年期满后才可适用。再如，《刑法》第 201 条第 4 款规定"五年内因逃避缴纳税款受过刑事处罚或者被税务机关给予二次以上行政处罚的"，构成逃税罪。那么，因逃税被给予三次、四次行政处罚又逃税的，认为更应构成逃税罪，这就属于当然解释。当然解释包括有利于被告的当然解释与不利于被告的当然解释。当然解释的推理过程为三段论式的演绎推理，结论和前提具有蕴涵关系，演绎推理是必然性的推理。

当然解释常用于"入罪解释"，即法律虽无明文规定，但依规范目的衡量，该行为比法律规定者更有适用的理由，此时"举轻以明其重"。一个行为如果在符合法条规定要素的前提下超出了该法条的要求，又没有其他可以适用的法条，则应适用该法条。例如，《刑法》第 329 条规定了抢夺、窃取国有档案罪，而抢劫国有档案比抢夺国有档案情节更严重，刑法又没有另行规定罪名，按照"举轻以明其重"的当然解释方法，抢劫国有档案应定抢夺、窃取国有档案罪。

（4）反对解释。反对解释（又称反面解释），就是根据法律条文的正面表述，推导其反面含义的解释。反对解释只有在以下两种情况下才能采用：一是法条所确定的条件为法律效果的全部条件；二是法律规定所确定的条件为法律效果的必要条件。如《刑法》第 50 条前段规定，判处死缓在缓期执行期间没有故意犯罪的，"二年期满后，减为无期徒刑"。据此，缓期执行期间没有满 2 年的不得减为无期徒刑，此即反对解释。再如，《刑法》第 64 条后半段规定："违禁品和供犯罪所用的本人财物，应当予以没收。"显然，如果不是违禁品和供犯罪所用的本人财物，当然不能予以没收。又如，《刑法》第 257 条第 1 款规定"暴力干涉婚姻自由罪"的构成要件和法定刑，第 3 款规定"第一款罪，告诉的才处理"，根据反对解释方法，没有告诉的，不得处理。

（5）历史解释（法意解释）。即在追溯、研究立法资料的基础上，探究立法者立法时的价值判断及其欲实现的目的，寻求立法原意。它是根据立法过程的变迁进行的论理解释。如诬告陷害罪的既遂标准需要运用历史解释方法。对现行《刑法》第 292 条规定的聚众斗殴罪、第 293 条规定的寻衅滋事罪的认定需要借鉴旧刑法中流氓罪的本质进行分析。再如，现在金融系统发放的具有透支功能的信用卡与没有此功能的借记卡不可同日而语，但起初它们统称"信用卡"。因此《刑法》第 196 条规定的信用卡诈骗罪中的"信用卡"应作广义的解释。2004 年 12 月全国人大常委会的立法解释就运用了历史解释的方法。

（6）补正解释。即在刑法文字发生错误时，统观刑法全文加以补正，以阐明刑法真实含义的解释方法。如《刑法》第 99 条规定："本法所称以上、以下、以内，包括本数"，而《刑法》第 63 条规定的减轻处罚是指"在法定刑以下判处刑罚"。第 63 条规定：减轻处罚的，应当在"法定刑以下"判处刑罚，其中的"以下"则解释为"不包括本数"。对第 63 条"以下"的解释不同于第 99 条的普遍解释。"以下"一个词有两种解释，实属不得已。因为第 63 条（减轻处罚）的"以下"如果也理解为"包含本数"，会导致减轻与从轻的界限不明。

（7）体系解释。遇到非典型刑事案件，"找法"后去"释法"，若刑法规范的含义存在两种以上解释可能，这时需要采用体系解释等解释方法。所谓体系解释，又称系统解释，指根据法律条文在法律体系上的位置，以及该法律条文前后的关联来系统分析它的含义、适用范围和法律效果的解释方法。体系解释着眼于法律条文在整个刑法规范以至整个法律体系中的地位，旨在克服断章取义现象和条文之间的不协调和冲突。例如，《刑法》第 237 条第 1 款的强制猥亵、侮辱妇女罪与第 3 款的猥亵儿童罪的"猥亵"含义是否相同？强制猥亵、侮辱妇女罪中的猥亵不包括奸淫行为，猥亵儿童分为猥亵女童和猥亵男童，猥亵女童不包括奸淫行为，否则构成强奸；猥亵男童包括奸淫意图与行为在内。该解释结论是基于第237条在刑法典中的位置特别是与第236条的相互关系得出的。

又如，《刑法》第133条规定，交通肇事后"因逃逸致人死亡的，处7年以上有期徒刑"。2000年11月21日《最高人民法院关于审理交通肇事刑事案件具体应用法律若干问题的解释》① 第5条第1款规定："'因逃逸致人死亡'，是指行为人在交通肇事后为逃避法律追究而逃跑，致使被害人因得不到救治而死亡的情形。"围绕此规定和司法解释曾发生激烈的争议。我们认为应该按体系解释方法来解决该争议：如果逃逸中行为人没有再违反交通运输法规而致他人死亡，那么被害人只能是逃逸前交通肇事致死之人；如果逃逸中行为人再次交通肇事而致人死亡，那么行为人重蹈覆辙，又犯了一个交通肇事罪，应该数罪并罚。

再如，《刑法》第236条关于奸淫幼女（属于强奸罪中的从重处罚情节）的规定，没有明文规定是否以"明知"为前提。按照体系解释方法，从《刑法》总则第14条中关于犯罪故意"明知自己的行为会发生危害社会的结果"的规定，完全可以得知该行为应以明知犯罪对象为幼女为前提。体系解释方法要求具体分析同一术语在刑法中不同位置时的含义差异，注意刑法用语的相对性。

（8）目的的解释。任何解释都或多或少包含了目的解释；当不同的解释方法得出多种结论或不能得出妥当结论时，最终由目的解释决定取舍。目的解释是指根据刑法规范所要保护法益的目的或实现的宗旨而做出的阐明刑法条文真实含义的解释方法。我国刑法总的立法宗旨是惩罚犯罪，保护人民；同时，每一个刑法规范的制定都有其特定的法益保护目的。刑法目的解释就是以这两个层面的立法目的为依据，对刑法条文的含义进行解释。如果不以刑法条文的目的

---

① 争议主要集中在两点：第一，"因逃逸致人死亡"是否包括故意致人死亡。按文理解释方法来解释，"因逃逸致人死亡"既包括因逃逸而过失致人死亡，也包括因逃逸而故意致人死亡的情形在内。但是，按体系解释方法来解释，规定交通肇事罪的第133条前的第132条规定的"铁路运营安全事故罪"和第133条后面的第134条规定的"重大责任事故罪"都是过失犯罪，夹在其中的第133条规定的交通肇事罪也应该是过失犯罪。另外，"因逃逸致人死亡的，处7年以上有期徒刑"处在该条文的后段，可以看出"因逃逸致人死亡"只是作为交通肇事罪的加重情节。第二，因肇事者逃逸而致死的被害人，是指原来的被撞伤者，还是指肇事者逃逸过程中另外的被撞死者，抑或二者兼有？按文理解释，从字面意思来理解，似乎二者兼有。但按体系解释方法来分析，因肇事者逃逸而致死的被害人仅限于行为人逃逸前交通肇事所撞伤之人。

为指导，只是通过查阅汉语工具书探求成文刑法含义的解释方法，不可能得出符合刑法条文目的的解释，从而不能正确理解刑法。如《刑法》第259条规定的破坏军婚罪，与现役军人的配偶结婚者构成此罪毫无疑问，但对军人的配偶能否以破坏军婚罪的共犯或重婚罪论处？刑法设置此罪的目的就是要保护军婚，如对军人的配偶以破坏军婚罪的共犯或重婚罪论处，不是又一次破坏了军婚吗?!

《刑法》第316条规定了脱逃罪，司法实践中事实上无罪但依法被刑事羁押的人能否成为本罪主体？依据目的解释，刑法具有保护法益和保障人权的双重目的，只要司法机关的关押行为在行为当时具有合法性，即符合当时法定的程序和实体条件，就应认为是"依法被关押"，这样的人可以成为本罪主体。

立法目的有的是明示的，有的则隐藏在法律规定之后。目的是主观的，对刑法条文的立法目的容易解释成虚无缥缈的东西。刑法条文的立法目的可以通过揭示犯罪目的来探赜索隐。

3. 逻辑解释

遵守逻辑规则是所有刑法解释方法的必要条件。有的学者将逻辑解释方法与体系解释方法相提并论。我们不敢苟同。逻辑解释方法是指运用形式逻辑的方法，对法律概念之间的关系和法律规范的内容、结构、适用范围等进行分析，以求得对法律规范的统一理解，避免前后矛盾，排除语义的模棱两可现象。其特点是不把有关法律条文看作一个孤立的片面材料而是从这一法律的整体来探求该条文的含义。

# 第二章　刑法基本原则

## 男性之间鸡奸不为罪案

**案情：** 某男，16岁，在某酒店上班时被38岁男老板强暴，被害人母亲将施暴老板告上法庭。2004年12月9日辽宁省大连市某区人民法院对此案作出一审判决，认为这种同性间性暴力造成的伤害不亚于异性间的性暴力行为，但因缺少法律规定，只判令男老板赔偿5万余元，公安机关也只是对该老板进行了15天的行政拘留。

**问题：** 第一，根据刑法规定，该男老板的行为是否构成犯罪？① 第二，如何理解罪刑法定原则？第三，如果被鸡奸的是男童，如何处理？

**提示：** 第一，我国刑法没有规定同性之间的暴力鸡奸行为是犯罪行为。第二，如果受害人是男童，在刑法修订以前，曾对鸡奸男童类推奸淫幼女罪，后来按流氓罪处理，现在可以按猥亵儿童罪论处。

**第2章思考题：**

1. 简述刑法基本原则的概念与特征
2. 我国刑法有哪三大原则
3. 简述刑法基本原则的例外
4. 试述罪刑法定原则及其派生原则
5. 试述适用刑法平等原则
6. 试述罪责刑相适应原则
7. 简述主客观相统一的理论原则

---

① 一些国家和地区，如德国、法国、意大利、加拿大、俄罗斯以及我国台湾地区的刑法今非昔比，规定男性也可成为强奸罪的犯罪对象，对男性强行性交的也要追究刑事责任。

# 第一节　刑法基本原则概述

## 一、刑法基本原则的概念

刑法基本原则问题是刑法中一个具有全局性、根本性的问题。我国刑法并没有给"刑法基本原则"下定义。许多学者认为，刑法的基本原则是指贯穿全部刑法规范，指导和制约刑事立法和刑事司法，并体现我国刑事法制的基本精神的准则。近年来，有的学者对此提出了异议。刑法基本原则并非"贯穿全部刑法规范"，存在例外情形；三大刑法基本原则是在 1997 年《刑法》中首次出现的，无从指导与其同时出现的"刑事立法"；刑事法律包括刑事实体法和刑事程序法，刑法的基本原则的内涵与刑事诉讼法基本原则的内涵应有所区别。因此，我国刑法的基本原则是指一般由宪法或刑法总则明文规定的，确认惩罚犯罪并体现刑法特点的，对刑法的修改、适用和解释具有指导和制约作用并体现我国刑法基本精神的根本原则。

## 二、刑法基本原则的特征

### 1. 是宪法或刑法明文规定的法律要素

（1）刑法基本原则一般是宪法或刑法明文规定的。有的普通法系国家存在例外，刑法基本原则可以通过程序法或直接在司法实践中得以体现。日本、挪威和瑞典等国家在宪法中明文规定了罪刑法定原则。我国则在现行刑法总则中规定了三条基本原则。有的学者认为，主客观相统一原则、罪责自负原则、惩罚和教育相结合等原则也属于我国刑法的基本原则。我们认为，罪责自负原则、主客观相统一原则、惩罚和教育相结合等原则从重要性来讲也许应该被规定为刑法的基本原则，但在宪法以及刑法没有明文规定之前，不宜归入刑法基本原则之列。

刑法理论上的"主客观相一致原则"亦称"主客观相统一原则"，"是指对刑事被告人追究刑事责任，必须同时具备主客观两方面的条件，即符合犯罪主体条件的被告人，在其故意或者过失心理支配下，客观上实施了一定的危害社会的行为，对刑法所保护的社会关系构成了严重威胁，或者已经造成了现实的侵害。如果缺少其中主观或者客观任何一个方面的条件，犯罪就不能成立，就不能令被告人承担刑事责任。"①这一原则是否可以法定化，或明文规定为刑法的基本原则，值得研究。

（2）刑法基本原则是刑法的要素之一。刑法基本原则以法律性区别于不是刑法组成部分的刑法学理论主张（如"罪刑法定主义"和"真正不作为犯"的概念）。我国刑法学界的许多学者在论述我国刑法基本原则时认为，罪刑法定原则即罪刑法定主义，罪刑相适应原则即罪刑等价主义，将刑法基本原则等同于刑法学理论主张。其实，二者泾渭分明。

第一，属性不同。前者属于法律范畴，后者属于理论范畴。在我国，罪刑法定原则、适用刑法人人平等原则和罪责刑相适应原则是刑法总则明文规定的具有法律效力的法律原则，而罪刑法定主义和罪刑等价主义等属于刑法学理论的主张和见解，它们对刑法立法与适用具有理论指导意义，但本身并无法律效力。

第二，作用不同。刑法基本原则是刑法中具有根本性影响的重要法律原则或最根本的宏观性原则，对刑法的修改、适用和解释具有指导和制约作用，司法机关在适用刑法或解释刑法时必须严格遵循这些原则，除非法律另有特殊规定。但我国刑法基本原则作为刑法典的一部分，与刑法典的其他成分同时诞生，因此，刑法基本原则不可能指导和制约刑法典的立法工作。罪刑法定主义和罪刑等价主义等是刑法基本原则的理论依据，参与指导了我国刑法的制定。

第三，具体内容不同。刑法某一基本原则和其相对应的某一"主义"不是完全一致的。刑法基本原则的基本含义与要求在刑法中简明扼要，但作为刑法学的一种基本理论主张，包含的内容要丰富和复杂得多，例如，罪刑法定主义不仅要论述、解释罪刑法定原则的基本要求，还要诠释其来源、思想基础、发展变化、与其他原则的关系、立法体现和如何实现等理论内容。

第四，表现形式不同。刑法基本原则一般通过宪法和刑法规范性法律文件表现出来，罪刑法定主义等理论主张可以通过法学家著作等得以存在于世。有的国家刑法并没有基本原则的规定，但罪刑法定主义等理论主张已经广为人知并深入人心。

**2. 是确认犯罪与惩罚罪犯并体现刑法特点的基本准则**

（1）以其作用及其方式区别于其他部门法各自特有的基本原则。各部门法以调整范围或调整方法而确定界限，相互区别。各法律部门都有本部门法的基

---

① 赵秉志、鲍遂献：《现代刑法学》，湖南师范大学出版社 1995 年版，第 31－34 页。

本原则。刑法基本原则的作用及其方式与其他部门法基本原则不同，前者具有刑法的一般特点，是确认犯罪、惩罚罪犯并体现刑法特点的基本准则，体现了定罪量刑和刑罚的法定性、平等性和正当性。

（2）以其局限于刑法领域并具有刑法特点而区别于各部门法所共有的法的一般原则。法制的一般原则无疑要贯穿于刑事立法和刑事司法中，但这些法制的一般原则没有必要叠床架屋，在刑法中再次简单重申。它们在体现刑事立法和刑事司法的指导思想和出发点过程中也不能彰明较著。例如刑法无疑应该体现法制的民主原则，在立法、执法、守法、法律监督等法制的各环节上，都应实行民主，但该原则不能鲜明地体现刑事立法和刑事司法的基本特点。

各部门法所共有的法的一般原则在赋予刑法特有内涵后可内化为刑法的基本原则。法律面前人人平等原则是我国法制的一般原则，各部门法均应该坚持这一基本原则。我国《刑法》第4条规定"对任何人犯罪，在适用法律上一律平等"。法律面前人人平等原则赋予刑法特有内涵后变为"适用刑法人人平等原则"，但这里指的"法律"是指刑法而不是其他法律。

3. 具有至上价值性、较强稳定性和适用广泛性

刑法基本原则与刑法中大量的法律规则、具体法律原则（例如累犯从严处罚原则等）、法律概念（如"共同犯罪"）等基本要素构成了刑法的内容。与刑法中的法律规则、具体法律原则相比，刑法基本原则具有以下特点：

（1）至上价值性。刑法基本原则是判断行为是否构成犯罪的基本依据，是正义的尺度，是刑法权威的本源所在，是体现刑法根本价值的刑法原则，构成认定犯罪、明确刑事责任和实施刑罚的指导思想和出发点。刑法基本原则对刑法的修改、适用和解释具有指导和制约作用，从宏观上体现我国刑法的基本精神。

（2）较强稳定性。刑法基本原则比刑法具体原则以及刑法规范更具有稳定性，不会朝令夕改，轻易被修改变更。除非重大修订，否则刑法基本原则"岿然不动"。刑法基本原则规定在宪法或刑法典中，不能通过单行刑法、附属刑法和刑法立法解释创立、修改和废除。

（3）适用广泛性。除了个别例外，刑法基本原则可以指导和制约全部刑法解释和适用行为，而刑法具体原则和刑法规则只适用于某些局部问题或某些类型的案件。

### 三、刑法基本原则的例外

## 余振东引渡回国受审案

**案情：** 2006 年 3 月，广东省江门市中级人民法院判决中国银行开平支行前行长余振东犯贪污罪，余振东贪污金额达 6 亿多元人民币，挪用公款达 13 亿多元人民币，按数罪并罚，判处有期徒刑 12 年。

**问题：** 第一，按我国现行刑法关于贪污罪和挪用公款罪的有关规定，余振东罪行特别严重，法院如此判决是否符合刑法基本原则？第二，如果我国法院判处余振东死刑，能否将其引渡回国接受审判？

**提示：** 第一，我国与美国之间并无引渡或遣返条约，也未参加有关对贪污、挪用公款犯罪遣返或引渡的国际公约，如果我国要惩罚余振东，就不得不作出妥协。第二，刑法基本原则是否贯穿全部刑法规范，基本原则的适用是否允许例外？

这一判决似乎违反了《刑法》第 3 条罪刑法定原则的前段规定，即"法律明文规定为犯罪行为的，依照法律定罪处刑"；余振东贪污、挪用公款的数额惊人，其罪行的严重性与其被判处的 12 年有期徒刑显然不相称，这一判决又违背了罪责刑相适应原则。余振东贪污数额超过亿元，但因有中国政府有关部门对美国政府有关部门的承诺而仅被判处 12 年有期徒刑，这似乎再次明显地违反了适用刑法人人平等原则。余振东案的判决具有不符合刑法三个基本原则要求之嫌，刑法基本原则的适用存在例外情形。

刑法基本原则的适用，确实存在例外，包括三种情形。

1. 刑法中独立的条文予以特殊规定

（1）国际法上的例外。《刑法》第 11 条规定"享有外交特权和豁免权的外国人的刑事责任，通过外交途径解决"，这一规定是与适用刑法人人平等原则相冲突的例外规定。这也可以视为国际法上因为身份不适用刑法。按照国际惯例和《维也纳外交关系公约》等国际公约，外国国家元首、政府首脑、外交代表和使馆外交人员及其配偶与未成年子女，享有外交特权和豁免权。另外，国际法上还有政治犯不引渡原则。这些人如果触犯我国刑法，事实上不能按照我国刑法处罚。

（2）国内法上的例外。第一，刑法关于自首、立功和累犯的规定属于刑罚个别化的情况，这些规定是与罪责刑相适应原则相抵触的例外规定。第二，《刑法》第63条第2款规定："犯罪分子虽然不具有本法规定的减轻处罚情节，根据案件的特殊情况，经最高人民法院核准，也可以在法定刑以下判处刑罚。"

2. 其他涉及有刑罚内容的法律的例外规定

我国《刑法》第101条规定："本法总则适用于其他有刑罚规定的法律，但是，其他法律有特别规定的除外。"其他法律可以作出一些有别于刑法总则的例外规定，其中，包括制定有别于刑法基本原则的特别规定，当然，这些特别规定必须经国家最高立法机关依法定程序批准。这些例外规定主要有：

（1）我国《宪法》的赦免规定。我国1982年颁布实施的《宪法》第67条第17项和第80条规定了赦免制度。赦免是罪刑法定原则的例外规定。而当犯罪人仅有部分刑罚被赦免时，这一赦免则不符合罪责刑相适应原则。有人犯罪被赦免，有人未被赦免，不符合适用刑法人人平等原则。

（2）权力机关代表言论豁免权的例外规定。人大代表和人大常委会组成人员，在人民代表大会和常务委员会会议上的发言和表决，不受法律追究。外国有类似规定。如《日本宪法》第51条规定，参众两院的议员在议院进行的演说、讨论以及表决，在院外不承担责任。日本《皇室典范》第21条还规定"摄政，其在任中，不受追诉"。

（3）其他部门法所作的例外规定。2000年12月28日我国颁布实施了《中华人民共和国引渡法》，该法第50条规定："被请求国就准许引渡附加条件的，对于不损害中华人民共和国主权、国家利益、公共利益的，可以由外交部代表中华人民共和国政府向被请求国作出承诺。对于限制追诉的承诺，由最高人民检察院决定；对于量刑的承诺，由最高人民法院决定。""在对被引渡人追究刑事责任时，司法机关应当受所作出的承诺的约束。"因此，在不损害我国主权、国家利益、公共利益的前提下，我国可作出承诺，司法机关受该承诺约束，可根据这一例外规定作出与刑法基本原则不一致的判决。

3. 国际公约和双边条约或协定的例外规定

基于外交和其他原因的考虑，我国与外国可签订条约或协定对罪刑法定原则等刑法基本原则作出类似赦免的例外规定。2006年4月26日全国人民代表大会常务委员会批准了《中华人民共和国和西班牙王国引渡条约》，该条约规定"根据请求方法律，被请求引渡人可能因引渡请求所针对的犯罪被判处死刑，除非请求方作出被请求方认为足够的保证不判处死刑，或在判处死刑的情况下不执行死刑"，否则被请求方"应当拒绝引渡"。这一引渡条约使外逃的犯罪分子坐卧不安，但引渡他们必须作出不判处死刑或不执行死刑的保证，毋庸置疑，这明显不符合刑法三个基本原则的要求。

## 四、刑法基本原则的内容范围

### 1. 国外某些刑法典的基本原则

二百多年前意大利学者贝卡利亚在《论犯罪与刑罚》一书中主张，"为了不使刑法成为某人或某些人对其他公民施加暴行的工具，从本质上来说，刑法应该是公开的、及时的、必需的，在既定条件下尽量轻微的，同犯罪相对称的并由法律加以规定的"。这段名言包含着现代社会三大刑法基本原则的内容，即罪刑法定原则、刑罚均衡原则和刑罚人道原则。这些基本原则至今仍是各国刑事法律的圭臬。1994 年的《法国刑法典》只规定了罪刑法定原则。美国刑法的基本规则可以总结为 5 条：罪刑法定原则，没有社会危害就不是犯罪，仅仅是坏思想不是犯罪，只有行为而没有坏思想不负刑事责任，有罪行为和有罪心态必须同时发生。[1] 1997 年 1 月 1 日生效的《俄罗斯联邦刑法典》也规定了 5 条基本原则：罪刑法定原则，公民在法律面前一律平等原则，罪过原则，公正原则（罪刑相称，一罪不得二罚）和人道原则。

### 2. 我国刑法的基本原则

我国现行刑法没有明确规定刑罚人道原则，理论界对于它是否属于刑法基本原则众说纷纭。刑罚人道，是相对于刑罚残酷而言的，作为一项刑法基本原则，是指一国的刑罚种类、幅度与执行均应与人性的基本要求相符合。我们认为，不管我国加入的含有刑法规则的国际条约与协定是不是我国刑法的直接渊源，刑事审判可以援引我国已经签署或者加入的国际条约中的刑法规范作为判决的法律依据，刑罚人道原则至少可以成为我国刑法的准基本原则。我国现行刑法充分体现了刑罚人道原则的要求：第一，我国刑罚的种类中没有肉刑和羞

---

[1] 参见储槐植：《美国刑法》（第三版），北京大学出版社 2005 年版，第 4 – 5 页。

辱刑。第二，严格控制死刑的适用范围。对于应当判处死刑但不是必须立即执行的，采取判处死刑的同时宣告缓期 2 年执行的制度。第三，第 49 条第 1 款规定 "犯罪的时候不满 18 周岁的人和审判的时候怀孕的妇女，不适用死刑"。第四，第 19 条规定 "又聋又哑的人或者盲人犯罪，可以从轻、减轻或者免除处罚"。第五，现行刑法对刑罚的执行过程，还规定了缓刑、减刑、假释等一系列有利于罪犯的刑罚制度。①

## 第二节　罪刑法定原则

### 一、罪刑法定原则的概念与意义

1. 罪刑法定原则的概念

罪刑法定原则的基本含义是 "法无明文规定不为罪" 和 "法无明文规定不处罚"。这是本义上的为各国公认的罪刑法定原则。我国现行《刑法》第 3 条对此表述为 "法律明文规定为犯罪行为的，依照法律定罪处刑；法律没有明文规定为犯罪行为的，不得定罪处刑"。

罪刑法定原则的基本要求，有的学者概括为法定化、实定化和明确化。法定化，即犯罪和刑罚必须事先由刑法明文规定，不允许法官 "临时议制"，随意擅断。② "明文规定" 包括显形规定和隐形规定。"实定化"，是指对于什么行为是犯罪、犯罪产生的刑事责任以及如何处罚必须从刑事实体法上作出规定。"明确化"，指文义清晰，意思确切，不得含糊其辞或模棱两可。

有的学者将罪刑法定原则的基本要求概括为形式方面的要求和实质方面的要求。前者包括成文的罪刑法定、事前的罪刑法定、严格的罪刑法定（禁止类推）、确定的罪刑法定（确定的刑种和刑度）；后者包括明确性原则和合理性原

---

① 国际上有多部规定刑罚人道主义原则的国际公约，例如联合国 1966 年 12 月 16 日通过的《公民权利和政治权利国际公约》、1975 年通过的《保护人人不受酷刑和其他残忍、不人道或有辱人格的待遇或处罚宣言》、1984 年通过的《禁止酷刑和其他残忍、不人道或有辱人格的待遇或处罚公约》及《关于保护面对死刑的人的权利的保障措施》等。我国签署并加入了其中的大部分公约，如 1988 年全国人大常委会批准加入了《禁止酷刑和其他残忍、不人道或有辱人格的待遇或处罚公约》，特别是 1998 年签署了《公民权利和政治权利国际公约》。该公约第 7 条规定："任何人均不得加以酷刑或施以残忍的、不人道的或侮辱性的待遇或刑罚。"

② 法国的孟德斯鸠强调法官要严格依据制定法判案，不能通过裁判来创造法律，提出 "法官的嘴只能说法律的词语"。马克思也说过 "法官唯一的上司是法律"。

则。

罪刑法定原则在其形成和发展过程中基本上有两种模式。一是英美法系的"正当法律程序"模式，一是大陆法系的制定法为刑法渊源的模式。前者典型表现是《美国宪法修正案》第 5 条"未经正当法律程序不得剥夺任何人的生命、自由和财产"，后者典型表现是法国《人权宣言》第 8 条"除非根据犯罪行为前已制定、公布和施行的法律，不得处罚任何人"。

2. 罪刑法定原则的意义

罪刑法定原则是善良公民的大宪章。它是原则中的原则，许多国家的刑法只规定罪刑法定原则。确立罪刑法定原则具有重大的意义。具体而言，主要表现在以下几个方面：

第一，罪刑法定原则是国家评价、惩罚罪犯的总原则，是维持基本社会秩序，依法否定、减少、处理严重反抗统治秩序的犯罪行为的基本法律手段。

第二，刑法是维护公民基本自由的大宪章，罪刑法定原则在人权保障方面功不可没。它既可以保障无辜者不受法律追究，又可保障犯罪人的合法权利。

第三，罪刑法定原则遏止司法专横，将司法机关的职权限制在法律明文规定的范围之内，构成刑事政策不可逾越的藩篱。惩治犯罪分子并不构成刑法存在的正当性理由，罪刑法定原则的本质要求是国家司法机关的活动必须正当、合理、合法。[①]

第四，罪刑法定原则对立法机关制定、修改刑法也具有必要的限制作用。例如，该基本原则中的正当性原则要求刑法具有谦抑性，只能将严重侵犯法益的行为规定为犯罪，不能随心所欲地将鸡毛蒜皮的一般违法行为规定为犯罪。美国宪法中存在"行使宪法保护的权利不得定为犯罪"的原则。另外，根据该基本原则中的明确性原则，立法机关不能制定出含糊其辞的刑法规范。《意大利刑法典》第 603 条曾规定"用使人完全服从自己的方式将他人置于自己权力之下的行为"为犯罪，因"完全服从"是非常含糊的表述，被宪法法院宣告违宪。[②]

在我国，1995 年武汉工商部门发现一个地下黑酱油加工厂，经查，犯罪嫌疑人从 1990 年到 1995 年生产的酱油全部为伪劣产品，其本人交代非法所得销售

---

① "文革"中有一个"老农骂翻汽车案"。某地一位老农清早到汽车停靠点等公共汽车，汽车到站后没有停，老农一气之下破口大骂"破车，到前面准掉山沟里去"。汽车开了十多里果然掉到山沟里，车毁人亡。过了几天警察将该老农逮捕，最后定"骂翻汽车罪"。在没有罪刑法定的时代，言语入罪的荒唐现象使公民动辄受刑，无法维护自己的正当权益。

② 参见〔意〕杜里奥·帕多瓦尼：《意大利刑法学原理》，陈忠林译，中国人民大学出版社 2004 年版，第 34 页。

额为 20 万元，检察院认定她获利额在 2 万元以下。全国人大常委会《关于惩治生产、销售伪劣商品犯罪的决定》规定，制假者违法所得数额在 2 万元以上的应追究刑事责任。但"违法所得"是一个含糊的词语，可以是"违法销售额"，也可以是"违法获利额"。最高人民检察院将之解释为"违法销售额"，最高人民法院则将之解释为"违法获利额"。最后，检察院宣布对其免予起诉，对她无可奈何。群众对这个危害社会如此大的人逍遥法外义愤填膺。后来，立法机关按照罪刑法定原则的要求作了明确的规定。

## 二、罪刑法定基本原则的派生原则

除了上述基本含义外，国际社会还在探讨罪刑法定原则的派生内容或派生原则。罪刑法定基本原则的派生原则一般包含以下内容（"四禁两性"）：

1. 禁止习惯法与"制定法专属性原则"

在法律渊源问题上，排斥习惯法，不能以习惯法对人定罪判罚。理由在于：习惯没有明确固定的表现形式；习惯作为行为规则，一般只有行为模式，缺乏行为后果部分；人们难以根据习惯预测自己行为的性质与后果；习惯在刑事审判中很难遏制法官自由裁量权的恶性膨胀。

刑法的渊源只能是成文法。只有立法机关通过合法程序制定的成文法才是刑法存在的唯一形式——这就是在西方刑法学中被称为刑法渊源的"制定法专属性原则"或"法律主义"。

大陆法系国家强调刑法以国家立法机关通过的制定法作为其渊源，习惯、命令和政党的政策不得作为刑法渊源来引用，要求罪名法定化，罪状规范化，刑罚量刑法定化。

在英美法系国家，在过去很长时间，"正当法律程序"比"法律明文规定"含义更丰富，并且起源于习惯和判例的普通法也是刑法的渊源。"没有先例没有处罚"的判例法原则酷似"法无明文规定不处罚"的制定法原则，在一定意义上，遵循先例实质上与罪刑法定异曲同工。现在英美法系国家在刑法领域已经与大陆法系国家逐渐靠拢。1972 年英国枢密院在"克鲁勒股份有限公司诉检察长"一案中一致否决了法官有"创制新罪名和扩大现有罪名"的权力后，法官造法至少在刑法领域一去不复返。在美国，刑法在当前发展阶段的基本特点是制定综合性的刑法典，刑法的发展进入了"现代法典化"时期。"制定法专属性原则"在英美法系国家接近实现，制定法已经成为定罪量刑的基本依据。

我国奉行成文法主义，刑法属于狭义的法，由全国人大制定。根据《立法法》的规定，任何限制和剥夺公民人身自由的行政处罚都只能由法律规定，刑事法律等基本法律更是只能由全国人大制定。行政法规、规章和地方性法规不得染指刑法领域。

2. 禁止类推

定罪量刑只能依照刑法的规定，不能使用类推，更不允许行政官吏或法官临时随意定夺裁量。类推是对刑法没有明文规定的犯罪行为，比照分则同它最相类似的条文定罪判刑的制度。它有悖于罪刑法定原则，因为按照罪刑法定原则的要求，行为的定罪判罚，必须根据事前法律明文所作的规定。而类推则是对刑法没有明文规定为犯罪的行为，根据法官的理解，依照与之最相类似的条文定罪判罚。这可能导致法官随意适用法律，侵害公民的自由权利，因此，禁止类推被认为是罪刑法定原则的一个派生原则。

有的学者认为，禁止类推是禁止不利于被告人的类推解释，但允许有利于被告人的类推解释。例如《刑法》第67条第2款规定，被采取强制措施的犯罪嫌疑人、被告人和正在服刑的罪犯，如实供述司法机关还未掌握的本人其他罪行的，以自首论。将"强制措施"解释为包括治安拘留、司法拘留，这种类推解释有利于被告人，应被允许。

3. 禁止事后法（刑法无溯及力）

"罪刑法定的本质是禁止事后法，一个国家只要彻底禁止了事后法，就是实行了罪刑法定原则"。① 因为事后法不具有预测指导功能。理由是：行为人总是在现行有效的法律允许的范围内活动，依行为后的法律对行为人处罚，这是行为人不能预测的，是"不教而诛"，也是对行为时的法律的随意否定。基于"有利被告"的原则，许多国家不再主张刑法绝对无溯及力，即不禁止适用有利于行为人的事后法，而是主张新法规定的刑罚重于旧法时，无溯及力；新法轻于旧法时，有溯及力。我国刑法也采用"从旧兼从轻原则"。②

4. 禁止绝对的不定期刑

所谓绝对的不定期刑，是就自由刑而言，立法上刑法规定只科处刑罚而不规定量刑幅度；司法上法官只科处自由刑，只作罪名宣告，而不宣告具体的刑

① 胡云腾："废除类推及刑法科学化"，载《刑法问题与争鸣》2000年第2辑，中国方正出版社2000年版，第72页。
② 1979年刑法颁布后，全国人大常委会于1982年和1983年先后颁布了《关于严惩严重破坏经济的罪犯的决定》和《关于严惩严重危害社会治安的犯罪分子的决定》，这两个单行刑法采取从新原则，具有溯及既往的效力，属于典型的事后法。

期，完全由行刑机关根据罪犯表现决定释放时间。刑法学中一般指后者。

由于绝对的不定期刑给法官过于灵活和宽泛的擅断权，违反罪刑法定原则，因而各国刑法禁止绝对不定期刑。① 绝对不确定的法定刑在新中国建国初期曾出现过，但由于其没有规定具体的刑种和量刑幅度而由法官确定，这样法官的裁量权过大，难以保障公正、合理地适用刑罚。

附属刑法中如有"依法追究刑事责任"的规定，不能理解为就是绝对不确定的法定刑。比如《著作权法》第 47 条中有"构成犯罪的，依法追究刑事责任"的规定，这并不是绝对不确定的法定刑。因为"依法追究刑事责任"，实际上是依照刑法来追究刑事责任。刑法对上述条款中的行为已规定了相应的法定刑，上述条款只是重申刑法的有关规定，而不是"绝对不确定的法定刑"。

5. 明确性原则（避免含糊性原则）

明确性原则被认为是罪刑法定原则的派生原则，是近期的事情。"不明确即无效"，内容不明确的刑法会限制甚至剥夺公民对自己行为的预测可能性。罪刑法定的明确化，是要求立法者立法时用语必须明确易懂，刑法对犯罪和刑罚的具体规定不能含糊其辞，模棱两可，做到犯罪构成要件明确化、罪数判断标准明确化、刑罚种类及幅度明确化、罪名明确化、量刑情节明确化。②

6. 实体适当性原则

这一原则也是罪刑法定原则的新的派生原则。它是指刑法规定的犯罪和刑罚都应适当的原则。原来罪刑法定原则只被理解为犯罪与刑罚的法定，20 世纪60 年代以来，日本学者团腾重光等受美国宪法中正当法律程序原则的影响，提出实体的适当原则也应是罪刑法定原则的派生原则，以后为日本等国家刑法界所承认。它包括如下两方面的内容：

（1）犯罪规定的适当。即在刑法中将该行为规定为犯罪有合理的依据，根据行为侵犯法益的重要性和行为对社会危害的严重程度，应当将该行为在刑法中作为犯罪加以规定。法治要求法律之上无特权，法律面前人人平等，法律之

---

① 刑法学中还有"绝对不确定的法定刑"的概念，它是指在刑法条文中对某种犯罪不规定具体的刑种和量刑幅度，只规定对该种罪处以刑罚，具体如何处罚完全由法官掌握。如条文对具体犯罪只规定"依法制裁"、"依法追究刑事责任"、"依法严惩"，至于如何具体处罚，则完全由审判机关决定。

② 毋庸置疑，我国刑法中存在不符合明确性原则要求的现象，概括条款比比皆是，给司法机关的自由裁量留下了广阔的空间。例如，我国《刑法》没有在分则中明确规定罪名；"侵犯著作权罪"等仍有类罪名之嫌，是变相的"口袋罪"；刑法中存在"情节严重"、"后果严重"之类不够明确的定罪量刑情节。这有的属于无奈之举，用自然语言表述的刑法不可能像数学定律那样简明清晰；有的属于立法观念或立法技术问题。

中人人自由（即行为人有权在法律允许的范围内自行其是）。刑法虽然规定的是禁止性规则，但刑法与其他法律一样必须给人们留出自由活动的空间，并保障这些自由活动的空间。如果"法网"太密，动辄触犯刑法，则无疑是"法律恐怖主义"。

（2）刑罚规定的适当，包括禁止残酷的刑罚和禁止不均衡的刑罚（这应属罪责刑相适应原则的要求）。1984 年 2 月 10 日联合国大会通过了《禁止酷刑和其他残忍、不人道或者有辱人格的待遇或处罚公约》，禁止酷刑已经成为国际社会公认的原则。轻刑化是世界潮流，但惩罚是刑罚的固有功能，惩罚必然会对罪犯造成生理上和精神上的痛苦，轻型化也要考虑均衡刑罚，不能一味减轻刑罚，如果坐牢如住宾馆，不让罪犯体验到刑罚的痛苦，感觉不到犯罪得不偿失，就不会遏制犯罪。

### 三、罪刑法定原则的由来

罪刑法定原则的思想渊源，最早可以追溯到 1215 年英王约翰签署的《大宪章》第 39 条的规定，即"凡是自由民除经贵族依法判决或遵照国内法律之规定外，不得加以扣留、监禁、没收财产、剥夺其法定保护权，或加以放逐、伤害、搜索和逮捕"。到了 17、18 世纪，资产阶级启蒙思想家在他们的著作中针对封建刑法中罪刑擅断、践踏人权的黑暗现实，更加明确地提出了罪刑法定主义。之后被誉为"刑法之父"的贝卡利亚在其著名的《论犯罪与刑罚》中首次将罪刑法定作为一项法律原则提出来，"只有法律才能为犯罪规定刑罚"①。美国独立战争之前，启蒙思想家们的学说已经在美洲大陆广泛传播。美国独立后，罪刑法定原则被明确规定在美国宪法及其修正案中。法国资产阶级革命时期，1789 年通过的《人权宣言》对罪刑法定原则作了经典表述，第 5 条规定"法律仅有权禁止有害于社会的行为。凡未经法律禁止的行为即不得受到妨碍，而且任何人都不得被迫从事法律所未规定的行为"，第 8 条规定"法律只应规定确实需要和显然不可少的刑罚，而且除非根据在犯法前已经制定和公布的且系依法施行的法律以外，不得处罚任何人。"1810 年《法国刑法典》第 4 条首次以刑事立法的形式明确规定了罪刑法定原则。随着资产阶级革命在世界各国的胜利和《拿破仑刑法典》的巨大影响，罪刑法定原则也传播到世界各国。

中国古代刑法中没有罪刑法定原则。清末修律时，该原则被引进到中国。

---

① 〔意〕贝卡利亚：《论犯罪与刑罚》，黄风译，中国大百科全书出版社 1993 年版，第 11 页。

《钦定宪法大纲》和《大清新刑律草案》中均有规定。此后民国期间的几部刑法也都规定了该原则。现行台湾地区刑法、澳门特别行政区刑法也都对其作了规定。从 1957 年"反右运动"到"文革"期间，我国法制建设遇到了很大的挫折，出现了匪夷所思的"罪刑领导人定"、"罪刑执政党定"和"罪刑革命群众定"等现象。① 1979 年《刑法》中没有规定罪刑法定原则，鉴于当时的历史条件，反而规定了有罪类推制度。1997 年《刑法》的明文规定，才使"罪刑法定原则"千呼万唤始出来。

罪刑法定原则从产生起发展到今天，经历了从绝对罪刑法定原则到相对罪刑法定原则的演变。

## 四、罪刑法定原则的实现

徒法不足以自行。罪刑法定的法定化、明确化、现实化，有赖于刑法学界的广大同仁为其提供切实可行的理论支撑，有赖于立法机关对刑法的修改完善，有赖于我国司法机关及其工作人员具体的司法活动，有赖于普通国民对该原则的理解、信仰与尊重，从而形成罪刑法定原则得以实现的社会氛围。

1. 坚持按刑法的明文规定定罪量刑

毋庸置疑，我国有的地方法院存在按上级法院或某个领导人"指示"、"批示"定罪量刑的错误做法。依法治国，建设社会主义法治国家，要求我国的司法机关在刑事诉讼中，在实体法方面做到以刑法为准绳去切实把握犯罪的本质特征和犯罪构成的具体要件，严格区分罪与非罪，此罪与彼罪的界限，力求定性正确，量刑准确。"严打"中强调"依法从重从快"，但"严打"仍然要在刑法规定的范围内进行。如果在一时一地一案中强调社会形势的需要，以"不杀不足以平民愤"为由突破刑法的明文规定，是直接违反罪刑法定原则的，其破坏我国法制建设的负面效应不容低估。有人认为立法不可能包容无遗，司法也不可能全面打击犯罪，所以罪刑法定不可取。其实，罪刑法定并不苛求立法绝对完备和司法毫无遗漏。当今世界绝大多数国家都实行罪刑法定，疏漏在所难免。罪刑法定不是不承认这种疏漏，而是在这种疏漏和人权保障之间作出进步的、科学的取舍，如发现刑法有重大疏漏，应通过修正予以补救。

罪刑法定原则与法官行使自由裁量权是可以也应该统一的。罪刑法定不是简单地"对号入座"，有的发达国家曾试图以电脑代替人脑，用"铁面无私"

---

① 参见胡驰、于志刚主编：《刑法问题与争鸣》2000 年第 2 辑，中国方正出版社 2000 年版，第 1—3 页。

的计算机来定罪量刑。实践证明这是不切实际的。司法实践必须运用司法人员的智慧、经验和法学素养，罪刑法定并不排斥司法者的自由裁量。但是，绝对的自由裁量是一种无序司法，是严重背离罪刑法定原则要求的人治。所以，在司法实践中贯彻罪刑法定原则，一方面应严格遵守刑法的明文规定，另一方面也要发挥司法人员的主观能动性。

2. 合理地解释刑法规则

任何法律在实际运用中都面临解释的问题。法律不是为个别行为而制定的，概括性和抽象性是包括刑法在内的制定法的一个基本特点。法律总是具有相对的稳定性或滞后性，刑法的规定不可能适应千变万化的社会实践的需要，立法解释和司法解释是必要的。例如刑法规定"审判的时候怀孕的妇女不适用死刑"，实践中发生过起诉前女被告人违反计划生育法怀孕，后来又人工流产的案例，对于这样的女被告人能否适用死刑，有关司法解释合理地规定不能判处死刑。当然，立法解释和司法解释应在刑法基本原则的指引下，按照刑法解释的具体原则和方法，对现行的刑法内容做出恰如其分的诠释。

3. 正确弥补刑法不足与漏洞

在刑法规定有漏洞的情形下，不能再搞类推，应该及时完善立法弥补法律漏洞。修改和补充刑法，应该遵循罪刑法定原则的基本要求及其派生的各项原则，立法语言应该意思清楚，明白通畅；条文内容应该明达公正，做到"实体适当"。

# 第三节　平等适用刑法原则

## 一、"平等适用刑法原则"的概念与由来

1. "平等适用刑法原则"的概念

"平等适用刑法原则"又叫"适用刑法人人平等原则"、"罪刑平等原则"，是"法律面前人人平等"这一普遍法制原则或宪法原则在刑法领域的具体体现。我国现行《刑法》第4条规定："对任何人犯罪，在适用法律上一律平等。不允许任何人有超越法律的特权。"这是对该基本原则简明扼要的表述。任何人犯罪，都应当受到刑法平等追究，不得享有超越法律规定的特权，不论犯罪人的社会地位、家庭出身、职业状况、财产状况、政治面貌、才能业绩如何，都

一律平等地适用刑法，在定罪量刑和行刑时一视同仁，不允许有任何歧视或优待，但刑法规定的某些特殊情况例外。任何人受到犯罪行为侵害，都应当受到刑法平等保护，被害人同样的权益，应当受到刑法同样的保护，不得因为被害人身份、地位、财产状况等情况的不同而对犯罪人定罪量刑和行刑有所区别。

"平等适用刑法原则"仅指刑法适用上的平等，并不意味着刑法立法上的平等。

"平等适用刑法原则"不仅包括对犯罪嫌疑人在定罪和量刑上的一律平等，而且包括行刑上的一律平等。

"平等适用刑法原则"并不意味着没有任何差别，问题在于导致差异的原因是否合理合法，它应与刑罚个别化原则有机结合。

2. 适用刑法人人平等原则的由来

作为人民追求公平正义的理想观念之一，法律面前人人平等的思想在中国古已有之。但中国古代的"法不阿贵"、"刑无等级"、"刑过不避大臣"、"王子犯法与庶民同罪"等平等思想，不是追求"人人平等"，因为最高统治者是凌驾于法律之上的。它真正作为法律的普遍原则，是在近代西方启蒙运动中提出的。洛克、孟德斯鸠、卢梭等启蒙思想家认为，人人都是生而平等的，法律对富人、权贵和穷人、平民应当一视同仁，每个公民在法律的保护或惩罚上均是平等的。他们将法律面前人人平等的原则作为国家民主法治的核心。

3. 适用刑法人人平等原则的意义

在一些地方曾经发生过对于某些案件在处理上存在与这一原则相违背的做法，例如，适用刑法因人而异，对一些犯罪的国家工作人员，在适用刑法上有意无意地表现出以官抵罪的观念，裁量刑罚轻于一般公民犯罪；对于外国人或涉港、澳、台、侨胞犯罪的案件，定罪量刑上出现并无法律依据的从轻裁判等。刑法明文规定适用刑法人人平等的原则，有助于克服目前实践中由于执法者素质方面的问题导致的适用法律上的不平等，如办理人情案、关系案、金钱案等现象，促进司法的公正与平等，强化刑法对人权的保障。

## 二、适用刑法人人平等原则的立法体现

1. 定罪一律平等

定罪一律平等，是指任何人犯罪，无论其地位多高，功劳多大，都应当受到刑事追究而不得例外，相同的犯罪主体适用相同的定罪标准。不能因为被告人位高权重或财大气粗就偏袒，让其逍遥法外；也不能因为被告人是平民百姓

就妄加追究。

刑法的具体规定中贯彻了这一原则，例如《刑法》第6条至第10条，明确规定了我国刑法适用的空间范围。这些规定表明，只要实施了我国刑法规定的犯罪行为，无论是在我国领域内还是领域外，也不论是中国人还是外国人，除法律另有规定以外，在适用我国刑法上一律平等，不存在任何超越法律的特权。此外，我国《刑法》分则关于具体犯罪的规定，同样体现了该项原则，例如1979年《刑法》第125条规定的破坏集体生产罪在现行《刑法》第276条规定中已修改为破坏生产经营罪，对破坏集体生产与破坏个体生产的犯罪平等予以追究。

2. 量刑一律平等

它是指在犯罪性质相同、社会危害性相同、行为人的人身危险性相同的情况下，除具有法定的从重、从轻或者减轻处罚的情节以外，应当处以相同之刑。因此，量刑上的平等并非不考虑犯罪情节，绝对地同罪同罚。

封建时代达官贵人触犯刑法时"大事化小，小事化了"，凡夫俗子则罪加三等的做法与适用刑法人人平等原则的要求是格格不入的。封建刑法对皇亲国戚、官吏贵族及其亲属犯罪"请"（奏请皇帝裁决，法外开恩）、"减"（对一定之罪减刑）、"赎"（用钱物赎罪）、"当"（用官品抵罪）、"免"（用免官抵罪）的特权规定一去不复返。

3. 行刑一律平等

即判处同样刑罚的人，应当依法受到相同的待遇，不得在法律之外因出身、地位、财产状况等不同而受到优待或苛待。在刑罚执行上，应当受到相同的待遇，不因身份、地位而有所特殊。为此，刑法严格地规定了减刑和假释的程序。《刑法》第79条规定："对于犯罪分子的减刑，由执行机关向中级以上人民法院提出减刑建议书。人民法院应当组成合议庭进行审理，对确有悔改或者立功事实的，裁定予以减刑。非经法定程序不得减刑。"这一规定，体现了行刑上的平等。

监狱对犯罪实行分别关押，采取不同管理方式，是依据罪犯的犯罪类型、刑罚种类、刑期、改造表现等情况而作的区别对待，不是依据罪犯的出身、地位、财产状况等而作的区别对待。这种区别对待是正当的、必要的，并非行刑上的不平等。

### 三、适用刑法人人平等原则的司法适用

1. 罪刑平等并不意味着绝对的同罪同罚

如果仅仅由于被告人的社会地位、种族、宗教信仰、经济状况等不同而给予轻重不同的刑罚，显然是对平等原则的公然违反。但平等并不完全否认差别，而恰恰是建立在对不同情况的正确区别的基础之上的，没有差别也就不可能存在平等。平等的要旨在于公正，只要是有助于实现刑法公正性的差别都是应当承认的。在司法活动中应当正确地协调平等与差别的关系。

孕妇应否适用死刑的问题是当前学术界争论的热点问题之一。有人认为我国刑法对孕妇不适用死刑的规定违背了刑法面前人人平等和罪责刑相适应原则，会导致一些女性犯罪人逃避法律的惩罚。我们认为"平等"不是"等同"。"法律面前人人平等"不能理解为"人人一样"。平等不是彻底的平均主义，而是允许例外的。由于犯罪情节的差别，对同一种犯罪在量刑上有轻重之分，例如累犯从重，自首可以从宽。某些特定的身份影响到行为的社会危害性的程度，因而影响到量刑。

2. 反对等级特权

古代刑法实际上都是等级特权法。古代印度实行种姓制度，高级种姓的人与低级种姓的人"同罪不同罚"。我国西周也有"八辟之制"，即八种人犯罪享有诉讼特权，汉律中有"上请"，后来"上请"发展为沿用不废的"八议制度"。今天我国已经处于社会主义初级阶段，消灭了法律特权，或者说法律不承认特权，但在有些人脑海里封建特权思想还根深蒂固，还有的犯罪分子总想借其特殊的地位与身份逍遥法外，逃避法律制裁。

3. 刑事审判必须正确接受网络、报纸等媒体的舆论监督

媒体在案件尚未审结前就过分干预，大肆报道，使得法院在强大的社会舆论压力下无法对犯罪嫌疑人作出公正的审判。① 媒体报道是舆论的先导，它在促进司法公正、遏制司法腐败方面发挥了积极作用。然而，媒体监督是一把双刃剑，缺乏制约或运用不当便可能对司法公正造成负面影响，从另一侧面妨碍

---

① 例如，上海市曾发生一起毁容案。该案中，被告人在被情夫抛弃后，为了对原来的情夫进行报复，将浓硫酸泼于无辜的受害人母女（原来情夫的妻儿），被告人确实手段残忍，犯罪情节恶劣。此案经过新闻媒体大肆报道后，激起了很大的民愤。被告人最终被判死刑。毋庸置疑，在此案中媒体所起的煽情和舆论导向作用，显然对案件的处理不无影响。而在此之后不久，在浦东新区发生了一起情节大体相同的案件，犯罪人却最终被判无期徒刑。

或破坏司法公正。不能在强大的社会舆论压力下失去法律的天平，否则法律会失信于民，法院的威信会大打折扣。

4. 重视行刑上的平等

实践中往往注重定罪与量刑上的平等，忽视行刑上的平等。尤其是在现实生活中，有些人找熟人、托关系、花高价寻找特殊的监狱待遇，获得非法减刑和假释，有些官员和"大款"犯罪后刑期未满就逍遥法外了，有的甚至没有坐过一天牢，就以保外就医名义继续作威作福。在行刑上必须坚持适用刑法人人平等原则，既不能在执行刑罚措施中搞特殊化，亦不能在假释、减刑中搞差别待遇，搞亲疏贵贱。不能无钱坐牢，有钱监外执行。不能允许犯罪的名人权贵被判刑后坐牢如住宾馆，在监狱中仍然高人一等，享受特殊待遇。

# 第四节　罪责刑相适应原则

## 一、罪责刑相适应原则的概念与由来

罪责刑相适应原则又称罪责刑相当原则、罪责刑均衡原则，它是从传统的罪刑相适应原则发展而来的。该原则既反映了罪刑对称和刑罚个别化的有机统一，也体现了我国刑罚一般预防与特殊预防相结合的目的，符合当代世界范围内进步刑法思想的发展潮流。

1. 罪责刑相适应原则中的"罪"、"责"、"刑"概念

（1）"罪"的概念。这里所说的"罪"，是指犯罪分子所犯的罪行。所谓罪行，是指依照我国刑法规定，具有特定构成要件或符合特定构成要件要求的，并配置有一定法定刑的行为模式或适用一定法定刑的现实行为。罪行与法定刑具有不可分割的联系，罪行的大小决定法定刑的轻重。

（2）"责"的概念。这里所说的"责"，是指刑事责任。刑事责任是指犯罪人实施犯罪行为所应承担并由司法机关强制其承受的刑罚和单纯否定性法律评价的法律责任。犯罪是刑事责任的前提，刑罚是刑事责任的法律后果，刑事责任是联结犯罪与刑罚的中介和纽带。

（3）"刑"的概念。这里所说的"刑"，是指"刑罚的轻重"。刑罚的轻重具有三个层面含义：上一层面是指刑罚体系，它应当适应于轻重不同的各种罪行；中间层面是指法定刑，它应当与犯罪分子所犯罪行相适应；下一层面是指

宣告刑，它应当与犯罪分子所承担的刑事责任相适应。前两个层面是对立法者的要求，后一个层面是对审判机关的要求。

2. 罪责刑相适应原则的基本要求

（1）刑罚的轻重应当与犯罪分子所犯罪行相适应。犯罪、刑事责任和应受刑罚三者应当相适应，刑罚首先要和犯罪行为的危害程度相适应。在司法实践中应做到重罪重罚、轻罪轻罚、罪刑相称、罚当其罪。例如，根据这一基本原则，累犯应从重处罚，不得假释；结果加重犯法定刑升格；在行刑中合理运用假释等制度。

（2）刑罚的轻重还应与犯罪分子承担的刑事责任相适应。即结合行为人的主观恶性和人身危险性的大小，把握罪行和罪犯各个方面的因素综合体现的社会危害性程度，确定刑事责任的大小，适用相应轻重的刑罚。罪责刑相适应原则体现了主客观相统一的原则。

罪责刑相适应有无比例？能否用数学进行计算？当代西方的法律经济分析学已经尝试以经济学的效益与成本关系推出罪行相适应关系的模式。

3. 罪责刑相适应原则的历史演进

罪刑相适应原则最早起源于原始社会的同态复仇。"以牙还牙，以眼还眼，以血还血"，这种同态复仇意识是罪刑相适应主义最原始的表现形式。中国古代存在的"杀人者死，伤人者刑"，则进一步体现了刑罚的等量报应刑的观念。该习惯被奴隶社会早期习惯法、成文法加以认可。中国古代思想家墨子主张"罚必当暴"，荀况则更进一步指出了"刑称罪则治，不称罪则乱"的道理。18世纪西方启蒙思想家为反对封建刑法的重刑主义而提出了罪刑相适应原则。贝卡里亚明确提出"刑罚与犯罪相对称"的观点，主张犯罪行为有一个从最严重犯罪到最轻微犯罪顺序排列的阶梯，那就需要一个相应的由最重到最轻的刑罚的阶梯，互相对称，勿乱其序。

## 二、罪责刑相适应原则的实现

1. 刑法三大基本原则不顾此失彼才能相得益彰

罪刑法定原则是刑法基本原则的核心和根本原则，是实现罪责刑相适应原则、刑法面前人人平等原则的基本前提和保障。罪刑法定原则与罪责刑相适应原则分别从质和量的方面要求对犯罪行为从定罪和量刑上以刑法的明文规定为根据，不允许违反法律规定。没有立法上的准确、清晰和公正，就很难做到执法上的合理、科学和公平。刑法面前人人平等是罪责刑相适应的一个价值目标，也是衡量罪责刑相适应原则是否符合民众意愿的一个标准。

2. 纠正重刑主义并强化量刑公正的执法观念

重刑主义是一种野蛮落后的刑法思想，是与罪责刑相适应原则直接对立的刑法观念。我国古代法家商鞅主张"行刑重其轻者，轻者不生，则重者无从至矣"，这是典型的重刑主义。这种重刑思想长期盛行于中国封建社会，经久不衰，至今在有些人头脑中还根深蒂固。在刑事审判工作中，表现为一些法官崇尚重刑，迷信重刑的功能，认为刑罚愈重愈能有效地遏制犯罪，特别是在社会治安不好的时期，重刑主义观念表现得尤为突出。因此，必须清醒地认识重刑主义的危害，树立量刑公正的思想，做到不偏不倚，不枉不纵。

3. 量刑与定罪等量齐观

我国审判机关对犯罪行为的定性一贯给予高度重视，定性错误往往会导致直接改判或发回重审，但对量刑除了判刑畸轻畸重的会加以改判外，多判几年或少判几年往往熟视无睹而不予以纠正。这种情况不利于罪责刑相适应原则的贯彻。我国刑法对犯罪规定的量刑幅度颇大，因此，有人认为只要定性正确即可，至于多判几年或少判几年则无关紧要。基于这种认识，在处理上诉、申诉案件时，往往只对确属定性错误或量刑畸轻畸重的才改判，而对于量刑偏轻偏重的则维持原判。

4. 纠正同罪异罚和不同法院量刑轻重悬殊的现象

在我国，不同法院在对类似案件的处理上普遍存在轻重悬殊的现象。同一性质和同样量刑情节的案件，各地法院的判决大相径庭。为什么会同罪异罚，究其原因，既有立法的粗疏，也有司法活动中的没有统一标准可循，还有法官个人业务素质和执法水平不高等各种复杂因素。为此必须及时完善刑法立法，并不断改进量刑方法，逐步实现量刑的规范化和科学化。

# 第三章 刑法的效力范围

## 张子强跨境犯罪案

**案情：** 1991年和1996年，被告人张子强等人将在内地非法购买的一批枪支弹药偷运到香港。1997年9月，被告人张子强等人经密谋并由张子强出资，在广东省汕尾市非法购买大量炸药、雷管和导火线，偷运到香港。此外，被告人张子强一伙在广州等地经多次密谋策划后，分别于1996年5月和1997年9月在香港绑架了李某、林某和郭某，勒索巨额赎金。本案中，就走私枪支、弹药罪而言，从内地走私到香港，属于跨境犯罪。就绑架罪而言，预备行为发生在内地，实行行为发生在香港。

**问题：** 第一，本案中，内地的司法机关对张子强案是否具有刑事管辖权？第二，我国刑法对刑法的效力是如何规定的？

**提示：** 张子强案虽有一部分犯罪行为发生在香港，但同时也有一部分犯罪行为发生在内地，因此，香港特别行政区与内地司法机关对本案均有管辖权。由于张子强在内地被捕获，因而内地司法机关对本案行使管辖权是正确的。

**第3章思考题：**

1. 什么叫刑法的空间效力、时间效力
2. 简述刑法的属地原则、属人原则
3. 什么叫刑法的保护原则、普遍原则
4. 在我国，哪些情况下不适用《中华人民共和国刑法》
5. 简述刑法溯及力的概念与原则
6. 试论从旧兼从轻原则

刑法的效力范围，即刑法的适用范围，是指刑法在什么地方、对什么人、在什么时间具有法律效力，以及刑法对其颁布施行前的行为是否具有溯及力，包括刑法的空间效力和刑法的时间效力两个问题。刑法的适用范围涉及国家主权、国际关系、民族关系和新旧刑法的关系。它是司法机关在适用刑法前必须解决的原则问题。

## 第一节 刑法的空间效力

### 一、刑法的空间效力的概念和一般原则

刑法的空间效力，指刑法对地域和对人的效力。通常在一国刑法效力范围内的刑事案件由该国司法机关依法处理，所以刑法的适用范围实际上与一国刑事司法管辖权的范围是一致的。在解决刑事管辖权范围问题上，世界上有属地原则、属人原则、保护原则和折衷原则。多数国家采用折衷原则，我国也是如此。

属地原则也称刑法的属地管辖、领土原则。它以一国领域所及的范围为标准，来确定刑法的适用范围，即凡是在本国领域发生的犯罪（"国内犯"），均适用本国刑法，不管行为人、被害人是否为本国人、外国人或无国籍人，也不问何种犯罪、侵害何种权益。它是解决刑法空间效力问题的最主要的原则。在刑法空间效力体系中，属地原则处于基础性地位，对象为"国内犯"，其他三个原则是针对国外犯罪的，是对属地原则的补充和拓展。

我国刑法规定，凡是在中华人民共和国领域内犯罪的，除法律另有规定的以外，都适用我国刑法。

1. 凡是在中国领域内犯罪的，原则上适用中国刑法

中国领域包括我国固有领域和拟制领域。固有领域也称实质的领域，包括领陆、领水、领空。拟制领域包括在中国登记注册、悬挂中国国旗、国徽或军徽而航行或停泊在外国领域、公海及公海上空的船舶和航空器，以及中国驻外大使馆和领事馆。我国刑法一般适用于我国领域内发生的犯罪。但驻外使领馆内发生的犯罪，学界目前尚有争议，原则上不适用属地原则，应适用属人原则和保护原则处理。国际列车上的犯罪，按照双边协议解决。

犯罪地有行为地和结果地之分。如果犯罪的行为与结果分别发生在一国领域内和一国领域外，在理论上叫"隔地犯"。行为和结果有一项发生在我国领域内，就应当适用我国刑法。

2. **法律有特别规定的，不适用我国刑法的情形**

"对我国领域内发生的犯罪一律适用我国刑法"，这种提法是不对的。我国刑法第 6 条规定了法律特别规定的例外情况：

（1）享有外交特权和豁免权的外国人的刑事责任，通过外交途径解决。不享有外交特权和豁免权的外国人在我国领域内犯罪，均适用我国刑法。

（2）民族自治地方可变通规定。不能全部适用本法规定的，可根据本民族的风俗习惯和刑法的基本原则，制定变通或者补充的规定，报全国人大常委会批准施行，如对重婚、抢婚、奸淫幼女等行为，有的少数民族按传统习惯不认为是犯罪。

（3）在港澳台地区适用当地刑法规定。根据一国两制原则，港、澳、台地区原来的法律稍加修改后继续有效，在这些地区内的犯罪不适用大陆地区的刑法。

（4）特别刑法或者附属刑法另有特别规定的例外。按照特别法优于普通法的原则，适用这些特别规定。

## 二、刑法的属人原则

刑法的属人原则也叫"属人管辖"、"国籍管辖"。它是以人的国籍为标准，来确定刑法对人的适用范围。凡是本国人犯罪，无论是否在本国领域内犯罪，都适用本国刑法。

1. **中国人在中国国内犯罪的，一律适用我国刑法**

这既是属地原则的要求，也是属人原则的要求。

2. **中国人在我国领域外犯罪的是否适用我国刑法，分为两种情况**

第一，凡是我国军人和国家工作人员在国外犯罪的，一律适用我国刑法。

第二，普通中国公民在中国领域外犯罪的，原则上适用我国刑法，但是所犯之罪的法定最高刑在三年以下有期徒刑的，可以不予追究。所谓"可以不予追究"是表明不予追究的一种可能性，但不是绝对不追究，而是保留追究的可能性。

3. **对外国刑事判决的消极承认**

我国作为一个独立自主的主权国家，不受外国刑事审判效力的约束，但也要照顾到实际情况。因此，根据我国《刑法》第10条的规定，中国人在国外犯罪，依照我国刑法应当负刑事责任的，虽然经过外国审判，仍然可以依照我国刑法追究，但是在外国已经受到刑罚处罚的，可以免除或者减轻处罚。

4. 管辖冲突与属人原则的客观局限性

厦门远华走私案主犯赖昌星长期在国外逍遥法外，说明国籍国的属人原则与所在国的属地原则在管辖权问题上会发生冲突。发生管辖冲突后，实际控制罪犯和证据的国家往往处于有利地位，所在国可以依据本国刑法审判，国籍国只有保留追诉的权力。可见，适用属人原则时，客观上受到一定的限制。国籍国不能擅自到国外逮捕罪犯回来审判，只能通过外交途径引渡。两国没有签订引渡条约时，准予引渡只是一种礼让行为。

## 三、刑法的保护原则

### 1. 刑法保护原则概说

刑法的保护原则也叫保护管辖或自卫原则。它以保护本国国家和公民的利益为标准，来确定刑法的适用范围。对于侵害了本国利益或本国国民的利益，无论本国人或外国人，其在国外的犯罪行为，均可适用本国刑法。它是国家主权原则在刑法中最充分的体现。

保护原则在实践中贯彻有不少困难，因为外国人在外国侵害我国国家利益和我国公民利益，如果没有引渡（而不少国家拒绝将本国公民引渡到他国受审）成功，没有在我国领域内将其抓获，我国司法机关就无法对其进行刑事审判。但如果我国刑法不规定保护原则，就意味着主动放弃了自己的管辖权，为非作歹的外国犯罪分子就会更加肆无忌惮地侵害我国国家利益和我国公民的利益。

### 2. 外国人在中国领域外犯罪，有条件地适用我国刑法

我国刑法规定，外国人在中国领域外犯罪，适用我国刑法应具备三个条件：

第一，对我国国家或者公民犯罪。

第二，依我国刑法规定，所犯之罪的法定最低刑为3年以上有期徒刑。

第三，这种犯罪依照犯罪地的法律也应受到处罚。

### 3. 对外国刑事判决的消极承认

外国法院对触犯中国刑法的外国人所作的刑事判决，对中国法院没有约束力，但也要照顾到实际情况。根据我国《刑法》第10条的规定，外国人在国外犯罪，依照我国刑法应当负刑事责任的，虽然经过外国审判，仍然可以依照我

国刑法追究，但是在外国已经受到刑罚处罚的，可以免除或者减轻处罚。

## 四、刑法的普遍原则

它也叫普遍管辖、世界管辖原则或世界原则。它以保护世界上全人类的共同利益为标准，或以维护国际社会的和平与安宁为标准，来确定刑法的适用范围。凡发生国际条约所规定的侵害国际社会共同利益的国际犯罪，不论犯罪人是否为本国人，也不论犯罪地是否在本国领域内，都适用本国刑法。例如依据反劫机的国际公约，各缔约国必须对非法劫持航空器的国际犯罪适用普遍管辖原则，对其境内发现的此类犯罪嫌疑人要么引渡，要么自行起诉和审判。依照普遍原则追诉这些国际犯罪，是国际公约的缔约国或参加国应尽的国际义务。

根据我国缔结或者参加的国际条约，在我国承担义务的范围内，对于条约所规定的犯罪，无论发生在什么地方、犯罪人是何国人、是否侵害了我国国家或公民的利益，我国司法机关都有权对其进行管辖。旧刑法对此未加规定，全国人大常委会在 1987 年 6 月 23 日作出了专门决定，在法律上承认和规定普遍原则，1997 年刑法典进一步确认了这一管辖原则。普遍原则在中国刑法中的采纳，是中国刑法对外开放或者说国际刑法国内化的结果。但我国刑法对普遍原则的引入仍然是不成熟的，普遍原则所适用的犯罪的范围并不是很清楚，在中国刑法典分则中，对国内犯罪和国际犯罪的规定是不加区分的。

普遍原则的适用有很大的局限性：第一，适用普遍原则管辖的必须是危害国际社会共同利益的国际犯罪。第二，管辖国必须是有关国际公约的缔约国或参加国，并且其国内刑法也规定该行为为犯罪。第三，罪犯出现在管辖国的领域内。适用普遍原则追诉的国际犯罪，原则上不应受到双重审判。

# 第二节　刑法的时间效力

刑法的时间效力，是指刑法的生效时间、失效时间以及刑法的溯及力的问题。

## 一、刑法的生效时间和失效时间

### 1. 刑法的生效时间

刑法的生效时间与其他法律的生效时间相似，主要有两种方式：一是从公布之日起生效，通常单行刑事法律从公布之日起就生效。二是公布之后经过一段时间再施行，这是世界上多数国家关于刑法生效时间的通行做法。

2. 刑法的失效时间

法律的失效时间，即法律终止效力的时间，通常要由立法机关作出规定。从世界范围看，法律失效的方式包括明示失效（立法机关明确宣布废止某一法律，某一法律在制定时即规定了有效期限等）和默示失效（诸如新法公布实施后旧法自然失效）。

我国刑法的失效基本上包括两种方式：一是由立法机关明确宣布某些法律失效。二是自然失效，即新法施行后代替了同类内容的旧法，或者由于原来特殊的立法条件已经消失，旧法自行废止。

## 二、刑法的溯及力

1. 刑法的溯及力的概念与原则

刑法的溯及力，即刑法生效以后，对于其生效以前未经审判或者尚未确定的行为是否适用的问题。如果适用，就是有溯及力；如果不适用就是没有溯及力。新的刑事法律生效后，对新的法律生效以前发生的未经审判或者判决未确定的行为是否适用的问题，一共有四种可供选择的原则：

（1）从旧原则，对于该类行为一律适用旧法；

（2）从新原则，对于该类行为一律适用新的法律；

（3）从旧兼从轻原则，原则上适用旧法，但当适用新法对当事人有利时则适用新法；

（4）从新兼从轻原则，原则上适用新法，但当适用旧法对当事人有利时则适用旧法。

现代各国在该问题上都采用从旧兼从轻原则。

2. 我国刑法的溯及力

我国《刑法》第12条第1款规定："中华人民共和国成立以后本法施行以前的行为，如果当时的法律不认为是犯罪的，适用当时的法律；如果当时的法律认为是犯罪的，依照本法总则第四章第八节的规定应当追诉的，按照当时的法律追究刑事责任，但是如果本法不认为是犯罪或者处刑较轻的，适用本法。"第12条第2款规定："本法施行以前，依照当时的法律已经作出的生效判决，继续有效。"所谓"处刑较轻"，是指法定刑较低。法定刑较低指法定最高刑较低；如果法定最高刑相同，则指法定最低刑较低；如果某种犯罪只有一个法定刑幅度，法定最高刑、法定最低刑指该幅度的最高刑、最低刑；如果有两个以上的法定刑幅度，法定最高刑、法定最低刑指对具体犯罪行为应当适用的法定刑幅度的最高刑、最低刑。

根据这一规定，对于1949年10月1日中华人民共和国成立至1997年10月1日新刑法施行前这段时间内发生的行为，应按以下不同情况分别处理：

第一，当时的法律不认为是犯罪，而修订后的刑法认为是犯罪的，适用当时的法律，即修订后的刑法没有溯及力。对于这种情况，不能以修订后的刑法规定为犯罪为由而追究行为人的刑事责任。例如，刑法颁布以前的非法侵入他人住宅，侵犯他人通讯自由，通常由党政部门处理，不认为是犯罪。

第二，当时的法律认为是犯罪，但修订后的刑法不认为是犯罪的，只要这种行为未经审判或判决尚未确定就应当适用修订后的刑法，即修订后的刑法具有溯及力。例如，刑法颁布以前的通奸行为，按照当时的政策、法规和审判实践，是作为破坏他人婚姻家庭罪和破坏军人婚姻罪定罪的，但刑法没有将之规定为犯罪。因此，对刑法施行以前的通奸行为，依照刑法不得定罪；但过去已经定罪处罚了的，不能翻案。

第三，当时的法律和修订后的刑法都认为是犯罪，并且按照修订后的刑法总则第四章第八节的规定应当追诉的，原则上按当时的法律追究刑事责任，即修订后的刑法不具有溯及力。这就是从旧兼从轻原则所指的从旧。

但是，如果当时的法律处刑比修订后的刑法重，则应适用修订后的刑法，修订后的刑法具有溯及力。这便是从轻原则的体现。比较处刑的轻重，应以法定主刑为标准。

## 刘振兰在《关于禁毒的决定》[①] 施行前后连续贩毒案

**案情：** 被告人刘振兰自1988年春至1991年7月间，先后贩卖鸦片3000多克，其中在《关于禁毒的决定》公布施行后贩卖1000多克。1991年7月，刘从戒毒所回来后将尚未卖出的1000多克鸦片埋藏于自己的驴圈内。1992年6月22日，当地中级人民法院以贩卖毒品罪判处刘振兰死缓，剥夺政治权利终身，没收财产3000元。

**问题：** 对连续犯如何适用从旧兼从轻原则？

---

① 根据《中华人民共和国禁毒法》第71条的规定，该决定自2008年6月1日起废止。

**提示：** 第一，《关于禁毒的决定》于 1990 年 12 月 28 日公布生效，它对毒品犯罪的处罚比 1979 年《刑法》重，因此对生效前的行为没有溯及力。

第二，刘振兰在该决定生效前后连续贩毒行为属于犯罪竞合，按一罪处理。

第三，对连续犯的追诉时效从行为终了之日起计算，实际上把刘振兰的全部贩毒行为视为该决定生效以后发生的，全部按该决定处罚。

第四，对该决定生效以前刘振兰的贩毒行为，实际没有按从旧兼从轻原则处理，是否合理？司法解释规定对不同年龄段的盗窃金额应当分别计算，为什么此案不能对决定实施前后的行为区别对待？

第五，如果当时的法律已经作出了生效判决，继续有效。即使按照修订后的刑法的规定，其行为不构成犯罪或处刑较当时的法律要轻，也不例外。这主要是考虑到维护人民法院生效判决的严肃性和稳定性的需要。根据 1997 年 10 月 1 日最高人民法院《关于适用刑法时间效力规定若干问题的解释》第 10 条的规定，按照审判监督程序重新审判的案件，适用行为时的法律。

第六，行为跨越新旧法而产生的刑法溯及力的复杂情形。在犯罪行为有连续或者继续的情况下，行为跨越新旧法。在这种情况下，到底是适用旧法还是适用新法，以及在何种情况下适用旧法，在何种情况下适用新法，是一个较为复杂的问题。一般仍应以从旧兼从轻原则为基本精神。1997 年 10 月 6 日最高人民检察院《关于检察工作中具体适用修订刑法第 12 条若干问题的通知》第 3 条规定："如果当时的法律不认为是犯罪，修订刑法认为是犯罪的，适用当时的法律；但行为连续或者继续到 1997 年 10 月 1 日以后的，对 10 月 1 日以后构成犯罪行为适用修订刑法追究刑事责任。"

## 三、刑法时间效力的适用

1. 《刑法》的时效规定适用于刑法修正案和单行刑法

《刑法》第 12 条关于刑法时间效力的规定同样适用于刑法修正案和单行刑法。

2. 刑事司法解释的适用原则上参照从旧兼从轻原则

对于未经审判或者判决尚未作出的案件，司法解释实际上都有溯及既往的效力。司法解释的效力原则上追溯至其所解释的具体法律实施的期间，即使是对司法解释出台之前的行为，只要所解释的对象——具体法律规定或条文有法律效力，该司法解释也同样具有参照效力；但对该司法解释出台之前，行为当时已有相关司法解释的，此时对新旧司法解释的适用，可以参照从旧兼从轻原则。

　　《最高人民法院、最高人民检察院关于适用刑事司法解释时间效力问题的规定》对适用刑事司法解释时间效力问题提出如下意见：第一，司法解释是最高人民法院对审判工作中具体应用法律问题和最高人民检察院对检察工作中具体应用法律问题所作的具有法律效力的解释，自发布或者规定之日起施行，效力适用于法律的施行期间。第二，对于司法解释实施前发生的行为，行为时没有相关司法解释，司法解释施行后尚未处理或者正在处理的案件，依照司法解释的规定办理。第三，对于新的司法解释实施前发生的行为，行为时已有相关司法解释，依照行为时的司法解释办理，但适用新的司法解释对犯罪嫌疑人、被告人有利的，适用新的司法解释。第四，对于在司法解释施行前已办结的案件，按照当时的法律和司法解释，认定事实和适用法律没有错误的，不再变动。

# 第四章 犯罪概念、特征与分类

## 蒲某为刘某实施安乐死案

**案情：**被告人王某，男，45 岁，工人。被告人蒲某，男，41 岁，某医院主治医师。被告人王某的母亲刘某在 1984 年检查身体时被发现患有癌症，便入院治疗。经过近两年治疗，花费了巨额医疗费，病情也未见好转。该医院主治医师蒲某告知王某，其母亲的病情已无法控制，无救治可能，生命只能维持半年左右。刘某因癌症的折磨，曾多次要求其子王某终止治疗或让医生注射能立即致其死亡的药物。王某经过反复考虑，便找到主治医师蒲某，请求其为母亲注射能立即致其死亡的药物，使母亲能摆脱癌症的折磨。1986 年 4 月 5 日，蒲某按照王某的要求，为刘某注射了一支药物，致其死亡。

**问题：**第一，本案中这种为免除被害人的痛苦而实施的故意杀人行为是否构成犯罪？第二，情节显著轻微的危害行为是否构成犯罪？第三，什么叫犯罪？

**提示：**第一，依据《刑法》第 13 条进行评判。第二，行为是否构成犯罪须看行为有无严重的社会危害性和形式违法性。

**第 4 章思考题：**

1. 什么叫犯罪
2. 犯罪学与刑法学中的犯罪概念有无区别
3. 犯罪的本质属性是什么
4. 简述犯罪的实质概念、形式概念与混合概念
5. 简述犯罪客体的概念与分类
6. 犯罪、犯罪行为与罪行是否为同一概念
7. "过失犯罪法律有规定的才负刑事责任"对吗
8. 简述我国法定的犯罪分类
9. 什么叫自然犯、法定犯、隔隙犯、身份犯
10. 什么叫亲告罪、非亲告罪

11. 什么叫基本犯、加重犯

12. 什么叫国际犯罪、跨境犯罪、跨国犯罪

## 第一节　犯罪的概念

刑法学以犯罪、刑事责任、刑罚为研究对象，犯罪是三个最基本的范畴之一，犯罪概念自然成为刑法学研究的逻辑起点。犯罪概念是对犯罪各种内在、外在特征的高度、准确的概括，是对犯罪的内涵和外延的确切、简要的说明。犯罪概念在刑法学的研究中居于重要的地位。在我国，法院还曾直接依据《刑法》第 13 条的犯罪概念进行判决。如本章开头的案例，法院依据《刑法》第 13 条认为王某与蒲某的行为属于故意杀人行为，但情节显著轻微，不认为是犯罪。

犯罪行为作为个人反抗社会的严重非法行为，是国家需要给予否定的行为。犯罪行为受到了政治家、社会学家、法学家的广泛关注。长期以来，刑法学和犯罪学都把犯罪行为作为研究对象。刑法学把犯罪行为作为构成要件的要素来研究，它以犯罪行为的确定性为前提。但犯罪学和刑法学都没有把犯罪行为作为唯一的、专门的研究对象。学术界有人倡议要从行为科学、刑法学和犯罪学三者交叉的边缘领域重构"犯罪行为学"的理论框架。①

犯罪概念是一个多学科概念，是刑法学和犯罪学中的最基本的范畴。在刑法学中，犯罪概念是刑法理论中的一个基本问题，刑法学界历来有犯罪形式概念、实质概念和二者统一的概念。我国刑法学界缺乏对犯罪概念系统深入的研究，我国刑法学界的通说还是一元论的犯罪概念，强调分析犯罪概念的诸特征。

刑法学中的犯罪概念与法理学中法的概念一样，虽属于基本范畴，却歧义

---

① 犯罪行为学的研究对象包括：犯罪行为的概念、特点、构成要素、分类，犯罪行为形成与发展的过程及其规律，犯罪行为的阶段和形态，犯罪行为的个数认定规则，犯罪行为预防的原则、方法与效果分析，判定犯罪行为的原则和方法等。

颇多，仁者见仁，智者见智。

## 一、犯罪的实质概念

犯罪的实质概念比形式概念出现得早，它是从犯罪的本质特征上给犯罪下定义，从犯罪的社会内容上描述犯罪而形成的犯罪概念，也就是将犯罪表述为具有社会危害性的行为，而不涉及犯罪的法律特征。犯罪的实质概念不是把犯罪当做一种单纯的法律现象，而是首先把它视为一种社会现象，在与社会的关联上揭示犯罪的性质，它在一定程度上回答了一种行为为什么会被刑法规定为犯罪这一具有实质意义的问题。

在理论上，一些资产阶级刑法学者首先试图揭示犯罪的实质概念，例如贝卡里亚认为，"衡量犯罪的真正标尺，即犯罪对社会的危害"。① 但他们都没有揭示犯罪的阶级实质。

马克思主义的创始人从政治学和阶级斗争理论的角度首次真正揭示了犯罪的阶级实质。马克思和恩格斯在《德意志意识形态》中说："犯罪——孤立的个人反对统治关系的斗争。"②

前苏联法学家根据马克思主义经典作品的论述，在批判资产阶级关于犯罪的形式概念的基础上，在刑事立法中确立了犯罪的实质概念，指出犯罪是具有社会危害性的、对社会造成损害的行为。1922 年《苏俄刑法典》第 6 条规定："威胁苏维埃制度的基础及工农政权向共产主义制度过渡时期所建立的法律秩序的一切危害社会的作为或不作为，都认为是犯罪。"它揭示出了犯罪的实质内容，鲜明地体现了犯罪的阶级性，说明了法律将某种行为规定为犯罪的根据和理由，但没有说明犯罪是违反刑法的行为，没有说明犯罪的刑事违法性，因此被称为犯罪的实质定义。该定义规定在早期社会主义国家的刑法中。这一犯罪的实质概念曾被认为是社会主义刑法典区别于资产阶级刑法典的根本标志。

犯罪的实质概念，没有揭示犯罪的法律特征，没有限定犯罪的法律界限，与罪刑法定原则的精神相抵触，易于导致法律虚无主义，并在实践中缺乏操作性。

## 二、犯罪的形式概念

犯罪的形式概念源于罪刑法定原则，它是指从犯罪的法律特征上描述犯

---

① 〔意〕贝卡利亚：《论犯罪与刑罚》，黄风译，中国大百科全书出版社 1993 年版，第 67 页。

② 《马克思恩格斯全集》第 3 卷，人民出版社 1960 年版，第 379 页。

而形成的犯罪概念。犯罪的形式概念规定犯罪是违反刑法的行为，或者规定犯罪是违反刑法、应受刑罚制裁的行为。这种概念指出了犯罪的法律特征，它注重的是行为的刑事违法性，将刑事违法性作为区分罪与非罪的唯一标准。

法律相对于社会来说，是一种形式的东西，是对某种社会关系或者社会事实的认可。法律讲究的是"形式合理性"。犯罪的形式概念之所谓形式，是指从法律规范的意义上界定犯罪。因此，犯罪的形式概念，又可以称为犯罪的法律概念。

这种犯罪概念没有揭示犯罪的阶级内容，因此被前苏联和我国的刑法学家斥之为犯罪的"形式定义"，社会主义国家刑法典也没有采纳这种犯罪的形式定义。

在大陆法系国家的刑法学理论中，刑事违法性不是作为犯罪特征，而是作为犯罪构成要件看待的。违法性包括形式违法性和实质违法性两个层面，大陆法系刑法理论中的"形式违法性"相当于我国刑法学理论中的刑事违法性，"实质违法性"则相当于我国刑法学理论中的"社会危害性"。因此，大陆法系刑法学理论中所谓的犯罪形式定义实际上成为一个形式概念与实质概念相统一的犯罪概念。陈兴良先生在《犯罪概念的形式化与实质化辨正》一文中认为大陆法系国家刑法规定的犯罪形式定义受到误解不无道理。

在英美法系国家，刑法和刑法学理论对于犯罪的定义也不都是"形式主义"的。美国现代著名刑法学家波金斯 1969 年在《刑法》一书中给犯罪下的定义就是"犯罪就是由法律规定应受惩罚的任何危害社会的行为"[①]，显然这不是形式主义的犯罪概念。

## 三、犯罪的形式与实质相统一的概念（混合概念）

犯罪的实质与形式相统一的概念，是指从犯罪的本质特征和法律特征两个方面对犯罪下定义。这种概念至少从方法论上看克服了犯罪的形式概念和犯罪的实质概念所存在的片面性，既阐明了犯罪的社会危害本质，又限定了犯罪的法律界限，有利于真正揭示犯罪的内涵和外延。社会主义国家刑法多采用该模式。1960 年的《苏俄刑法典》第 7 条第 1 款规定："凡本法典分则所规定的侵害苏维埃的社会制度和国家制度，侵害社会主义经济体制和社会主义所有制，侵害公民人身权、政治权、劳动权、财产权以及其他权利的危害社会行为（作

---

① 储槐植：《美国刑法》（第三版），北京大学出版社 2005 年版，第 34 页。

为或者不作为），以及本法典分则所规定的其他各种侵害社会主义法律秩序的危害社会行为，都认为是犯罪。"该规定就是典型的形式与实质相统一的犯罪概念即犯罪的混合概念。

在犯罪的形式与实质相一致的情况下，犯罪的认定问题是容易得到解决的。但是，当形式与实质相冲突，例如，在行为有刑事违法性而无社会危害性或者有社会危害性而无刑事违法性的情况下，形式特征与实质内容的关系就是一个值得研究的问题。

我国 1979 年《刑法》第 10 条、1997 年《刑法》第 13 条规定的犯罪概念是混合概念。现行《刑法》第 13 条的规定是对各种犯罪现象的理论概括，它不仅揭示了犯罪的法律特征，而且阐明了犯罪的社会政治内容。根据该概念，犯罪是具有社会危害性、刑事违法性和应受刑罚处罚性的行为。

### 四、犯罪与相关概念的语意与逻辑分析

1. 现行《刑法》中"犯罪"概念的分析

"犯"是动词，在刑法中是指"违反"、"抵触"，在这种意义上人们使用"犯法"、"犯规"、"犯戒"、"犯禁"、"犯事"的说法。"犯"字如果位于一个词语的前面，该词语就具有动宾结构，日常语言中的"犯罪"一词是指"做出触犯刑法的、应受处罚的行为"。另外，"犯"还作名词，意思是犯罪分子（如贪污犯张某）、犯罪形态（如中止犯）和犯罪方式（如不作为犯）。

《刑法》第 3 条至第 5 条规定的三大基本原则中，出现了三个概念——"犯罪行为"、"犯罪"和"罪行"。①

我国《刑法》第 13 条规定，"一切……危害社会的行为，依照法律应当受到刑罚处罚的，都是犯罪，但是情节显著轻微危害不大的，不认为是犯罪"，这个法律定义是用种差加属概念的方法给犯罪下定义。根据罪刑法定原则派生的"明确化原则"，作为国家基本法律的刑法典本来应该对三大基本范畴之一的犯

---

① 在《刑法》总则中，这三个术语分别出现 7 次、44 次和 6 次，可见"犯罪"的使用频率最高。"犯罪行为"一词在《刑法》总则部分第 2、3、36、68、89 条，5 个条文中出现了 7 次（第 3 条和第 89 条分别提到两次）。《刑法》总则部分至少有 28 个条文出现 44 次"犯罪"一词：第 1（2 次）、4、6（4 次）、8、10、12（3 次）、13（2 次）、14、16、17（2 次）、18（3 次）、19、23、24、26（3 次）、28、29（2 次）、35、49、61（2 次）、64、67、68、71、78（2 次）、86、87、89（2 次）。统计时将"犯罪活动"也一并计入，但"犯罪情节"中的"犯罪"不统计在内。第 26 条"进行犯罪活动"过于口语化，宜改为"实施犯罪"。《刑法》总则中第 5、9、26、48、67 条共 5 个条文 6 次出现"罪行"一词，第 67 条中出现两次。

罪概念规定得非常简明，但是，这个定义中省略了"属概念"（即外延较大，包含了另一个概念的概念，也叫上位概念），"危害不大的"后面的属概念是什么？由于没有规定因而引起争论，一般认为省略的属概念是"行为"。

行为可以分为合法行为和违法行为，"违法行为"又可以分为"一般违法行为"和"犯罪"。下定义一般要求用与被定义概念最邻近的属概念，上述定义（"犯罪是行为"）中的属概念外延过于宽泛，犯罪最邻近的属概念应该是"违法行为"。因此我国《刑法》第13条的犯罪定义中宜表述为"一切……危害社会的行为，依照法律应当受到刑罚处罚的违法行为，都是犯罪；但是情节显著轻微危害不大的，不认为是犯罪"。

另外，第13条前段中"一切……危害社会的行为"的表述，是说明犯罪概念的外延，许多学者认为犯罪的法律定义太长，作为犯罪定义又太繁琐，不容易记住。我国刑法典的犯罪定义采取大段的列举方式，本身就不是表述一般犯罪概念的适当方式。其实，定义是揭示概念内涵的逻辑方法，何况《刑法》分则对犯罪类别进行划分时非常明确地作了规定，《刑法》总则可以不做这种表述。依据犯罪的基本特征，学者们得出了犯罪的学理定义——犯罪是具有法益侵害性、刑事违法性和应受刑罚处罚性的违法行为。

《刑法》和《刑事诉讼法》第1条都出现了"惩罚犯罪"一语，其中的"犯罪"是指犯罪行为，但"惩罚犯罪"的提法似有不妥，因为行为只有是否允许、限制、禁止的问题，刑法禁止的对象是犯罪行为，对犯罪分子才谈得上惩罚。惩罚的对象是"违令不遵"者。如对于交通肇事罪，刑法规定要惩处的是犯交通肇事罪的犯罪分子，而不是交通肇事行为本身。司法机关审理交通肇事罪时，交通肇事行为已经结束，不可能再去"惩罚"交通肇事行为本身。

《刑事诉讼法》第2条正确地规定"惩罚犯罪分子"，因此，《刑法》和《刑事诉讼法》第1条中的"惩罚犯罪"宜依照《刑事诉讼法》第2条的提法改为"惩罚犯罪分子"。

## 张某某帮助杀过人的13岁儿子逃逸案

**案情：** 不满14周岁的未成年人张某杀人后告知其父亲张某某，张某某拿出家中金钱帮助儿子张某外逃。

**问题：** 第一，其父张某某的行为是否构成窝藏、包庇罪？第二，假如张某已满14周岁，对其父亲又会怎样判决？从本案中能否发现法律漏洞？①

**提示：** 第一，窝藏、包庇罪在主观方面要求"明知对方是犯罪的人"，如何理解"犯罪"概念？不满14周岁的未成年人杀人行为是否属于犯罪？第二，如果张某的杀人行为并不构成犯罪，其父亲窝藏、包庇不构成犯罪的儿子，是否构成窝藏、包庇罪？

一种违法行为，是否构成犯罪？根据罪刑法定原则，根据刑法的规定和行为事实特征评判，认为违反刑法或者符合犯罪构成标准的违法行为叫"应然犯罪"；最终由法院根据刑法的规定来判定的，有罪判决生效后判定的违法行为是"实然犯罪"。"应然犯罪"是可能构成也可能最终不构成实然犯罪的违法行为。一般的社会成员根据犯罪观和刑法的规定去衡量一种违法行为是否符合定罪的标准，认为符合就可以评价该行为是应然犯罪。

2. "犯罪"、"犯罪行为"与"罪行"的关系

"犯罪行为"（英文为 actus reus 或 criminal behaviour）与"犯罪"（crime）是外延相同但内涵不同的具有同一关系的两个概念。在英文中，"crime"作"犯罪活动"、"不法行为"解时是不可数名词，作"罪"、"罪行"解时是可数名词。

从内涵来分析，犯罪概念反映了刑事违法行为的本质，犯罪是符合犯罪构成诸条件的社会现象（事态），它关注的是行为是否违反现行刑法。"犯罪行为"是犯罪构成客观方面行为人的身体动静，关注的是客观上有无危害社会的行为类型及其方式（是作为还是不作为）。"犯罪行为"是名词性的具有偏正结构的词组。犯罪行为前面可以用量词来修饰，例如"三个犯罪行为"。《新加坡共和国刑法典》第38条中就有"几个人参与实施一个犯罪行为"的表述。

人们对这两个概念之间的关系有不同看法，认识比较混乱。我们认为不能不加区别地将犯罪行为与犯罪相提并论，"犯罪"不是"犯罪行为"的简称，犯罪行为与犯罪不是一组同义词，而是具有同一关系的两个概念。"犯罪"和"犯罪行为"有时不能互换使用。某小孩杀了人也属于实施了客观上的"犯罪

---

① 黎宏教授认为，在一些具有关联关系的犯罪，即甲罪的成立以乙罪的存在为前提的犯罪，以及共同犯罪的处理中，如果固守犯罪是符合犯罪构成要件的行为就无法评价一些罚当其罪的行为。只要前罪中行为人的行为大致符合犯罪构成客观要件，在本质上对刑法所保护的法益造成了实际损害或者现实威胁，即可将其行为视为犯罪。我们应该树立一种新理念：一切严重危害刑法所保护的社会秩序或者合法利益的行为，不管行为人是不是达到了刑事责任年龄，是否具有刑事责任能力，都应该视为实质意义上的犯罪。——参见曾献文："犯罪概念应当多元化"，载《检察日报》2008年6月27日第1版。

行为"（即犯罪构成客观方面的危害行为），我们可以在危害行为的意义上说"某小孩杀人这种犯罪行为"，但不可以说"某小孩犯罪"（未满 14 周岁的人即使给社会造成了严重的危害后果也不构成犯罪）。

两个"同一关系概念"外延相同但内涵不同（有的学者称"同一关系概念"为"全同关系概念"容易引起误解，两个"同一概念"才是内涵、外延全相同），一般可以在上下文中变换使用，以便从不同方面揭示出同一对象的丰富内涵，但有时不宜换用。虽然犯罪行为与犯罪外延完全重合，但内涵却不一样，犯罪行为概念所反映的对象属性比犯罪概念所反映的要简单得多，从严格意义上讲，犯罪行为是指犯罪构成客观方面的"危害行为"，不揭示行为人的主观罪过和人身危险性等内涵；犯罪的内涵要丰富得多，它不仅仅表示是一种刑事违法行为，还包括了行为主体以及主观罪过等因素。公安机关和检察机关作为与犯罪作斗争的国家专门机关，收集证据证实犯罪，从"犯罪行为"事实到行为人主观方面是否有罪过与人身危害性，以"重构"的法律事实对应犯罪构成的标准，逐步吻合到一定的程度就可以对行为人进行刑事立案、起诉。

刑法中还有与"犯罪行为"外延、内涵完全相同的同一概念——"罪行"。可以说，"罪行"是"犯罪行为"的简称。在一般意义上，"罪行"可以与"犯罪行为"互换使用。《刑法》中首次出现"罪行"一词的条文是第 5 条——"刑罚的轻重，应当与犯罪分子所犯罪行和承担的刑事责任相适应。"

所谓罪行，简单讲就是犯罪的行为，作为名词使用。罪行是指依照我国刑法规定，具有特定构成要件或符合特定构成要件要求的，并配置有一定法定刑的行为模式或适用一定法定刑的现实行为。其中，具有特定犯罪构成要件并配置一定法定刑的行为，是规范上的个罪；符合特定犯罪构成要件要求并应适用一定法定刑的危害社会的行为，是现实中的个罪。罪行与法定刑具有密切的联系，罪行的大小决定法定刑的轻重。

3. 过失犯罪概念的逻辑分析

《刑法》第 15 条第 2 款规定："过失犯罪，法律有规定的才负刑事责任。"刑法学界有许多同仁指出这句话存在逻辑错误，令人遗憾的是一些逻辑学家居然认为其中没有逻辑错误。[①] 我们认为，从立法的本意来分析，这里的"犯罪"一词是指"客观上触犯刑法的行为"，这句话应当认为是指"过失触犯刑法的行为，法律有规定的才负刑事责任"。《德国刑法典》第 15 条的表述就是"除非法

---

① 参见吴家麟主编：《法律逻辑学》，群众出版社 1983 年版，第 104 页。

律明确地对过失行为以科处刑罚相威吓，否则，只有故意的行为才是可罚的行为"。

从逻辑表达来讲，"过失犯罪，法律有规定的才负刑事责任"，应为"必要条件假言判断"。"只有法律规定的过失犯罪才负法律责任"这一"必要条件假言判断"中暗含着性质判断中的特称肯定判断"法律规定的过失犯罪要负法律责任"（有些 S 是 P）和特称否定判断（法律没有规定的过失犯罪不要负法律责任）（有些 S 不是 P）。这两个特称判断都是不恰当的。性质判断混用了特称和全称就会犯判断不恰当的逻辑错误。特称判断的主项的外延是不周延的，"法律规定的过失犯罪"从逻辑上讲不能包括所有的"过失犯罪"。特称判断又叫"存在判断"，存在判断作为被肯定或被否定的属性的，是对象在现实中的存在。"法律没有规定的过失犯罪"是直接违反罪刑法定原则得出的虚幻的"零概念"。

4. 犯罪概念的重新审视

在司法机关还没有定罪量刑之前，"行为人"怎么就已经被视为"犯罪分子"或"犯罪人"呢？其行为怎么就可以判定为"犯罪"呢；凭直觉还是凭先验？这似乎是一个先有鸡还是先有蛋的法律悖论。有的学者为此提出要区分"立法上的犯罪"与"司法上的犯罪"，也有的学者从自然犯和法定犯的区别来解释。只有根据罪刑法定原则对现行有关法律进行修改，才能从二律背反的怪圈中走出来。[①]

"犯罪"和"犯罪行为"虽具有同一关系，但内涵不同，"犯罪行为"概念中不具有行为人的主观罪过和人身危险性等内涵，它说明的是行为具有刑事违法性。因此，一个人实施违法行为后，如果不需要分析行为人的主观方面和人身危害性，只需判断一个人的行为是否违反了刑法，这对一个思维正常的人来说并不困难。我们可以根据犯罪观和行为的客观后果是否严重判断"某人是否实施了犯罪行为"。

5. 犯罪的定义

犯罪是指具有刑事责任能力的人，故意或过失地触犯刑法，侵害法益并应受到刑罚处罚的违法行为。

---

① 对于自然犯这种明显地违反伦理道德的传统型犯罪，具有正常思维能力的成年人很容易判别，大多数人可以直观地理解自然犯罪是一种不正义的、引起社会强烈谴责而且被认为应受惩罚的行为。它一般并不依赖法律的犯罪概念，这种观念潜移默化，沉淀为人们的一种潜意识，认为实施这些行为的人不言而喻就是犯罪分子，犯罪分子实施的危害社会的行为不言而喻就是犯罪。这种观点仍然不能解释法定犯，并且与罪刑法定原则相冲突。

# 第二节　犯罪的特征

## 一、犯罪的本质特征——社会危害性（法益侵害性）

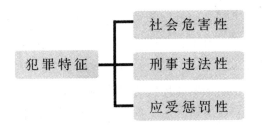

根据我国刑法学的通说，犯罪的本质特征是犯罪行为具有严重的社会危害性。社会危害性指犯罪行为给刑法所保护的社会利益造成或可能造成的危害的特性，也就是犯罪对刑法所保护的社会关系（国家和人民的利益）的危害性。犯罪行为不仅仅侵犯个人的法益，还危害整个社会。西方有"无被害人犯罪"（victimless crime）的概念，它表明有些犯罪行为可能对个人无直接危害，但具有社会危害性。

1. 社会危害性是其本质属性

（1）只有社会危害性才能决定犯罪的性质。就社会危害性和应受惩罚性两者关系而言，前者是第一性的，是起决定作用的，后者是第二性的，是被决定和派生出来的法律特征。应受惩罚性只不过是社会危害性这一犯罪本质在法律上的表现。只有通过揭示犯罪的社会危害性，才能科学回答某一行为人为什么应受刑罚惩罚。有的学者认为犯罪的本质特征应是应受刑罚惩罚性。

有的学者主张用"法益侵害性"替代"社会危害性"的说法。"法益侵害性"是指对刑法所保护的利益的侵害。所谓刑法所保护的利益，就是法益。法益是关涉社会生活的重要利益，包括国家法益、社会法益和个人法益。"法益"是德国刑法学家毕伦巴姆首倡的，指刑法保护的客体。德国学者认为，"法益指生命财产、社会价值、个人的或者集体的因为对社会有着特别意义而享受法律保护的合法利益。个人之受到法律保护的利益，有生命安全、身体完好性、个人自由、荣誉、所有权、财产等。集体之受到法律保护的利益，有国家的组成、国家的自由民主基本秩序、国家机密、司法管理、官员之不受贿赂性、现金流通安全、法律关系证书的可靠性等"。在大陆法系国家，实质违法性判断，是就构成要件该当行为之整体是否侵害法益或违反刑法规范所作的判断。

没有社会危害性的行为不能用刑法进行否定性评价，对于罪犯的自动悔罪行为如自动中止、自首、坦白、立功等行为应该予以允许、鼓励、褒奖。对于其中一些"中性行为"（无益无害）刑法也不会禁止。

（2）犯罪的本质特征是刑事立法的出发点。立法者要把某种社会现象规定犯罪，必须以社会危害性为根本标准。如果行为不具有社会危害性或者其社会危害性未达到一定程度，就不存在违反刑法和应受刑罚惩罚的问题。例如，迷信犯愚昧无知，捏面人、泥人、刻木人以代替被害者，用针刺、火烧、诅咒雷击等方式意图致其死伤，采取在任何情况下都不可能对被害人造成实际损害的迷信手段，意图实现自己所追求的某种危害结果。由于迷信犯的这些愚昧无知的行为根本不可能危害他人生命权，没有社会危害性，所以现代各国刑法均不将其规定为犯罪。

2. 所有的犯罪都有社会危害性，但具有社会危害性的行为并不都是犯罪行为

（1）社会危害性不大的行为不是犯罪行为。《刑法》第13条的"但书"规定"情节显著轻微危害不大的，不认为是犯罪"。一种行为只有当其社会危害性严重到国家已经运用刑法来禁止的程度时，才是犯罪。

（2）立法滞后。某种行为即使在客观上具有严重的社会危害性，如果立法机关还没有将之规定为犯罪，那么这种具有严重社会危害性的行为也不认为是犯罪。《刑法》第30条规定："公司、企业、事业单位、机关、团体实施的危害社会的行为，法律规定为单位犯罪的，应当负刑事责任。"按照"反对解释"方法（即根据刑法条文的正面表述进行推理，得出其反面含义），单位实施的危害社会的行为，法律没有规定为单位犯罪的，不是犯罪，不负刑事责任。

3. 社会危害性具体体现为侵害犯罪客体

社会危害性是犯罪的本质特征，但它并非犯罪行为区别于其他也有社会危害性行为的基本特征，因为不道德行为与一般违法行为也有社会危害性，通奸不是犯罪，但通奸对一方配偶的伤害可能比盗窃其财物造成的伤害大得多。另外，犯罪的社会危害性是立法者的一种主观判定，有的严重危害社会的行为由于立法者疏忽等原因没有被规定为犯罪，所以"社会危害性"是一个难以捉摸的主观标准，有的学者称之为决定是否构成犯罪的"最模糊的概念"。

在刑法中，社会危害性具体体现为对犯罪客体的侵害。要评价一种行为是

不是犯罪行为，"社会危害性"的标准还过于抽象，一般只能通过犯罪对象体现出来的社会关系是否受到侵害来实际判断某种行为是否具有社会危害性，以及具有多大危险性。例如，故意杀人行为侵害了我国刑法所保护的公民的生命权，公民的生命权受侵犯的事实特征表现出行为的危害性。通说认为犯罪客体是我国刑法所保护、而为犯罪行为所侵害的社会关系。这里的"刑法"是指刑法部门法或广义的刑法；"侵害"是指侵入损害，包括实际造成了危害结果和构成了侵害危险；"社会关系"是指人们在共同生产和生活中形成的人与人之间的相互关系，包括物质社会关系（生产关系）和思想社会关系。只有立法者认为属于最重要的社会关系的，刑法才予以保护，朋友之间一般性的背信弃义（朋友关系受损）、情侣之间的分道扬镳（恋爱关系终止）不会动用刑罚手段去调整。没有纳入刑法保护范围的社会关系不是犯罪客体，受到刑法保护的社会关系在没有被犯罪行为侵害时也不是犯罪客体。

刑法所保护的社会关系同时也是其他部门法所确认和调整的社会关系。一般情况下，社会关系的有序存在与发展只需其他部门法的调整便得以实现，而无需刑法的直接参与调整。只有当社会关系遭到危害行为的严重侵害，仅靠一般部门法已无法得到有效的调整和维护时，才需要运用刑法对其进行保障。因此，刑法所保护的社会关系实际上就是业已为其他部门法所确认和调整的社会关系，即法律关系。

《刑法》分则条文并非都明确地规定了犯罪客体。有的条文直接明确规定了犯罪客体，如第252条规定的侵犯通讯自由罪等；有的没有明确规定犯罪客体，仅规定了犯罪客体的物质表现，如第263条的抢劫罪、第264条的盗窃罪、第267条的抢夺罪等；有的仅指明了犯罪行为所侵犯的人这个社会关系的主体，而没有明确规定犯罪客体，如有关侵犯人身的犯罪；有的仅指出了规定一定社会关系的法律规范，未指明犯罪客体。

根据犯罪行为所侵犯的社会关系的范围的大小，犯罪客体可分为同类客体和直接客体。① 同类客体即某一类犯罪行为共同侵犯的客体，即某一类犯罪共

---

① 我们认为，通说中所指的"一般客体"实际上就是犯罪的社会危害性。通说认为"一般客体"是指一切犯罪共同侵犯的客体，即刑法所保护的社会关系的整体。犯罪的一般客体体现了一切犯罪的共性，据此可以把一切犯罪看成一个整体，抽象出犯罪的共同本质，阐明犯罪的社会危害性以及我国刑法同犯罪作斗争的社会政治意义。我们认为，任何犯罪均只能侵犯我国刑法保护的部分法益，我国社会主义社会关系的"整体"不可能全部同时受到侵犯。在司法实践中，公安司法人员对于任何犯罪的成立，完全用不着考虑所谓犯罪的一般客体。因此，"一般客体"是一个事实上不可能存在的虚假概念，应该弃之不用。

同侵犯为刑法所保护的社会关系的某一部分或某一方面。刑法分则章节的安排隐含了刑法对犯罪客体的规定。直接客体是犯罪行为直接侵犯的某种具体的社会关系，即刑法所保护的社会关系的某一具体部分。例如张三故意杀害李四，李四的生命权就是张三故意杀人罪侵犯的直接客体。

## 二、犯罪的法律特征——刑事违法性

### 1. 刑事违法性的含义

刑事违法性是指触犯刑法，即某一个人的行为符合刑法分则所规定的犯罪构成要件。刑事违法性是犯罪的法律特征，是对犯罪行为的否定的法律评价。因此，刑事违法性是犯罪的基本特征。在司法实践中不能仅仅凭社会危害性判断某一行为是否构成犯罪。刑事违法性才是司法机关认定犯罪的法律标准。

有危害性的行为，不一定都违反刑法，例如精神病人杀人、骗购外汇、通奸、卖淫、吸毒、同性恋（是否有危害性，学者们莫衷一是，同性恋行为在有些国家已经合法化）等行为，从社会伦理观念看，可能值得谴责，但不值得刑法加以处罚。

具有社会危害性需要法律进行制裁的行为，如果通过行政法、民法的处理就已经足够的，没有必要在刑法中规定为犯罪。是否存在违反刑法但不一定有社会危害性的行为，值得研究。1979 年《刑法》规定了投机倒把罪，后来认为投机倒把没有社会危害性，所以取消了该罪名。

凡是违反广义刑法所有的禁止性规范的行为都具有"刑事违法性"。当某种行为触犯了刑法时，就说明该行为具有刑事违法性。法律规范包括假定和处理。刑事违法性指行为违反了刑法规范，其实就是指行为符合刑法规范中的假定条件（刑法分则中规定的具体犯罪的罪状）。罪状（犯罪构成要件）是刑法规范的假定部分，法定刑是刑法规范的处理部分。"刑事违法性"之违法，是指违反作为刑法规范前提的禁止性规定，并非是指违反刑法规范的假定性条件，相反是指行为符合刑法规范中的假定条件（刑法分则中规定的具体犯罪的罪状）。

### 2. 刑事违法性就是形式违法性

"形式违法性"意指行为违反法律规范，违反法的禁令或命令。从刑法理论来讲，犯罪本质特征的形式化是刑事立法必要性之所在，只有通过犯罪的外在表象去认识犯罪的内在本质，立法者把理性上已经界定的需要以刑罚加以制裁的具有社会危害性质的犯罪转化成尽可能明确的表象性刑法规定，才能为司法者提供可以操作的认定犯罪的具体标准，同时也能够避免追究犯罪的随意性。我国刑法及其学说广泛使用社会危害性一词而不是违法性一词，这表现出我国刑法和学说重视揭示犯罪实质的倾向。在我国刑法理论中由于广泛地使用社会危害性的概念，使违法性一词既无地位又不规范。

### 3. 刑事违法性的两种情况

刑事违法性表现为两种情况：一是直接违反刑法的禁止性规范，二是违反其他法律且情节严重进而违反了刑法规范。仅仅违反了其他法律但没有违反刑法的行为因为没有刑事违法性，所以不属于犯罪。在司法实践中必须区分一般违法行为和犯罪行为。例如故意将他人打成轻微伤只是违反了《治安管理处罚法》，属于一般违法行为。某种行为即使已经或者可能给国家和人民造成重大危害，如果刑法还没有将这种行为规定为犯罪行为，那么这种行为也因为没有刑事违法性而不构成犯罪。

## 三、犯罪的法律后果——应受刑罚性（刑罚当罚性）

### 1. 应受刑罚性的概念

行为具有危害性，又有违法性，但不够严重，也不一定是犯罪，如一般的打骂行为、小偷小摸。犯罪还应具有第三个特征——应受惩罚性。这是犯罪的定量特征。

应受刑罚性，指犯罪行为人应当承担刑事责任，受到刑罚制裁。具有应受惩罚性也是犯罪的重要特征。在立法上，应受惩罚性对于立法机关将何种行为规定为犯罪具有制约作用。某种行为，只有当立法机关认为需要动用刑罚加以禁止的时候，才会在刑法上将其规定为犯罪，给予这种行为否定的法律评价。司法实践中，应受惩罚性对于司法机关划分罪与非罪的界限也具有指导意义。根据刑法第13条但书的规定，某种行为情节显著轻微的不认为是犯罪。

"应受刑罚惩罚"与"实际受到刑罚惩罚"不能相提并论。现在出现的"刑事和解"[①] 现象，说明有些犯罪行为人实际上没有受到刑罚处罚。

### 2. "应受"刑事处罚是一种应然状态，不是实然状态

犯罪分子依法应该受到刑罚但实际上可能没有受到刑罚。原因在于：第一，

---

① 刑事和解，在西方被称之为"加害人与被害人的和解"（victim-offender reconciliation 简称 VOR），指在犯罪发生后，通过调解人的帮助，加害人和被害人直接接触和交谈，正视犯罪给被害人带来的伤害，然后双方达成赔偿协议，最终解决刑事纠纷。它一般包括经济赔偿和解和刑事责任处置两个程序。其目的是弥补被害人受到的伤害、恢复被加害人所破坏的社会关系并使加害人改过自新，重返社会。

犯罪行为没有被发觉，自诉案件受害人没有报案或者犯罪行为已经超过追诉时效。第二，因被告人具有某种免除处罚的情节而被免除处罚。我国《刑法》第37条规定，对于犯罪情节轻微不需要判处刑罚的，可以免予刑事处罚。这种免予刑事处罚是以行为构成犯罪为前提的。这种情节轻微的犯罪虽然具有应受惩罚性，但因其不需要判处刑罚而免予刑事处罚。

上述三个特征是密切联系的。社会危害性是犯罪的本质特征，但如果没有后两个特征，就无法将犯罪和一般违法行为区别开来。刑事违法性是犯罪的法律特征，是社会危害性的法律表现，又是应受刑罚性的前提之一；应受刑罚性是行为的法律后果，是前两个特征的必然结论。

## 第三节　犯罪的分类

对于犯罪可以进行不同的分类。如分为故意犯罪与过失犯罪、完成的犯罪与未完成的犯罪、一罪与数罪；根据同一种犯罪的危害程度，将犯罪分为符合基本构成的犯罪、符合加重构成的犯罪、符合减轻构成的犯罪；根据犯罪的同类客体，把犯罪分为侵犯人身的犯罪、侵犯经济领域的犯罪、危害公共安全和社会秩序的犯罪、危害国家政权的犯罪；还有的学者将犯罪分为暴力型犯罪、财产型犯罪、组织型犯罪、白领型犯罪（智力型犯罪）及无受害者型犯罪等等。

### 一、理论分类

对犯罪可以依据不同标准进行不同分类，如作为犯与不作为犯，故意犯罪与过失犯，既遂犯、中止犯与预备犯等等。这些分类将在以后的章节中得到说明。这里只对以后章节难以触及的一些犯罪分类作些介绍。

1. 重罪与轻罪

古今中外的刑法中都在一定程度上区分重罪与轻罪。我国古代封建刑法就有"十恶不赦"原则。中国古代虽然一般轻微刑事案件或轻罪可以"官批民调"，但"对以调解方式'私了'重大刑事案件历来是禁止的"，如果被害人或其家属不经官断而与罪犯私自和解，则犯"私和罪"。① 当然，各国刑法区分重

---

① 参见杨振洪：《中华法系研究》，岳麓书社1995年版，第230－231页。

罪轻罪的标准不一，重罪轻罪的具体含义各不相同。

在所有犯罪分类中，根据犯罪的轻重程度或法定刑可以将犯罪划分为重罪与轻罪，这是最经典的一种分类，在两大法系都有此类分法。在大陆法系，以法定刑为标准，将犯罪分为重罪、轻罪与违警罪，始于1791年的法国刑法典。在英美法系国家，重罪作为一类特殊的犯罪，指某种残酷、凶暴、邪恶或卑鄙的犯罪。

我国刑法没有明文将犯罪分为重罪与轻罪，但《刑法》第67条规定，对犯罪以后自首，其中"犯罪较轻"的可以免除处罚，既然存在"犯罪较轻的"，在逻辑上就有"犯罪较重的"情形。但与外国轻重罪的划分不同，犯罪较轻与犯罪较重不是指不同种犯罪之间的轻重，而是指同一种犯罪中法定刑的轻重。从理论上看，可以将犯罪分为重罪与轻罪。区分重罪与轻罪似应以法定刑为标准，而不能以现实犯罪的轻重为标准。法定最低刑为3年以上有期徒刑的犯罪，许多学者称之为重罪，其他犯罪则为轻罪。[①]

重罪与轻罪的划分具有实体与程序两个方面的意义。我国刑法将这种理论上的分类法律化是值得研究的。从实体上来说，这种划分对犯罪的认定与刑罚的适用具有一定的意义。例如，重罪的未遂一般都要处罚，而轻罪的未遂只是在法律有规定的情形才予以处罚；缓刑一般来说只能适用于轻罪（在我国，一般缓刑只能适用于被判处3年以下有期徒刑的犯罪分子）。从程序上来说，这种划分对简易程序的选择和管辖级别的确定有一定的意义。轻罪可适用简易程序，重罪必须适用普通程序；重罪由较高级别的法院管辖，轻罪由较低级别的法院管辖。

2. 自然犯与法定犯

自然犯与法定犯的区分可以追溯到古罗马法。这种分类虽是学理上的一种犯罪分类，但其涉及对犯罪性质的基本认识以及伦理与法律的关系问题，因而意义重大。自然犯（大体相当于于刑事犯）与法定犯（大体相当于行政犯）的区分标准莫衷一是。自然犯是因侵害公共秩序、善良风俗，为一般社会正义所不容者，是明显违反伦理道德的传统型犯罪，如强奸犯罪、盗窃犯罪。法定犯不是明显违反伦理道德的现代型犯罪，其行为在本质上并不违反伦理道德，是因应情势的需要和违反行政法规，国家特别规定的犯罪，如在日本汽车靠右行的行为。自然犯社会危害性的变易性较小，而法定犯社会危害性的变易性较大。

---

① 张明楷：《刑法学教程》，北京大学出版社2007年版，第34页。

在当代社会，某些单纯违反法律规则而与伦理无涉的犯罪逐渐增加。自然犯与法定犯的区分是相对的，互相之间是可以转化的，例如环境犯罪等法定犯越来越具有自然犯的色彩，这就是所谓法定犯的自然犯罪化。

3. 隔隙犯与非隔隙犯

行为与结果之间存在时间间隔的犯罪称为隔时犯；实行行为与犯罪结果之间存在场所间隔的犯罪称为隔地犯。实行行为与犯罪结果之间没有时间、场所间隔的犯罪，则是非隔隙犯。这种分类对属地管辖权的确定具有意义，《刑法》第6条规定，犯罪的行为或者结果有一项发生在我国领域内，就认为是在我国领域内犯罪。①

4. 公罪与私罪

早在古罗马法中，法律就将违法行为分为公犯和私犯，前者指的是危害国家的行为，所有罗马市民都可以控告。后者指的是侵害他人人身或私人财产的行为。私犯最初被看成是私人之间的纠纷，是债的发生原因之一，后来有些私犯可以作为罪行由被害人提起刑事自诉，但被害人因而丧失要求损害赔偿的权利。我国刑法分则体系主要是根据同类犯罪客体建立的，但同类客体或刑法所保护而为犯罪所侵犯的社会关系的性质的内容仍然可以从国家利益、社会利益、个人利益的角度进行划分。《刑法》分则十章的标题很不容易记住，与十类罪行排列的逻辑顺序不妥不无关系。

中国历来强调"公私分明"，虽然法律没有明确区分公罪与私罪，但在我国封建社会很多侵犯个人利益的犯罪是被作为民间纠纷通过民间调解这种非诉程序处理的，现在民间仍然残存"私犯私了"的遗风。

## 二、法定分类

1. 国事犯罪、军事犯罪与普通犯罪

国事犯又称政治犯，是"常事犯"的对称，是指严重破坏国家现存政治统治秩序的犯罪，或严重危害国家安全的犯罪。前苏联和我国过去称之为"反革命罪"。《刑法》分则规定了10类犯罪，其中第2章至第10章规定的犯罪，相对于国事犯罪而言，属于普通犯罪。但第10章规定的"军人违反职责罪"又属

---

① 犯罪的实行行为与结果发生之间可能存在时间上的间隔。在日本，某工厂向河中排放有毒水银13年后，河中鱼类身体中因此储存了一定的有毒水银，周围居民食用这些有毒鱼类后中毒死亡，13年后工厂的排放行为构成业务过失致死罪。——参见〔日〕西田典之：《日本刑法总论》，刘明祥、王昭武译，中国人民大学出版社2007年版，第212页。

于普通犯罪中的一类特殊犯罪，故也可以说刑法将犯罪分为国事犯罪、军事犯罪与普通犯罪三类。

2. 身份犯与非身份犯

身份犯是以特殊身份作为犯罪主体要件的犯罪，非身份犯是不以特殊身份作为犯罪主体要件的犯罪。此外，刑法理论上还有不真正身份犯的概念，即刑法将特殊身份作为刑罚加重或者减轻事由的犯罪。如国家机关工作人员所犯的诬告陷害罪，应从重处罚，属于不真正身份犯。

3. 亲告罪与非亲告罪

亲告罪是告诉才处理的犯罪。告诉才处理的犯罪，必须有刑法的明文规定。刑法没有明文规定为告诉才处理的犯罪，均属于非亲告罪，即不问被害人是否告诉、是否同意起诉，人民检察院均应提起公诉的犯罪。

4. 基本犯、加重犯与减轻犯

基本犯是指刑法分则条文规定的不具有法定加重或者减轻情节的犯罪。加重犯是指刑法分则条文以基本犯为基础规定了加重情节与较重法定刑的犯罪，其中又可以分为结果加重犯与情节加重犯。减轻犯是指刑法分则条文以基本犯为基础规定了减轻情节与较轻法定刑的犯罪。

## 三、国内犯罪与国际犯罪

国内犯罪是指违反国内刑法的行为，一般意义上的犯罪就是国内犯罪。国际犯罪是指违反国际刑法的行为，例如劫持国际民航飞机的犯罪行为。有的学者认为国际犯罪可以分为广义的和狭义的。广义的国际犯罪包括：违反国际法的犯罪、违反各国公共利益的犯罪、域外犯罪和涉外犯罪等。狭义的国际犯罪仅指前两种。我国政府早就明确地承认了 1946 年 12 月 11 日联合国大会关于禁止和惩罚破坏和平罪，战争罪和反人道罪的决议，并根据这一决议精神，对在中国关押的日本战争罪犯实施了法律制裁。后来中国陆续加入了一系列同国际犯罪作斗争的国际公约，如《禁止并惩治种族隔离罪行国际公约》、《防止及惩办灭绝种族罪公约》、《禁止非法贩运毒品公约》、《禁止酷刑公约》、《关于制止非法劫持航空器的公约》、《关于制止危害民用航空安全非法行为的公约》等等。

犯罪最初都是国内刑法上的犯罪。随着国际社会交往的增加，出现了跨境、跨国犯罪。国际犯罪是从涉外犯罪、跨国犯罪中发展起来的，因而国际犯罪与国内犯罪有着密切联系。涉外犯罪是指具有涉外因素的犯罪，包括主体、客体、犯罪地涉外。涉外犯罪虽然具有涉外因素，但由于认定这种犯罪的标准是国内刑法，因此它与国际犯罪仍然是有所不同的，两者不可混淆。跨国犯罪是指犯罪跨越两个或两个以上国家的犯罪。与此相类似的，还有跨境犯罪，指犯罪跨越两个或两个以上地区的犯罪，例如张子强犯罪跨越中国大陆和港澳地区。跨国犯的最狭义的表现是隔地犯，即行为实施地与结果发生地分别在两个不同国家，其中一项在本国领域内而形成的跨国犯罪。国际犯罪具有相对的独立性，需要在国内刑法中得以确认，即所谓国际犯罪国内化，所以国际犯罪又具有对国内犯罪的依从性。国内犯罪与国际犯罪的区分是相对的，一个国家刑法中确认的国际犯罪，同时必然是其确认的国内犯罪。

# 第五章　犯罪构成及其理论

## 分手情侣是否有制止对方自杀的义务案

**案情：** 男青年甲和女青年乙谈恋爱并同居，乙曾经怀孕堕胎。后甲准备与乙分道扬镳，乙百般纠缠，死活不同意。一日，乙到甲的单身宿舍，要求双方继续保持恋爱关系，被甲断然拒绝。乙一气之下产生轻生念头，对甲说"那我就死给你看"！随即当着甲的面猛喝事先带来的毒药。甲无动于衷，声称"你想死是你的自由，与我毫不相干"。甲既未夺下药瓶，也没有采取救治措施，任由已经服毒的乙躺在自己的宿舍，自己扬长而去，在屋外闲逛，数小时后回屋时发现乙已经一命呜呼。

**问题：** 第一，甲对乙的死亡是否应负刑事责任？第二，乙自杀的行为是否具有刑事违法性？

**提示：** 运用犯罪构成理论进行分析，注意甲是否负有制止乙自杀的义务。

**第5章思考题：**

1. 犯罪构成是法律还是理论
2. 简述犯罪构成术语的沿革
3. 简述犯罪构成的概念、特点、功能
4. 简述犯罪构成与犯罪概念的关系
5. 什么叫耦合式、递进式、双层式犯罪构成
6. 简述基本的、修正的、普通的犯罪构成
7. 简述派生的、叙述的与空白的犯罪构成
8. 简述犯罪构成方面与犯罪构成要件的区别
9. 简述犯罪构成要件的概念与种类
10. 通说认为犯罪构成分为哪四个方面的要件
11. 简述犯罪构成要素的概念与分类

# 第一节　犯罪构成的沿革、概念与功能

## 一、犯罪构成术语的由来

1. 从程序法上的"犯罪事实"到实体法上的"构成要件"

我国犯罪构成理论直接由苏联刑法理论发展而来，但追根溯源，是在大陆法系构成要件理论的基础上形成和发展而来的。德日刑法与刑法理论上并无犯罪构成一词，通常使用的是构成要件一语。我国学者在介绍德日的犯罪论体系时，将日语的"构成要件"照搬了过来。①

1581 年意大利刑法学家法利斯从犯罪确证中引申出"犯罪事实"的概念，用以表示已被证明的犯罪事实。1796 年，德国刑法学家克拉因将"犯罪事实"概念译成德语的"构成要件"（Tatbestand），当时只有诉讼法的意义。19 世纪，费尔巴哈明确把它从诉讼法领域引入刑法领域，他将 Tatbestand 理解为法律规定的犯罪行为或犯罪事实。1905 年贝林格在出版的《刑法纲要》中提出了犯罪类型的概念，并于次年出版的《犯罪论》中对此作了论述，认为构成要件应当定义为犯罪类型的轮廓，构成要件是确定可罚行为的基础，非类型化的行为不具有犯罪的特征。贝林格将五花八门的犯罪行为抽象为一定的犯罪行为类型，他是根据构成要件建立犯罪论体系的第一人。从此，构成要件理论成为了现代刑法学的核心理论。但他错误地将犯罪行为类型与构成要件等同起来，忽视了主观上的违法要素。1926 年德国著名刑法学家迈兹格在《刑法构成要件的意义》一文中首次将"不法"引入构成要件概念。

2. 从大陆法系刑法中的"构成要件"概念到前苏联刑法中的"犯罪构成"概念

前苏联的刑法理论把大陆法系刑法理论中作为犯罪成立条件之一的构成要

---

① 中国刑法理论中所讲的犯罪构成在德国、日本的刑法学中相对应的是"犯罪的成立"，刑法学界所讲的"大陆法系的犯罪构成理论"是借用"犯罪构成"一词，指称大陆法系国家关于犯罪成立的理论的实质内容而已。

件论改造成犯罪条件之全部的犯罪构成论。"构成要件"由大陆法系刑法理论中犯罪行为纯类型化的范畴变成了主客观统一的"犯罪构成"。1946年，前苏联刑法学家特拉伊宁的代表作《苏维埃刑法上的犯罪构成》一书问世，该书作为前苏联第一本犯罪构成的刑法学专著，其出版标志着前苏联的犯罪构成理论大致成熟。特拉伊宁明确提出了犯罪构成是负刑事责任的唯一基础，犯罪构成是主客观要件的有机统一等观点。

我国犯罪构成理论基本上以前苏联的犯罪构成理论为蓝本，在20世纪50年代，在吸收前苏联犯罪构成的学说，并在总结我国刑事立法和刑事司法实践经验的基础上逐步形成的。除局部作过一些修改补充外，其体系基本上沿袭了前苏联的。

## 二、犯罪构成的概念

### 1. 犯罪构成的性质

德文中 Tatbestand 有"行为标准"、"行为类型"等含义，大致相当于我国刑法分则中所描述的罪状。日本学者翻译成"构成要件"。德日等大陆法系的刑法理论所说的构成要件并非我国学者所说的犯罪构成。犯罪构成这一概念是在改造构成要件这一概念的基础上形成的。在大陆法系国家，"构成要件"是特定犯罪的成立条件之一，是刑法分则规定的某一犯罪成立的客观要素，个别情况下包括主观违法要素。目前我国刑法理论中的"犯罪构成要件"，当它是单称时，是指犯罪构成中的要件之一，如犯罪主体、犯罪客观要件；当它作为全称时，是犯罪成立条件的总和，相当于"犯罪构成"。犯罪构成要件是由刑法总则与分则统一规定的，而不是仅由分则条文规定。理论界往往将二者混为一谈。有的书上将犯罪构成和犯罪构成要件等同起来使用。有时表述的是犯罪构成，实际上指的是犯罪构成要件；有时表述的是犯罪构成要件，实际上指的是犯罪构成。

一般认为，犯罪构成是指犯罪成立条件的总和。"但在刑法学中，将构成要件望文生义地理解为犯罪成立条件，恰恰是错误的。""在苏俄及我国刑法学中，都存在着对构成要件的误读，即把构成要件等同于犯罪构成。"① 犯罪构成究竟是什么，其内涵是什么，是法律、事实、概念还是理论？刑法学界众说纷纭。

---

① 陈兴良：《教义刑法学》，中国人民大学出版社2010年版，第147－148页。

我国刑法学通说认为，犯罪构成是我国刑法所规定的，决定某一行为的社会危害性及其程度并为该行为构成犯罪所必须具备的一系列主客观要件的有机整体。犯罪构成的各个要件是由我国刑法具体规定的，这是罪刑法定原则的要求。我国刑法中虽然没有出现"犯罪构成"这一术语，但犯罪构成是刑法所规定或依照、根据刑法而确定的成立犯罪的标准、规格。犯罪构成是认定犯罪的唯一法律标准，它由总则和分则共同规定。总则规定了带有共同性的一切犯罪必须具备的要件；基于立法简约的需要，分则不再规定犯罪的必备共同要件，分则只规定具体犯罪所特别需要具备的要件。在确定具体犯罪的构成要件的时候，应该结合总则和分则的规定。比如，对于故意杀人罪来讲，我国《刑法》分则第232条只规定了"故意杀人的，处死刑、无期徒刑或者十年以上有期徒刑"。在确定故意杀人罪的构成要件的时候，主体要件就是由刑法总则第17条规定的；主观方面要件虽然是由第232条规定；但是故意的内容，还需要结合《刑法》总则第14条予以确定。①

2. 犯罪构成的定义与特点

我们认为，犯罪构成是刑法学理论将刑法规定的犯罪必备条件予以综合、重构后得出的认定犯罪的唯一标准，是刑法规定的、成立犯罪所必需的各种主客观要件的具有结构性的有机统一体。有些理论将犯罪构成弄得神乎其神，异常复杂，其实犯罪构成本来可以言简意明，"犯罪构成是指犯罪成立条件的总和，犯罪成立条件包括犯罪成立的客观条件和主观条件，这些条件按照一定的内在逻辑关系形成一个体系，称为犯罪构成体系"。② 上述观点中，通说基本上是正确的，但通说没有指明"犯罪构成"概念本身不是法律规定的概念。

犯罪构成如同一个框架，框架名称不是法律规定的，犯罪构成要件的名称也不是法律规定的，具有明显的理论色彩，但其框架中的组件是法律对犯罪必备条件的具体规定。在刑事侦查和刑事审判中，公安人员和司法人员就是将案件事实与犯罪构成中的犯罪必备条件一一进行对比，如完全吻合就证明某人的

---

① 在我国刑法学界，还有犯罪构成"理论说"、"折中说"、"事实说"和"概念说"。"理论说"认为犯罪构成本身不是法律，而是系统地概括和阐明犯罪成立条件的理论。"折中说"又叫"法律与理论兼有说"，该说认为犯罪构成既是法律又是理论。我们认为此说混淆了"犯罪构成"与"犯罪构成理论"。"事实说"认为，犯罪构成既不是法律，也不是理论，而是刑法所规定或依照刑法确定的某种犯罪成立必须具备的要件事实。"概念说"则以刑法并没有给犯罪构成下一个定义，以及学者对犯罪构成要件及其含义存在不同见解、对分则中某些罪的具体构成要件存有争议等理由为论据，主张犯罪构成本身只是一个理论概念，从而否定犯罪构成的法律规定性（法定性）。

② 陈兴良：《规范刑法学》（上册），中国人民大学出版社2008年第2版，第89页。

行为构成了犯罪。

犯罪构成中刑法规定的各种犯罪必备条件是什么，这些条件的具体含义是什么，如何重构以及重构后各种犯罪必备条件的地位、排列顺序与相互关系，才是犯罪构成理论研究的对象。因此，犯罪构成与犯罪构成理论不是同一概念。犯罪构成理论来源于犯罪构成，人们对犯罪构成这个定罪标准的运用需要以犯罪构成理论为指导，人们还可以在犯罪构成理论指引下发现犯罪构成这一工具的缺陷，进而通过立法机关修改完善刑法的规定。

犯罪构成具有法定性、规格性和结构性三个特点。

（1）法定性。法定性是犯罪构成的根本特征。犯罪构成是刑法规定的，因而具有法定性。犯罪构成的各个要件的具体内容是由我国刑法具体规定的。犯罪构成是不能离开法律规定而存在的，否则犯罪构成就成了一个空洞无物的"空壳"。对于犯罪构成的分析，应当以刑法规定为根据。犯罪构成要件与要素都是立法者按照犯罪的基本特征进行选择而确定下来的抽象的犯罪事实特征（不是具体的犯罪事实本身）。当然，我国《刑法》对犯罪构成的规定是比较粗疏的，一些基本的概念，如犯罪构成本身以及作为、不作为、持有等尚为法学概念，有待规定为法律概念。

刑法对犯罪构成具体内容的规定，可以分为总则规定与分则规定。在刑法总则中，对犯罪构成的共同要件的要素作了规定，例如犯罪故意、犯罪过失与刑事责任能力等。在刑法分则中，对具体犯罪的构成要件的内容以罪状这种形式作了规定，任何罪状都是描述犯罪构成特征的刑法规定，任何一个犯罪构成都必须有特定的罪状加以规定。① 罪状是犯罪构成的"住所"，犯罪构成是罪状描述的对象，任何罪状均是描述犯罪构成特征的刑法规定，但我国《刑法》分则中的每个罪状不可能对它所要描述的犯罪的所有构成要件要素都作出规定。

（2）规格性。"规格"是指"规定的要求或条件"、"事物质量的标准"。犯罪构成是衡量犯罪是否成立的标准，因而具有规格性。犯罪构成的使命是为犯罪成立提供一般性的法律模型。

犯罪构成的规格性，在立法上是指通过立法活动为犯罪设置的法律规格，在司法上是指在司法过程中认定犯罪的法律标准。因此，作为规格的犯罪构成与作为个案中犯罪事实的集合是有所不同的：前者是类型化的、以构成要件的

---

① 罪状与犯罪构成具有实体内容与描述形式之间的关系，它们不是同一概念，二者属性不同、内容不同。罪状是刑法分则对犯罪状况的文字表述，犯罪构成是犯罪成立要件的实体内容，并且不仅仅通过刑法分则的罪状表现出来，刑法总则对犯罪构成的要件也有所规定。

形式表现出来的法律构成要件，是一种可以反复适用的构成规格或标准，是先于司法而存在的，犯罪构成的各种要件与要素都应该能够反映犯罪行为社会危害性的事实特征；而后者是符合犯罪构成要件从而构成犯罪的一种事实，具有个案性，它所涉及的是构成犯罪的具体事实。①

（3）结构性。"结构"表示各个组成部分的搭配和排列。结构揭示系统整体中诸构成要素的相互联系，其内涵包括组成系统的诸要素相互间的一定比例关系、排列秩序和组合形式。系统的结构性以组成系统的一定数量的要素的存在为前提，没有一定的要素，就谈不上系统的结构。系统的要素也只有在系统中才能存在，并表现出其特定的性能。

犯罪构成是由各种主客观要件组合而成的，因而犯罪构成具有结构性。犯罪构成是由主观与客观的一系列要件按照一定的逻辑建构形成的体系或系统，系统必然有结构。在我国刑法理论研究中，忽视犯罪构成的结构性是普遍的现象，犯罪构成要件的方面、犯罪构成要件与犯罪构成要素被有些学者混为一谈。

### 三、犯罪构成的功能与犯罪构成理论的意义

1. 犯罪构成的功能

（1）犯罪构成是犯罪的唯一认定标准。作为罪刑法定原则的体现，犯罪构成是刑事责任的最主要和最基本的根据，是刑罚适用的前提。② 它为追究犯罪人的刑事责任提供衡量标准或工具，为无罪者免受刑事处罚提供法律保障。

（2）犯罪构成是区分标准。它是区分罪与非罪的具体标准，是区分此罪与彼罪的界限标准，是区分一罪与数罪的计算标准。

（3）犯罪构成是无罪者不受追诉的保障工具。不符合犯罪构成就是不具备犯罪条件，如正当防卫就不应作为犯罪评价。

2. 犯罪构成理论的意义

犯罪构成理论是刑法学理论的重要组成部分，在犯罪论中居于核心的地位。它有助于正确把握犯罪构成中刑法对各种犯罪必备条件的规定，对正确定罪量刑具有理论指导意义。

---

① 我们赞同肖中华关于只有规范性质的犯罪构成，没有事实的犯罪构成的观点。

② 但毋庸置疑，刑罚中需要考虑的人身危险性和处罚时的社会治安形势等因素确实与犯罪构成格格不入，这种理论上的困惑需要"解套"。

### 四、犯罪构成和犯罪概念的关系

1. 联系

犯罪构成是犯罪概念的具体化。犯罪构成是犯罪的社会危害性的法律标志。犯罪概念说明犯罪是什么，犯罪构成则在此基础上进一步说明犯罪是如何构成的，成立犯罪应该具备什么样的条件。[①]

2. 区别

（1）刑法是否明文规定不同。"犯罪"是刑法明文规定的法律概念，"犯罪构成"不是刑法明文规定的概念。

（2）标准是否具体不同。犯罪概念是犯罪的总标准或原则标准，犯罪构成是认定犯罪的具体标准。

（3）功能不同。犯罪概念将犯罪作为一个整体，从宏观上揭示一切犯罪的共同特征、基本特征，犯罪构成则深入到犯罪内部，从微观上分析各个犯罪的内部结构、成立条件。

## 第二节 犯罪构成体系与分类

### 一、耦合式、递进式、双层式三种犯罪构成

从法系来看，犯罪构成体系可以分为三种不同类型，各个类型之间存在着逻辑上的明显区别，但各种犯罪构成体系的功能是相同的。这三种犯罪构成理论模式都是特定法律文化发展的产物，都各有千秋，很难说孰优孰劣，因而各具有其现实合理性。

1. 前苏联和中国的耦合式犯罪构成

前苏联刑法中的犯罪构成由犯罪主体、犯罪主观方面、犯罪客观方面、犯罪客体四个并列的要件组成一个有机的整体。由于这四个要件之间具有耦合式的逻辑结构，因而可以称为耦合式的犯罪构成体系。[②] 我国当前占主导地位的是从苏联引入的耦合式的犯罪构成体系，它在司法活动中占有统治地位。

---

① 有的学者认为"犯罪是符合犯罪构成要件的行为"，这个定义中因定义概念间接包含了被定义概念"犯罪"，所以我们认为是不宜采用的循环定义。

② "耦合"是指两个以上的事物通过相互作用而彼此影响以至联合起来的现象。

值得指出的是，在我国刑法及其刑法学与德国、日本刑法及其刑法学中，犯罪构成要件的内涵外延是各不相同的。我国刑法中的犯罪构成及其要件是由总则和分则共同规定的，而大陆法系国家中构成要件仅被视为由刑法分则所规定的犯罪类型。按照我国刑法理论，一个行为具备犯罪构成要件，犯罪就成立，犯罪构成要件是实质性要件；而按照德日刑法理论，一个行为具备犯罪构成要件（该当性），还不能说成立犯罪，犯罪构成要件只是形式要件，还应具备违法性和有责性才能成立犯罪。

我国犯罪构成模式被称为"耦合式"的犯罪构成体系，从组成结构模式上可以形象地称之为"齐合填充"式的犯罪构成理论体系。即一个行为，只有符合或具备这四个方面的要件才成立犯罪，缺少任何一个要件，就不构成犯罪；而且这四个方面的要件不分先后。这犹如支起一座房屋的四堵墙，因此我国犯罪构成体系又称为"围墙式"的构成体系。

**2. 大陆法系递进式的犯罪构成**

大陆法系的犯罪构成模式是一种倒立的金字塔状，许多学者称之为递进式的犯罪构成，由构成要件该当性、违法性和有责性构成。由于这三个要件之间具有递进式的逻辑结构，因而可以称为递进式的犯罪构成体系。这个体系层层递进，反映了司法定罪的逻辑思维过程，是个动态的、开放的理论体系。在对一个行为进行判断时，要经过构成要件符合性、违法性、有责性三个层次的判断，这犹如三个叠加起来的筛子。经过三层过滤，最后"漏"下来的是犯罪行为，否则不是犯罪行为。在大陆法系，其构成要件仅属于犯罪构成的一个层次，犯罪构成是规定了符合构成要件、违法且有责的行为。

在大陆法系刑法理论中，原本不存在"犯罪构成"，只有"犯罪构成要件"的提法，它与犯罪的"构成要件"同义，而非"犯罪构成（犯罪成立）的要件"。我国刑法理论中的"犯罪构成"等同于大陆法系国家刑法理论中的"犯罪的成立"。

日本刑法学者小野清一郎先生在《犯罪构成要件理论》一书中对递进式的犯罪构成进行了详细的介绍，他认为犯罪就是符合构成要件的违法有责行为。在定罪中，首先要确定构成要件的该当性，解决事实上是否具备构成要件的行为和犯意；然后再确定行为的违法性，如果行为没有违法性的阻却事由，就意味着行为具有违法性；最后确定行为的有责性，如果没有有责性的阻却事由，就应当追究刑事责任。当发生了违法性的阻却事由，如正当防卫，就无需再去确定行为的有责性；当发生了有责性的阻却事由，如行为人无刑事责任能力，就无需确定行为人的刑罚了。只有三者同时具备，才能对行为人定罪处刑。①

第一，该当性，即构成要件符合性，是指行为符合刑法分则所规定的某种具体犯罪特征。大陆法系犯罪构成理论中"构成要件符合性"的要素，一般包括行为、故意、过失及因果关系、行为的状况及结果等内容。行为是指符合构成要件的犯罪事实，是构成要件的核心。构成要件是一个"观念形象"、犯罪的"类型轮廓"。只有符合这个"轮廓"外形，行为才有必要作进一步违法性和责任的评价。

第二，违法性。当一行为符合某一犯罪的构成要件即具有"构成要件该当性"后，接着便要进行违法性的审查。大陆法系犯罪构成理论中"违法性"是一个在构成要件该当性与有责性之间承前启后的排除要件，"违法"指和法律相对立，它只是犯罪成立的一个条件，即符合构成要件的行为，原则上就被推定为违法。因此，对违法行为的判断是从否定方面加以判断的，即存在违法阻却事由。因而，其违法性要研究违法阻却事由，如正当防卫及紧急避险这些行为都是在犯罪构成的违法性层次论述的。

构成要件是违法行为的类型，如果行为符合构成要件，一般可以推定该行为属于违法。刑法没有把违法性作为犯罪成立的积极要件来规定，而只是规定了消极地阻却违法性的情况，即违法阻却事由。这是因为构成要件是违法类型，行为只要符合构成要件，在通常情况下该行为具备违法性，只有违法阻却事由出现时，才能排除该行为是犯罪行为。如果行为具有刑法上所规定或认可的违法性阻却事由，则该行为就不构成犯罪。违法性阻却事由包括正当防卫、紧急避险等法定的违法性阻却事由和自救行为、义务冲突等超法规的违法性阻却事由。②

第三，有责性。有责性指能对行为人的犯罪行为进行谴责。某一犯罪行为的认定，必须经过有责性的判断，此时，具体行为人的特殊情况是刑法所考虑的。有责性包括以下要素：责任能力（包括认识能力和控制能力）、故意责任

---

① 大陆法系犯罪构成要件的"行为"，是一个犯罪构成事实的整体，是违法和责任类型，即所谓的"典型事实"，这与我国刑法中的危害行为的含义不完全一致。其构成要件的故意和过失，在我国犯罪构成理论中属于犯罪构成主观要件的内容。而在大陆法系理论中，此层次的故意、过失仅限于对构成要件符合性的行为的故意或过失，并不要求该故意、过失认识到自己行为是违法的。我国刑法中每一个犯罪构成均由分则罪状作了基础性规定，由刑法总则作了总括性规定，而在大陆法系国家狭义的犯罪论体系中，一般认为构成要件由刑法分则作规定，与刑法总则无关，犯罪构成是由刑法分则规定的犯罪类型。

② 我国的刑法理论认为，违法性不是犯罪构成的要件，而是作为犯罪的特征所确立的，通说认为所有的犯罪构成要素都有违法性。正当防卫、紧急避险也不是放在犯罪构成的范围内，而是作为排除社会危害性行为加以确立的。

与过失责任、期待可能性等内容。同样，刑法对有责性的规定也是从消极方面进行的。行为人若想抗辩自己的行为并非犯罪，必须能证明自己在责任能力、故意、过失及期待可能性方面缺失，即存在责任阻却事由。大陆法系的犯罪构成理论中的责任能力要素，与我国犯罪构成理论中的犯罪主体要件下的责任能力内容可以对应。但其"责任"是犯罪成立的最后一个条件，相当于罪过的内容；而我国刑法理论所讲的"刑事责任"是犯罪成立后的事情。

3. 英美法系双层次的犯罪构成

英美法系国家的双层控辩平衡模式简称双层次的犯罪构成。由于这种构成要件具有双层次的逻辑结构，因而可以称为双层次的犯罪构成体系。

第一层次是犯罪本体要件即实体意义上的犯罪要件，也称为积极的犯罪构成要件，是指犯罪行为和犯罪意图。第一层次要件肯定犯罪的成立。

首先，构成犯罪的首要因素是犯罪行为。它是法律予以禁止并力求防止的有害行为。犯罪行为是英美法系犯罪构成的客观要件。犯罪行为有广义与狭义之分：广义上的犯罪行为，指犯罪心理以外的一切犯罪要件，也就是犯罪构成的客观要件，包括犯罪行为、犯罪结果和犯罪情节等；狭义上的犯罪行为指有意识的行为，它由行为和意识构成。

其次，构成犯罪的基本因素是犯罪意图。它又称为犯罪心理，是英美法系犯罪构成的主观要件。"没有犯罪意图即无犯罪"是英美刑法的一条原则，它充分体现了犯罪意图在构成犯罪中的重要意义。在美国刑法中，犯罪意图分为蓄意、明知、轻率和疏忽。[1] 从犯罪意图的内容来看，主要是行为人对于其犯罪行为的一种心理状态。

第二层次是责任充足条件，也称为消极的犯罪构成要件，简称责任要件，是诉讼意义上的犯罪要件，通过合法抗辩事由体现出来。它从反面说明，行为要构成负刑事责任的犯罪，除了要具备犯罪本体要件即犯罪行为和犯罪意图外，还应不能进行合法抗辩。合法抗辩事由，又称免责理由，是在长期司法实践中通过对刑事诉讼中的辩护理由加以理性总结形成的，内容包括：未成年、错误、精神病、醉态、胁迫、圈套、安乐死、正当防卫和紧急避险等。

## 二、一般形态的犯罪构成和特殊形态的犯罪构成

这是以犯罪构成的形态为标准的分类结果。

---

① 参见储槐植：《美国刑法》（第三版），北京大学出版社2005年版，第55页。

1. 一般形态的犯罪构成

一般形态的犯罪构成，通说认为是"基本的犯罪构成"，指刑法分则就某一犯罪的基本形态所规定的犯罪构成，一般是既遂的、单个人实施的犯罪，由刑法分则加以规定。根据基本犯罪构成定罪的有既遂犯、实行犯或共犯中的实行犯。

2. 特殊形态的犯罪构成

特殊形态的犯罪构成，通说认为是"修正的犯罪构成"，是指以总则性条文中的基本犯罪构成为基础，适应行为的发展变化阶段或共同犯罪的形式而分别加以变更、修改的犯罪构成。由于刑法分则条文都是以单个人犯既遂罪为标本规定某一具体犯罪的犯罪构成的，因此，单独犯的既遂状态的犯罪构成即属于基本的犯罪构成。以此为前提，预备犯、未遂犯和中止犯等未完成形态的犯罪构成以及组织犯、教唆犯和帮助犯等共犯形态的犯罪构成则属于修正的犯罪构成。在确定犯罪构成时，要把分则规范和总则规范结合起来。同时修正的犯罪构成并不是具体的罪名，如故意杀人未遂的，只能定故意杀人罪（未遂），而不存在故意杀人未遂罪。

特殊形态的犯罪构成并"不是缺少要件的犯罪构成，而是缺少既遂犯的构成要件"。[①]

## 三、普通的犯罪构成与派生的犯罪构成

1. 普通的犯罪构成

普通的犯罪构成，又称独立的犯罪构成，是指刑法条文对具有通常危害程度的犯罪所规定的犯罪构成。例如，《刑法》第236条第1款规定的就是强奸罪的普通犯罪构成。

2. 派生的犯罪构成

派生的犯罪构成，是指依附于普通的犯罪构成而存在的危害较重和危害较轻的犯罪构成，它包括加重的犯罪构成和减轻的犯罪构成两种情况。例如，《刑法》第236条第2款规定的就是强奸罪的加重犯罪构成。

普通的犯罪构成与派生的犯罪构成是相对而言的，有的具体犯罪，既有普通的犯罪构成，又有加重的犯罪构成或减轻的犯罪构成；有的具体犯罪，则只有普通的犯罪构成而没有派生的犯罪构成。

---

① 肖中华：《犯罪构成及其关系论》，中国人民大学出版社2000年版，第40页。

一个犯罪只有一个犯罪构成，结果加重犯和情节加重犯并不是存在两个犯罪构成。

## 四、叙述的犯罪构成与空白的犯罪构成

以法律条文对犯罪构成的表述情况为标准，分为叙述的犯罪构成和空白的犯罪构成。

### 1. 叙述的犯罪构成

叙述的犯罪构成又叫完结的犯罪构成或封闭的犯罪构成，是指刑法分则条文对犯罪构成的要件进行了详细叙述的犯罪构成。在这种情况下，刑法分则条文对于犯罪构成的各种特征都进行了明确规定，从而为认定犯罪提供了直接的法律根据。例如，"挪用公款罪"的犯罪构成就是叙述的犯罪构成。

### 2. 空白的犯罪构成

空白的犯罪构成，又叫待补充的犯罪构成或开放的犯罪构成，是指刑法条文对犯罪构成要件没有予以明确的描述，而仅仅指出应援引其他法律规范或规章制度来说明犯罪的构成。这种犯罪构成一般是用"违反……法规"、"违反……规定"等形式来表述。例如，我国《刑法》第131条规定："航空人员违反规章制度，致使发生重大飞行事故，造成严重后果的，处3年以下有期徒刑或者拘役；造成飞机坠毁或者人员死亡的，处3年以上7年以下有期徒刑。"在此，立法者虽然对重大飞行事故罪的犯罪结果作了规定，但是对于重大飞行事故罪的行为未作明确规定，需要参照有关航空法规和有关飞行的规章制度而加以确定。因此，重大飞行事故罪的犯罪构成是空白的犯罪构成。

## 五、简单的犯罪构成与复杂的犯罪构成

### 1. 简单的犯罪构成

简单的犯罪构成又叫单一的犯罪构成，是指刑法分则规定的各个要件均属于单一要件，不存在复合或选择情况的犯罪构成，即刑法规定的犯罪构成中只有单一客体、单一行为、单一罪过形式。

### 2. 复杂的犯罪构成

复杂的犯罪构成，是指刑法条文规定的犯罪构成要件并非单一，有可供选择或者有重叠的犯罪构成。它又分为选择的犯罪构成和重叠的犯罪构成。选择的犯罪构成指刑法分则规定的犯罪构成诸要件并非均属单一，而是存在着可供选择的情况，这样的犯罪构成称为选择的犯罪构成或择一的犯罪构成。包括以

行为、方法、犯罪对象、危害结果、犯罪主体、犯罪目的、犯罪地点作为选择要件等情形。重叠的犯罪构成指犯罪构成中的一些要件既非单一，也非选择，而是必须同时具备的情形，包括侵犯了复杂客体的犯罪、包含着两种以上客观行为的犯罪和具有两个以上的罪过的犯罪三种情况。

# 第三节　犯罪构成的方面、要件与要素

## 一、犯罪构成的方面

### 1. 犯罪构成方面的含义

犯罪构成的方面是犯罪构成要件寓居的方面的简称，是犯罪构成要件存在的空间，是刑法理论将某种行为预想为犯罪的基础上分割出来的行为的方面。通说认为犯罪构成有四个方面，即犯罪客体方面、犯罪客观方面、犯罪主体方面、犯罪主观方面。在有罪判决生效前，根据罪刑法定原则，还不能确定这几个方面就是"犯罪"的四个方面，但司法人员又不得不从这几个方面逐一考察，因此这几个方面事实上是"有待于作为犯罪构成审查的行为的四个方面"。现在，在刑法学界，有不少学者主张将"犯罪客体"剔除，让它从犯罪构成中"出局"，将犯罪构成的四个方面裁减为三个方面。我们赞成犯罪构成三方面说，认为犯罪客体没有多少内容，并且犯罪客体实际上是犯罪概念要揭示的社会危害性，即犯罪行为所侵害的我国刑法所保护的社会关系或法益。

判定犯罪成立所要考察的内容有可能是超法律的，犯罪构成的几个方面的内容并不局限于构成要件和要素，还有不影响定罪但影响量刑的事实特征，有些对定罪量刑毫无影响的事实特征也寄寓（栖息）在犯罪构成的"方面"里。犯罪构成不仅是确认犯罪的唯一的法律标准，也是区分罪与非罪的唯一的法律标准。"犯罪构成"与"有待于作为犯罪构成审查的行为的方面"和"犯罪构成要件"这三者是不同的。为了实现犯罪构成这一工具的价值，刑法和刑法理论需要将社会生活中容易与犯罪混淆的非犯罪行为加以规定，例如我国刑法总则中明文规定了正当防卫和紧急避险。显然，正当防卫和紧急避险不是犯罪构成的要件，但可以寄寓在行为客观方面。传统观点将它们视为游离于犯罪构成之外的"异类"特征，导致犯罪论理论体系的逻辑矛盾。我们认为犯罪构成理论需要研究犯罪构成的几个方面的所有的内容，而不是仅仅研究犯罪构成要件。

### 2. 犯罪构成方面的内容

虽然各个具体的犯罪构成要件都有特殊性，但如果将各种具体的犯罪构成要件归纳、整理加以概括抽象，可以形成任何犯罪构成都必备的共同要件。中国刑法学界传统的且目前仍居主导地位的观点是四要件说，中国的四要件平行模式有其存在的深厚的理论基础和实践生命力。学术界存在二要件说、三要件说、五要件说等。我国目前犯罪构成理论中确实存在不少亟待解决的问题。①

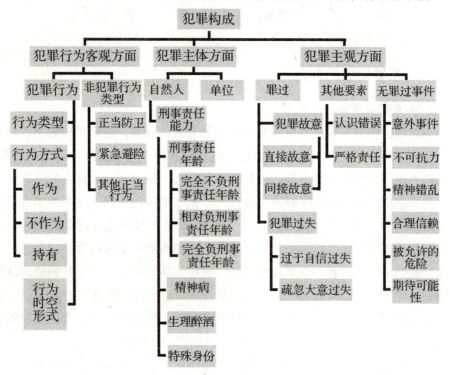

## 二、犯罪构成要件的概念与种类

### 1. 犯罪构成要件的概念

犯罪构成要件是犯罪构成的组成部分，即对行为成立犯罪所必需的各个方面的事实特征进行抽象所得出的犯罪构成的基本组成要素，是犯罪成立的形式化的事实特征，是成立犯罪必须具备的条件。犯罪构成要件是由刑法总则与分

---

① （1）二要件说，认为犯罪构成的共同要件分为行为要件和状态要件；（2）三要件说（老版本），认为犯罪构成的共同要件是主体、危害行为、客体；（3）四要件说认为，犯罪构成的共同要件应为犯罪客体、客观方面、主体、主观方面。（4）新三要件说。认为犯罪构成的共同要件为犯罪客观要件、犯罪主体要件和犯罪主观要件。

则统一规定的，而不是仅由分则条文规定。犯罪构成要件是一种法律规定，而不是具体事实。我国刑法规定有四百多种犯罪，每一种犯罪都有自己独特的犯罪构成要件。有的国家试图制定"定罪量刑指南"，就是试图将每个罪的具体构成要件表格化、公式化。

2. 犯罪构成要件的种类

根据犯罪构成要件在认定犯罪中的作用，可以将犯罪构成要件区分为具体要件、共同要件和选择要件。

（1）犯罪构成的具体要件。具体要件是指法律规定的认定某一具体犯罪所必须具备的事实特征。任何犯罪都是具体的，其构成要件各有千秋，某些性质、特征较明确的犯罪构成（主要是自然犯），刑法规定就较为简略，例如刑法第232条对故意杀人罪的构成要件的描述就简明扼要。而对那些性质复杂、特征不明显的犯罪构成，则规定得较为详细，例如《刑法》第382条第1款规定："国家工作人员利用职务上的便利，侵吞、窃取、骗取或者以其他手段非法占有公共财物的，是贪污罪。"

（2）犯罪构成的共同要件。犯罪构成的共同要件，是指一切犯罪构成都必须具备的要件，因此，也称犯罪构成的必要要件。对于通说主张的四要件，有的学者主张将犯罪客体扫地出门，[①] 认为"侵犯客体的不同，决定了犯罪性质的不同，从而使此罪与彼罪得以区分"的说法很难成立，如故意杀人罪和过失致人死亡罪侵犯的客体都是他人的生命权，因此，仅仅根据客体无法将两罪相区别，还要看行为人主观要件的内容是出于故意还是过失。我们对此表示赞同。

（3）犯罪构成的选择要件。犯罪构成的选择要件，是指并非每一个犯罪构成而是部分犯罪构成主体具备的要件。例如，一般的犯罪对犯罪主体只要求达到刑事责任能力年龄、具有刑事责任能力就能成立，但有些犯罪构成则还要求行为人必须具备某种特殊的身份，特定的时间、地点和方法。如贪污罪的犯罪主体必须具有国家工作人员的身份条件，其他人只能成为贪污罪的共犯。

---

① 赞成派和反对派为此互不相让。否定派的理由是：第一，犯罪客体实际上是刑法所保护的法益，属于犯罪概念的内容，应在犯罪概念中研究。第二，行为只要符合了犯罪客观要件、主体要件和主观要件三个要件，就必然侵犯了犯罪客体，不可能出现符合上述三个要件却没有客体的情况。第三，将犯罪客体不作为构成要件，并不会给犯罪定性带来困难。第四，国外刑法理论中也没有人将刑法所保护的法益列为构成要件。

### 三、犯罪构成要素的概念与分类

**1. 犯罪构成要素的概念**

犯罪构成要素是"犯罪构成要件的要素"的简称，是犯罪构成要件的内部组成因素，按照通说它是四个组成要件之下的具体要素，如犯罪主体方面下面有犯罪主体要件，犯罪主体要件又由刑事责任年龄、刑事责任能力、精神障碍、生理醉酒、特殊身份等犯罪构成要素组成。犯罪构成要素是构成犯罪构成要件的最基本单位。犯罪构成要件是犯罪构成要素的集合体，是犯罪构成要素的上位概念。若干要素组成一个要件，若干要件组成一个犯罪构成。

**2. 犯罪构成要素的分类**

（1）客观的构成要素与主观的构成要素。行为的外部的、客观的要素即为客观的构成要素，如行为、结果、行为对象等。表明行为人内心的、主观方面的要素即为主观的构成要素，如故意、过失、目的等。我国刑法理论一般将行为人的年龄、辨认控制能力、身份归入主观的构成要素。但国外一些学者常常将它们归入客观的构成要素。我们认为年龄、身份是客观的构成要素。

（2）积极的构成要素与消极的构成要素。积极地、正面地表明成立犯罪必须具备的要素，就是积极的构成要素。否定成立犯罪的构成要素，这便是消极的构成要素。例如《刑法》第243条前两款从正面规定成立诬告陷害罪的积极的构成要素，第3款规定"不是有意诬陷，而是错告，或者检举失实的，不适用前两款的规定"，第3款就是客观要件中的消极的构成要素。

在英美法系的构成模式中，本体要件中的犯罪意图和犯罪行为是从肯定性的角度评价行为，属于构成中的积极要素，而责任充足要件中的合法辩护理由则明显是从反面考查是否存在排除犯罪性的情况，属于其中的消极构成要素。

犯罪构成是犯罪成立的积极要件要素与消极要件要素的统一。只有这样，才能使犯罪排除事由（正当防卫、紧急避险等）纳入犯罪构成体系之内而不是之外。

（3）记述的构成要素与规范的构成要素。构成要素可以分为记述的构成要素（也称记述的要素）与规范的构成要素（也称规范的要素）。记述的构成要素是指不需要加进价值判断，只需要根据对于事实的认识就能确定的构成要素。例如盗窃枪支弹药罪之"枪支、弹药"，故意杀人罪之"人"。法官"认定"这样的要素是否存在，只需要"认识"、"认知"它是否存在即可。规范的要素是指，尽管就此存在一定的解释，法官还是必须进行价值判断，否则无法认定其是否存在。例如，我国《刑法》第364条规定了"淫秽物品罪"，第367条对淫秽物品下了定义：具体描绘性行为或者露骨宣扬色情的淫秽性的书刊、影像带、录音带、图片及其他淫秽物品。但即使给淫秽物品下了定义，由于文化背景和价值观的差异，不同的人仍然可能对物品是否具有淫秽性的看法大相径庭，法官需要进行价值判断。因此，贩卖淫秽物品罪中的"贩卖"是记述的构成要素，"淫秽物品"是规范的构成要素。强制猥亵妇女罪中"妇女"是记述的构成要素，"猥亵"是规范的构成要素。

（4）共同的构成要素与非共同的构成要素。共同的构成要素，是指犯罪构成共同要件中为任何犯罪的成立所必须具备的要素，例如危害行为、危害结果、刑法因果关系、刑事责任能力、故意或过失等。非共同的构成要素，是指并非任何犯罪而只是部分犯罪的成立所必须具备的要素，例如身份、目的、特定的手段等。任何犯罪都是在一定时间里发生的，时间要素是共同的犯罪行为客观因素的要素。但"战时"是一个非共同的构成要素，特定的时间要素只是我国刑法规定的某些特殊犯罪的构成要素。

（5）成文的构成要素与不成文的构成要素。成文的构成要素，是指刑法明文规定的构成要素；不成文的构成要素，是指刑法条文表面上没有明文规定，但根据刑法条文之间的相互关系、刑法条文对相关要素的描述所确定的，成立犯罪所必须具备的要素。例如，抢劫罪的客观构成要件要素是成文的构成要件要素，"非法占有目的"是不成文的构成要件要素。

## 四、犯罪构成的重构

随着大陆法系和英美法系的犯罪构成体系被介绍到我国，部分学者对于我国耦合式的犯罪构成体系的反思与重构之呼声此起彼伏，主张对刑法规定的各种犯罪必备条件作为犯罪构成的要件或要素进行重新组合，重新定位，合理确定各组件的内容、地位和排列顺序，理顺各组件之间的相互关系。

1. 犯罪构成通说的缺陷

我们现在所理解和使用的犯罪构成，是在犯罪成立条件意义上的犯罪构成，因此又可以称为犯罪构成要件体系。对此，我国刑法学界并无大的分歧。但我国的犯罪构成理论乃至前苏联的犯罪构成理论在对犯罪构成进行论证时，实际上偏离了"犯罪成立条件"这一犯罪构成的原始出发点。

（1）通说对犯罪构成与犯罪概念的关系没有深刻揭示。通说认为犯罪构成是犯罪概念的具体化，犯罪构成是犯罪的社会危害性的法律标志。但它是怎么

"具体化"的？犯罪三大特征是通过犯罪构成的什么要件具体体现出来的？通说语焉不详，导致按照通说建构的犯罪构成的实用性不强。犯罪构成应该相应说明和反映这三性，然而犯罪概念实际上作为一种理论上的抽象符号被束之高阁，危害行为一旦分别符合四大要件的规定性行为即获得"犯罪"的性质意义，并不要求似乎也并不需要运用犯罪概念的其他特征对行为再作分析。① 在司法实践中，犯罪构成这个认定标准既不具体，弹性太大，又不实用，公检法机关的工作人员往往不是根据犯罪构成而是按照各自系统大量的办案规则去认定犯罪。将这个认定犯罪的标准改造成为定罪量刑指南之类的工具，才能证明"犯罪构成是犯罪概念的具体化"。

（2）通说存在一些逻辑错误，导致犯罪构成备受争议。第一，通说的组件划分或归类不当。通说将犯罪客体和犯罪主体与犯罪客观方面并列，其实犯罪客体和犯罪主体也具有客观性，犯罪构成中除了犯罪主观方面以外，其他要件都属于与犯罪主观方面对应的犯罪客观方面。第二，犯罪构成内部体系存在矛盾，犯罪客体不属于犯罪的实体内容本身，是在犯罪之外的某种社会构成要素。有的学者还指出，犯罪主体作为犯罪构成的一个要件是否先于犯罪行为而独立存在？还是符合犯罪构成的犯罪行为先于犯罪主体被评价？如果是犯罪主体作为犯罪构成的一个要件先于犯罪行为而独立存在，那么，每一个达到法定刑事责任年龄、具备刑事责任能力的人都是犯罪主体。第三，通说有概念内涵不明确之嫌。有的学者指出，有的论者往往将犯罪客观要件的危害行为等同于犯罪行为，甚至直接称"危害行为"为犯罪行为。②

（3）排除社会危害性的行为在犯罪构成中的位置问题，传统的理论是在犯罪构成之外解决。对于此类行为，人们无法根据犯罪构成去判断犯罪成立与否，而是仍须依赖社会危害性去说明。有的学者甚至认为，我国的犯罪构成与正当防卫制度等正当化事由严重冲突。从犯罪构成的四要件来判断，正当防卫具备犯罪构成的四个方面的要件。犯罪构成的模式有"进"罪和"出"罪的机制，应将正当防卫和紧急避险等正当行为作为犯罪构成的出罪机制来设置，才能充分实现其惩罚犯罪和保障人权的功能。现行"围墙式"犯罪构成的"出"罪机制似乎不健全。

---

① 参见冯亚东：《理性主义与刑法模式——犯罪概念研究》，中国政法大学出版社1999年版。

② 参见高铭暄、马克昌主编，赵秉志执行主编：《刑法学》，北京大学出版社、高等教育出版社2011年版，第63页。

**2. 按照犯罪概念具体化和犯罪构成三性的特征重构犯罪构成**

基于上述理由，为了具体体现犯罪概念，展示犯罪的三大特征，使这个认定犯罪的标准本身达到"法定性、规格性、结构性"的标准，实现犯罪构成的工具价值，对犯罪构成的要件和要素，需要重新进行组合。我们主张不能偏离刑法的规定，构建纯理论性的认定犯罪的标准，可以按照"犯罪行为客观要件——犯罪主体要件——犯罪主观要件"的顺序进行排列，并在要素上予以适当调整，在总体上充分体现犯罪"刑事违法性"的特征，对犯罪客体要件进行较大的改动：

（1）犯罪行为客观方面。刑法理论界一般将之称为"犯罪客观方面"或"犯罪客观要件"。我们认为，从哲学上讲，世界只能分为客观世界和主观世界，在犯罪构成中，除了主观的罪过等意识方面的内容外，其余包括犯罪主体的年龄、刑事责任能力、犯罪特殊身份等都是与主观因素相对应的客观因素。因此，将犯罪主体排除在犯罪客观方面之外存在逻辑错误。"犯罪客观要件"的提法将非犯罪行为类型例如正当防卫排除在犯罪构成之外，也值得商榷。因此，为了名副其实，宜将"犯罪客观方面"改称为"犯罪行为客观方面"。

犯罪行为客观方面是犯罪行为客观要件和非犯罪行为类型寓居的方面的简称。传统观点在论述犯罪客观方面的构成要件时局限于"危害行为"、"危害结果"、"刑法因果关系"和"犯罪客观方面的附随情况"。其实，在这个方面中，既存在犯罪行为的客观要件，也存在没有刑事违法性的正当行为。犯罪行为客观要件没有囊括客观方面所有的组件，而仅指客观方面的犯罪活动的客观外在表现，包括犯罪行为类型要素（如抢劫行为、杀人行为）、犯罪方式要素（作为、不作为与持有），犯罪时间、地点、手段要素，犯罪对象、危害结果、犯罪因果关系要素等。

"犯罪行为客观要件"即犯罪行为的客观外在特征，是表明犯罪活动发生经过的客观情况的要件，也就是寄寓在犯罪行为客观方面的犯罪构成要件。犯罪构成是犯罪的法定类型，这种法定类型首先体现为犯罪行为的法定类型。从犯罪行为客观方面的要件来讲，是暂时撇开行为的主观方面，仅就类型化的危害行为而言的。如刑法对杀人行为的类型进行了规定，除了战争、执法、正当防卫等以外，凡客观上杀人的都视为犯罪行为客观方面的危害行为。刑法禁止杀人，所有的人包括男女老少都不得杀人，并不是意味着14周岁以上的人才不得杀人。

《刑法》第17条第3款中的"因不满16周岁不予刑事处罚的"一语，学者们理解颇有分歧。有的学者认为因未达到刑事责任年龄而未处罚的严重危害社会的行为不是犯罪，所以不予以刑事处罚；有人认为是犯罪，只是鉴于年龄问题不予以刑事处罚。问题在于，如果因未达到刑事责任年龄而未处罚的严重危害社会的行为不是犯罪，理所当然不能予以刑事处罚，刑法这样叠床架屋地规定，岂不是多此一举；如果认为是犯罪，那么根据罪责刑相适应原则，不予以处罚就是不合法的。这种"二律背反"犹如理论迷宫，有时使人百思不得其解。其实，刑法禁止的是类型化的行为，而从犯罪行为客观方面来说，考察的是纯客观的危害行为，这一方面未囊括行为人的身份、年龄、精神状态等因素。

犯罪行为客观要素是"犯罪行为客观要件的要素"的简称，是指刑法规定的构成某种犯罪在犯罪行为客观方面应当具备的要素。它是犯罪行为客观要件的下位概念。二者是两个不同的概念，具有从属关系。犯罪行为客观要件的构成要素分为三类，即犯罪行为类型要素（如抢劫行为、杀人行为、间谍、盗窃行为等），犯罪方式要素（作为、不作为与持有）和犯罪时空形式即犯罪时间、地点等要素。

寄寓在行为客观方面中的因素还包括刑事违法性的正当行为和其他有关因素，例如，身体反射动作、梦游行为、不可抗力下的举动虽然不是危害行为，但都是刑法上的行为，需要在犯罪构成的犯罪行为客观方面加以考察和评价。正当行为种类繁多，犯罪构成的行为客观方面所实际寄寓的正当行为仅指刑法明文规定的正当防卫和紧急避险，有的国家的刑法规定的正当行为种类更多，我国刑法理论也认为执行命令的行为等正当行为也是寄寓在这一方面的因素。

（2）犯罪主体方面。本书对犯罪主体要件的论述基本上尊重传统的观点。

（3）犯罪主观方面。存在主义关于世界统一于存在的观点曾对犯罪构成理论产生消极影响。的确，罪过是客观上"存在"过的东西，但仍然属于主观的范畴。犯罪行为人主观上的故意与过失，是在时空上已经发生过的，在行为人脑海里已经存在过，尽管实际上没有谁在犯罪人作案时对其头脑中的思维活动进行记录。行为是主观见诸于客观的活动，现实生活中任何犯罪的客观方面与主观方面是密不可分。刑法学为了研究的方便，才将它们分开，这种划分只是理论上的一种相对区分。本书在论述犯罪故意和犯罪过失后，对无罪过事件设专节论述，补充了"期待可能性"、"合理信赖"、"被允许的危险行为致害"等内容。

在犯罪构成中，犯罪行为客观方面、犯罪主体方面与犯罪主观方面从横向并列，而犯罪成立条件中"犯罪行为的客观要件"、犯罪主体要件与犯罪主观要件从纵向三足鼎立。犯罪构成中不全是犯罪成立的条件，它作为一个判断行为是否构成犯罪的具体法定标准，还应包括从反面规定（否定）成立犯罪的事实特征，只要出现某些这种特征，就应否定犯罪成立，例如确认行为属于正当防卫，即刻应该排除成立犯罪的可能性。

近年来，大陆法系国家的刑法书籍被大量翻译成中文，一些合理的刑法理论输入我国，特别是国家司法考试内容中渗透了许多大陆法系国家刑法的成熟的理论观点，促进了我国犯罪构成理论的繁荣。① 可以预见，经过众多学者努力，一个新的更加合理的犯罪构成体系呼之欲出，必将令人耳目一新。

## 第四节　根据犯罪构成标准定罪

### 王某为生活所迫多次盗窃少量财物未构成犯罪案

**案情：** 王某，子然一身，孤苦伶仃，63 岁，基本失去劳动能力，其向村干部申请"五保"，石沉大海。王某对村干部说："你们不给我'五保'，那我就只有偷了。"村干部说："你愿咋活咋活，与我们无关。"从此，王某于 2003 年 1 月至 3 月，采取撬锁等方式进入他人院内共实施 3 次盗窃行为，价值分别为 67 元、24 元和 51 元。违法所得都为其维持生活所用。公安机关将其行政拘留 15 天后转入刑事立案侦查并提请逮捕。

**问题：** 第一，最高人民法院 1997 年 11 月 4 日《关于审理盗窃案件具体应用法律若干问题的解释》② 第 4 条规定："对于一年内入户盗窃或者在公共场所扒窃 3 次以上的，应当认定为'多次盗窃'，以盗窃罪定罪处罚。"按照刑法和司法解释，王某短期内多次实施入户盗窃的行为是否已经构成犯罪？第二，王某是否缺乏期待可能性？

**提示：** 第一，《刑法》第 13 条但书规定"情节显著轻微危害不大的"不构成犯罪。对刑法条文中的"多次盗窃"，不能作文义解释，应作论理解释，理解为客观上可能盗窃数额较大、主观上也想盗窃数额较大的行为。第二，根据

---

① 我国著名刑法学家，国家司法考试刑法出题组长张明楷教授最终采取了德国、日本刑法的观点，采用犯罪构成三阶层学说，即犯罪构成该当性、违法性和有责性，并在 2009 年国家司法考试辅导用书全面采用。

② 该文件目前已失效。

行为时的具体情况，如果不能期待行为人实施其他合法行为，就不能追究行为人的责任。第三，谦抑原则要求遵守定罪必要性原则。

## 一、定罪的概念与意义

### 1. 定罪的概念

定罪，指犯罪的认定，是以犯罪构成为标准的对犯罪构成要件逐一认定的过程，即是对某一行为是否有罪以及构成何罪的确认与评判①。这里的确认，又称为认定，即确定地认为，指从质的规定性上对一定的现象作出分析、认识、判断和确定。定罪主要是指对某一行为与刑法所规定的犯罪构成之间进行相互一致的认定。以往大多将定罪理解为纯程序法上的概念，认为定罪是司法机关依照刑法的规定，确认某一行为是否构成犯罪、构成什么犯罪以及构成重罪还是轻罪的一种刑事司法活动。我们认为，定罪既是程序法意义上的活动，也具有刑事实体法上的意义。除了法院刑事审判庭对被告人实施的侵害法益的危害行为是否构成犯罪以及构成何罪进行审理裁判以外，侦查、公诉机关乃至整个社会也需要确认和评判行为人行为是否构成犯罪、构成何罪。犯罪论体系主要就是围绕着定罪而展开的。

### 2. 定罪的意义

定罪是量刑的基础和前提。追究行为人侵害法益的刑事责任，需要对行为人定罪量刑。定罪是对行为性质判断，量刑是在行为构成犯罪基础上对危害程度的"数量"判断。只有定性正确，才有量刑准确可言，否则会南辕北辙。将无罪定为有罪，量刑无论如何进行都是错误的，即使按法定最低刑判决甚至在法定刑之下判决，仍然是错误的判决。因此，定罪是量刑的基础和前提。

定罪和量刑既有联系，也有区别，例如定罪的根据只能是行为的社会危害性，而非行为人的人身危险性，人身危险性只能是量刑根据。

## 二、定罪的原则

中国古代曾有"服饰定罪"原则，自晋以降，确立了以五服制确定亲属间犯罪定罪量刑标准的制度，其原则是：犯杀伤罪，若为尊长杀伤卑幼，关系越亲处罚越轻，反之则关系越亲处罚越重；犯盗窃罪，关系越亲处罚越轻，关系越疏处罚越重。明清时将服制原则列在法典的篇首。当代中国，罪行法定，定

---

① 参见陈兴良：《规范刑法学》（上册），中国人民大学出版社2008年第2版，第74页。

罪应该坚持法定原则、主观与客观相统一原则和必要性与可罚性原则。

### 1. 法定原则

罪刑法定原则的含义之一是"罪之法定"。行为人的行为是否构成犯罪，构成何种犯罪，只能根据刑法的规定来确认与评判。

（1）定罪原则上要依据《刑法》规定的犯罪概念。犯罪的社会危害性不仅具有一定的质，而且具有一定的量。我国刑法第13条但书指出："情节显著轻微、危害不大的，不认为是犯罪。"我国刑法但书第13条是犯罪概念必不可少的有机组成部分，主要是从量上揭示犯罪的社会危害性，从而为区分罪与非罪，尤其是为划分刑事违法行为和其他违法行为提供标尺。

（2）犯罪构成为定罪提供了唯一的具体标准。犯罪构成为定罪提供法律模式。定罪是犯罪构成要件的动态整合，是对犯罪构成要件逐一认定的过程。在适用犯罪构成标准时，既要运用《刑法》总则的规定，又要运用《刑法》分则对某种犯罪的具体规定。

### 2. 主观与客观相统一原则

对犯罪嫌疑人、被告人追究刑事责任，必须同时具备主客观两方面的条件。人的行为是受主观的意识与意志支配的，因而对犯罪的评价，应当从客观上表现出来的法益侵害性，追溯到主观上的违法性意识及其可能性。在定罪活动中坚持主观与客观相统一的原则，就是要以罪体与罪责作为认定犯罪的标准，反对主观归罪和客观归罪。

### 3. 谦抑性与可罚性原则

谦抑性原则又叫必要性原则，是指立法机关只有在该规范确属必不可少，没有可以代替刑罚的其他适当方法存在的条件下，才能将某种违反法秩序的行为设定成犯罪行为。刑法的谦抑原则，旨在用最少量的刑罚取得最大的刑罚效果，对某种危害社会的行为，运用道德、民事法律、行政法律等手段仍然不足以抑制，不足以保护合法权益，必须追究行为人的刑事责任时，才能认定为犯罪。从定罪来说，必要性原则要求立法机关只有在该规范确属必不可少，没有可以代替刑罚的其他适当方法存在的条件下，才能将某种严重侵害法益的行为规定成犯罪行为。

可罚性原则是指行为情节显著轻微时，不具有可罚性，不能认定为犯罪。某种行为，只有当立法机关认为需要动用刑罚加以制裁的时候，才会在刑法上将其规定为犯罪，给予这种行为否定的法律评价。在司法上，根据《刑法》第13条关于犯罪概念的但书规定，某种行为情节显著轻微危害不大的不认为是犯罪。我国刑法中的情节犯，要求犯罪基本情节达到一定程度，数额达到一定起点才能构成犯罪。凡是不符合这些规定的，都不能被认定为犯罪。

### 三、刑法规则与犯罪事实的耦合——定罪三部曲

美国现代法理学大师罗斯科·庞德在《法哲学导论》第 3 章"法律适用"中指出，依法裁决争议涉及三个步骤：第一步，找法（finding the law），即在法律制度的众多规则中确定将要适用的某一规则，在没有可适用的规则时，以既定材料为基础，根据法定方式创设新的规则（这种规则在以后类似案件中可能成为被适用的规则）；第二步，"释法"（interpreting the rule so chosen or ascertained），对所选定或者确定的规则进行解释，即根据立法意图或者指向的范围，决定其含义；第三步，"用法"（applying to the case in hand the rule so found and interpreted），即将已发现和经解释的规则具体适用于特定案件，从而作出判决。定罪是法律规定与案件事实的耦合过程，定罪可以分为以下步骤：

1. 找法

法的调整经历了从个别性调整到一般性调整的演进过程。在人类社会刚透露出法律的晨曦时，个别性法律规定可以直接适用于案件，刑法的非常原始、具体的规定与案件事实可以对号入座。在古代刑法中，法律规定往往是具体的规定，没有抽象性。随着人类文明的演进，法律规范才具有了抽象性与概括性，因而具有相当的涵括力。法律适用不再是机械地对号入座，而需要寻找。

找法是法律适用的前提。但找到了的法不一定能用。在某些情况下，法律规则过于抽象，需要解释。有时搜遍刑法，却没有找到可用之规范，如果弥补不了法律漏洞，就只能依照法无明文规定不为罪的原则处理了。

2. 确认和推定犯罪事实方法

在定罪过程中，经常运用的是形式逻辑中的性质判断方法和三段论的演绎推理方法。

定罪时，犯罪作为既成事实，是已经发生的事件，是过去发生的但对现在有影响的"现在完成时"。定罪的事实并非是一种裸的客观事实，而是一种法律事实。客观事实只有转化为法律事实，才能成为定罪的根据。法律事实只是对客观事实的一种复原或者再现。

由于人的认识能力的有限性与评价的事后性，法律事实只能接近于客观事实，是现有证据下所能够查明的事实。这些事实就是刑法中的"情节"，其中的定罪情节就是对犯罪构成有决定意义的情节，包括确定性定罪情节、隐含性

定罪情节和概括性定罪情节。

现行刑法规定了不同的情节犯：第一，以情节严重为构成要件的犯罪。第二，以情节恶劣为构成要件的犯罪。第三，以示例形式列举主要情节要件的犯罪。定罪就是要对是否具有这些定罪情节作出性质判断。性质判断即断定某事物有无某性质的判断，它又称定言判断。

在定罪中，需要对行为客观事实和心理事实进行性质判断。在司法实践中，对于行为人主观心理态度的判断，是犯罪故意还是犯罪过失，抑或无罪过，不能过于依赖被告人的供述。有时缺乏直接证据，犯罪事实成为一个"灰色系统"，尤其是行为人主观上的心理态度，更是有点虚无缥缈，对于心理事实在认定上更为困难，必须运用各方面证据和事实进行逻辑分析，特别是要进行逻辑推理。

3. 从前提蕴涵的内容中揭示有罪无罪的结论

演绎推理三段论中的结论是必然性结论，只要大前提和小前提正确，结论就必然正确。如果结论错误，原因可能是找法找的不对，张冠李戴；也可能是认定事实错误，如对事实作了错误的性质判断、无中生有、有中变无、夸大或缩小、刑法因果关系错误；还可能是推理过程没有遵守推理规则所犯的推理错误，常见的是"四名词"错误。如果遵守了逻辑规则，定罪的第三步将正确地根据犯罪构成得出行为人的行为是否成立犯罪的结论。

# 第六章  犯罪行为客观方面

## 邹某不作为案

**案情：** 邹某，女，31 岁，某县幼儿教师。某日上午 10 时，被告人邹某带领 4 名幼儿外出游玩。走在最后面的一个幼儿李某（男，5 岁半）失足掉入路旁粪池。邹某见状惊慌失措，但不肯跳入粪池中救人，只向行人大声呼救。此时，有一中学生田某（男，16 岁，会游泳）路过此处，闻声后立刻跑到粪池边观看，见池子太深便未出手相助。最后，农民范某闻声赶来跳下粪池抢救，但为时已晚，幼儿被救上来时，已停止呼吸。

**问题：** 第一，邹某对李某的死亡是否应该承担刑事责任？第二，田某见死不救是否构成犯罪？

**提示：** 第一，如何理解刑法中的行为方式；第二，如何认定不作为犯罪的义务来源？

**第 6 章思考题：**

1. 简述犯罪行为客观方面与犯罪行为客观要件
2. 犯罪行为客观要件包括哪三类要素
3. 为什么行为客观上违反刑法才能构成犯罪
4. 如何理解"无行为即无犯罪"的法律格言
5. 刑法没有规定的行为能成为犯罪行为吗
6. 简述犯罪行为类型与刑事案件类型、罪名的关系
7. 犯罪行为有哪些类型
8. 犯罪具体有哪几类行为形式
9. 简述不作为犯罪的义务来源与不作为犯罪的类型
10. 简述犯罪时间、地点在犯罪构成中的意义
11. 试述正当防卫的必备条件
12. 简述防卫过当与正当防卫的区别

# 第一节　刑法中的行为

行为问题的研究是一切刑法理论研究的基础。行为历来在犯罪构成中占据核心位置。行为是犯罪概念的中心要素，现代行为概念是19世纪刑法科学逐步发展的结果。刑法中的行为是作为犯罪成立前提的行为，在现代刑法中处于基础地位。刑法中的行为除了危害行为（犯罪行为）以外，还包括刑法所欲评价的、有益无害的正当行为（如正当防卫）。大陆法系的行为理论最为成熟，因果行为论、社会行为论、目的行为论、人格行为论各具特色，但仍存在各自难以解决的问题。我国刑法学界对于行为理论的研究起步较晚，现在对不作为的行为性、持有的行为性、共犯"部分行为全部责任"的依据等一系列问题的解决仍然未尽人意。

## 一、行为概述

1. 行为的概念

（1）广义上的行为。行为具有法律、生物、哲学和心理意义。犯罪行为既具有一般的行为特征，又有其特殊性。行为是有机体（人和动物）在外界环境刺激下产生的反应，包括内在的生理和心理变化。广义上的行为泛指生物进行的从外部可察觉到的有适应意义的活动，包括动物的本能行为和人的行为。

本能行为是指先天遗传的，不经学习即可出现，并且是有目的地指向性行为。植物在自然力作用下的机械位移（有一种观点认为植物作为有机体也有行为）和动物的活动不是刑法学所研究的行为。由于隔行如隔山，"动物行为"尚未进入法学家的视野。法学应不应该研究"动物行为"有待讨论。

动物所进行的一系列有利于他们存活和繁殖后代的活动，都是动物行为，包括身体的运动，还包括静止的姿势、体色的改变或身体标志的显示、发声，以及气味的释放等。动物的行为复杂多样，可分为觅食行为、贮食行为、攻击行为（同类）、防御行为（不同类）、繁殖行为、节律行为、社群行为、定向行为、通讯行为等。动物的本能行为只有成为自然人犯罪的工具时，才为刑法学所关注。

（2）狭义的行为指人的行为特别是人的社会行为。人的行为可以分为本能行为和社会行为（社会行为是指人在社会情境中的各种活动）。按照马斯洛需求层次理论，人类有5个层次的本能：①生理上的需要；②安全上的需要；③感情上的需要；④尊重的需要；⑤自我实现的需要。因这5个层次的本能而引起人类的本能行为是由人的生物性所决定的，如摄食行为、睡眠行为、性行为、攻击和自我防御行为、探究行为、追求刺激行为等。自然人的行为由5个基本要素构成，即行为主体、行为客体、行为环境、行为手段和行为结果。

人的行为是指人们一切有目的的活动，它是由一系列简单动作构成的，在日常生活中所表现出来的一切动作的统称。人的认识、情感、兴趣、愿望、需要、动机、理想、信念和价值观等对人类行为具有引导意义。德国心理学家勒温认为，人的行为取决于内在需要和周围环境的相互作用。当人的需要尚未得到满足时，个体就会产生一种内部力场的张力，而周围环境的外在因素则起到导火线的作用。

人是社会的人，和动物有着本质区别，人的本能行为受到文化、心理、社会诸多因素制约和影响。例如人类的性行为，就不纯粹是本能行为，除了夫妻之间的性行为外，还有三种不同层次的性行为：第一层次，违反社会道德规范的性行为，例如，恋爱过程中的性行为，这种行为要受到舆论的谴责，但是并没有触犯法律，不属于违法犯罪；第二层次，属于一般违法的性行为，如婚外性生活，卖淫等；第三层次，属于触犯刑律的犯罪行为，如强奸，轮奸等，对这种性行为要追究刑事责任。

**2. 人的行为的基本特点**

（1）自觉性（自愿性）。外因可以影响甚至改变某个人的行为，但影响和改变的只能是人的认识、态度和情感等心理因素，进而改变人的动机，外因并不能直接支配人的行为。例如，好汉不吃眼前亏，当人大难临头时，出于自我保护的动机，可能违心做出某种行为，但这并不是说外力可以直接支配人的行为，对于大义凛然者，威武不能屈，威胁只能激起其进行较量的决心，并不能改变其行为。人在天地之间，并不是被动地听从命运的摆布，人有意志自由和选择行为的自由。

（2）举止性。行为的举止，指身体动静。因果行为论曾经强调行为的有体性，即行为人在意欲的支配下，必须导致身体的运动，并引起外界的变动，具有知觉的可能性。这种有体性是单纯地从物理的意义上而言的。它揭示了行为的自然存在性。这对于作为可以作出科学说明，对于不作为则难以贯彻，由此有的学者得出否定不作为的行为性的结论。犯罪行为的作为与不作为方式与此息息相关。

（3）目的性。人的行为不是盲目的，总是指向一定目标，为了一定目的而进行的，区别仅在于这种目的性的表现有时直接而明显，有时间接而隐讳。在故意犯罪中，直接故意中包含有犯罪目的，尽管是"罪恶的"目的。

（4）可塑性。人的行为在一定程度上具有持续性，矢志不渝，"不达目的，誓不罢休"，"君子一言，驷马难追"，但行为并不是不可改变的。人的行为受主客观多种因素的影响，这些因素的变化足以改变人的需要内容，进而改变人的动机以及追求的目标。既然动机和目标可以改变，自然行为也可以改变。这也是通过刑罚改变罪犯的行为习惯的理论根据之一。

上述特点并不是人的所有行为都具有的特点。上述特点只存在于人的有意识行为之中。

人的有意识行为可以分为合法行为与非法行为。非法行为又分为一般违法行为和犯罪行为。

## 二、犯罪行为（危害行为）的概念与特点

### 1. 犯罪行为（危害行为）的概念

恩格斯说过："蔑视社会秩序最明显最极端的表现形式，就是犯罪。"① 这说明了犯罪具有不依赖于人的主观意识的客观本质。

行为在刑法理论中地位的确定，是近代刑法的最大成就。在此以前，犯罪不是一个实体概念，而是一个虚无缥缈的概念，正是行为使犯罪获得了实体性的存在。法国的孟德斯鸠确立了只有行为才能成为罪体的原则。由此，行为成为犯罪的本体，刑事古典学派建立的行为中心论成为刑法理论的通说。

实证主义犯罪学派的创始人龙勃罗梭1876年出版的《犯罪人论》将犯罪论的焦点集中在"犯罪人"而不是犯罪行为。他主张存在"生来犯罪人"，其生理特征是前额后斜，浓眉突颚，痛觉丧失，缺乏道德感，鲁莽逞能。刑罚应该

---

① 《马克思恩格斯全集》第2卷，人民出版社1960年版，第416页。

致力于改变犯罪人或者剥夺犯罪人的犯罪能力，而不是致力于惩罚具体的行为。后来的刑法学家拨乱反正，将刑罚的对象从"犯罪人"转移到"犯罪行为"。

人们"通常所说的犯罪行为，仅指犯罪构成客观要件中的行为"。[①] 作为犯罪行为客观方面的要件，危害行为是指人在意识意志支配下实施的危害社会的身体动静。刑法学家长期把犯罪行为作为犯罪构成要件的要素来研究。我们赞成赵秉志先生将行为区分为最广义的行为、广义的行为和狭义的行为的观点，但是将犯罪客观方面的"犯罪行为"改为"危害行为"，需要法律依据。危害行为与犯罪行为是什么关系，有待进一步探讨。有的学者认为用"危害行为"容易造成理论上的混乱和误解。[②]《刑法》第 89 条提到"追诉期限从犯罪之日期计算；犯罪行为有连续或继续状态的，从犯罪行为终了之日起计算"，这似乎表明《刑法》使用的概念是"犯罪行为"而不是通说所说的"危害行为"，本书因此未作严格区分，但倾向于在表述犯罪行为客观要件时使用"危害行为"。

2. 危害行为的特征

（1）有意性。是指危害行为是人的意识支配的产物，是意识的外在表现。凡是行为人在其正常意志支配下的行为，应推定为"有意识"活动。如果是人的非正常心理状态下的身体活动，即使客观上造成了严重的危害后果，也不能评价为危害行为。"有意性"揭示了危害行为的主观特性，排除了无罪过事件。只有在意志自由的情况下实施的行为才可归责于行为人。罪犯为什么要对自己的行为承担法律责任，主要原因就在于人有意志自由，他可以选择做对社会有益处的行为，至少应该选择利己不损人的行为，却选择了做损害法益的行为。根据公平正义的观念，行为人因此应该接受社会的制裁。

作为犯罪构成客观方面的一个要件，危害行为应是与犯罪主观要件相对应的一个要件，其内部不应有主观性的要素，但实际上包含了主观要素。[③] 所以我国刑法中犯罪构成几大要件之间不是泾渭分明，客观要件名不副实，我国犯罪构成与大陆法系递进式犯罪构成体系一样，存在界限模糊、重复评价的问题。

（2）有体性。它也叫"人为性"，是指人以其身体的外在、客观举动而表现出来的身体动静。有体性作为危害行为的外在特征，其中动是指身体的积极

---

① 陈立、陈晓明主编：《刑法总论》，厦门大学出版社 2005 年版，第 100 页。

② 刘生荣：《犯罪构成原理》，法律出版社 1997 年版，第 134 页。

③ 有的学者认为，抽掉了"意思要素"的行为成了"无血的幽灵"，最终只会使得行为不着边际而变得毫无意义。——参见陈世伟："'刑法中行为'研究新视野"，载《当代法学》2008 年第 2 期，第 48 页。

动作，静是指身体的消极静止。"有体性"排除思想犯罪。言论属于一种身体活动，本身不是犯罪行为，但"思想无禁区，宣传有政策"，发表言论是一种身体活动。言论如有社会危害性可以成立危害行为，如教唆他人犯罪的言论。

（3）侵害性。它是危害行为的本质特征，是指在客观上危害行为侵害或威胁法益，没有"侵害性"的正当防卫、紧急避险和"迷信犯"不是危害行为或犯罪，但完全可能造成危害后果的迷信犯应认定为危害行为（如有辨认与控制能力的人迷信人死后可以升天，因而将亲人烧死）。犯罪行为与其他一般违法行为的危害性不同，其社会危害性程度最高，并且不仅仅损害个人利益，而是侵害整个社会的利益。"当侵害行为逐渐被看成是危害社会而非仅仅危害个人的犯罪行为时，刑法就从民法中脱胎产生了。刑罚是代表国家行使的。"①

## 三、犯罪是行为

"犯罪是行为"这一传统刑法的基本命题一直受到质疑，"刑法中的非典型样态，如不作为、原因自由行为、间接正犯、持有等的行为性研究至今没有取得令人信服的结论"。② 尽管此后刑事实证学派力图以犯罪人替代犯罪，以人的危险状态取代行为的危害状态，并提出了行为人中心论，但行为在犯罪构成中的核心地位始终未能动摇。美国刑法学家胡萨克提出了天问般的质问：什么是犯罪行为？他对正统的刑法理论进行了深刻的批判与反思，提出以控制原则取代犯罪行为要件，但被证明是失败的。在某些大陆法系国家的刑法理论中，犯罪是一种"事实"而不是"行为"的观点几乎成为通说。如意大利刑法理论中，以事实取代行为因而将构成要件称为典型事实，典型事实是对生活中（以人的行为为核心的）事实的一种描述。③

"无行为即无犯罪"这一法律格言广为流传。然而，随着刑事立法的发展，行为的外延不断扩大，诸如持有、事态等都包括到犯罪中来。行为之外有无犯罪？这已为刑法学界高度关注的问题。④ 我国有的学者主张以"犯罪有行为"取代"犯罪是行为"的命题。"犯罪有行为"即任何犯罪中都要有行为，但不能用"行为"这一概念去统合犯罪的各种样态，认为"犯罪是刑罚权据以发动

---

① 〔英〕Ronald Blackburn：《犯罪行为心理学》，吴宗宪、刘邦惠等译，中国轻工业出版社2000年版，第7页。

② 王志远：《犯罪成立理论原理》，中国方正出版社2005年版，第246页。

③ 参见〔意〕杜里奥·帕多瓦尼：《意大利刑法学原理》，陈忠林译，法律出版社1998年版，第100页。

④ 参见〔美〕胡萨克：《刑法哲学》，谢望原等译，中国人民公安大学出版社1994年版，第81页。

的各种事态，这一事态的成立与否必须符合法律所规定的各种条件"。①

美国刑法学家胡萨克把所有刑事责任都要有犯罪行为这一原则称为假设，这一假设需要证明，不是不证自明的真理，该原则套上了同义反复或概念真理的伪装。胡萨克提出了控制原则，以事态取代行为。

英国学者指出，有时，犯罪的定义与其说是涉及一个作为或不作为，还不如说是仅仅涉及一个外部事件，只要有事件就可以构成的所有犯罪，都是由制定法明文规定的。但这一事件仍然被归之于犯罪行为这一措施之中。②

违反刑法禁止性规范的行为才是犯罪行为。下述人的有意识行为，如果违反刑法的禁止性规则，就会成为犯罪行为客观要件的要素。

1. 习惯性行为

它是指在一定的思维定势支配下反复实施而成为习惯的行为，是从动物的节律性行为发展而来的。集合犯就是习惯性的犯罪行为构成的。集合犯是行为人以实施不定次数的同种犯罪行为为目的，虽然实施了数个同种犯罪行为，刑法规定还是作为一罪论处的犯罪形态。我国《刑法》第303条规定"以赌博为业的"构成赌博罪；"第336条规定的非法行医罪，可谓职业犯，即未取得医生执业资格的人将行医作为一种业务而反复从事行医活动"。③

2. 冲动行为

它是指在激情状态下实施的、超出行为人理智控制的行为，有人称之为激情行为。激情行为触犯刑法，就会成为激情犯罪。据有关统计显示，在我国，激情犯罪案件已经占到一般刑事案件的1/3。在中国历史上，从唐律到清律，不乏"亲属被殴打还击"、"当场杀死奸夫淫妇"的规定。从民国时期的刑律到台湾地区的刑法，甚至新中国初期的两个刑法草案，都特别强调"义愤"问题。新中国初期的刑法草案中出现"为了国家和人民的利益，当场激于义愤"

---

① 王志远：《犯罪成立理论原理》，中国方正出版社2005年版，第267页。

② 参见〔英〕鲁珀特·克罗斯、琼斯：《英国刑法导论》，赵秉志等译，中国人民大学出版社1991年版，第28页。

③ 张明楷：《刑法学教程》，北京大学出版社2007年版，第114页。

的字样。西方犯罪学认为自然人在受到强烈刺激或挫折后，由于情绪异常激动而产生难以控制的侵害性行为，这种"挫折攻击型"犯罪就是"激情犯罪"。"激情犯罪是受特定外界因素激怒而使消极激情突然爆发，行为人失去自控能力，并在消极激情未平息的瞬间实施的事先没有预谋的犯罪。"前苏联、罗马尼亚、蒙古、法国、德国、意大利、奥地利、西班牙、瑞士、格陵兰、美国、巴西、朝鲜、保加利亚等对激情犯罪均作了明文规定。我国《刑法》尚未对此作单独规定，但不少地方的司法部门一直将激情犯罪作为一个从轻量刑的情节。①

3. 精神胁迫行为

它是指在他人暴力的间接强制下实施的行为。除紧急避险另当别论外，《刑法》第 28 条规定对被胁迫实施犯罪的人应追究刑事责任。

4. 忘却行为

它是大陆法系国家刑法和刑法理论对犯罪行为的一种分类，指因过失而忘记履行作为义务的不作为行为。由忘却行为构成的犯罪，在刑法理论上称为忘却犯。忘却犯是指负有防止危害结果发生义务的人因为疏忽大意的过失而未尽职责致使危害结果发生从而构成的不纯正不作为犯。比如，扳道工因为打瞌睡而懈怠了扳道导致列车脱轨倾覆。再如，护士因饮酒过量而忘记给输液的病人拔掉针管，致使病人输液完毕后空气进入血管而死亡。忘却行为是历来界定行为概念时不得不面临而又最难逾越的障碍。

5. 原因上的自由行为

它亦称原因上之自由行为、可控制之原因行为等，指具有辨别和控制能力的行为人，故意或过失使自己一时陷入无责任能力或限定责任能力状态，并在这种状态下实施了符合犯罪构成要件的行为。最典型的原因自由行为是故意使自己完全心神丧失的行为，如醉酒。《刑法》第 18 条第 4 款规定："醉酒的人犯罪，应当负刑事责任。"醉酒的人即使事实上由于醉酒而减弱辨认、控制能力，也应当与未曾醉酒时一样负刑事责任，不能以此为辩护理由要求减免罪责。我国刑法没有明确规定原因自由行为，但刑法理论均承认这种行为的可罚性。这种行为多发生在过失犯和不作为犯的场合中。大陆法系国家的刑法明确规定了原因自由行为的可罚性，《德国刑法典》第 330 条将它作为一种独立的犯罪予以规定，处 5 年以下自由刑或罚金。处罚理由有"间接正犯说"（利用自己无责任能力状态下的行为作道具实现犯罪）、"构成要件说"（应将原因行为与无

---

① 参见木易、杨源哲："青少年激情犯罪的概念、原因、预防与处罚探微"，载《广东青少年犯罪研究》2008 年第 1 期。

责任能力状态中的举动一起考察，一并视为为犯罪行为）和"意识决定论"（原因行为是预备行为，有意识的人在做出决定时应对全部行为承担责任）。

原因自由行为具有三个特征：

第一，责任能力与实行行为的分离性。原因自由行为实际上分为前后相继的原因行为（如畅饮白酒）和结果行为（如醉酒后杀人），行为人实施原因行为时具有责任能力，但原因行为不是构成要件行为；结果行为是构成要件行为，而行为人实施结果行为时处于无责任能力或限定责任能力状态。

第二，原因行为的可责性。行为人实施原因行为时主观上有罪过，即行为人陷于无责任能力之前，有犯罪故意或过失。

第三，精神障碍状态的暂时性。原因行为所造成的精神障碍状态具有暂时性，行为人一般可以在短时间内自行清醒。行为人如果由于某种原因而陷入了持续、慢性的精神病态，完全或部分地丧失了刑事责任能力，并在此间实施了危害行为，则只能根据行为时的责任能力状况对之依法减免刑事责任。

总之，犯罪是违反刑法的行为，行为无刑事违法性即无犯罪。犯罪构成作为区分罪与非罪的法律标准，必须具有区分不道德行为、一般违法行为与刑事违法行为的工具价值。西方有"立法定性，司法定量"一说，两大法系刑法中犯罪概念几乎没有定量因素，违警罪其实多数属于一般违法行为。美国"偷窃一个苹果，逃税一美元，都是犯罪。因此，不存在违法（刑事性质的）与犯罪的区别。"① 在中国，行为无刑事违法性即无犯罪，犯罪行为与不道德行为、一般违法行为是不同性质的危害行为，不能无限上纲，小题大做，张冠李戴。

## 四、无行为即无犯罪

### 1. 自然事件不是犯罪行为客观要素

我们必须区分天灾与人祸。没有人为因素的"天灾"虽然客观上给人类社会造成巨大损失但谈不上犯罪。古代日本天皇出巡遇到下雨，就用盆装雨水放到监狱"坐牢"，今天看来既弄错了犯罪主体，也将天下雨的自然现象误为"犯罪行为"。在战时，如果雷电引发山林大火，显示了目标，招致敌机轰炸，这种雷电自然事件，不是人的行为，也就无所谓犯罪。

自然事件包括自然事故和其他没有人的主观因素介入的不以人们意志为转移而发生的自然现象，例如瓜熟蒂落，时间流逝。自然现象完全受自然规律支

---

① 储槐植：《美国刑法》（第三版），北京大学出版社 2005 年版，第 35 页。

配。通常把以自然变异为主因的灾害称之为自然灾害，如地震、风暴和海啸。它不是人的行为，与人的行为没有关系，具有突然发生、按照现有技术条件不可预测的特点。人类社会不存在运用刑法去禁止它发生的可能性。其他自然事件作为自然现象也不是人的行为，也与犯罪风马牛不相及。如果苹果熟了自然落下，恰好将路过的行人的眼睛砸瞎了，司法机关不能惩罚苹果树，也不能惩罚苹果树的主人。总之，自然事件不是人的行为，不管是否给法益造成损害，它都不能作为犯罪进行价值判断。

2. 动物的本能行为不是犯罪行为客观要素

野兽自发进攻人类的侵袭即使咬死了人也无所谓犯罪。通常我们把动物行为定义为动物对外界环境的变化和内在生理状况的改变而作出的整体性反应。动物行为科学已经发现有些高级动物具有一定思维能力，能够制造简单的工具，有些动物活动已经超出本能的范畴，但总的说来动物行为属于本能行为。动物的本能行为不是刑法禁止的行为，对动物行为不能用犯罪构成这一标准去评判。

3. 单纯的思想不是刑法惩罚的对象

单纯的思想意识，即使是错误的，甚至是反动的，也不是犯罪构成成立的条件。理由：第一，思想不能直接对法益产生现实的侵害，不属于法律调整的对象。第二，无标准性决定了不能运用刑法评价、惩罚思想。对人们尚未表达出来的思想、深藏未露的观念、心中的腹稿，没有仪器和办法去探测和发掘，对已经发表的思想观点（但言论在一定条件下可以构成犯罪）也没有客观、科学的标准去衡量其社会危害性。第三，刑罚的特点决定了惩罚思想的无效性。在阶级社会里，统治者眼中大逆不道、离经叛道的意识不能用监狱去禁锢、隔离和威慑，"灭心贼难"。第四，思想的先进与落后，正确与错误是相对的，某些人看来是荒诞不经的观点在其他人看来可能是真知灼见。并且，人们在认识和改造世界的过程中，由于主客观条件的限制和历史条件的局限性，错误难免，这是人们获得真理的必要途径和代价。第五，思想交流才能推动社会进步，惩罚思想就是禁锢思想。各国著作权法均只保护思想的表达，不保护思想观念本身，专利制度也规定了专利的保护期限，超出期限该项技术就进入公有领域，人人得以利用。思想应解放，不能被垄断、禁锢。

## 五、下列行为不是犯罪行为

1. 不违反刑法的行为不是犯罪行为

大陆法系国家的刑法通常将违法性作为犯罪构成要件。在英美法系国家的刑法理论中，虽然没有违法性这一实体要件，但正当防卫、紧急避险也是合法辩护事由，在犯罪构成内加以论述。在前苏联及我国的刑法理论中，违法性不是作为犯罪构成要件，而是作为犯罪的特征而确立的，通说认为所有的犯罪构成要素都有违法性。正当防卫、紧急避险也不是放在犯罪构成要件的范围内，而是作为排除社会危害性行为加以确立的。

我们认为，指出"犯罪行为"具有刑事违法性，并不是将违法性单独作一个构成要件，而是要表明犯罪的行为都是违反刑法的行为，犯罪行为具有外在的客观表现。刑法不能直接禁止人们的主观思想。"对于法律来说，除了我的行为以外，我是根本不存在的，我根本不是法律的对象。我的行为就是我同法律打交道的唯一领域。"① 一个人的行为在客观上违反了刑法的规定，（例如刑法禁止杀人，某行为人杀了人，该行为人杀人的行为作为一个事实特征）就可以运用犯罪构成中犯罪行为客观要件来衡量、评判。

犯罪行为客观要件如果不体现犯罪刑事违法性的特征，犯罪构成与犯罪概念实际上就没有什么关联，在实践当中就可能将无辜的即没有违反刑法的行为人先行逮捕，然后去证明行为人主观上有无罪过，无罪过才予以释放。只有将犯罪概念中的刑事违法性特征"具体化"到犯罪行为客观要件中，才能将客观上没有触犯刑法的行为立即从犯罪行为中排除。不违反刑法禁止性规范，任何行为都不构成犯罪。动物行为和自然人的无意识行为，无所谓违反刑法，不构成犯罪，必须排除在犯罪之外。危害行为都是违反刑法的人的行为。

《刑法》分则对某些过失犯罪明文规定以违反国家规定、违反规章制度为构成要件。

2. 刑法没有规定的行为不是犯罪行为

电是近代科学史上最伟大的发现之一。19 世纪，当德国第一次发生偷电事件时，法院拒绝审判。原因在于虽然刑法规定了盗窃财产罪，但当时的德国刑法典仍未将窃电纳入刑法所禁止的行为之列，故而也就不能将偷电的行为人判决有罪。20 世纪初德国才将禁止偷电列入刑法典"盗窃及侵占罪"中。②

有的行为，即使有严重的社会危害性，在立法者还没有在刑法中予以规制以前，不能成为犯罪构成的外在表现特征。在司法实践中，有的地方在适用"法律没有明文规定为犯罪行为的，不得定罪处刑"的规定时，存在"抽象地肯定、具体地否定"现象，这是对罪刑法定原则、犯罪概念和犯罪行为客观要

① 《马克思恩格斯全集》第 1 卷，人民出版社 1956 年版，第 16－17 页。
② 许久生：《德国犯罪学研究探要》，中国人民公安大学出版社 1995 年版，第 4－5 页。

件要素的错误理解。

### 3. 刑法明文规定不是犯罪的行为不是犯罪行为

《刑法》第13条的但书明确规定："情节显著轻微危害不大的，不认为是犯罪。"犯罪构成中有消极的构成要件要素，例如《刑法》第389条第3款规定"因被勒索给予国家工作人员以财物，没有获得不正当利益的，不是行贿"。

根据《最高人民法院关于审理未成年人刑事案件具体应用法律若干问题的解释》的规定，以下情形，可以不认为是犯罪：（1）已满14周岁不满16周岁的人使用轻微暴力或者威胁，强行索要其他未成年人随身携带的生活、学习用品或者钱财数量不大，且未造成被害人轻微伤以上或者不敢正常到校学习、生活等危害后果的，不认为是犯罪。（2）已满16周岁不满18周岁的人实施盗窃行为未超过三次，盗窃数额虽已达到"数额较大"标准，但案发后能如实供述全部盗窃事实并积极退赃，且具有下列情形之一的，可以认定为"情节显著轻微危害不大"，不认为是犯罪：①系又聋又哑的人或者盲人；②在共同盗窃中起次要或者辅助作用，或者被胁迫；③具有其他轻微情节的。已满16周岁不满18周岁的人盗窃未遂或者中止的，可不认为是犯罪。已满16周岁不满18周岁的人盗窃自己家庭或者近亲属财物，或者盗窃其他亲属财物但其他亲属要求不予追究的，可以不按犯罪处理。（3）已满14周岁不满16周岁的人偶尔与幼女发生性行为，情节轻微、未造成严重后果的。

# 第二节　犯罪行为类型要素

## 一、犯罪行为类型概述

本书讲的犯罪行为类型，不是理论上的犯罪类型，如贪利型、功利型、淫欲型、暴力型、智能型等犯罪行为类型，不是公犯和私犯，而是指依据我国刑法的规定，对犯罪行为作出的分类。犯罪构成具有区分此罪与彼罪的功能。通过《刑法》分则章节的安排和对每种犯罪罪状的规定，可以明确某类、某个犯罪行为的本质和主要特点。常见的犯罪行为类型如杀人行为、抢劫行为、盗窃行为、走私行为、贪污行为、受贿行为等，因为人们耳濡目染，任何正常的人都可知道其具有侵害法益性，但犯罪行为类型需运用刑法专业知识进行评判。

1. 犯罪行为类型与刑事案件类型

"犯罪行为类型"与"刑事案件类型"是两个相关但不同的概念。案件是指有关违法和诉讼的事件。诉讼应以事实为依据，就是应忠实于案件事实真相。案件事实中分为两方面：一个方面是有关犯罪的事实，即有关犯罪构成的事实；另一方面是指被控诉者个人的情况与犯罪后的表现。

刑事案件是指犯罪嫌疑人或者被告人被控涉嫌侵犯了刑法所保护的社会关系，国家为了追究犯罪嫌疑人或者被告人的刑事责任而进行立案侦查、审判并给予刑事制裁的案件，也可简称为刑案、罪案。刑事案件类型是指依据刑事法律的规定或刑事案件特点的理论概括对刑事案件所进行的分类。刑事案件的表现形式具有多样化的特点，可以分为不同的案件类型。学术界对刑事案件的分类五花八门。实体法和程序法也各有不同的分法。

刑事案件按其性质分为危害国家安全的案件和普通刑事案件。

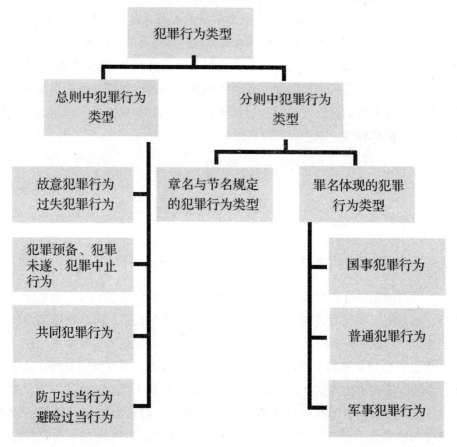

　　从《刑法》第 2 章第 2 节对故意犯罪的停止形态来分，刑事案件可以分为三类：一是既遂犯罪案件；二是正在实施犯罪的现行犯罪案件，这类案件行为人的人身形象已经暴露，危害后果正在酿成；三是犯罪预备案件，《刑法》第22 条第 1 款规定，为了犯罪，准备工具，制造条件的，是犯罪预备。

　　依据犯罪主体的性质来分，可以分为自然人犯罪的案件和单位犯罪的案件。

　　从犯罪成员的人数与结构划分，有单人犯罪案件和共同犯罪案件。共同犯罪案件又分为二人以上的结伙犯罪案件、团伙犯罪案件、集团犯罪案件、有组织犯罪案件和黑社会犯罪案件等。①

　　"犯罪行为类型"与"刑事案件类型"的区别在于：第一，"犯罪行为类型"在法律上只能依据实体法进行划分，"刑事案件类型"则还可以依据程序法确定的标准进行划分，另外，公安部发布的部门规章和"两高"司法解释中对刑事案件类型及其立案标准有许多规定，可以作为划分依据。第二，划分标准不一样。前者主要根据犯罪侵害社会关系的性质以及犯罪方式等进行划分，后者主要从职能部门的管理权限和诉讼方式等来分。第三，对象范围不同。前者限于犯罪行为的外在表现，后者还包括作案人、被害人、犯罪现场、危害结果、社会影响等因素。第四，前者主要是认定犯罪的评判或审判标准，后者主要是刑事侦查揭露犯罪的立案标准。

　　2. 犯罪行为类型与罪名的关系

　　罪名与犯罪行为类型也是密切相关但又有区别的两个概念。

　　（1）联系：第一，都应该由法律明文规定。《刑法》分则各章章名和节名规定了类罪名，现行《刑法》规定了罪名的条文有：第 155 条规定"下列行为，以走私罪论处"，第 382 条规定了贪污罪，第 384 条规定了挪用公款罪，第385 条规定了受贿罪，389 条规定了行贿罪，第 420 条规定了军人违反职责罪（第 10 章的类罪名），其他罪名由司法解释予以规定。犯罪构成要件包括的犯罪行为类型也应由刑法明文规定。第二，每个具体罪名都有定义、构成要件和法定刑。罪名是对具体犯罪本质或主要特征的高度概括，罪名揭示的具体犯罪的主要特征包括了犯罪行为客观因素中的行为类型。第三，都有区分此罪与彼罪的功能。第四，部分犯罪行为类型和罪名都由分则同一个描述罪状的条文规定，例如《刑法》第 234 条规定"故意伤害他人身体的，处……"。

---

　　① 刑事案件主要是分为自诉案件和公诉案件。另外从刑事司法管辖涉及的区域可分跨境犯罪案件、涉外刑事案件等。按犯罪行为的危害程度可以分为四类：一是轻微刑事案件；二是一般刑事案件；三是重大刑事案件；四是特别重大刑事案件。

（2）区别：第一，罪名只在刑法分则中规定，而对犯罪行为类型总则和分则都有规定。例如，总则对防卫过当行为、避险过当行为、共同犯罪行为、预备犯行为、未遂犯行为、中止犯行为等犯罪行为类型作了规定。第二，罪名与犯罪行为类型并没有一一对应的关系。另外，防卫过当行为是一种犯罪行为类型，但不是一个罪名。"罪名本身并不是确定和解释该犯罪具体构成要件的依据；换言之，在确定具体犯罪的构成要件时，应以刑法分则明文规定的罪状、总则条文的相关规定以及其他相关条文的内容为依据，而不能直接以罪名为依据确定具体构成要件。"[1]

## 二、我国刑法规定的犯罪行为类型

### 1. 刑法总则规定的犯罪行为类型

刑法总则规定的犯罪行为客观要件中犯罪行为类型有故意犯罪行为、过失犯罪行为、犯罪预备行为、犯罪未遂行为、犯罪中止行为、共同犯罪行为，防卫过当行为、避险过当行为等。

### 2. 刑法分则规定的犯罪行为类型

刑法分则的法律规范是对犯罪行为的类型化的规定。刑法分则规定的犯罪行为客观要件中犯罪行为类型有国事犯罪行为、军事犯罪行为与普通犯罪行为，刑法分则十章也即对犯罪行为分为十大类，大类中又分为若干小类，每个立法罪名或司法罪名可能表示一个犯罪行为类型，但犯罪行为类型数量少于罪名数，例如杀人是一种犯罪行为类型，但罪名有故意杀人罪和过失杀人罪两个。

# 第三节　犯罪行为方式

## 一、作为犯

### 1. 作为犯的概念

作为犯是指行为人以积极的身体活动实施刑法禁止实施的违法行为[2]，是犯罪行为的一种基本方式。作为犯的本质在于积极实施违反禁止性规范的行为。绝大部分犯罪一般情况下通常以作为的形式实施；许多犯罪只能以作为形式实

---

① 张明楷：《刑法学教程》，北京大学出版社 2007 年版，第 172 页。

② 其他违法行为也有作为与不作为的区分，刑法上的作为与其他法律上的不作为含义有天壤之别。

施，如盗窃罪、故意杀人罪等。作为犯一般并不仅指一个单独的举动，而通常是由人的一系列举动所组成，如抢劫行为即包含接近被害人、实施暴力或威胁、劫取财物等动作组成。

2. 作为犯的特征

（1）动作性。将行为作为自然的物理的概念来考量，则行为是人的身体的举动和静止。作为，在客观上必然通过一定的身体外部动作表现出来。作为犯表现为一系列积极的身体举动。作为可以通过各种方式实施，但都离不开行为人一定的身体动作，这种身体动作对外界产生影响。动作性使犯罪行为在空间上留下容易识别的活动痕迹。

（2）直接违法性。作为，在法律上表现为对禁止性法律规范的直接违反，是一种"不应为而为"的情形。这里的不应为是指刑法设定的不作为义务。例如违反禁止抢劫的禁令而抢劫，抢劫就是"作为"这种行为方式。对于这一行为方式的认定，不能脱离法律的规定。在这个意义上，人的身体动作只有经过刑法的规范评价才能上升为一定的作为犯罪。

3. 作为犯的具体形式

作为虽然是行为人的一定的身体动作，但行为人在实施作为犯罪的时候，并不限于利用本人的肢体以实现一定的犯罪意图，而且还利用各种犯罪工具及手段，将本人的犯意付诸实施。作为犯具有以下各种表现形式：

（1）利用自身动作实施的作为。人的四肢五官能够形成各种各样的身体动作，这些身体动作可以用来实施作为犯罪。例如，采用拳打脚踢的方法伤害他人，用手卡住他人脖子致人死亡。除四肢移动以外，五官也可以用于作为犯罪。例如，口出秽言侮辱他人，眼神示意指挥他人犯罪等。

（2）利用物质工具实施的作为。例如，开车故意压死仇人；借助炸药实施爆炸，危害公共安全；利用枪支杀人；利用因特网盗取他人电脑中的商业秘密或破坏他人计算机程序。在这些情况下，犯罪人的肢体本身没有接触被害人，而是通过工具这个中介作用于被害人。

（3）利用他人作为工具实施的作为。间接正犯就是利用他人作为中介实施犯罪，例如教唆未满14周岁的人实施自己的犯罪计划，在他人不知情的情况下利用他人的身体或业务行为实施犯罪，如值班医生指使不知情的护士给病人注射毒药。

（4）利用动物实施的作为。动物本能行为本身没有思想意识因素介入，动物不能成为犯罪主体。但行为人如果故意唆使、引诱、驱使动物去伤害他人或者损害他人利益，就可构成犯罪，例如唆使恶犬伤人，引诱毒蛇、黄蜂等咬人，驱使牛马踩踏顶撞他人。

（5）利用自然力实施的作为。例如，借助风力放火烧毁他人房屋，决水危害下游农作物。

## 二、不作为犯

作为犯与不作为犯的区分，只有在已然的犯罪中才有意义。不作为犯与过失犯一样，具有义务犯性质。不作为犯罪理论滥觞于 19 世纪，至今不作为犯罪的行为性质、不作为犯罪的作为义务、不作为犯罪与罪刑法定原则的关系仍然是刑法学中莫衷一是的问题，使各国刑法学界同仁困惑不已。有的国家在刑法典中明文规定不作为犯罪，如《德国刑法》第 13 条规定，依法有义务防止犯罪结果发生而不防止其发生，且其不作为与因作为而实现犯罪构成要件相当的，依本法处罚。大多数国家的刑法没有规定不作为犯罪。我国没有明文规定不作为犯罪的概念，是否应该规定，我们持肯定态度，这样能够少许多无谓的争论。

1. 不作为犯的概念

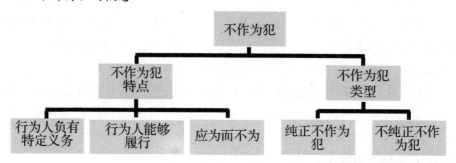

行为既包括身体的举动（作为），又包括身体的静止（不作为）。不作为是相对于作为而言的，指行为人负有实施某种积极行为的特定的法律义务，并且能够实行而不实行的行为。不作为是行为的一种特殊方式，是当为而不为。不能把动作或运动等同于行为，前者只是行为的经常表现。需要区别不作为与不作为犯罪。前者是行为方式的一种类型，一般违法行为和犯罪行为都有不作为方式，刑法理论中的"不作为"是犯罪构成中犯罪行为客观方面的危害行为的一种表现形式；后者是以不作为方式所构成的犯罪类型。

在我国刑法中有的犯罪只能由不作为构成，如遗弃罪，这种犯罪称为纯正不作为犯；还有的犯罪虽然通常情况下以作为形式实施，但也可以以不作为形式实施，这种情况下构成的犯罪称为不纯正不作为犯。

由于不作为的复杂性，它一直是行为理论上争论的焦点问题。不作为是不是一种行为，这本身就是一个有待论证的问题。不作为的行为性在证明上的困难缘自它是身体的静止，它在单纯物理意义上是一种"无"的状态。因此，从物理意义上难以证明不作为的行为性。行为人身体"一动不动"，不作为行为从人的身体来说，在物理意义上"无"机械位移，但却表示出一种刑法意义上的"有"（活动）。人类的不作为在动物身上也可以得到旁证，有时候动物并不表现为明显的动作或运动，其身体岿然不动，但也是一种动物行为，如一只看上去完全不动地屹立在山巅上的雄羚羊，往往是向其他个体显示它是该领域的占领者，这是动物的一种警告行为或炫耀行为，类似于人类的不作为行为。从行为理论的发展来看，行为概念中的物理因素逐渐消解，评价因素随之增加。

不作为与作为一样侵害了法益，具有同等的否定价值。另外，不作为虽然在物理意义上是"无"，但这种"无"的状态本身是受行为人的主观意志支配的，因而从人的态度上来判断也是一种"有"，在故意的不作为的情况下，不作为正是行为人之所欲为；而在过失的不作为（忘却犯是过失的不作为犯）的情况下，行为人表面上看对于不作为没有意识到，但存在意识的义务，因而仍然可以归结为是行为人意识支配下的一种特殊行为方式。

2. 不作为犯的特征

（1）不作为者系具有义务阻止危害结果出现的"保障人"。从主体看，行为人负有实施特定积极行为的法律义务。有人提议规定"见死不救罪"，我们认为这会严重混淆法律与道德的界限，并且不具有可操作性。例如河堤上许多散步的人见到有人溺水而亡，如果追究旁观者的刑事责任，将使国民由于没有行为预见性而陷于恐惧之中。

（2）从行为状态看，不作为往往是一种消极的身体活动。不作为是一种社会评价，它不能等同于动物身体的"静止"，不作为并不都是消极的行为。身体静止一定是不作为，但有时身体"活动"仍然属于不作为。不作为犯并不是指行为人没有实施任何积极的举动，而只是指行为人没有实施法律要求其实施的积极举动。是否不作为不能简单地以行为人的身体动静为标准，而是应该以法律或者职责所要求的作为是否得以实施为标准。在某些情况下，行为人虽然具有一定的身体活动，但这一身体活动并非法律或者职责所要求的作为，因而仍应视为不作为。因此行为人通过实施一些积极的举动而逃避法律要求其履行的特定义务时，并不影响不作为犯的构成。如行为人把年幼子女带至深山老林然后予以抛弃以逃避抚养义务，这仍属于不作为犯而非作为犯。再如，某公司经理在接到税务局纳税通知后，为了逃税而积极修改账本，弄虚作假，但该经理逃税行为仍然构成不作为犯罪。

（3）能够履行义务而没有履行。能够履行是指具有履行作为义务的能力。是否具有履行作为义务的能力，应当根据事实加以判断。如果行为人虽然没有履行作为义务，但根据实际情况根本不可能履行，仍然不发生不作为犯的问题。

没有履行是指未履行法律或者职责所要求履行的作为义务。没有履行义务是不作为成立的事实前提，已经履行作为义务就不发生不作为犯的问题。

不作为犯罪的成立必须具有结果回避可能性。如果行为人积极履行了特定的义务，也不能回避危害结果的发生，则不成立不作为犯罪。例如，司机开车肇事，导致行人严重受伤，如果即使司机立即送伤者到医院救治也不能挽救其生命，在这种情况下，如果司机没有救助，则仅成立交通肇事罪，不成立不作为的故意杀人罪。

（4）违反规范的重叠性。不作为犯罪同时违反命令性规范和禁止性规范。单纯违反命令型性规范而并未违反禁止性规范的，不构成不作为犯罪。例如，《消防法》规定任何人发现火灾都应立即报警，这是命令性规范。但刑法并没有将发现火灾不予报警规定为犯罪。所以如果过路人发现火灾不报警，导致火势蔓延造成严重损失，过路人不成立不作为罪。

有的学者认为，纯正不作为犯违反的是命令性规范，例如遗弃罪。"法益本身已处于受侵害的状态时，刑法会要求在法律上负有救助（或保护）义务的特定个人，改变现状……刑法规范表现为命令性规范，以命令负有法律义务的特定个人消除危险。"[1] 修订前《刑法》第 183 条和现行《刑法》第 261 条规定完全一样："对于年老、年幼、患病或者其他没有独立生活能力的人，负有扶养义务而拒绝扶养，情节恶劣的，处 5 年以下有期徒刑、拘役或者管制。"有的学者认为，修订前《刑法》第 183 条规定的是命令性规范，我们认为值得商榷。该规范应为禁止性规范。[2] 不作为犯违反的法律规范与作为犯违反的一样均为禁止性规范。

---

① 李金明：《不真正不作为犯研究》，中国人民公安大学出版社 2008 年版，第 35 页。

② 刑法的规范清一色是禁止性规范。法律规范由假定、处理、后果（制裁）三部分组成。刑法规范中的"假定"即适用该刑法规范的条件，在刑法分则条文中表现为罪名和罪状；"处理"即禁止人们做什么或命令人们做什么，表现为刑事禁令和刑事命令，修订前《刑法》除少数条文曾将刑事禁令规定为条文的内容（如第 136 条规定"严禁刑讯逼供"，第 158 条规定"禁止任何人利用任何手段扰乱社会秩序"），现行刑法由于立法技术水平的提高，刑法分则条文中不再具体规定刑事禁令和刑事命令，但刑事禁令和刑事命令作为逻辑前提抽象地存在着；"后果"即刑罚，在刑法中表现为法定刑。

对于不纯正的不作为犯，违反的是禁止性规范还是命令性规范，莫衷一是。通说认为它违反的是禁止性规范。有的学者认为，不纯正不作为犯违反规范具有重叠性，具有违反禁止性规范和命令性规范的双重属性。就不作为犯而言，违反的是命令性规范；但它又是以不作为而犯作为之罪，它与作为犯共用一个构成要件和罪名，与作为犯一样，违反的是禁止性规范。

3. 不作为犯的义务来源

（1）法律明文规定的义务。这里的"法律规定"是指刑法规定还是其他法律规定？学术界意见尚未统一。当法律规定的作为义务是指纯正的不作为犯的作为义务时，一般将法律规定理解为刑法规定，因为纯正的不作为犯都是刑法明文规定的；但当法律规定的作为义务是指不纯正不作为犯的义务时，由于不纯正不作为犯在刑法总则和分则中都没有规定，因此"法律规定"只能是刑法以外的其他法律的规定。

不作为与因作为而成立法定的构成要件相当时，即不作为与作为具有等价性时，该不作为才成立犯罪。一般公民发现火灾不报警这种不作为与主动放火这种作为不具有等价性，所以不成立不作为的放火罪。①

法律明文规定的义务一般以某种特定身份为前提，具备某种特定身份者任何时候都必须履行义务，否则即构成不作为犯罪。这种义务一般指由宪法、法律和其他法规所规定并为刑法所认可的义务，任何符合法律规定条件的人都必须履行这种义务。宪法和婚姻法规定了家庭成员间有互相扶养的义务，刑法也要求履行这种义务。例如母亲故意不给女婴喂奶，致使女婴饿死，这就构成不作为犯罪。《婚姻法》明确规定父母有抚养教育子女的义务。这种义务又是经

---

① 试分析以下哪些表述是不正确的：A.《消防法》规定，任何人发现火灾都必须立即报警。过路人甲发现火灾后没有及时报警，导致火灾蔓延。甲的行为成立不作为的放火罪。B. 刑诉法规定凡是知道案情的人都有作证的义务。间谍案件的证人拒绝出庭作证，使罪犯逍遥法外的构成不作为犯罪。C. "佛山小悦悦事件"中的18位见死不救者的行为构成不作为犯罪。D. 甲非常厌恶5岁侄儿乙，某日甲带乙外出，乙被司机丙酒后驾车撞伤，司机丙逃逸。甲认为反正事故不是自己造成的，于是扬长而去。结果乙因失血过多死亡。甲和司机丙都因先行行为负有积极救治的义务，甲的行为构成不作为罪。答案：ABC。

刑法认可的,刑法又将这一义务作为刑事命令规定在《刑法》分则第261条中。有的法律虽规定了特定义务,但刑法未认可该义务,不履行的并不构成刑法上的不作为犯。如债务人有清偿债务义务,但债务人拒不清偿的并不属于刑法上的不作为犯,刑法未规定或认可这种义务。

法律明文规定的义务包括法律明文规定的财产所有人、管理人的义务。例如对自己所有或管理的建筑物、工程、动物有妥善管理的义务,如果因未尽管理之责导致严重侵害法益,应承担不作为的法律责任。例如天气预报说今日有大风,住高楼的甲没有将搁在阳台上的花盆放到安全的地方,结果大风来临时吹倒花盆,掉到楼下将行人砸成重伤。再如,甲明知自己饲养的狼狗会主动攻击行人,一日当狼狗咬人时不加制止,导致行人被咬成重伤。

(2)职务或业务上要求的作为义务。在德日等国的刑法中,这种义务属于法律明文规定的作为义务的一种。我国由于职务犯罪和业务犯罪占很大比重,所以将之单独列出来。这种义务一般由有关法规、规章制度加以规定,以行为人所担任的职务或从事的职业为前提,行为人只有在履行职务或从事业务期间才谈得上对这种义务的违反。如值班医生负有抢救病人的义务,值勤消防队员负有灭火的义务,如在业余时间则谈不上对这种义务的违反。职务或业务上要求承担的义务一般应以行业条例和单位职责守则的明文规定为准,没有明文规定的应考虑行业性质所要求承担的义务内容。如,警察局局长和国土局局长一起下乡调查,路过集市时遇到几名歹徒追杀一行人,行人向他们求救,两位局长怕招惹是非,拂袖而去,结果被追杀者命丧黄泉。该案中国土局局长没有法律义务,而警察局局长不履行法律义务的行为构成不作为犯罪。再如医生甲与病人家属发生纠纷,不久病人病情恶化,其家属要求医生为病人急救,医生置之不理,病人因未获救而死亡。该医生应负故意杀人罪的刑事责任。

## 出租车司机洪某丢弃重伤老人案

**案情:**1995年11月20日深夜,某市出租车司机洪某驾驶空车在街上揽客,途中遇到何某招手,洪某随即停车,何某将自己撞伤的不省人事的老人抱到轿车后座,要求洪某驱车前往省人民医院抢救。行驶到某个路口时,何某谎称到附近找一个朋友拿些钱,请求洪某稍等片刻。何某下车后一去不复返,洪某左等右等不见来人,方知受骗,遂将昏迷不醒的老人丢弃在大街上,扬长而去。第二天凌晨交警发现老人时,老人因失血过多已经过世。洪某的行为是否构成犯罪有不同意见。后检察院以故意杀人罪对何某、洪某提起公诉，法院判决何某有罪，洪某无罪。

**问题：**出租车司机洪某对老人的死亡应不应该负刑事责任？

**提示：**开出租车与开救护车不同，前者没有业务上救助病人的作为义务。作为中途介入的因素，洪某的行为与老人的死亡没有因果关系，因老人失血过多，年事已高，送到医院死亡的概率也非常大。

（3）先行行为引起的义务。"先行行为"又叫"危险前行为"。这种义务是指当行为人的先前行为使刑法所保护的法益处于危险状态时，该行为人负有采取有效措施积极防止危害结果发生的义务。行为人不履行这种义务而发生严重后果的，构成不作为犯。如将无自救能力的儿童带到河中游泳，这种先前行为就会引起防止危害发生、抢救溺水儿童等的义务。再如，张某为了与女友分道扬镳，假意邀请女友一起吃安眠药自杀。张某假吃，女友真吃。张某因为先前相约自杀的行为致使女友的生命处于危险状态，所以产生阻止女友自杀的义务。如果未加救助，女友死亡，张某的不作为构成故意杀人罪。

先行行为本身既可以是非法的，也可以是合法的。原则上只要制造了危险，不问是否正当，都会成为作为义务的来源。

行为人实施正当行为，导致不法侵害人处于危险境地，行为人有没有救助义务，需要具体分析。例如，紧急避险人对于遭受损害的无辜第三者具有作为义务；正当防卫人一般没有救助义务，因为正当防卫行为既未引起危险，也未增加风险，危险的来源是由不法侵害人引起的；但在一定条件下，对不法侵害者也有救助义务。例如在荒郊野外张三对不法侵害者李四实施正当防卫导致其重伤，李四丧失进攻能力，如果张三不及时救助李四，则李四死亡。这种情况下张三构成防卫过当，成立不作为的过失致人死亡罪或不作为的故意杀人罪（间接故意）。但道德义务不能成为作为义务的来源。

## 王德伟缉拿违法分子致人落水溺死案

**案情：**被告人王德伟一天遭到一伙人的不法侵害，遂追赶缉拿他们。其中谭某四处躲藏，后来慌不择路，在逃跑过程中跳河泅水，不久淹死。王德伟遂被逮捕。

**问题：**谭某在逃跑过程中跳入河中，王德伟是否有救助的义务？

提示：第一，王德伟遭到不法侵害，遂追赶缉拿他们，行为并无不当。第二，谭某违法犯罪后有义务接受正义的审判，不应逃跑，逃避法律制裁属于错上加错。第三，谭某有许多选择，完全可以待在岸上，跳河泅水是自行选择的死路，王德伟对此没有抢救的义务。第四，谭某溺死属于意外。

（4）法律行为引起的义务。这里的法律行为主要是指民事法律行为。民事法律行为可以设定权利义务，不履行或不正确履行这些民事义务，侵害刑法所保护的重大法益时就应受到刑罚处罚。法律行为引起的义务大多是因合同行为而引起的义务，例如某人自愿受雇于他人当保姆，则其负有看护好雇主家孩子的义务，若因其不负责任使孩子发生意外而伤亡，则需对其不履行义务的行为承担不作为的刑事责任。某些特殊情况下也包括一些自愿行为，如无因管理产生的法律义务。如某人见路边有被遗弃的小孩，便大发慈悲，遂自愿将小孩带回家中，如果带回后不予以生活照料，导致小孩饿死或冻死，则对行为人应以不作为的故意杀人罪追究刑事责任。在财产交易时，自己物品有重大瑕疵的应提示对方，否则交易者应对由此引起的严重侵害法益的后果承担不作为的法律责任。

（5）因社会生活的依存关系而具有的紧急救助义务。德国学者认为，共同生活在夫妻或家庭形式以外的生活或者危险共同体之中，彼此之间基于共同体的目的性和人员之间的信赖关系，承担出现典型性危险情况时提供相互帮助和关心的义务。如类似夫妻关系的同居生活共同体、登山、环海航行、深水下潜或者探险者团体中的成员彼此之间就有这种义务。[1] 由于信赖关系而结成的社会共同体中，当某位成员的生命和其他重大法益遭遇现实、紧急危险时，没有任何危险且处于容易救助地位的共同体成员，具有紧急救助的义务。

外国刑法中规定基于某些习惯而发生的义务，例如远方亲戚、昔日同窗好友、老战友等作为不速之客，不请自来，住在主人家里却突然生病不省人事，主人就负有送他去医院抢救的义务。这种义务实际上也属于上述的"紧急救助义务"。

4. 不作为犯的类型

（1）纯正不作为犯。纯正不作为犯是指刑法规定只能以不作为构成的犯罪。例如，我国《刑法》第 261 条规定："对于年老、年幼、患病或者其他没有独

---

[1] 〔德〕约翰内斯·韦塞尔斯：《德国刑法总论》，李昌珂译，法律出版社 2008 年版，第 435 页。

立生活能力的人，负有扶养义务而拒绝扶养，情节恶劣的，处5年以下有期徒刑、拘役或者管制。"遗弃罪就是负有扶养义务的人有能力履行扶养义务而拒不履行这种扶养义务而构成的，是纯正不作为的犯罪。

（2）不纯正不作为犯。不纯正不作为犯是指以不作为形式而犯通常以作为形式实施的犯罪。不纯正不作为犯既违反了刑法的禁止性规范，又违反了其他法律的命令性规范。它在刑法上没有明文规定，司法机关在认定不纯正不作为犯的时候，应当注重考察不作为与作为是否具有等价性。只有在具有等价性的情况下，才能认定为不纯正的不作为犯罪。我国刑法关于故意杀人罪的规定，包括作为的故意杀人与不作为的故意杀人。这种不作为的故意杀人就是不纯正的不作为犯。例如，母亲故意不喂养婴儿，致使婴儿饥饿而死亡。这一不喂养的行为作为一种不纯正的不作为，与作为的故意杀人具有价值上的等同性，应以不纯正的不作为犯罪论处。再如，张三串门，被李四的藏獒攻击，张三见状却不予制止，导致李四被咬死。张三的行为以不作为方式构成故意杀人罪。

不能把刑法条文中规定有"不"等否定性词语的犯罪均视为不作为犯。例如，"丢失枪支不报罪"作为不作为犯罪以"不及时报告"为成立条件。而侵占罪以"不退还"为成立条件，但拒不退还只是行为人将他人财物据为己有的方式之一，而据为己有还可以由作为方式构成。因此，侵占罪既可以是作为犯罪，也可以是不作为犯罪。

不纯正的不作为犯的处罚根据，在刑法学界存在争议。因为不纯正的不作为犯在刑法中没有直接规定，只是包含在有关刑法规定中，所以处罚不纯正不作为犯是否违反罪刑法定原则？值得探赜索隐。我国刑法对某些本应规定的纯正的不作为犯未予规定，使得这些本应作为纯正的不作为犯被认定为不纯正的不作为犯，司法实践中一些不履行救助义务的案件被以不作为的间接故意杀人罪论处，这不符合罪刑法定原则的要求。

### 三、持有犯

#### 1. 持有犯的概念

持有是指行为人对某种物品的实际控制和法律上的支配。持有型犯罪，是指以行为人支配、控制（持有、拥有、私藏、携带等）特定物品或财产的不法方式或状态为构成要件的一类犯罪。在美国刑法中，与作为和不作为并列的行为形式称"事态"，其主要内容即为持有。

在英美刑法理论中，持有往往是与作为与不作为并列的，被称为事态犯罪

(status offence)。由于持有型犯罪具有证明责任轻、易于认定的优越性，因而立法者为控制毒品、凶器等危险物品，往往设立持有型犯罪，从而增加刑法的惩治有效性。

我国刑法中规定了某些以持有为行为方式的犯罪。例如，《刑法》第128条规定的非法持有枪支、弹药罪，第172条规定的持有假币罪，第282条第2款规定的非法持有国家绝密、机密文件、资料、物品罪，第348条规定的非法持有毒品罪，第352条规定的非法持有毒品原植物种子、幼苗罪，以及刑法规定的巨额财产来源不明罪，非法携带、持有武器、管制刀具、爆炸物参加集会、游行、示威罪，《刑法修正案（五）》增设的"妨害信用卡管理罪"中的"持有伪造的信用卡、持有伪造的空白信用卡"等。

2. 持有犯的特点

从逻辑上讲，"不作为犯"为否定概念，其论域为"犯罪"，根据排中律的要求，某种犯罪行为要么属于作为犯，要么属于不作为犯，二者必居其一。有的学者认为，持有样态的犯罪是行为人取得某种危险物品后，应当上缴而不上缴这样一种不作为犯罪。①但"持有犯"是犯罪的第三种形式的观点几乎越来越成为共识。从形式逻辑的角度看，持有犯要么属于作为犯，要么属于不作为犯，不可能是第三种方式的犯罪②。

（1）"作为与不作为的结合性"。持有犯罪过程开始是作为（如将毒品装入口袋准备过境），然后是不作为（带上毒品后未采取措施，不上缴，身体举止为静止）。持有假币罪的罪犯开始是主动购买假币或被动地从别人处得到假币，然后未上缴。

（2）"持续性"特点。犯罪主体对特定物的控制会一直处于持续状态，不会像举动犯那样，非法状态稍纵即逝。

（3）无须证实行为人具有罪过。从理论上来说，除了持有假币罪以外，司法机关只需证明行为人持有、私藏、携带、拥有特定物品或拥有超过其合法收入的巨额财产的事实，便可认定行为人构成犯罪，而无须证明其具有主观罪过。

---

① 参见王志远：《犯罪成立理论原理》，中国方正出版社2005年版，第262页。
② 形式逻辑属于二值逻辑，是从局部的相对静止的观点分析事物，把概念看成既成的相对稳定的范畴。如果从全局的发展的观点来看，有时别开生面，例如一支粉笔放在讲台边上，一截在桌子上面，一截伸出桌子边，整个这支粉笔是"既在又不在"这个桌子上面。恩格斯说运动就是既在又不在这一点。因此，如果说持有犯部分具有作为犯性质，部分具有不作为犯性质，理论上是可以成立的。

### 四、实行行为与非实行行为

1. 实行行为

实行行为是指刑法分则所规定某种具体犯罪构成要件的行为,是完成犯罪的直接原因力。实行行为的实施是犯罪着手的标志,是区分犯罪预备与犯罪未遂的关键,是共同犯罪中区分实行犯与帮助犯的标志。实行行为并不是任何与危害结果具有某种联系的行为,而必须是刑法分则所要求的、成立特定犯罪所必须具备的行为,只有达到法益侵害紧迫危险性程度的行为,才能评价为实行行为。如张三想害死女同学李四的男朋友王五,邀几个同学吃冰激凌,在一个杯中偷偷放入毒药并给王五吃,在张三去柜台结账时另一个同学刘六抢吃了有毒的冰激凌而死亡。本案中张三投毒的行为与刘六的死亡有某种联系,但并不属于成立故意杀人罪所要求的类型性行为,不是实行行为,按故意杀人罪预备与过失致人死亡罪想象竞合犯处理。

2. 非实行行为

非实行行为是指刑法总则规定的且对刑法分则所规定的实行行为起补充作用的行为,如犯罪的预备行为、组织行为、教唆行为、帮助行为等。

实行行为与非实行行为的区分是相对的,此种犯罪的实行行为可以成为他种犯罪的非实行行为,反之亦然。如在共同犯罪中一般居间行为属于帮助行为,但为开票人和受票人之间实施虚开增值税专用发票的中间介绍行为则是虚开增值税专用发票的实行行为。又如在一般共同犯罪中,组织行为、教唆行为是非实行行为,但在组织、领导、参加黑社会性质组织罪和煽动暴力抗拒法律实施罪中,组织和煽动行为分别成为二罪的实行行为。

## 第四节　犯罪对象

### 一、犯罪对象的概念、分类与意义

1. 犯罪对象的概念

在哲学上,客体与对象是同义语,都是主体的认识和实践活动所指向的事物,但在刑法理论中,客体和对象都有特定的含义。通说认为,犯罪对象是犯罪行为所直接指向的人或物,是具有物理性的存在,有的学者称之为"行为客体"，是社会关系的具体表现形式或承担者、承受者。我国刑法理论中的犯罪对象，在大陆法系国家刑法理论中被称为行为客体或攻击客体。

2. 犯罪对象的基本分类

（1）人。通说认为犯罪对象中的人是指具体的人，我们认为人包括作为个体的单个自然人和作为人的集合体的法人等社会组织。自然人是身体、名誉等人身利益等要素的有机统一。侮辱诽谤罪侵害的就是人的名誉。人的集合体包括法人或非法人单位，甚至国家也是全体人民的集合体，在很多情况下也可以成为犯罪对象。如《刑法》第221条规定的损害他人商业信誉、商品声誉罪，第102条规定的背叛国家罪等，其犯罪对象都是人的集合体。

（2）物。物在作为犯罪对象时比民法上的物的范围更加宽泛，一些不具有经济价值的物体，也可以成为犯罪对象。

物作为犯罪行为所指向的对象，所作用的标的，在犯罪中是指有体物还是无体物，抑或二者兼有？物本来是物理学意义上的存在物。无体物本来也是"物"，是指光、热、电等，但德国法学家将物理意义上的无体物人为地解释为"有体物"，拟制成为特殊的有体物，即所谓的"有体物的延伸"，而将无体物界定为权利，使民法中出现了所谓"权利是权利的客体"等怪异现象。

我们认为，物理意义上的无体物可以成为犯罪对象，例如偷电行为指向的对象就是"电"。但民法中权利意义上的"无体物"不能成为犯罪对象。犯罪对象是犯罪行为指向的对象，权利没有占据物理意义上的空间，犯罪行为如何指向？

还有学者认为"合法的行为规范"也是犯罪对象，行为规范作为犯罪对象的主要是一些经济犯罪与妨害社会管理秩序方面的犯罪，如逃避追缴欠税罪、走私毒品罪等。我们认为，"合法的行为规范"是犯罪行为违反的行为规则，这种规则不是物理意义上的存在物。"逃避追缴欠税罪"的犯罪主体采取转移或者隐匿财产的手段实施犯罪行为时，行为指向的对象是被转移或者隐匿的财产（应纳税款）。

3. 犯罪对象的意义

（1）区分罪与非罪。例如，与未成年女性发生性关系，明知是未满14周岁的幼女而与其发生性关系的，即使双方都是自愿的，也定强奸罪；与已满14周岁的女性双方自愿地发生性关系，则无罪。强奸罪的犯罪对象限于妇女，男子同性之间的鸡奸不构成强奸罪；拐卖妇女、儿童罪的犯罪对象是妇女和不满14周岁的儿童，如果某人将已满14周岁的青少年拐卖给他人，则不构成犯罪。

（2）区分此罪与彼罪。例如，同样是盗窃行为，因为对象不同而构成不同的犯罪，例如一般"盗窃罪"、"盗窃、侮辱尸体罪"、"盗窃、抢夺武装部队公文、证件、印章罪"、"盗伐林木罪"、"盗窃枪支、弹药罪"等。

（3）犯罪对象影响量刑。同样一种行为，如果针对的对象不同，则适用的刑罚可能不同。例如，《刑法》第236条的规定，奸淫幼女的较一般的强奸行为从重处罚。

## 二、犯罪客体和犯罪对象的区别

### 1. 属性不同

犯罪对象作为危害行为直接施加影响并能通过这种影响使犯罪客体遭受侵犯的具体的人或物，是具体的、物质性的东西；而由它充当主体或载体的社会关系（如生命权、健康权、人格权等）则是抽象的、精神性的东西。

### 2. 是否必然受到损害不同

犯罪客体必然因犯罪行为而受到侵犯，犯罪对象则不一定受到损害，如盗窃他人汽车，侵犯了他人财产权，但所盗汽车可能完好无损。

### 3. 是否一定影响犯罪分类不同

犯罪客体决定犯罪性质，犯罪对象则不一定。如上所述，有时犯罪对象也能决定行为是否构成犯罪，但未必尽然。许多情况下犯罪对象相同，但犯罪客体不同，罪名就不一样。例如，偷割已经通电使用的输电线路上的电线构成破坏电力设备罪，偷割已经架设完毕但还未供电的电力线路的行为定盗窃罪。犯罪客体是对犯罪进行分类的基础，犯罪对象对犯罪分类则没有影响。

## 三、犯罪对象是犯罪构成的必备要素

### 1. 犯罪客体必须通过犯罪对象来体现

通说认为，犯罪客体是犯罪构成的必备要件，犯罪对象则不是不可缺少的，并以脱逃罪、重婚罪为例证明此命题的成立。我们认为这是值得商榷的。如果没有犯罪对象，犯罪客体如何体现出来？

无论在前苏联还是在我国，一些学者对这一命题心存疑虑，认为任何犯罪都有犯罪对象，没有犯罪对象的犯罪与没有犯罪客体的犯罪一样是不存在的。犯罪客体必须通过犯罪对象体现出来，所以有犯罪客体就一定有犯罪对象。

从作为犯罪客体的社会关系来说，它是一种不能直观把握的东西，本质不能自己表现自己，离开了作为其承担者的犯罪对象，犯罪客体就无从体现，自身就变成了不可捉摸的，难于认识的不可知之物。犯罪就成了不可评判的现象。

2. 通说认为无犯罪对象的犯罪其实都存在犯罪客体

传统刑法理论认为并非所有的犯罪都有犯罪对象，常举的例子就是脱逃罪，一般都认为脱逃罪没有犯罪对象，但却存在犯罪客体。脱逃罪，是指依法被关押的罪犯、被告人、犯罪嫌疑人从被关押的处所逃逸的行为。脱逃罪的犯罪客体是司法机关的正常管理活动。

有学者深入探究后认为脱逃罪的犯罪对象是实施犯罪行为的行为人自身。类似的犯罪诸如偷越国（边）境罪的犯罪对象昭然若揭，就是偷越国（边）境行为人自身。传统观点都认为重婚罪无犯罪对象。其实重婚罪的犯罪对象是遭受重婚行为侵犯的合法婚姻关系的当事人。我们认为这种观点是能够成立的，它有助于解决刑法学中长期困惑的一个理论问题。[1]

# 第五节 危害结果

危害结果是危害行为引起的结果。关于危害结果，刑法学界争论的焦点集中在下面三个问题：一是危害结果究竟是行为对犯罪客体的侵犯还是对犯罪对象的侵犯所形成的事实；二是危害结果的存在形态包不包括可能性结果（即危险状态的结果）；三是危害结果是不是各种犯罪构成必备的共同要素。

## 一、危害结果概述

### 1. 危害结果的概念

刑法学中对危害结果历来有广义说、中义说和狭义说之争。广义的危害结果是指由行为人的危害行为所引起的一切对社会的损害事实。中义的危害结果是指危害行为给刑法所保护的社会关系所造成的具体损害事实，表现为具体的直接的现实的损害。狭义的危害结果是指由犯罪的实行行为造成的、根据刑法分则的规定对于成立犯罪或者犯罪既遂具有决定意义的危害结果，它只存在于过失犯、间接故意犯罪和结果犯的既遂犯中。

我们认为，广义说失之过宽，犯罪人的行为给社会造成的损害或危害，根据罪刑法定原则，只有刑法明文规定的危害结果才属于刑法意义上的危害结果，

---

[1] 参见徐光华："犯罪对象若干问题研究"，法律论文资料库2008年4月11日网页文章。

例如盗窃犯偷了他人财物，气得他人失眠。这种失眠也是一种对他人的危害，但不是刑法意义上的危害。狭义说失之过窄，狭义的危害结果只是区分既遂与未遂的标准，不是区分犯罪是否成立的标准。我们赞同中义说。刑法意义上的危害结果，是指危害行为给刑法所保护的直接客体造成的法定实害性结果和可能造成的危险性结果。

2. 危害结果是一切犯罪构成都必须具备的共同要素

通说认为，危害结果不是一切犯罪构成都必须具备的共同要件。有的学者还认为，行为本身的危险性质，不是危害结果，而是行为的属性。例如参加黑社会组织的行为本身具有危险性，刑法规定这种参加行为就构成犯罪。这样的行为犯不需要危害结果作为犯罪构成要素。

前苏联学者特拉伊宁认为行为所造成的损害不管方式和大小如何，"都是作为每个犯罪构成必要因素的结果"。[①]对此我们表示赞同。某种行为没有对刑法保护的法益造成危害，就意味着这种行为没有社会危害性，理所当然不能被认为是犯罪。参加黑社会这类行为只是没有造成实害性结果，但已经对社会造成了危险性结果。因此，危害结果是一切犯罪成立都必须具备的条件之一。

3. 犯罪对象与犯罪结果的关系

（1）犯罪对象是犯罪结果的物质载体。世界是物质的，犯罪行为作用的对象是客观的物质对象。体现被侵害的法益的犯罪客体是抽象的，但表现犯罪客体的犯罪对象是具体的物质对象，是物理意义上的存在物。

（2）犯罪结果都要通过犯罪对象而形成。犯罪对象在犯罪行为作用下可能会产生不同的犯罪结果，例如犯罪行为造成人死亡或受伤的犯罪结果，犯罪结果要通过受害人这个犯罪对象才能形成。犯罪结果是犯罪行为作用于犯罪对象所造成的一种变化现象，包括犯罪对象生命结束、健康受损，属性、状态、归属关系等方面的变化，空间位置被移动，经济价值下降，物理意义上的灭失、毁损。如故意毁坏公私财物的犯罪行为使得犯罪对象——财物灭失，而盗窃罪中财物本身可能未必发生重大改变，只是作为犯罪对象的财物的位置发生了变化。

4. 危害结果的意义

危害结果对于定罪和量刑都具有重要意义。

（1）危害结果是区分罪与非罪的标准之一。没有发生刑法规定的危害结果就不是犯罪。有的刑法条文明确规定以危害结果的大小轻重或是否具备造成危

---

① 〔苏〕特拉伊宁：《犯罪构成的一般学说》，中国人民大学出版社1958年版，第115–116页。

害结果的严重危险作为区分罪与非罪的界限。

（2）有的犯罪以是否造成某种特定危害结果作为区分此罪与彼罪的标准，如刑讯逼供时以肉刑致人伤残作为区分刑讯逼供罪与故意伤害罪的标准。

（3）结果犯以危害结果是否发生作为犯罪是否构成既遂的要件。危害结果对于区分结果犯、行为犯、结果加重犯具有重要意义。

（4）有的犯罪以发生危害结果作为从重处罚的法定情节或酌定情节。例如，犯绑架罪的一般处 10 年以上有期徒刑或者无期徒刑，但犯绑架罪造成被绑架人死亡结果的处死刑。许多犯罪虽未明确规定发生危害结果是否从重处罚，但在司法实践中是否具备危害结果及危害程度如何是量刑时考虑是否从重处罚的一个重要的酌定情节。

## 二、危害结果的分类

这里的分类是对广义的危害结果的分类。主要有以下几种不同的分类方法：

### 1. 确定犯罪既遂结果和量刑结果

确定犯罪既遂结果是狭义的危害结果。它是指构成某种具体犯罪的既遂状态所必须具备的危害结果（包括加重犯犯罪构成所要求的加重结果）。例如《刑法》第335条规定的医疗事故罪，其犯罪构成中必须有"就诊人死亡或者严重损害就诊人身体健康"的结果这一构成要素。确定犯罪既遂结果有的由《刑法》分则条文明确规定，如过失伤害罪的危害结果致人重伤，有的则没有明文叙述，只能根据条文对罪名和罪状的规定推断出来，如故意杀人罪的危害结果致人死亡即是推断出来的。

量刑结果，指一切危害行为引起的、定罪结果以外的、对于该种犯罪的社会危害性程度及其刑事责任的大小具有一定评价意义的一切损害结果。在广义的危害结果中，除了定罪结果之外的一切结果都是量刑结果。如未遂犯和中止犯造成的危害结果。需要注意的是，定罪结果既可以表现为实际损害，也可以表现为现实危险，而量刑结果只限于实际损害。

### 2. 物质性危害结果与非物质性危害结果

物质性危害结果又称有形的危害结果，具有具体、可见、可以计量的特点，其发生有一个过程，它是指行为对客体造成的物质性影响，其表现形态是使客体发生物理上的变化。例如杀人，将人杀死；放火，将财物烧毁。由于行为作用于客体，使客体发生了物理性变化。因而这种结果是有形的，具有可测量性。

非物质性危害结果，又称无形的危害结果，它抽象、不可见，不能具体测量，但它们也是客观存在的。作为犯罪对象的物只是发生位移，例如盗窃，使财物脱离所有人的控制；作为犯罪对象的人只是受到精神上的损害。如名誉权受到损害、人格被侮辱、国家机关的威信遭受损害等。这是一种精神性的损害，因而是无形的，具有不可测量性。

3. 直接危害结果与间接危害结果

直接危害结果是指危害行为直接导致的危害结果，行为与该结果之间具有直接的必然的因果关系，如开枪致人死亡。间接危害结果指有直接结果引起的其他危害结果，如被害妇女遭强奸后自杀身亡的即属于强奸行为引起的间接危害结果。它是危害行为实施后，介入其他因素而导致的危害结果。如被他人伤害后在治疗时医生又抢救不当而导致死亡。介入因素既可以是被害人自身行为，也可以是第三者的行为，还可以是自然力的作用。一般来说，定罪结果大多是直接结果，但有的间接危害结果也能成为定罪结果。

4. 现实危害结果（实害性结果）和可能危害结果（危险性结果）

现实危害结果是指实际造成的物质性损害，对法益损害的既成事实，例如故意杀人罪犯罪构成中，被害人死亡是实害性结果。以造成法益损害为要件的犯罪叫侵害犯。结果犯是典型的侵害犯。结果犯是指行为终了与结果发生之间有一定时间间隔的犯罪（过去认为结果犯是以发生结果为构成要素的犯罪）。

行为给合法权益造成损害的威胁或危险叫可能结果。以发生法益侵害的危险为要件的犯罪叫危险犯。行为终了与结果发生之间没有时间间隔的犯罪叫行为犯（如非法侵入住宅罪）。行为犯和危险犯所造成的结果都是典型的危险性结果。

5. 基本危害结果与加重危害结果

基本危害结果又叫一般危害结果，是指作为定罪基本事实依据的、犯罪行为一般情况下造成的损害犯罪直接客体的结果。例如故意伤害罪中被害人被伤害的结果、非法拘禁罪中被害人失去人身自由的结果。

加重结果是犯罪行为除了引起基本结果以外，另外引起的更严重的危害结果。例如故意伤害行为引起的被害人死亡，非法拘禁行为引起的被害人重伤或死亡。由于出现加重结果而加重法定刑的犯罪叫"结果加重犯"或"加重结果犯"。

6. 单一危害结果与复合危害结果

单一危害结果是指行为只引起一个危害结果，例如张三偷了李四一辆汽车，李四损失一辆汽车即为单一危害结果。

复合危害结果是指一因多果的情形，即行为造成的危害结果为复数或造成了两种以上不同的危害结果，如王某投掷一颗手榴弹想炸死仇人罗某，结果既把罗某炸死了，也将周围的邻居郭某炸成了重伤。复合危害结果涉及罪数问题。

### 三、实害性结果的数量

任何事物都有质和量的规定性。我国从前苏联引入的犯罪构成理论，强调社会危害性是犯罪的本质特征，但未对"罪量"作要求和说明。这是传统的犯罪构成理论的重大缺陷。众所周知，一般的违法行为甚至不道德行为都有社会危害性，究竟社会危害性达到什么程度才触犯刑法，行为才构成犯罪，只有通过犯罪的法律特征刑事违法性才能揭示。陈兴良先生在《规范刑法学》第二版中首次设专章研究罪量，颇有新意。马克思说："一种科学只有成功地运用数学时，才算达到真正完善的地步。"犯罪构成几个要件和众多要素之间存在函数关系，只有通过数学建模得出合理的数学模型，犯罪构成才能真正科学化。实害性结果的数量主要有犯罪数额和定罪情节，它们都是社会危害性（法益侵害性）的量的规定性。

1. 《刑法》关于罪量的规定

（1）犯罪概念中的数量因素。《刑法》第13条但书规定"情节显著轻微危害不大的，不认为是犯罪"。这一规定从量上揭示犯罪的社会危害性，从而为区分罪与非罪，尤其是划分刑事违法行为和其他违法行为提供标尺。

（2）《刑法》分则条文对具体罪名中犯罪数额和犯罪情节的规定。情节要件与数额要件的存在不仅仅是对刑法犯罪概念"但书"的具体化，其实它也对我国刑法犯罪构成的内部构造以及犯罪的既遂、未遂形态都产生了实质性的影响。我国刑法中的情节犯和数额犯，要求犯罪基本情节达到一定程度，数额达到一定起点才能构成犯罪。凡是未达到这些规定的程度的，都不能认定为犯罪。

2. 实害性结果的数量类型

（1）数额与数额犯。在两大法系国家的刑法中，犯罪是不存在数量要素的。只要符合犯罪行为类型，行为就可以构成犯罪，例如偷一元钱，偷一个苹果，都被视为犯罪。这种做法确实会增加诉讼成本，浪费司法资源。当然这些行为不一定都作为犯罪处理。

与国外立法定性、司法定量的刑事立法模式不同，我国的刑事立法模式是立法既定性又定量。数额是犯罪对象的数量或侵害法益的数量。法定数额本身并非一个独立的构成要件，而是犯罪构成中某些要件的量化标准。数额可以分为违法所得数额（贪污罪和受贿罪以个人贪污、受贿数额满 5000 元就构成犯罪）、违法经营数额（生产销售伪劣产品罪为销售金额在 5 万元以上）和特定数额（非法持有毒品罪为鸦片 200 克、海洛因或者冰毒 10 克以上）。

数额犯是我国刑法中以一定的数额作为成立犯罪的要素的一种犯罪类型。

对于数额犯，即使其他要件要素齐备，但如果实际侵犯的对象的数额没有达到法定的定罪数额标准，也不能认为构成犯罪。数额犯广泛存在于经济类犯罪和财产类犯罪中，如贷款诈骗罪、盗窃罪、抢夺罪就以数额较大作为构成要件之一。我国现行刑法中明确要求以数额大小或者数量多少为定罪量刑标准的犯罪约有 70 余个，与数额或者数量相关的犯罪规定有 20 多个。[①]

根据被量化的要件是行为还是结果，数额犯可分为行为数额犯与结果数额犯。对于行为数额犯而言，法定的定罪数额标准是既遂行为与未遂行为的共同标准。犯罪未遂只存在于行为数额犯中。对于以发生符合法定数额标准的结果作为犯罪构成要件的结果数额犯而言，是不存在犯罪未遂的。

（2）情节与情节犯。一般意义上的情节是指事物存在、发展和变化的情状与环节。刑法中的情节是指影响犯罪和刑罚存在、发展和变化诸方面的情状和环节，是刑事案件中与定罪、量刑和刑罚执行制度有关的一切事实情况。刑法中的情节可以分为定罪情节、量刑情节和行刑情节。"定罪情节是指客观存在于犯罪中的，对于成立犯罪具有决定意义的情节和环节。定罪情节必须是客观的，并证明是属实的。其内容包括一切对犯罪成立有决定意义的，能反映犯罪的社会危害性及其犯罪人的主观恶性的客观要素。……可见，定罪情节与犯罪构成要件的要求是基本一致的。"[②] 刑法中的定罪情节可以分为基本情节和加重或者减轻情节，基本情节是区分罪与非罪的情节，加重或者减轻情节是区分轻罪与重罪的情节。

根据刑法条文的表述方式，定罪情节可作以下分类：

第一，隐含性定罪情节，它是指刑法条文在表述符合或违反刑法规范的事实情况时，将有关情节隐含在其他类型的情节之中，其具体内容和形式要根据其他情节的含义和条款的上下文进行推定。如刑法规定的抢劫罪就并未规定抢劫行为是当场实施，但它显然隐含了"当场实施"这一情节。

第二，确定性定罪情节，它是指刑法条文对符合或违反刑法规范的事实情况，明叙其具体内容和表现形式的定罪情节。《刑法》分则对犯罪行为的表述一般是明叙其具体内容和形式，故此类事实情况就是确定性定罪情节。如《刑

---

① 参见高铭暄：《新型经济犯罪研究》，中国方正出版社 2000 年版，第 53 页。

② 马克昌主编：《刑法学全书》，上海科技文献出版社 1993 年版，第 42－43 页。

法》第336条规定的非法行医罪，该条对犯罪主体规定为"未取得医生执业资格的人"，符合此规范的事实情况就是确定性定罪情节。

第三，概括性定罪情节，它是指刑法条文明确地使用笼统概括性语言，表述符合或违反某种刑法规范的事实情况，如情节严重、情节恶劣、情节特别严重、情节特别恶劣以及情节较轻等。是否具有这样的事实情况，授权司法机关根据具体案情酌情评价与选择。例如，《刑法》第222条规定"广告主、广告经营者、广告发布者违反国家规定，利用广告对商品或者服务作虚假宣传，情节严重的，处2年以下有期徒刑或者拘役，并处或者单处罚金"，何为"情节严重"，有待司法机关根据具体案情酌情评价和选择，但必须是其他犯罪构成事实以外的事实条件，不得与前两类定罪情节重复评价。

以一定情节作为犯罪构成要件的，称为"情节犯"。情节犯与其他类型的犯罪的主要区别就在于其犯罪构成要件体系中必须有一个概括性定罪情节。与以上情节犯相对应的还有由加重罪的概括性定罪情节所决定的情节犯即情节加重犯和由减轻罪的概括性定罪情节所决定的情节犯即情节减轻犯，它们也当属于情节犯的范畴，统称为派生的情节犯。例如，《刑法》第202条规定的抗税罪一般处3年以下有期徒刑或者拘役等，情节严重的，处3年以上7年以下有期徒刑。

# 第六节　刑法上的因果关系

## 高某某一拳致康某某死亡案

**案情：** 被告人高某某，男，36岁，某市建筑工人。某日上午，高将所骑的摩托车停放在百货公司门口，此时恰逢三轮车工人康某某（男，66岁）为百货公司拉货至门前。康某某认为摩托车"碍事"，要将车挪开，高某某不让动。争执中，摩托车被碰倒，高某某便用右手打了康左胸一拳。康某某仰面摔倒在马路沿儿下，当即"伸胳膊，蹬腿，张嘴"。在群众的协助下，高某某将康某某送往医院，康某某经抢救无效死亡。尸体检验报告称：（1）死者康某某患有高度血管粥样硬化，形成夹层动脉瘤，因瘤破裂，引起大出血，心包填塞死亡。（2）死者康某某胸部左侧有皮内出血，符合被拳击伤的情况。此一拳可使夹层动脉瘤破裂。

**问题：**一般情况下打人一拳不至于要人的命，在本案中，被告人高某某的行为是否构成犯罪？

**提示：**第一，其打一拳的行为与康某某死亡的结果之间是否存在刑法上的因果关系。不能以一般情况下不会出现这样的结果提出假设，因果关系具有具体性。第二，高某某虽然不知道康某某患有动脉瘤，但康某某已是 66 岁高龄，拳击致其胸部左侧皮内出血，这是一种故意伤害行为，死亡是故意伤害的加重结果。

## 一、刑法因果关系的概念、特征与意义

### 1. 刑法因果关系的概念

刑法中的因果关系是指危害行为与危害结果之间内在的必然的决定与被决定、引起与被引起的关系。对于刑法中的因果关系，应当从事实和法律这两个方面加以考察。

刑法学上的因果关系理论，是刑法理论的重要组成部分。在大陆法系国家，自 19 世纪提出因果关系理论至今，存在着各种各样的学说和观点，且随着刑法理论的向前发展，先后出现了一系列极有影响的因果关系理论。而英美法国家刑法学中的因果关系理论，则将因果关系区分为事实因果关系和法律因果关系。所谓事实上的因果关系，就是客观存在于外界之中的先行为与后结果之间的引起与被引起的联系。这种联系是纯自然的存在，与人的主观认识没有任何关系，与法律规定也无关。法律上的因果关系是由立法者所评判，表现为人的行为与其造成的危害结果之间存在的，据以判断确定犯罪和刑事责任的法律上的联系。

我国的刑法理论，秉承前苏联的刑法理论，在哲学上因果关系的指导下，对于事实因果关系进行了深入的研究，但没有从价值层面上研究法律因果关系，局限于哲学上的必然性联系和偶然性联系以及内因和外因的论述上。

### 2. 刑法因果关系的特征

刑法因果关系具有一般因果关系的共同属性，如客观性、相对性、顺序性、复杂性、条件性。其特征是：

（1）刑法因果关系是一种人的行为和危害结果之间的联系。因为只有人的行为才能给予法律上的评价，自然力或者动物力即使造成了严重的危害结果，也不能以刑法来处罚它们。

（2）内容的法定性。内容是由刑法所规定的，原因只能是刑法上规定的犯

罪行为，结果只能是刑法上规定的危害结果。

# 吴某为多得遗产怂恿兄长乘飞机案

**案情：** 吴某（男，45岁）为减少继承父亲遗产的法定继承人的人数，牟取更多的遗产，便极力怂恿其兄乘坐飞机出差。因为一段时间内，民航客机频繁出事，吴某便希望其兄乘坐飞机死于飞机失事，为达到此目的，吴某甚至自己掏钱为其兄购买飞机票。其兄为吴某表面的热情所感动，遂乘坐飞机外出。果然，飞机因遇到强烈风暴坠毁，其兄死于空难。吴某突然良心不安，于是到公安机关自首。

**问题：** 吴某的怂恿行为与其兄长死亡之间有无因果关系？

一种观点认为行为人有故意杀人的主观罪过，又实施了一定的行为，而被害人又因为听了吴某的怂恿乘坐了飞机并发生了死亡结果，吴某的行为与其兄的死亡之间存在因果关系。另一种观点认为吴某的劝导行为并不必然导致被害人的死亡，被害人的死亡纯属意外，二者之间并没有刑法上的因果关系。我们赞成后一种观点。吴某的劝导行为、赞助行为不是其兄长死亡的条件，劝导行为、赞助行为本身没有导致死亡的可能。

（3）因果关系的具体性。对于分析实施较低危险性行为，由于客观外在原因或被害人的特殊原因，从而引起严重危害结果时的因果关系，因果关系具体性原理尤为重要。根据因果关系具体性原理，可以分析在危害结果的发生是由行为人所不可能认识到的特殊情况导致的情况下，如何认定行为人的较低危险性行为与严重结果之间是否存在因果关系。

（4）因果关系的复杂性。这种复杂性表现为：在多因一果的情况下，对多种原因需要合理地区分条件和真正的原因，特别是对介入因素与危害结果之间是否存在因果关系的认定尤为复杂。

### 3. 刑法因果关系的意义

我国实行罪责自负原则，一个人只对自己的危害行为所造成的危害结果承担刑事责任，因此，查明某一危害结果与某一危害行为之间是否存在因果关系，是决定行为人对该结果是否负刑事责任的客观依据。所以，研究刑法中的因果关系对解决刑事责任问题具有重要意义。

不能把它理解为犯罪客观方面的选择要件，更不能把它视为一切犯罪构成的必备要件。刑法中的因果关系完全依赖于危害行为与危害结果而存在，其本身并无独立性。因此，它虽然是犯罪客观方面需要研究的一个重要问题，但并不属于犯罪构成要件的体系范畴。

## 二、刑法中的因果关系的形式

刑法中的因果关系的具体表现形式是多种多样的。

以原因行为的单复或在因果发展过程中介入新的原因，表现为简单的因果关系、复杂的因果关系和中断的因果关系三种基本形式。

1. 简单的因果关系

（1）一行为直接造成危害结果。如甲向乙开枪，杀死乙。我国刑法理论认为，在个案中危害行为产生危害结果总是在特定的条件下发生的，刑法上的因果关系有条件性。例如，张三用刀扎伤李四后送李四去乡医院抢救，由于路途较远，到达乡医院时李四因失血过多而死去。张三伤人行为与李四死亡之间具有条件性因果关系。

（2）一行为在危险状态或特定条件下造成一定的危害结果。如医生甲在乙得急病入院时故意拖延抢救致乙残废，甲对患有高血压的乙殴打致其脑溢血死亡。

2. 复杂的因果关系

（1）一行为加上被害人的行为导致危害结果的发生。如甲私设电网防盗，乙想窃取甲财物而触电死亡。

（2）两行为前后连接导致危害结果发生。如甲强令乙违章作业，乙执行导致发生重大事故。

（3）数行为共同作用而导致发生危害结果。如甲、乙均与丙有仇，即各自向丙的食物中投毒。每人的投毒量均不足以毒死丙，但两人的毒药量加在一起导致丙被毒死。再如，马某强令司机刘某违章驾驶，结果轧死潘某，马某强令行为和司机刘某违章驾驶行为共同造成潘某的死亡。

3. 中断的因果关系

张三打伤李四，救护车送李四到县医院抢救时发生车祸，李四在车祸中当场死亡。张三殴打李四的行为与李四死亡之间的偶然因果关系，因介入的交通事故而中断，不能认定张三殴打李四的行为与李四死亡之间具有因果关系。

中断的因果关系的判定依据，就是因果关系的介入因素。能否认为前一危害行为仍是最后危害结果产生的原因，介入因素的存在能否中断前行为与后结果之间的因果关系，一直是中外刑法学关于因果关系研究中常被关注的一个非常复杂的问题。

在我国刑法理论上，对刑法中的因果关系的表现形式存在必然说与偶然说之争。危害行为中包含着危害结果产生的根据，并符合规律地引起了危害结果的发生，这种因果关系被称为"必然的因果关系"。

某种行为虽然造成了一定的危害结果，但其本身尚不包含产生某种更为严重危害结果的必然性，而在事物的发展过程中，其偶然地与另一因果过程相交错，由另一原因合乎规律地引起了严重危害结果，前一行为与严重危害结果之间的引起与被引起的关系，被称为"偶然的因果关系"。偶然说认为作为刑事责任客观基础的因果关系固然包括必然因果关系，同时某些偶然因果关系也属于刑法上的因果关系，也是刑事责任的客观基础。例如甲深夜躲在路边灌木丛中，见妇女乙路过便跳出来意欲强奸，乙慌不择路，甲穷追不舍，追到一十字路口时乙不幸被一正在行驶的货车轧死。本案中，甲的追赶行为不必然导致乙死亡的结果，乙的死亡是由中途司机的肇事行为所致。甲的行为与乙的死亡具有偶然的因果关系。

再如，私营企业主张三将外地民工李四带回郊外的厂房，并以限制人身自由的方式强迫李四劳动（持续时间不长），不久李四发觉上当受骗，乘监管不严时出逃，张三发现后马上追赶，夜晚李四慌不择路，跌倒在路旁，头部撞到石头造成重伤。该案中张三先前强迫李四劳动的行为，持续时间较短，尚未构成强迫劳动罪；张三限制李四人身自由持续时间不长，也不构成非法拘禁罪。但发生了致使李四重伤的后果，而且张三强迫劳动的行为与李四重伤的结果之间具有偶然的因果关系，据此可以认定张三的强迫劳动的行为已经达到情节严重的程度，从而应当对张三以强迫劳动罪论处。

在司法实践中，偶然因果关系中的危害结果在通常情况下仅是量刑的情节。只有在情节犯中，偶然因果关系中的危害结果才可能成为考察情节是否严重的一个因素，从而对定罪起作用。

## 三、刑法上因果关系的具体判定

### 1. 因果关系的具体性

在刑事案件中，危害行为能引起什么样的危害结果，没有一个固定不变的模式。因此，查明因果关系时，一定要从实施危害行为的时间、地点、条件等具体情况出发作具体分析。因果关系是一种客观联系，不以人的意志为转移，实施危害行为的行为人本人是否认识到了自己的行为可能发生危害结果，不影响对因果关系的认定。比如，甲打了乙一拳，乙是血友病患者，乙死亡。现在一般认为乙的特殊体质并不影响甲的轻伤行为与乙死亡结果之间的刑法意义上的因果关系的成立。至于甲是否要对该死亡结果承担刑事责任，取决于甲对乙患有血友病这一事实是否有认识、是否应当认识。因果关系的判断不具有可假设性。我们在判断因果关系时，一定要结合案件发生的特定情形，不能离开案件发生的特定情形，进行一些假设性的判断。

在危害结果的发生是由行为人所不可能认识到的特殊情况导致的情形下，考察危害行为与某种危害结果之间的因果关系，不能脱离案件的各种具体条件孤立地抽象地看危害行为本身。行为人较低危险性行为与严重结果之间是否存在因果关系，在危害行为实施的特定情况下，无论行为人对其行为对象的特殊情况是否有认识，只要危害结果的发生在客观上确实是由行为人所实施的具体危害行为所造成，就应认定具有因果关系。例如，张三开车将李四撞伤，李四本可救，但因肇事地点离医院较远，李四在被送往医院途中因失血过多而死亡。应认定张三肇事行为与李四死亡之间具有因果关系。再如，某人到超市采购商品，采购过程中被营业员谩骂，引起该顾客气愤，血压升高而死亡。营业员的行为与顾客的死亡具有因果关系。

2. 因果关系的复杂性

（1）因果关系的复杂性的形式。客观事物之间联系的多样性决定了因果联系的复杂性。包括一因多果、多因一果、多因多果等。

（2）因果关系的介入因素的概念与特点。介入因素下的刑法因果关系问题历来是中外刑法理论界和司法实务界长期争论不休的一个难点和重点问题。

在多因一果时，需要将多种原因合理地进行条件与原因的区分。因果关系的介入因素是指在先行行为引起危害结果发生的过程中，介入了第三人行为、被害人行为、行为人的第二次行为或者自然事件，从而引起因果关系可能发生异常变化的情况。介入因素不仅能直接产生结果，而且可能使原先行行为与结果之间产生一定的联系。因果关系的介入因素具有先后性、直接性（介入因素直接导致危害结果，其与危害结果之间的联系为直接和必然联系，先行危害行为与危害结果之间的联系为间接和偶然联系）、或然性（或然性是指，在有介入因素的情况下，先行行为与危害结果之间的因果关系存在被中断的可能性）和独立性（介入因素与先前危害行为之间必须是独立的关系，二者之间不能有共同犯罪故意和意思联络，否则就可能成为共犯）。

3. 介入因素的基本类型

（1）第三人的行为。第三人的行为介入又包括两种情况：

第一，第三人的故意行为。这种情况要分两种情形，第一种情形是如果后面的介入因素虽然对于结果的产生也起了一定的原因作用，但并没有否定先行危害行为的决定作用，则应认定先行危害行为与最终的危害结果之间仍然存在因果关系。第二种情形是行为人的先行行为只是为结果的出现提供了发生的前提，先行行为本身不足以造成危害结果发生的单独原因力，但是第三人的故意行为介入后，与原行为形成的原因合力，促成了危害结果的发生，则第三人的故意行为才是危害结果出现的主要决定性因素，应否认先行行为与最终危害结果之间的因果关系。

第二，第三人的一般过失行为。这种情况通常不会中断先行行为与危害结果之间的因果关系。例如，被告的油罐车在公共街道上溢出了一些油，第三人又过失地往地上扔了一个烟头，引起火灾，此时先行行为与火灾结果之间仍然存在刑法意义上的因果关系。

被告人实施危险行为后，通常甚至必然会介入第三者的行为，导致结果发生的，应认定被告人先前的行为与危害结果之间存在因果关系。如甲在高速公路上被乙推下车，乙被后面的车子轧死。甲先前推人的行为与乙死亡之间存在因果关系。

（2）被害人的行为。主要包括：

第一，与被害人的特殊体质相关的行为。这种情形是所有介入因素中最为普遍的一种，行为人实施先行行为时，被害人已存在特殊体质或疾病，行为人实施的行为与该特殊体质或疾病相结合导致了危害结果的出现。此时，我们应认定行为人的先行行为与危害结果之间存在因果关系，此因果关系不因特殊体质的介入而中断。如甲将乙打成轻伤后就走了，但乙是血友病患者，因流血过多致死。正是甲的先行行为使被害人发生死亡的可能性转化为现实性，其行为和乙的特殊体质的结合，一起引起了死亡结果。因此，甲的行为与死亡结果之间仍存在因果关系。

第二，被害人的自救行为。例如，唐某穷追猛打，追杀刘某，致使刘某慌不择路，失足落水而死。此时，刘某的意志自由、行为自由完全由唐某的追杀行为所控制，缺乏必要的行为选择自由，唐某对刘某追杀的行为与刘某落水死亡的结果之间具有刑法意义上的因果关系。

第三，被害人的自杀行为。在一些人身伤害案件中，被害人可能会以自杀的方式来结束自己的生命，这种情形下因果关系的认定一直具有非常大的争议。当被害人遭到加害人的不法侵害时，如果被害人还有其他选择但却脆弱地选择了自杀，则不法侵害人与被害人的死亡结果之间就不存在刑法意义上的因果关系，如甲毁坏了乙的面容，乙感到无脸见人而自杀。但若不法侵害人对被害人进行的危害行为已经令被害人在精神上和肉体上都不堪忍受，已经丧失了真正意义上的选择权，在这种情况下，应认定不法侵害人的危害行为与被害人的死亡结果之间存在着刑法意义上的因果关系。

在先行行为与危害结果之间介入了被害人的行为时，该行为与危害结果之间是否具有因果关系，应考虑：被告人实施的犯罪行为，导致被害人不得不或几乎必然实施介入行为的，或者被害人实施的介入行为具有通常性的，即使该介入行为具有高度危险，也应认定被告人的先行行为与危害结果之间存在因果关系。如被害人为躲避追杀，从高速行驶的汽车上跳下致死。虽然被害人的死是其跳出汽车直接造成的，但是该行为是在面临不法侵害别无选择的情况下做出的，没有被害人的意志自由，故应认定其死亡仍是行为人的先行行为造成的。又如，A 将 B 衣服点燃，B 跳河灭火被淹死，A 的行为与 B 的死亡具有因果关系；甲在乙屋内放火，乙为救小孩冲入屋内被烧死，甲先前的放火行为与乙的死亡之间存在因果关系。

（3）行为人的二次行为。行为人的二次行为是指行为人实施先行行为后，基于同一概括故意，又针对同一对象实施了会出现同一结果的介入行为，由介入行为引起了结果。如甲将乙掐死后，实际上乙没死，只是晕厥了，又将乙扔入河中毁尸灭迹，最终乙被淹死。虽然本案存在因果关系的认识错误，但由于前后行为出于同一概括故意，该结果的出现不违背行为人先行行为的意志，故应承认先行行为与介入行为共同与危害结果之间具有因果关系。

（4）自然原因的介入。介入因素为自然事件时要看自然事件是否为行为人所预知及先行行为的强度。

4. 介入因素情况下因果关系的认定

介入因素一旦出现，可能会出现两种状态：一种是介入因素不影响先前危害行为与最终危害结果之间的因果关系，最终的危害结果包括加重部分仍然由先前危害行为人承担刑事责任；一种是介入因素有效中断了先前危害行为与最终危害结果之间的因果关系，从而使得先前危害行为人只对最初的结果承担责任，而加重的危害结果则由介入因素来承担刑事责任。

在因果关系的发展过程中，如果介入了自然事件或不可抗力、被害人一方的因素或第三人一方的行为，原则上"原因的原因不是原因"，但还应通过考察四个方面的因素来综合判定先行行为与结果之间是否存在因果关系。

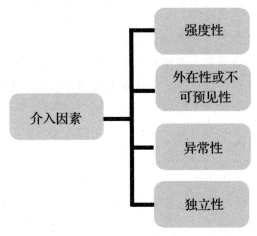

（1）强度性。介入因素达到足够的强度的应认定切断先行行为与危害结果的联系。认定时要充分考虑行为人的先行行为导致最终危害结果发生可能性的大小。如，甲故意伤害乙，乙受伤后住院，住院当天医院发生火灾，乙死于火灾中。乙的死亡是火灾引起的，但甲的行为与乙的死亡结果之间的因果关系是否被中断，则要分析乙受到的伤害程度。若乙受的是轻伤，则没有死亡结果发生的可能性，因果关系中断；若乙受到的是重伤害，即使不发生火灾也存在死亡的可能性，因果关系不中断。

（2）外在性或不可预见性。[①] 从行为人的角度考虑，应判断介入因素是否能为行为人所预见，即介入因素是否具有可预见性。只有当介入因素不可期待、不可预见时，才能够中断原来的因果关系。例如，在一个寒冷的夜晚，甲将乙打伤并造成其晕厥，最终乙因气候寒冷被冻死。甲对乙可能被冻死的结果是可以预见的，所以甲的实行行为与乙的死亡之间仍存在因果关系。

---

① 日本曾发生一起案件，被告人对被害人造成了应治疗两周左右的伤害，但由于被害人是某一宗教的信徒，在伤口上涂抹了"神水"，结果引起感染必须治疗4周。被告人和一般人对被害人在伤口上涂抹"神水"是不可能预见的。——参见〔日〕大谷实：《刑法讲义总论》，黎宏译，中国人民大学出版社2008年版，第205－206页。

（3）异常性。考虑介入因素对因果关系的影响，要看介入因素本身的出现是异常的还是正常的。如果介入因素是异常的，则先前行为与危害结果之间的因果关系被介入因素所切断，从而不具有刑法意义上的因果关系，否则仍然具有因果关系。如 A 雨天追杀 B，B 夺路而逃，途中被雷电击倒的大树砸死。介入因素具有异常性。A 的追杀行为与 B 的死亡之间没有因果关系。

（4）独立性。是指考虑介入因素对因果关系的影响，要看介入因素同先行行为之间是独立的还是从属的关系。如果介入因素独立于先行行为，则先行行为与危害结果之间的因果关系被介入因素所切断，从而不具有刑法上的因果关系，否则仍然具有因果关系。例如，A 欲毒死 B，在 B 的水杯中投放了安眠药。B 喝下后骑车外出，途中因药性发作坠入河中溺死。本案中 B 是喝下 A 投放的安眠药而导致控制能力减弱，B 的死亡附属于 A 的投毒行为之中。

总之，若介入的因素属外在、异常、独立于先行行为，并且强度达到足够切断先行行为对危害结果的作用时，应认定危害结果的发生与先行行为之间不再存在因果关系。相反，如果介入因素属内在、正常、附属于先行行为的因素，则应认定危害结果的发生与先行行为之间存在因果关系。

5. 几种特殊的因果关系

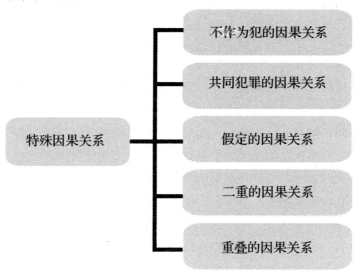

（1）不作为犯的因果关系。不作为犯的特殊性，使不作为犯的因果关系问题争论颇多。有的学者主张否定说，认为不作为犯不具有因果关系，有的主张肯定说，认为不作为犯有因果关系。不作为既然可以构成犯罪，则不作为本身与危害结果之间应有刑法因果关系。

不作为犯的因果关系与作为犯的刑法因果关系具有不同的特点。不作为本身，在事实中不是危害结果的原因，只在刑法上才属于原因。从客观上自然的角度观察，不作为犯的不作为本身，与危害结果之间是没有事实的因果关系的，而只有事实的联系，以作为义务为纽带把不作为和危害结果联结起来。不作为犯的因果关系中，行为人本应当预见或已经预见，一定的事实因果关系会向前发展，从而出现危害的结果，而故意地利用此种事实因果关系，或对此存在过失。

（2）共同犯罪的因果关系。共同犯罪的因果关系具有不同于单独犯罪的特点，其复杂性更是不言而喻。

在共同犯罪的情况下，二人以上的危害社会行为是犯罪结果发生的共同原因。共同犯罪中的因果关系，是指共同犯罪行为作为一个总原因与犯罪结果之间的因果关系。它不是单个人的犯罪行为与犯罪结果间的因果关系，而是两个以上的共同犯罪人的犯罪行为与犯罪结果间的因果关系，因此在具有共同犯罪故意的前提下，所有共同犯罪人应对危害结果共同承担刑事责任。例如，甲乙共同预谋后同时向丙开枪，甲打中丙的心脏致使其死亡，乙没有打中丙。乙的行为与丙的死亡之间仍然存在因果关系。

（3）假定的因果关系。如果没有行为人，结果仍然会由其他人或事件引发时，或者即使行为人已经履行了注意义务，行为也仍然会不可避免地或很有可能引起结果发生，这个问题在刑法理论上被称作"假定因果关系"。虽然某个行为导致危害结果发生，但即使没有该行为，基于其他情况也会产生同样的危害结果。在这种情形下，应认定行为与结果之间存在因果关系。

（4）二重的因果关系。两个以上的行为分别都能导致结果发生，在行为人没有意思联络的情况下，竞合在一起导致了结果的发生。应认定各个行为人的行为与结果之间都存在因果关系。例如，甲乙两人均想置丙于死地，在没有通谋的情况下同时朝丙开枪，且都打中丙心脏致其死亡。甲乙两人开枪的行为与丙的死亡都存在因果关系。

（5）重叠的因果关系。两个以上相互独立的行为，单独都不能导致结果发生，但合并在一起造成了特定的结果。各个独立的行为与危害结果之间都存在因果关系。例如，甲乙没有意思联络，分别向丙的食物中投放了致死量50%的毒药，虽然二人的毒药各自都不能导致丙死亡，但合在一起却导致了丙的死亡。甲乙的投毒行为与丙死亡的结果之间都存在因果关系。

# 第七节　犯罪的客观时空形式

恩格斯认为"一切存在的基本形式是空间和时间，时间以外的存在和空间以外的存在，同样是非常荒诞的事情"。[①] 任何犯罪，都要查明是什么时间发生的？是在什么地点发生的？是怎样发生的（方式手段）？任何犯罪行为都是在一定的时间、地点实施的。犯罪的客观时空形式是犯罪存在的条件之一。《刑法》对犯罪的客观时空形式有明文规定，例如，《刑法》总则第 12 条对溯及力的规定；第 3 条规定"法律明文规定为犯罪行为的，依照法律定罪处刑"，这里的"依照法律"是指依照"行为时"的法律；《刑法》第 6 条、第 7 条是对犯罪地点的一般性规定。它们属于"不成文的构成要件要素"。

通常情况下，犯罪的客观时空形式对于犯罪的成立并无影响（但并不是可有可无，而只是在每个犯罪构成中都存在犯罪的客观时空形式，这一点不成为特征）；但对于某些犯罪来说，犯罪的客观时空形式作为法律另外特别规定的"特定要件"，成为犯罪成立的必备要素。

在法律将特定的时间、地点（乃至方法）明文规定为某些犯罪构成必备的要件时，这些因素就对某些行为是否构成该种犯罪具有决定性作用。作为构成要件的时间，是指刑法规定的构成某些犯罪必须具备的犯罪发生的特定时间；作为构成要件的地点，是指刑法规定的构成某些犯罪必须具备的犯罪发生的特定场所。

## 一、犯罪时间

### 1. 犯罪时间的概念

犯罪时间，它是指犯罪分子实施危害行为的具体时间，是犯罪活动存在的一种形式，是犯罪活动持续性的表现。犯罪时间可以分为犯罪开始时间、犯罪结束时间和犯罪持续时间。犯罪时间表现为具体的日期和钟点。犯罪时间有起点、终点和时间段。犯罪时间段是指行为人在犯罪活动过程中所经历的那一段时间。

### 2. 犯罪时间的意义

（1）当刑法分则有明文规定时，犯罪时间成为特定犯罪构成的要素。一般

---

① 《马克思恩格斯选集》第 3 卷，人民出版社 1995 年版，第 91 页。

认为，只有在《刑法》分则条文中明文规定的犯罪时间，才能成为影响定罪的构成要件。如：资敌罪，不是战时不构成本罪；挪用公款超过 3 个月未还才能构成犯罪；《刑法》第 434 条规定"战时自伤身体，逃避军事义务的，处 3 年以下有期徒刑"；第 305 条规定的伪证罪须"在刑事诉讼中"；第 406 条规定的国家机关工作人员签订、履行合同失职被骗罪须"在签订、履行合同过程中"。

（2）犯罪时间是量刑的酌定情节。社会治安状况不好时期与正常时期相比，犯罪处刑重一点。在发生自然灾害时盗窃财物的，就比在平时盗窃造成的危害结果更严重。再如非法拘禁他人时间的长短、挪用公款时间的长短都是量刑时应予考虑的重要因素。

## 二、犯罪地点

### 1. 犯罪地点的概念

犯罪地点也叫"犯罪空间"，指犯罪行为存在的具体地点或场所，是犯罪活动存在的一种形式，是犯罪构成中的空间要素。犯罪地点可以分为犯罪预备地、犯罪行为实施地、销赃地和犯罪结果地。

犯罪空间具有三维的属性，即客观性、特定性和广延性。客观性是指一切犯罪行为都是在现实社会中发生的，在空间上具有不依赖行为人主观意志而独立存在的外在表现，犯罪空间是犯罪行为的客观记录；特定性是指一切犯罪都是在特定的场所发生和经过的，行为人身体以及利用的工具占有特定的空间；广延性是指犯罪空间自身及与其他事物之间相互的长宽高、上中下、前后左右中间。

### 2. 犯罪地点的意义

（1）在刑法分则有明文规定时成为犯罪构成的要素。如"禁渔区"、"禁猎区"、"战场"等成为某些犯罪成立的必要条件。又如，羁押、监管罪犯、被告人或犯罪嫌疑人的场所或者押解途中是成立组织越狱罪、聚众劫狱罪、脱逃罪不可缺少的构成要件。

再如，《刑法》第 291 条规定"公共场所"，第 155 条第二项规定"在内海、领海、界河、界湖"，第 338 条规定"土地、水体、大气"，均为有关犯罪成立的必备要素。

（2）犯罪地点是量刑的酌定情节，对于量刑有一定影响。在法律没有明文规定的情况下，犯罪的地点对于犯罪没有决定性意义，但某些犯罪的地点可以作为量刑情节加以考虑。在公共交通工具或其他公共场所实施抢劫的，对社会造成的恐惧感和危害就会更大，量刑时就要酌情考虑。

（3）犯罪地点对于确定刑法的空间效力和刑事诉讼管辖有决定意义。刑法上的隔地犯与犯罪地点有关系。刑事诉讼法规定了"犯罪地法院管辖"的原则。

# 第八节 排除刑事违法性的正当行为

## 一、排除刑事违法性的正当行为的概念与种类

1. 排除刑事违法性的正当行为的概念

正当行为是指在客观上造成一定的损害后果，形式上符合某些犯罪的客观要件而实际上不具有社会危害性和刑事违法性的行为。理论界又称之为排除社会危害性的行为、排除犯罪性行为、阻却违法性行为、正当化事由等。通说认为，这种行为是外表上符合某种犯罪构成，实质上不具有社会危害性的行为。

2. 排除刑事违法性的正当行为的种类

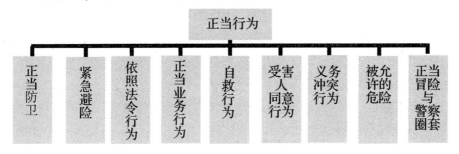

（1）正当防卫和紧急避险。我国刑法明文规定了正当防卫和紧急避险是正当行为。因正当防卫或紧急避险给他人造成损害不负刑事责任是各国刑法通例。[①]

（2）依照法令的行为。它是指直接基于有效的法律、法规之规定所实施的行使权利或履行义务的行为。其中有些行为虽然形式上看起来符合某类犯罪构成要件，但它是法律法规本身所确认的合法行为。它又包括职务行为、执行命

----

① 在日本刑法中，正当防卫与紧急避险属于"紧急行为"。紧急行为的特征在于，侵害法益与保全法益这两种法益处于二选一的冲突状况之下，在这种紧急状况下，人们通常会动摇，陷入心理不安的状态。——参见〔日〕西田典之：《日本刑法总论》，刘明祥、王昭武译，中国人民大学出版社2007年版，第105页。

令的行为（如武警人员执行命令，参与处理突发性事件）、权利义务行为（基于法律规定而妥当行使权利义务的行为，如教师依法履行教师职责对学生进行合法的批评教育行为、亲权者对未成年子女进行的教育行为、公民扭送现行犯的行为）、基于政策的行为（基于财政或经济政策而发行彩票等）和正当的劳动争议行为①。

职务行为与正当防卫、紧急避险存在竞合。最高人民法院、最高人民检察院、公安部、国家安全部和司法部发布过《关于人民警察执行职务中实行正当防卫的具体规定》，其规定的人民警察执行职务中的正当防卫行为实际上是执行职务的行为。由于我国刑法没有将之单独列为排除社会危害性的行为，司法解释将之纳入了正当防卫的范畴。

执行命令如果造成法益损害后果，应由命令发布者承担责任。不服从命令是违法的。执行命令是军人的天职。但当发布的命令明显违法时，执行者应有抵制的义务。问题在于，下级对于上级的命令有何等程度的审查义务？法学界有绝对服从说、实质审查说和形式审查说。形式审查说比较合理。

（3）正当业务行为。它是指虽然法律法规没有直接规定，但行为人根据其从事的正当业务的要求所实施的行为。业务只有是法律允许的或者在社会观念上被认为是正当的，才属于正当业务。它包括医疗行为、竞技行为、律师行为等。例如医生为伤员施行截肢手术，虽然客观上给这些伤员造成了残疾，但是医生施行截肢手术的医疗行为是正当合法的。律师依法执业，帮一方当事人打官司，可能客观上给另一方当事人造成财产损失或其他损害，这种律师行为也是法律允许的正当行为。再如，大力士摔跤、拳击手格斗，只要遵守比赛规则，发生伤人事件不作为犯罪处理。

（4）自救行为。它是指权利人在其权利受到侵害时，不得已依靠自己的力量保全或恢复权利的行为。自救行为是自力救济的一种方式。自力救济包括自救行为、自卫行为（正当防卫和紧急避险）和自助行为。自救行为不一定都是正当行为，要成为正当行为必须具备以下要件：其一，必须是为了保护自己的权利免受不法侵害，如果不是出于保护自己的合法权益的目的，或者在不存在不法侵害之时实施的行为，则不属自救行为。其二，必须是在行为人的权利遭受侵害，国家机关不能及时援助，而且如果当时不自力救助，其权利就会丧失

---

① 日本学者认为"劳动争议行为，是指具有劳资关系的劳动者以雇佣方为对象，为实现其目的而实施罢市、罢工、封锁工厂等妨碍业务活动正常进行的行为"。——〔日〕大谷实：《刑法讲义总论》，黎宏译，中国人民大学出版社2008年版，第229页。

或者保全明显困难的情况下实施。其三，所采取的自救手段或方法必须具有适当性，所造成的侵害与所自救的合法权益应当具有相当性。如被盗人在盗窃犯逃离现场不久追回自己财物的行为，即属于自救行为。但如果在追回被盗物之后使用暴力将盗窃犯打伤，则不属于自救行为，而应以伤害认定其犯罪性质。

（5）自损行为。所谓自损行为，是指自己损害自己合法权益的行为，主要包括自杀、自伤以及自己损害自己财物的行为。但自损行为要成为正当行为，必须不具有侵害他人权利的故意，没有造成国家、公共利益或他人权利的损害后果，其手段或方法也没有违背社会公序良俗与公共秩序。

（6）受害人同意的行为。经受害人同意的行为，是指行为人经受害人的同意或者请求，损害其某种合法权益的行为，包括事前同意的行为、推定承诺的行为以及事后的同意或宽恕行为。古罗马法律格言云："同意中没有侵害。"1922 年《苏俄刑法典》第 149 条曾规定，经被害人请求，为了减轻其痛苦而杀死被害人的不负刑事责任。但此规定不久就废除了。现在荷兰和比利时都通过了安乐死法，以法律形式准许实行安乐死。

这种行为成为排除犯罪性行为，必须同时具备几个构成条件：第一，承诺者对所要损害的某种合法权益有权处分，不能是国家、公共利益与他人的利益，不得违反法律禁止性规定。例如生命权和重大健康权不属于自然人本人可处分或可支配的法益，因此允许他人杀害或者伤害本人，行为人仍然应该承担故意杀人罪或故意伤害罪的刑事责任。第二，受害人的意思表示必须真实有效，并且对所同意的事项的意义、内容与后果具有理解能力。基于错误的同意无效，如幼女同意下的奸淫行为，冒充丈夫的强奸行为，虽有被害人承诺，仍然构成犯罪。第三，受害人的承诺必须是明示或者默示的，并且是在行为之前作出。行为人在实施损害行为之后得到受害人同意的，不影响其行为的犯罪性。第四，造成的损害没有超出所承诺的范围。第五，经承诺所实施的行为本身不得违法，如非法行医行为本身违法，承诺无效。再如，甲以出卖目的收买生活贫困的妇女乙后，经乙同意后卖给富人丙为妻，仍构成拐卖妇女罪。因为拐卖妇女是刑法明文规定的犯罪行为，虽有被害人承诺，也不影响拐卖性质。

## 王某、于某为争风吃醋私自决斗案

**案情：** 王某、于某二人同时喜欢上某天姿国色的女同学。为了显示各自的"男子汉气概"，一天晚上二人找来证人，共同签订一个"生死状"，约定通过决斗分出胜负，在决斗中死伤各自负责。第二天，双方携带匕首等凶器前往约定的地方决斗，在决斗中于某被王某刺死。

**问题：** 第一，通过决斗解决双方的纠纷是否合理合法？第二，民间的"生死状"有效吗？第三，公民个人有权处分自己的生命权吗？第四，被害人承诺具备什么条件才有效？

**提示：** 第一，生命权和重大健康权不属于自然人本人可处分或可支配的法益。第二，公民的承诺内容不得违背法律禁止性规定。

（7）义务冲突行为。刑事义务冲突是指行为人同时需要履行两个以上不相容的法律义务时，因履行时间或履行能力的有限性，只能履行其中某项义务，未能履行其他义务，义务竞合引起危害后果产生，但行为人的行为不构成犯罪，不承担刑事责任的法律现象。例如，一个医生同时遇到两个危重病人需要抢救，根据时间和器材只能救一个，另一个只能放弃。再如律师出庭辩护时为了维护被告人的合法权益，不得已泄露另一个人的隐私，以不履行非重要义务的形式履行相对重要的义务。

有的学者认为义务冲突行为属于紧急避险，其实二者是判若云泥的。第一，义务处理的必要性不同。在紧急避险的情况下，行为人完全可以不作为，此时，他的行为并不具有违法性；但在刑事义务冲突的情形下，如果行为人不作为，其行为可能构成犯罪。第二，选择义务的标准不同。避险行为造成的损失必须小于所保全的利益，才能排除行为的犯罪性；而在刑事义务冲突的情形下，只要未履行义务而损害的利益不大于履行义务所保护的利益，同样可排除行为人行为的犯罪性。第三，行为人目的不同。紧急避险是行为人对法益的择优选择，行为人避险的目的是为了保护某种可期待的利益。而刑事义务冲突则是互不相容的义务将行为人引入两难境地，行为人选择义务履行目的首先是避免法律或道义的责难，其次才是义务履行价值的考虑。第四，不能履行义务的原因不同。紧急避险中不履行对较小利益保护的义务，不是因为保护较大利益而作出的选择，而是因为所有要保护的利益处于共同外来的危险之中，各种需要保护的利益之间本身不存在冲突；而刑事义务冲突中不履行义务的原因是履行了其他的义务，义务和义务之间就存在冲突。[①]

（8）被允许的危险。法律允许的对社会有益甚至必不可少又不可避免地伴

---

① 参见姜孟亚："刑事义务冲突问题的法哲学研究"，载《唯实》2007 年第 2 期。

随侵害法益危险行为或高度危险的业务。涉及剧毒、易燃、易爆、高速运输、高空作业等现代化生产和生活时常伴有危险，如果不允许它们存在，现代社会生活秩序会陷于瘫痪。

（9）其他正当行为，如正当冒险行为、警察圈套等。这些行为是否都实质上没有社会危害性，学术界仁者见仁，智者见智。我国法律没有类似美国"警察圈套"免罪①的规定，但在原则上也有"以非法手段取得的证据不能作为定罪依据"的规定。②

上述各种排除刑事违法性的正当行为，除正当防卫和紧急避险为法律明文规定外，其余刑法均未明文规定为排除刑事违法性事由。陈兴良先生认为，这些行为在日常生活中即可判断其所具有的非犯罪性，因而没有必要在刑法中郑重其事地详尽规定，它们属于"超法规的罪体排除事由"。③

## 二、正当防卫

1. 正当防卫的概念、由来、性质和意义

（1）正当防卫的概念。它是指为了使国家、公共利益、本人或者他人的人身、财产和其他权利免受正在进行的不法侵害，而以给不法侵害人造成损害的方式制止不法侵害，尚未明显超过必要限度造成重大损害的行为。

（2）正当防卫的由来。作为公力救济不足以保护合法权益时行使的一种私力救济方式，正当防卫经历了一个漫长而又曲折的历史发展过程，它萌生于复仇，蜕变于私刑，历史渊源一直可追溯到原始社会同态复仇。人类进入阶级社会后，复仇形态的正当防卫"以牙还牙，以眼还眼"的古老格言经过庄严的仪式以社会理性的形式得以肯定。各个阶级社会，各个国家几乎都有自己的正当防卫制度。在被侵害人来不及寻求警察保护和诉诸司法机关的情况下，正当防卫作为法律允许的"私人执法"是一项由来已久的合法辩护理由和法律制度。中国古代《唐律》中有"诸夜无故入人家者，笞四十。主人登时杀者，勿论"

---

① 美国最高法院1932年和1958年通过两个判例确立了作为合法辩护理由的警察圈套的构成要件：（1）引诱者必须是警察或其他司法人员，或者他们派出的执行特定任务的人员。（2）警察不仅提供了犯罪机会，还必须以积极的行为去引诱被告人实施犯罪。（3）被告人本来不想惹是生非，其犯罪念头是因警察的积极引诱而萌发的，并非原先就有。

② 2003年10月8日金羊网曾报道：某市为打击日益猖獗的性暴力犯罪，曾成立了一支由8名年轻漂亮女警组成的"特别行动组"，以高跟鞋、迷你裙、低胸上衣取代警服，试图引出并擒获性暴力犯罪疑犯。消息一出，舆论反应强烈，大多数人认为此举有诱人犯罪之嫌。

③ 陈兴良：《规范刑法学》（上册），中国人民大学出版社2008年版，第89页。

的规定，《清律》有"妻妾与人通奸，而于奸处亲获奸夫，奸妇，登时杀者，勿论"的规定。古罗马《十二表法》规定，如果于夜间行窃，就地被杀，则杀人是合法的。现代意义上的正当防卫制度，首先出现在1791年的《法国刑法典》第6条，是18世纪启蒙思想家所宣扬的天赋人权的产物，它将正当防卫视为紧急情况下的自力救助，并以个人为出发点阐述正当防卫的性质，强调正当防卫是神圣不可侵犯的天赋人权。

（3）正当防卫的性质。正当防卫不是私人复仇，不是刑罚，而是具有派生性和救济性的法定权利和没有刑事违法性的正当行为。公民本人或者他人的人身权、财产权和其他合法权利作为原权利遭受正在进行的不法侵害，就派生出正当防卫权。

正当防卫行为在客观上对不法侵害人造成了一定的人身或者财产的损害，因此具有犯罪的外在形式。但是，正当防卫行为和违法犯罪行为在性质上有着本质的区别。正当防卫行为的目的是使国家、公共利益、本人或者他人的人身、财产等合法权利免受正在进行的不法侵害。在现代法治国家中，本应由国家机关根据法定程序来阻止侵害或解决冲突，个人运用私力来阻止侵害或解决冲突一般而言是不被允许的。但是在侵害迫在眉睫而依靠国家机关来阻止或恢复来不及时或不可能时，允许私立救济就不仅能保护受害者的权利，还能维持法律秩序。正当防卫作为国家机关公力救济的补充，受到各国的普遍重视。

人民警察执行职务中的正当防卫行为是一种特殊的正当防卫，对于执勤警察来说，正当防卫是法定义务（对一般公民来说，正当防卫是法定权利而不是法定义务，正当防卫是道义上的义务）。如某地一伙流氓在光天化日下公然殴打侮辱一位年轻女子，该女子跑到警察岗前寻求保护，值班警察见流氓人多势众，竟然置之不理。这位值班警察没有履行正当防卫的法定义务。

（4）正当防卫的意义。正当防卫的法律规定主要意义在于保障社会公共利益和其他合法权利免受正在进行的不法侵害，鼓励公民与正在进行的不法侵害作斗争，震慑犯罪分子，使其不敢轻举妄动。正当防卫是公民的一种权利，在某些情况下也是公民的一种义务，是广大群众同不法侵害作斗争的一种积极手段。

2. 正当防卫的条件

（1）起因条件——存在紧迫性的不法侵害。正当防卫的目的是使国家、社会或个人的权益免受不法侵害，倘若没有不法侵害的发生，公民就不必也不能行使正当防卫权。只有合法权益才能受刑法保护，正当防卫的保护对象是合法权益。非法权益受到不法侵害时，不能实行正当防卫。

存在具有侵害紧迫性的不法侵害是正当防卫的起因条件或前提条件。①

"紧迫性的不法侵害"的概念与范围：不法侵害是正当防卫起因质的规定性，是指对某种权益做出违反法律规定的侵袭与损害。不法侵害具有社会危害性和违法性。作为正当防卫起因的不法侵害，不是一般的不法侵害，而是具有紧迫性的不法侵害。"侵害紧迫性"是正当防卫起因量的规定性。这种正在进行的不法侵害一般具有人为性、暴力性和现实性，给合法权益造成的危害迫在眉睫，防卫刻不容缓，否则合法权益必将受到损害。

关于"紧迫性不法侵害"的范围，刑法理论上的争议主要围绕以下三个方面：

第一，它是仅指犯罪还是也包括一般违法侵害。有人认为仅指犯罪行为；有人认为包括一般违法和犯罪行为。我们认为后一种观点正确。因为如果把具有紧迫性的不法侵害仅限于犯罪行为，实际上限制甚至剥夺了公民的正当防卫权利，不利于同违法犯罪作斗争，与立法赋予公民正当防卫权利的宗旨不符。但严格讲来，并不是所有一般违法行为和犯罪行为都在正当防卫的对象之列，不法侵害要具有"紧迫性"才能成为正当防卫的前提。例如，对于那些采取暴力手段，直接威胁公民的人身生命安全和严重危害社会秩序的故意犯罪必须实行正当防卫，但对贪污、贿赂、重婚等故意犯罪行为，对用批评、警告等方法即可制止的一般违法行为，都不必或不宜实行正当防卫。现在有的家庭中丈夫在外面"包二奶"，妻子出于报复也"以牙还牙"，跑到外面"包二爷"。"包二爷"具有重婚的嫌疑，本身不是合法行为，与正当防卫风马牛不相及。

第二，紧迫性的不法侵害是否包括过失犯罪。刑法学界有肯定说、否定说。否定说认为，过失犯罪是结果犯，当危害结果已经发生，木已成舟了，再实施正当防卫来阻止危害结果的发生，等于雨后送伞，已经没有意义了。因此对过失犯罪不能进行正当防卫。肯定说认为，对具有侵害紧迫性的过失犯罪可以实行正当防卫。防卫人在面临紧迫性的不法侵害时，不可能从容判断不法侵害人主观上是故意还是过失，只要客观上面临紧迫性的不法侵害，就可以实行正当防卫。我们认为后一种观点是可取的。

第三，紧迫性的不法侵害是否包括不作为犯罪。刑法学界也有赞成和否定两派观点。一般说来，正当防卫前提中的不法侵害，是具有积极进攻性的不法紧迫行为，而不作为犯罪往往具有行为方式上的消极性，但这种消极性不等于

---

① 在美国，"被侵害者处于非法侵犯的紧迫危险之中"是防卫合法辩护的构成条件之一。

不作为犯罪不会产生侵害紧迫性,例如火车扳道夫在铁轨必须变轨时消极地不履行职责,火车处于即将颠覆的紧急危险状态。这种不作为犯罪产生的不法侵害显然具有紧迫性。对这种不作为方式的不法侵害,他人能够直接制止危害结果发生的,没有必要实行正当防卫,应直截了当地制止危害结果发生,例如直接将铁道变轨。但防卫人不懂变轨操作技术或没有这种能力时,可以使用暴力迫使火车扳道夫实施变轨。防卫人的暴力行为就是对火车扳道夫不作为犯罪的正当防卫。所以,不作为犯罪具有侵害紧迫性时,当然可以实行正当防卫,但对绝大多数不作为犯罪而言,由于没有不法侵害的紧迫性而不宜进行正当防卫。

对合法行为和不具有紧迫性的不法侵害,不能或不宜采用正当防卫。现实生活中,有些行为本身是合法行为,不能实施正当防卫,例如依照法令的行为、执行命令的行为、正当业务行为、正当防卫行为和紧急避险行为等都不能成为正当防卫的起因;有些行为虽然是不法侵害,但没有侵害紧迫性,不宜采用正当防卫,应该通过正常的法律途径解决。①

紧迫性的不法侵害行为必须是真实存在的,而不是假想的。没有这种不法侵害,行为人误以为存在而实施所谓的防卫,称为假想防卫。假想防卫与其他不当防卫的界限模糊不清,关于假想防卫的存在范围,在刑法理论上有很大分歧。假想防卫包括三种情形:

第一,不存在任何侵害,行为人误以为存在不法侵害,实施了所谓的防卫行为。

第二,存在着侵害,但该侵害不是不法侵害,或者虽然是不法侵害但却不能对之进行正当防卫,行为人误以为存在进行正当防卫的前提条件,实施了所谓的防卫行为。

第三,存在不法侵害,也可以实行正当防卫,但行为人防卫时搞错了对象,将无辜的第三者当成了不法侵害人,实施了所谓的防卫行为。

对此种情形的处理,视行为人主观上有无过失而不同:如果主观上有过失,

---

① 有些行为介于合法行为与不法行为之间。意外事件中行为人的行为就很难用合法与不法来界定。对意外事件能不能实行正当防卫,有学者认为意外事件虽然客观上造成了损害,但行为人主观上没有过错,不是违法行为。因此对意外事件不能进行正当防卫。但有的学者认为可以对意外事件实行正当防卫。有的学者认为,虽然防卫过当有时也具有紧迫的危险性,但是,防卫过当不同于一般的不法侵害行为,其毕竟是由正当防卫行为转化而来,其本身仍带有正当防卫的某些特征。对于原不法侵害人而言,防卫过当行为是由自身的不法侵害行为所引起的。因此,为了确保正当防卫目的的最终实现,对防卫过当行为不宜实行正当防卫。同理,避险过当也不宜作为正当防卫的起因。——参见陈兴良:《正当防卫论》(第二版),中国人民大学出版社 2006 年版,第 60-62 页。

并造成法律规定的损害后果，依过失犯罪论处；如果没有过失，则应当按照意外事件处理，不予追究行为人的刑事责任。

（2）时间条件——紧迫性的不法侵害正在进行。根据我国刑法的规定，只有针对正在进行的紧迫性不法侵害才能实施正当防卫，不能提前防卫或事后防卫。紧迫性的不法侵害正在进行，是指紧迫性的不法侵害已经开始尚未结束的持续状态。

对尚未着手的不法行为，即对预备行为，因为还没有对合法权益形成直接的威胁，一般可以采取检举、揭发、加强戒备等防范措施，不能先发制人，先下手为强。在某些情况下，不法侵害行为虽处于预备阶段，但离着手实施已经非常逼近，如果等到不法侵害行为着手实行，无法制止，防卫为时已晚，这种情况应该允许正当防卫。

紧迫性不法侵害结束的时刻也就是再也不能实施防卫行为的时刻。这时，紧迫性不法侵害已经停止或紧迫性不法侵害造成的结果已经出现，即使实施防卫行为，也不能阻止危害结果的发生或即时即地挽回损失。一旦出现行为人确已自动中止不法侵害，侵害行为已经结束、危害结果已经发生、侵害人失去侵害能力、不法侵害者已被制服等情形，应该停止正当防卫。危害结果发生以后，一般应通过公力救济，通过诉讼手段恢复原状或弥补损失。不过，有时虽然紧迫性的不法侵害行为终止了，但还来得及立即挽回损失的，应当允许，例如强盗刚抢走财产，主人马上追赶，夺回自己的财产，这属于自救行为。

在紧迫性不法侵害行为的实施过程中，只要不法侵害仍在继续之中，就可以实行正当防卫。紧迫性不法侵害行为因故停止，但仍然存在着对本人人身的严重威胁，可以实行正当防卫。

不适时防卫因不符合正当防卫的时间条件，所以不是正当防卫。不适时防卫是指防卫行为发生在紧迫性不法侵害开始之前，或者发生在紧迫性不法侵害已经结束之后的情况。它包括事前防卫和事后防卫：

第一，事前防卫。指在紧迫性的不法侵害开始之前即对侵害人采取打击行为，损害其合法权益的情况。事前防卫不是正当防卫行为，而是一种"先下手为强"的故意犯罪。

第二，事后防卫。指紧迫性的不法侵害确实已经结束之后，行为人对不法侵害者所实施的打击行为。事后防卫也不是正当防卫行为。紧迫性的不法侵害已经结束，行为人也认识到不法侵害已经结束，但仍然对不法侵害人予以打击的，或不法侵害确实已经结束，行为人误以为不法侵害仍在进行之中，进而对不法侵害人予以打击并造成其损害的，应按假想防卫处理。

（3）对象条件——防卫行为必须针对不法侵害者本人。防卫行为只能针对不法侵害者本人才能实施，而不能针对其他的第三人、侵害者家属、法人和动物。不法侵害人始终是防卫行为指向的对象。对正在进行不法侵害的本国自然人、外国自然人（包括享有外交特权和豁免权的外国人）都可以实行正当防卫，当然对外国自然人实行正当防卫特别要注意不能防卫过当，力求不要引起国家之间的外交纠纷；对正在进行不法侵害的亲属、上级也可以进行正当防卫；对于正在进行不法侵害的醉酒的人可以实行正当防卫；对正在进行不法侵害的国家工作人员原则上可以进行正当防卫，但国家工作人员利用合法形式进行不法侵害时，一般不宜进行正当防卫，可以依法通过向国家机关提出申请、控告或检举的方式来维护合法权益。

防卫行为只能针对不法侵害者本人，针对"本人"的什么？是否针对侵害者本人的人身，我国刑法没有明确规定，学术界有待深入探讨。1810 年《法国刑法典》规定防卫方法为"杀人、伤害或殴击"。大多数学者认为，正当防卫主要是采取某些强制性暴力性的手段，对侵害者限制自由、伤害身体甚至剥夺生命，但有时也包括对侵害者本人的财产权益造成一定的损害。

正当防卫既可能给不法侵害人造成实际损害，也可能只给不法侵害人造成损害的危险，"只要具有排除不法侵害的可能性与必要性，即使客观上没有排除不法侵害，也依然成立正当防卫"。①

无责任能力者能否成为正当防卫的对象？对于无责任能力者客观上危害社会的行为，如果防卫人知道行为人是不满十四周岁的未成年人或精神病人，一般只能实行紧急避险，但被害人没有其他方法可以避免时也可以实行正当防卫；不知情则可以进行正当防卫。

对共同不法侵害人的防卫。不法侵害由二人以上实施时，应具体问题具体分析。对教唆者不能实施防卫行为。对不在现场的帮助犯也不能实行防卫行为。但如果帮助者在不法侵害的现场并正在帮助实施不法侵害行为，则可以实施正当防卫。

对来自物特别是来自动物的侵害实施的防卫行为叫"对物防卫"。我国刑法理论认为，对物防卫是否成立正当防卫，应具体问题具体分析：

第一，来自无主动物的自发侵害纯粹是一种自然现象，不属于不法侵害。

---

① 张明楷：《刑法学教程》，北京大学出版社 2007 年版，第 75 页。

人们将毒蛇打死、将恶狼击毙的行为不具有刑法学上的意义，不是正当防卫。

第二，对于国家保护的珍贵、濒危野生动物的侵害或有主动物的自发损害，人们可以对其进行抵抗、反击。这种反击行为是为了保护公民的合法权益而在不得已的情况下损害国家保护珍贵野生动物的利益或损害物主的所有权，这种行为属于避险行为，如果符合紧急避险的条件，成立紧急避险，否则行为人则要承担相应的法律责任。但也有学者认为，在不得已时也可以反击动物，实行正当防卫，毕竟应该以人为本，人的生命价值高于动物价值。

第三，对于动物被人唆使或由于主人的过失而侵害他人的，对动物的反击实际上是对不法侵害行为的防卫，应该认定为正当防卫行为。

（4）主观条件——必须有防卫意图的存在。防卫意图指防卫人意识到不法侵害正在进行，为了保护合法权益而决意制止正在进行的不法侵害的心理态度。防卫意图包括防卫认识与防卫目的两方面内容：第一，防卫认识。防卫人面临正在进行的不法侵害时，对不法侵害及防卫行为各方面因素的认识，主要是对防卫起因、防卫客体和防卫时间的认识。防卫认识是防卫意图的前提和基础。第二，防卫目的。防卫目的指防卫人在防卫认识的基础上，进而决定实施防卫行为，并希望通过防卫行为达到某种结果的心理愿望。防卫目的包括以下两个层次：

第一个层次的目的是给不法侵害人造成损害。防卫人在实施防卫行为时，认识到不法侵害的诸要素和防卫行为的诸要素，希望通过防卫行为给不法侵害人造成某种损害，如剥夺其生命、损害其健康、毁损其财产等。该目的只是防卫人的一个手段性目的。

防卫目的第二个层次的内容是制止不法侵害，保护国家、公共利益、本人或者他人的人身、财产和其他权利。这是防卫行为最根本的目的，是防卫目的的核心。

防卫认识和防卫目的共同构成了防卫意图的全部内容。防卫认识是防卫目的的前提和基础，如果行为人没有形成防卫认识，防卫目的也就不可能产生，他所实施的行为也就不是防卫行为。防卫目的虽然基于防卫认识而产生，却是防卫意图的核心内容，它是决定正当防卫的合法性的关键因素。

有的行为表面上虽然符合正当防卫的要件，与正当防卫也有共同之处，但却不具有正当防卫的主观要件——防卫意图，因而不是正当防卫。这样的行为主要有以下几种：

第一，防卫挑拨。是指为了加害对方，故意以挑衅、引诱等方式挑逗他人向自己进攻，然后借口正当防卫加害对方的行为。防卫挑拨是故意的违法犯罪行为。

第二，相互斗殴。是指双方都出于不法侵害的故意而进行的相互侵害行为，行为人主观上均无保护合法权益的目的，不能成立正当防卫，而应视具体案情，追究行为人的刑事责任。在相互斗殴中，也可能出现正当防卫的前提条件，因而也可能进行正当防卫：一是斗殴一方已经放弃侵害，例如宣布不再斗殴或者认输、求饶、逃跑，而另一方继续侵害；二是在一般性斗殴中，一方突然使用杀伤力很强的凶器，另一方面临生命的严重威胁。

第三，偶合防卫（偶然防卫）。是指行为人不知他人正在实行不法侵害，而故意对其实施侵害行为，结果正好制止了其不法侵害，并且没有超过防卫的必要限度，因而客观上与防卫效果偶合的行为。对于偶然防卫，通说认为，由于行为人欠缺防卫的认识，而不具有正当防卫的主观条件，所以不属于正当防卫，而是故意犯罪。例如，甲在不知乙正要枪击丙的情况下，将乙故意打死。甲的行为虽客观上使丙躲过一劫，但不是正当防卫，而是属于偶然防卫。但近年来有的学者认为正当防卫不需要防卫意志，甚至防卫认识也不需要，只要防卫行为客观上保护了合法权益即可。例如，甲欲强奸乙，正在实施暴力，丙出于义愤对甲进行攻击，客观上阻止了甲的强奸行为。

（5）限度条件——防卫行为不能明显超过必要限度造成重大损害。根据《刑法》第 20 条第 2 款的规定，正当防卫的限度条件是"正当防卫不能明显超过必要限度造成重大损害"[①]。

如何理解正当防卫的必要限度？刑法未明确规定，在我国刑法学界主要存在三种观点：

第一，客观需要说。认为所谓必要限度，就是防卫人制止不法侵害所必需的限度。只要造成的损害是制止不法侵害所必需的，即使防卫在强度、后果等方面超过对方可能造成的损害，也不能认为是超过了必要限度。

第二，基本适应说。认为正当防卫的必要限度，就是防卫行为与不法侵害行为在性质、手段、强度和后果上要基本相适应。

第三，适当说。认为必要限度的确定，应当以防卫行为是否能制止住正在进行的不法侵害为标准，同时考虑所防卫的利益的性质和可能遭受损害的程度，同不法侵害人造成损害的性质、程度大体相适应。判断是否必要应考虑的因素：

---

① 此法律规范有逻辑错误，正当防卫是合法行为，而"明显超过必要限度造成重大损害"的行为是犯罪行为，不是正当防卫。此规定宜改为"防卫行为不能明显超过必要限度造成重大损害"。

手段是否严重不相称、措施是否严重不必要、不法侵害的强度如何、不法侵害的缓急、不法侵害发生的时间环境、受不法侵害的权益的大小和正当防卫所保护的权益与所造成的损害是否相适应。我们认为"适当说"可行一些。在司法实践中，分析必要限度要综合分析防卫工具、防卫后果、防卫环境和防卫心理。

只有"明显超过"必要限度的防卫行为才能以防卫过当论处。"明显超过必要限度"包括：

第一，防卫行为所保护的利益明显小于防卫行为给不法侵害人造成的损害。比较二者的大小需要辩证地分析，例如妇女为了保护自己的性权利而当场打死强奸犯属于正当防卫，因为在我国由于特定的文化传统和民族意识决定了多数妇女往往把个人性权利视为高于生命权，被强奸后含辱自杀的并不少见。

第二，不法侵害行为明显不具有紧迫性，防卫人却采取了急迫的防卫手段。

第三，根据当时的客观环境，防卫人明显不必要采取给不法侵害人造成重大损害的防卫手段即可制止不法侵害，但防卫人却采取了这样的防卫手段。

"明显超过必要限度"与"造成重大损害"是并列的，只有两者同时具备，才能认定为超过了正当防卫的限度条件。

3. 设置防御装置行为比照正当防卫原则处理

在日常生活中，为了财产安全预先设置安全防御装置，如在围墙上放置玻璃片，在房内设置自动杀伤装置和自动报警装置，或采取其他措施，如果导致不法侵害人损害，是令不法之徒自作自受的合法行为，还是防卫过当？评价时需关注以下几点：

第一，主要看该防卫装置是否危及公共安全，如果危及到公共安全，则涉嫌危害公共安全的犯罪。例如，瓜农甲在公路旁种植西瓜，西瓜熟了后经常有人晚上来偷。甲遂私自设置电网，并树立"小心触电，偷瓜者后果自负"的公告牌。乙在夜晚偷西瓜结果被电死。甲设的电网在公路旁边，危及公共安全，公告牌在晚上起不到警示作用，在白天对目不识丁者也是聋子的耳朵——摆设。因此，甲的行为不是正当防卫，在主观上具有间接故意的罪过。

第二，如果没有危及公共安全，再具体分析是否超过防卫限度。如没有超过必要的限度，属于正当防卫或可以比照正当防卫原则处理。如，张三在自己家花园安装防卫装置，安装后用手实验，明显有触电感觉。不久一梁上君子潜入偷窃，被电击成轻伤。该案中，私人住宅不是公共场所，私闯民宅是违法的，事先张三试过电击强度，实际上也仅给小偷造成轻伤。

尤其不能为了保护财产利益而危及他人包括不法侵害人的生命。例如，某农民在自留山上种植药材，为了防止他人偷窃在四周埋上毒刺；瓜农为威慑小偷往田边西瓜中注射剧毒农药。这些行为都明显超出必要的防卫限度。

第三，不能以邻为壑，将祸水引给他人。例如，甲的荔枝成熟后有贼光顾，甲遂在荔枝园入口树立公告牌，写明本园荔枝品种欠佳，前面不远处有色味俱佳的荔枝，将贼引到他人荔枝园。

4. 防卫过当及其与正当防卫的关系

（1）防卫过当的犯罪构成与刑事责任。防卫过当作为特殊的犯罪构成是刑法总则规定的。防卫过当的犯罪客体是其所构成的具体犯罪的客体，没有自己独特的犯罪客体；犯罪行为客观因素是防卫过当行为类型；犯罪主体是具有刑事责任能力的自然人，同时他又是正当防卫的主体，具有防卫人和犯罪人的双重身份；防卫过当的罪过形式不可能是直接故意，而是间接故意和过失。其中大多数情况下是疏忽大意的过失，极个别情况下是过于自信的过失。

"防卫过当"在我国现行刑法中不是独立的罪名，而是量刑时应当酌情减轻或免除处罚的一个情节，我国《刑法》第20条第2款规定，对于防卫过当构成犯罪的，"应当减轻或者免除处罚"。有的国家的刑法明确将防卫过当作为罪名予以规定，如《苏俄刑法典》曾规定"防卫过当杀人罪"和"防卫过当伤害罪"。[①] 我国司法实践中一般把防卫过当作为故意犯罪处理。

有的学者建议在我国《刑法》分则中规定"防卫过当故意杀人罪"、"防卫过当过失杀人罪"、"防卫过当故意伤害罪"和"防卫过当过失重伤罪"。[②] 对于防卫过当行为，实践中应当根据具体案件中过当的犯罪事实的性质，以及犯罪人的主观罪过形式，综合考虑防卫的具体目的、过当的程度、罪过形式以及防卫行为所保护权益的性质等各方面的因素。

（2）防卫过当与正当防卫的关系。联系：防卫过当和正当防卫一样具有行为的防卫性，具有有益于社会的一面。区别：防卫过当具有客观的危害性和主观的罪过性，它不符合正当防卫的限度条件，客观上具有危害社会的特征，主观方面也存在着罪过，因而才构成了犯罪。

5. 特别防卫

（1）特别防卫的概念与特征。为了避免那些严重犯罪行为对国家、公共利益或者公民的人身、财产或者其他合法权利造成重大的损害，鼓励见义勇为，

①　除1941年《巴西刑法典》（第21条附款）、1926年《苏俄刑法典》（第139条）等少数国家的刑法规定了防卫过当的罪过形式外，大多数国家的刑法没有规定防卫过当的罪过形式。

②　参见陈兴良：《正当防卫论》（第二版），中国人民大学出版社2006年版，第237页。

充分鼓励公民打消顾虑，勇于行使正当防卫的权利，刑法中确立了特别防卫权的原则。《刑法》第20条第3款规定："对正在进行行凶、杀人、抢劫、强奸、绑架以及其他严重危及人身安全的暴力犯罪，采取防卫行为，造成不法侵害人伤亡的，不属于防卫过当，不负刑事责任。"特别防卫，是指公民在某些特定情况下所实施的正当防卫行为，没有必要限度的限制，对其防卫行为的任何后果均不负刑事责任。有的学者将该规定称为"无限防卫"、"无过当防卫"等。

"行凶"应作缩小解释，是指严重的故意伤害行为，即介于故意重伤害与故意杀人之间模糊不清或者不确定的行为。特别防卫具有以下特征：

第一，特别防卫只能针对犯罪的侵害行为而不能针对一般违法的侵害行为实施。

第二，特别防卫只能针对暴力犯罪行为而不能针对非暴力的犯罪行为实施。

第三，特别防卫只能针对危及人身安全的犯罪行为，而不能针对危及国家利益、公共利益或者财产权利等其他非人身安全利益的犯罪行为。

第四，只能针对特定的严重危及人身安全的暴力犯罪行为而不能针对较轻的或者一般的暴力犯罪行为实施。

第五，特别防卫的实施不受必要限度的限制。

（2）特别防卫应具备的条件。共有五条：

第一，防卫人面临严重危及人身安全的暴力犯罪行为。这种侵害行为同时具备暴力性与危及人身安全性。常见的行为种类有故意杀人、故意重伤、强奸和抢劫。这种行为不仅在客观上会造成危害社会的结果，而且侵害人必须具有刑事责任能力，主观上必须出于故意。对于非暴力犯罪，不能进行特别正当防卫。

第二，严重侵犯公民的人身安全的暴力犯罪正在进行。与一般正当防卫一样，不得事前防卫和事后防卫。

第三，特别防卫行为只能针对不法侵害人。特别防卫行为不应该伤及无辜。

第四，防卫手段、防卫强度无限制。造成不法侵害人伤亡的，不属于防卫过当，不负刑事责任。

第五，防卫人必须出于保护人身安全的目的。刑法规定虽未明确揭示这一点，但如果没有主观条件的限制，就违背了我国刑法实际坚持的"主客观相统一"的主张。①

（3）适用特别防卫权之规定应注意的问题：

第一，并不是只有在行使特别防卫权时造成伤亡才不负刑事责任。在对《刑法》第 20 条第 3 款规定的暴力犯罪以外的犯罪行为或其他不法侵害行为实施防卫时，也可能造成犯罪分子或不法侵害人伤害或死亡的结果，特别是容易出现伤害结果。在这种情况下，只要其防卫行为没有明显超过必要限度造成重大损害，就应该按刑法第 20 条第 1 款的规定认定为正当防卫。

第二，严重危及人身安全的不法侵害是否构成犯罪，不属于防卫认识的内容。防卫人面临正在进行的不法侵害时，神经高度紧张，不能苛求防卫人对不法侵害是否构成犯罪进行判断。

第三，在"黑吃黑"的场合，遭受不法的暴力侵害的人仍然有权实施正当防卫。例如张三运输毒品时遭到李四的抢劫，张三为防止遭到人身伤害而打伤李四，张三的行为构成正当防卫。

## 三、紧急避险

### 1. 紧急避险的概念

紧急避险，是指为了避免紧迫的危险，不得已损害和该危险无关的第三者法益以保护较大法益，尚未超过必要限度造成不应有损害的行为。紧急避险是法定的正当行为之一。

### 2. 紧急避险的条件

（1）前提条件——必须有现实危险的存在。"危险"指国家、公共利益、个人的人身、财产或其他权利面临某种威胁，即将给合法权利造成损害的事实状态。危险的范围包括：第一，来自大自然自发力量的危险；第二，来自动物的袭击；第三，人的生理、病理原因所引起的危险；② 第四，人的不法侵害所引起的危险等。

---

① 有学者认为，《刑法》第 20 条第 3 款应当全部删除。理由如下：第一，第 3 款规定整个都是多余的，因为第 3 款规定的内容在第 1 款、第 2 款中已经规定过了。第二，"行凶"并不是一个正式的法律术语，因而其含义十分宽泛，难以界定。这与罪刑法定原则的基本要求之一的"罪行明确化"格格不入。第三，将特别防卫造成不法侵害人伤亡的，界定为"不属于防卫过当"，不科学。因为"不属于防卫过当"这种否定性结论不能得出唯一的判断，在逻辑上犯了"概念不确定"的错误。第四，采取客观主义，没有防卫正当目的的限制，有引起私刑报复的危险。第五，对防卫行为的限度没有规定。

② 但为了生存而盗窃他人财物是构成犯罪还是属于紧急避险，这种边缘性问题难以得出直截了当的结论。——参见王志远：《犯罪成立理论原理》，中国方正出版社 2005 年版，第 27 页。

为了政治避难而偷渡是否属于紧急避险，日本司法判决认为不能认定存在现实的危险。[1]

对自己招来的危险，能否紧急避险，一般认为只能自己忍受，但由于过失或偶然招来危险，符合紧急避险条件的也认定成立紧急避险。

本来不存在危险，行为人误以为存在危险，实施了所谓的避险行为，这种情况是假想避险。在假想避险的情况下，行为人不能成立故意犯罪，根据行为人是否应当认为到危险并不存在，分别认定为过失或意外事件。

（2）时间条件（避险时间）——危险必须是正在发生的。所谓危险正在发生，是指从危险出现一直到危险结束之间的持续状态。

危险的出现，是指危险已经发生，这种危险已经对合法权益造成现实的威胁，此时如果不实行紧急避险，对合法权益的损害就不可避免。

危险的结束，是指危险对合法权益的威胁已经过去，损害已经造成且不会造成进一步损害，或者危险已经消失，不会再对合法权益造成损害的情形。在这种情形下，无论是否实施紧急避险，对于保护合法权益都已经毫无意义。即使实施了避险行为，也无助于保护合法权益免受危险的侵害或进一步侵害，即使不实行紧急避险，也不会使合法权益受到损害或受到更大损害。在危险已经结束后，不得再实行避险行为。

并非在危险正在发生时实施的"避险行为"是避险不适时，包括提前避险、拖后避险和延迟避险三种情况。

（3）对象条件——避险行为所造成的损害是对第三者合法权益造成的损害。第三者合法权益是避险客体。紧急避险是通过对另一权益的损害来避免危险的，所以，紧急避险所造成的损害是对第三者利益的损害。例如，罗某为了躲避持刀抢劫犯的追赶，踹坏王某家的大门而入，不幸将门后小孩撞倒造成小腿骨折。罗某行为属于紧急避险，第三者小孩骨折属于意外事件。

（4）方法条件——避险行为必须在不得已的情况下实施。紧急避险的情况下，避险人所保护的合法权益固然有其正当性，但被避险行为损害的第三者权益也有其正当性，法律仍然应该对其予以保护。只是当合法权益面临危险时，这两个正当的权益势难两全，法律在迫不得已的情况下才允许避险人损害第三者的利益。因此，紧急避险必须在不得已的情况下实施。

（5）主观条件——必须要有避险意图。避险意图，指避险人在实施避险行

---

[1] 〔日〕大谷实：《刑法讲义总论》，黎宏译，中国人民大学出版社2008年版，第275页。

为时对其避险行为以及行为的结果所持有的心理态度。避险意图包括避险认识和避险目的两方面的内容：第一，避险认识：避险认识指避险人面临正在发生的现实危险时，对危险及避险行为各方面因素的认识。避险认识是避险意图的前提和基础。第二，避险目的：避险目的指避险人在避险认识的基础上，进而决定实施避险行为，并希望通过避险行为达到免受危险损害的心理愿望。

避险目的包括以下两个层次：

第一个层次的目的是避险人的一个手段性目的，而避险意图根本目的的存在决定了避险人不具有犯罪人所具备的主观恶性。

第二个层次的避险目的，是避免危险的威胁，保护国家、公共利益、本人或者他人的人身、财产和其他权利。这是避险意图的核心内容，是避险行为的根本目的。

避险认识与避险目的是避险意图中必不可少的两方面内容。避险认识是避险意图的前提和基础，没有产生避险认识，避险目的就不可能随之产生。避险目的是避险意图的核心内容，紧急避险就是行为人在避险目的的指导下实施的避免危险、保护合法权益的行为，避险目的是决定紧急避险合法性的关键因素。

（6）限度条件——避险行为不能超过必要限度造成不应有的损害。我国刑法理论中，对于如何确定紧急避险的限度条件，有两种基本的观点。

第一，法益比较说。这种观点认为，我国法律设立紧急避险制度的目的，在于牺牲局部的、较小的利益以保护整体的、较大的利益，使国家、公共利益、本人或者他人的合法权益免受损害或减少损害，因此，确定紧急避险的限度时应以所保护的法益与所损害的法益的大小比较作为判断标准。法益的比较，同一利益的比较以量的大小为标准；不同性质利益的比较大致以法定刑轻重为标准。日本学者人认为，即便是侵害生命的场合也应该依据紧急避险而认定正当化。例如甲无过失驾车，在就要轧死 5 个人时，尽管知道乙在人行道上行走，甲想轧死 1 个人总比轧死 5 个人损害小，于是朝乙的方向打方向盘而最终轧死了乙。①

第二，必要损害说。这种观点认为，由于紧急避险是两种合法权益间的冲突，因此应当用尽可能小的损害去保全较大的合法权益，即必须从客观实际出发，既保全较大的合法权益，又把对另一权益的损害控制在最小限度内。紧急避险引起的损害大于或等于所避免的损害的，一定是超过了必要限度，但紧急

---

① 参见〔日〕西田典之：《日本刑法总论》，刘明祥、王昭武译，中国人民大学出版社 2007 年版，第 109 页。

避险行为所引起的损害小于所避免的损害的，不一定都属于必要限度之内。也就是说，即使紧急避险所造成的损害小于所避免的损害，但如果所引起的损害中有一部分不是排除危险所必需的，则仍然是超过了必要限度。所以，紧急避险的必要限度是指在所引起的损害小于所避免的损害的前提下，足以排除危险所必需的限度。

另外，《刑法》第 21 条第 3 款规定："第一款中关于避免本人危险的规定，不适用于职务上、业务上负有特定责任的人。"从事警察、消防等特殊职业者被要求直面危险，即"特别义务者"不适用紧急避险规定。通说称之为"禁止条件"。

3. 避险过当

（1）避险过当及其性质。避险过当指国家、公共利益、本人或者他人的合法权利面临正在发生的危险的威胁时，为保护合法权益而不得已地实施了避险行为，损害了他人的合法权益，但其避险行为超过必要限度造成了不应有的损害的行为。

避险过当既有其有益于社会的一面，又有其危害社会的一面。避险过当与紧急避险同属避险行为的一种，是在紧急情况下为保护合法权益实施的，客观上也达到了保护合法权益的效果。避险过当有客观的危害性和主观的罪过性，具有危害社会的一面，这是它与紧急避险的根本区别，也是避险过当应当负刑事责任的原因。从客观方面看，避险过当超过了必要限度，给第三者的权益造成了不应有的损害；从主观方面看，行为人虽然出于避险意图而实施了避险行为，但他对避险过当的过当后果仍具有罪过。

（2）避险过当的罪过形式。刑法学界一般认为，避险过当的罪过形式包括间接故意、过于自信的过失和疏忽大意的过失，而不能是直接故意，也不是意外事件。

（3）避险过当的定罪量刑。避险过当有危害社会的一面，应该承担刑事责任，但是，避险过当并不是一个独立的罪名，对其定罪时仍应根据刑法分则中的有关规定确定其罪名。大致说来，避险过当可能触犯的罪名有故意杀人罪、过失致人死亡罪、故意伤害罪、过失致人重伤罪、故意毁坏财物罪、玩忽职守罪等。

避险过当虽然应当负刑事责任，但避险过当毕竟有其有益于社会的一面，因此刑法第 21 条第 2 款规定，对避险过当行为，"应当减轻或者免除处罚"。

4. 紧急避险与正当防卫的区别

（1）危害的来源不同，即起因条件不同。正当防卫面临的是"正在进行的不法侵害"。紧急避险面临的是"正在发生的危险",危险的来源除了人的不法行为外,还包括大自然自发力量带来的危险、动物的侵害、人的生理、疾病等原因带来的危险等。

(2) 行为的表现方式不同。正当防卫行为是与不法侵害人进行对抗,对其予以反击、抵抗的行为,是积极的;紧急避险则是对危险的消极躲避,尽管避险行为相对于受损害的第三人而言具有积极性。避险行为具有两面性。

(3) 损害的对象不同。正当防卫损害的对象只能是不法侵害者本人,避急避险损害的则往往是第三者的合法权益。

(4) 行为实施的条件不同。在面临不法侵害时,公民即使有其他方法保护合法权益免受损害,也可以实施正当防卫,正当防卫不要求手段的唯一性;而紧急避险要求实在迫不得已。

(5) 主体范围不同。正当防卫是每个社会成员的合法权利,法律对正当防卫的主体没有作任何限制,但紧急避险对于某些职务上、业务上负有特定职责的人来说不得实施。

(6) 限度条件不同。防卫的限度条件为"不能明显超过必要限度造成重大损害",正当防卫造成的损失可以等于或大于不法侵害可能造成的损害;避险的限度条件是"不能超过必要限度造成不应有的损害",紧急避险所造成的损害必须小于所避免的损害。

# 第七章　犯罪主体方面

## 被告人陈某未满 14 周岁不构成犯罪案

**案情：**被告人陈某，男，13 周岁。1981 年 6 月 20 日晚，陈某路过本村粮食仓库，窥见值班的两名女青年已熟睡，遂起强奸之念。他先跑到拖拉机零件仓库里拿了一根铁管作凶器，尔后由值班室窗户爬进屋内。在动手解一女青年的衣扣时，见其翻身，就拿起铁管猛击两个女青年的头部，当场打死一人，打伤一人，然后潜逃。某中级人民法院经审理认为，本案系重大凶杀案件，影响极坏，民愤极大，拟判处陈某无期徒刑。因陈某作案时尚差 3 个月零 15 天才满 14 周岁，判刑无法律条文可依，故向省高级人民法院请示。省高级人民法院经审理认为，陈某犯罪后果严重，民愤较大，根据具体案情，拟同意判处陈林无期徒刑。但涉及适用刑法的解释问题，报请最高人民法院审核。后原审人民法院根据最高人民法院的批复，依法没有追究陈某的刑事责任。

**问题：**第一，未满 14 周岁的自然人实施严重危害社会的行为怎么处理？第二，刑事责任年龄不能突破吗？

**提示：**按照罪刑法定原则，刑法规定年满 14 周岁是负刑事责任的起始年龄。

**第 7 章思考题：**

1. 简述犯罪主体方面和犯罪主体的概念
2. 犯罪主体分为哪两类
3. 什么叫刑事责任能力
4. 什么叫刑事责任年龄
5. 刑事责任能力如何划分
6. 刑事责任年龄阶段如何划分
7. 未成年人犯罪案件的处理原则有哪些
8. 如何认定跨年龄阶段的危害行为的刑事责任

9. 简述生理醉酒者实施危害行为的刑事责任

10. 什么叫犯罪一般主体和犯罪特殊主体

11. 什么叫身份犯

12. 什么叫单位犯罪

13. 单位犯罪如何处罚

# 第一节　犯罪主体的概念和特征

## 一、犯罪主体方面与犯罪主体的概念

### 1. 犯罪主体方面的含义

犯罪主体方面是犯罪主体要件寓居的方面的简称，是犯罪主体要件存在的空间。

### 2. 犯罪主体的学理定义

作为犯罪构成的一个要件，犯罪主体的条件是刑法规定的。我国《刑法》总则规定了犯罪主体的一般要件，如第 17 条对年龄作了规定，第 18 条对辨认控制能力作了规定；《刑法》分则对犯罪主体的特殊要件进行了规定。但刑法并没有对犯罪主体下定义。从学理来讲，犯罪主体就是犯罪的行为人，即实施了刑法所禁止的危害行为、依法应当负刑事责任的自然人及社会组织（单位）。

### 3. "犯罪"的行为主体——犯罪分子、犯罪人、罪犯含义的辨析

犯罪是人的行为，是什么人的行为？只有弄清犯罪行为的主体才能真正揭示犯罪概念的内涵。在刑事法律中，"犯罪分子"、"犯罪人"、"罪犯"是涉及犯罪主体的三个概念。

（1）犯罪分子。"犯罪分子"是指违反刑事法律，侵害法益，应当受到刑罚处罚的人。"分子"是指属于一定社会阶层、团体的成员或具有某种特征的人，是一个中性词汇，如"知识分子"、"先进分子"、"落后分子"、"反动分子"。有人认为"犯罪分子"是"文革"遗留的术语，带有贬低罪犯人格的色彩。其实，解放初期就有"反革命分子"的说法。

我国《宪法》首次出现"犯罪分子"一词是第 28 条"惩办和改造犯罪分子"一语。"改造犯罪分子"无疑是改造罪犯，"惩办""犯罪分子"似乎可以理解为惩办（有证据足以证明构成犯罪的）"被追诉者"。我国《刑法》首次出

现"犯罪分子"一词是在第 5 条，该条规定："刑罚的轻重，应当与犯罪分子所犯罪行和承担的刑事责任相适应。"以后的所有有关条款都把"犯罪人"表述为犯罪分子。有的学者统计"犯罪分子"一词在《刑法》条文中共计出现了58 处，具有 4 种不同的语用意义。①

## 王某帮助犯罪分子逃避处罚案

**案情：** 王某于 2001 年 10 月至 2003 年 5 月间，多次将公安机关对李某某组织卖淫的查处意见、查禁部署及有关群众举报材料泄露给李某某。

**问题：** 王某的行为是否构成帮助犯罪分子逃避处罚罪？

**提示：** 第一，涉案罪名中有"犯罪分子"一词，本案的焦点是如何分析在法院判定李某某是否"犯罪分子"（它是已经被判决有罪的所谓罪犯，还是尚未被判决的犯罪嫌疑人，抑或被相关机关列入调查范围的对象？）进而理解"犯罪"和"犯罪构成"的概念。第二，要看李某某组织卖淫是否构成犯罪。②

（2）犯罪人。《刑法》中没有"犯罪人"的提法，《刑事诉讼法》第 108条第 4 款"犯罪人向公安机关、人民检察院或者人民法院自首的"一语，第一次出现"犯罪人"概念，第 134 条"为了收集犯罪证据、查获犯罪人"一语中第二次提到"犯罪人"。中外学者对犯罪人下过许多不同的定义，我国法律没有

---

① 李宇先认为，"犯罪分子"在刑法中有着 4 种不同的语境，因而也就具有 4 种不同的语用意义。第一，在《刑法》第 65 条、第 66 条里，"犯罪分子"就是在具有犯罪前科记录意义上对过去犯过罪的人所进行的指称。第二，在认定"犯罪分子"是某种妨害司法活动犯罪的犯罪对象的语境中，指称该人具有某种犯罪行为的意义。如刑法第 349 条规定的"包庇毒品犯罪分子罪"、"窝藏、转移、隐瞒毒品、毒赃罪"中的"犯罪分子"；第 362 条规定的"窝藏、包庇罪"、第 417 条规定的"帮助犯罪分子逃避处罚罪"中的"犯罪分子"。这里的"犯罪分子"就是指具有某种犯罪行为的人，此时他可能被查获，可能还没有被查获。第三，在对犯罪主体适用刑罚和进行量刑的语境中，指称刑事诉讼法中被告人的意义。第 48 条中所提到的"犯罪分子"指刑事诉讼的被告人。第四，在刑罚执行语境中，指称刑事诉讼法中罪犯的意义。如《刑法》第 36 条规定的"承担民事赔偿责任的犯罪分子"，这里的"犯罪分子"是指已经经过司法机关的审判处以刑罚并已发生法律效力被确认为罪犯的人。——参见李宇先：《刑法中"犯罪分子"的语境分析》，载中国法律网，2007 年 5 月 2 日访问。

② 虽然刑法条文中出现的"犯罪分子"一词，一般意义上可理解为所有被判决有罪的人，而《刑法》第 417 条中规定的"犯罪分子"，主要是指国家机关工作人员通风报信、提供便利时尚未受到追诉而实际犯有罪行的人或尚未经法院审判的犯罪嫌疑人或者刑事被告人等。本罪的犯罪对象尽管在国家机关工作人员通风报信、提供便利时尚未开始追诉或者尚未经人民法院审判确定构成犯罪，但事后需确定其已构成犯罪，包括被免予刑事处罚的在内。如果被通风报信、提供便利的人事后证明无罪，或者仅属于一般违法违纪，则不构成帮助犯罪分子逃避处罚罪。

明确规定其含义，但从法律中推导可知，具有刑事责任能力的人从实施刑法禁止的危害社会行为开始，到刑罚（包括附加刑）执行完毕或追诉时效期间结束，属于"犯罪人"。

（3）罪犯。《刑法》总则中首次也是唯一一次提到"罪犯"的是第67条第2款，"被采取强制措施的犯罪嫌疑人、被告人和正在服刑的罪犯，如实供述司法机关还未掌握的本人其他罪行的，以自首论"。有人认为"罪犯"就是"犯罪的人"，这是典型的同语反复。

从学理上讲，罪犯有广义和狭义两种理解，广义上的罪犯是指"实施了危害社会的行为，触犯了刑法的规定，经过人民法院依法审理与裁判，认为其行为已经构成犯罪并给予一定刑罚处罚或免于刑罚处罚之人"；而狭义的罪犯是指"实施了危害社会的行为，经过人民法院依法审判被判处有期徒刑、无期徒刑、死刑缓期两年执行的被剥夺自由的刑罚，并交付监狱执行刑罚之人"。①

在《刑事诉讼法》中，第250条第2款首次使用"罪犯"概念，即"被判死刑缓期二年执行的罪犯……"此后的条款均以"罪犯"一词表述被生效判决判处刑罚的人。法律中对"罪犯"概念的使用还是非常谨慎和规范的，但在日常语言中，"罪犯"泛指"有犯罪行为的人"。"严打"中"严惩罪犯"之类的口号不绝于耳。其实，罪犯是已经被判刑的犯罪分子，除非判决有误，否则按照罪刑法定原则只能按生效判决执行刑罚。

按照现行法律来理解，具有刑事责任能力的自然人和法人等社会组织（"单位"）从实施刑法禁止的危害社会的行为开始，到刑罚（包括附加刑）执行完毕或追诉时效期间结束，属于"犯罪分子"或"犯罪人"。在我国，公诉案件，受刑事追诉者在起诉前叫"犯罪嫌疑人"，起诉后到判决生效前叫"被告人"，判决生效后到执行完毕叫"罪犯"。自诉案件，起诉前犯罪分子可以叫"侵害人"，起诉后叫"被告人"，判决生效后到执行完毕与公诉案件的相同。"罪犯"都是犯罪分子（犯罪人），但犯罪分子（犯罪人）在有罪判决生效前不是"罪犯"。

犯罪分子、犯罪人、罪犯三个概念应该统一，只能具有现行法律中"罪犯"的含义，它们都是指有罪判决生效起至刑罚（包括附加刑）执行完毕时止这段期间的人。判决生效前的犯罪嫌疑人、被告人在理论上都可以叫"被追诉者"，在国外一般叫"被控告人"而不叫"罪犯"（criminal）。贝卡利亚提出：

---

① 参见冯建仓：《监狱法的充实与完善》，中国检察出版社2000年版，第73-75页。

"在法官判决之前，一个人是不能被称为罪犯的。"① 虽然被追诉者从结果上说，大多被判决为犯罪分子，但只能在判决认定有罪后才称为"犯罪分子"。这不仅仅是一个称呼的改变，而是涉及对犯罪概念的重新界定，是犯罪观的重大更新。《刑事诉讼法》第12条明确规定："未经人民法院依法判决，对任何人都不得确定有罪。"有的学者认为，"受刑事追诉者在诉讼过程中不是'罪犯'"，"在判决生效前的整个诉讼过程中，受追诉者在法律上处于无罪公民的地位"。② 然而法律之间存在自相矛盾的规定，一些人根深蒂固的传统犯罪观与现代罪刑法定原则的要求更是格格不入。

### 二、犯罪主体的特征

1. 犯罪主体是自然人和单位

自然人犯罪主体是我国刑法中最基本的具有普遍意义的犯罪主体，包括一般主体（非特定身份的犯罪自然人）和特殊主体（具有特定身份的犯罪自然人）。单位是法人和非法人组织的统称。单位犯罪主体是我国刑法规定的比较特殊的一类犯罪主体。

2. 犯罪主体是实施了危害社会行为的自然人和单位

犯罪主体是犯罪行为的实施者，是犯罪行为人。不能笼统地讲自然人和单位是犯罪主体。自然人和单位实施了刑法禁止的违法行为才可能构成犯罪主体。

3. 犯罪主体是依刑法的规定应当负刑事责任的自然人或者单位

自然人和单位实施了刑法禁止的违法行为并不必然成为犯罪主体。只有实施了刑法禁止的违法行为并依照刑法规定应当负刑事责任的自然人或者单位才是犯罪主体。

# 第二节　刑事责任能力

## 一、刑事责任能力的概念

刑事责任能力，指行为人控制自己的行为并对自己的行为承担刑事责任的能力，包括辨认能力和控制能力两方面的内容。有的学者认为，刑事责任能力

---

① 〔意〕贝卡利亚：《论犯罪与刑罚》，黄风译，中国大百科全书出版社1993年版，第40页。

② 陈光中主编：《刑事诉讼法》，北京大学出版社、高等教育出版社2005年第2版，第74页。

是犯罪能力而不是"刑罚能力"①。刑事责任能力是犯罪主体的核心和关键要素。

刑事责任能力中的辨认能力是指行为人对自己的行为在刑法上的意义、性质、后果的分辨认识能力，即行为人对自己的行为是否构成犯罪的认识能力。

刑事责任能力中的控制能力是指行为人选择和决定实施某种行为的能力。例如一个没有精神病的成年人，应该认识到不能擅自打死小偷，否则会构成故意杀人罪。人具有意志自由，抓到小偷后，行为人可以选择依法送小偷到派出所处理，也可能选择私自处死小偷，决定亲自或指使他人杀死小偷。行为人具有选择和决定自己行为的能力即具有控制能力时如果恣意妄为，或不履行自己的特定职责，就要对自己的犯罪行为承担刑事责任。

行为人同时具备辨认能力和控制能力，才能认为具备刑事责任能力，二者缺一不可。行为人有时可能具有辨认能力而没有控制能力，例如火车扳道夫被歹徒捆绑，虽有辨认能力，却没有控制能力，如果发生列车颠覆，被捆绑的火车扳道夫不负法律责任。

刑事责任能力的分级：一般分为完全刑事责任能力、限制刑事责任能力和无刑事责任能力三个阶段。

## 二、刑事责任能力的一般标准

1. 刑事责任年龄的概念

刑事责任年龄是指刑法规定的行为人应对自己实施的危害行为负刑事责任所必须达到的年龄。刑事责任年龄是刑事责任能力的一般标准。年龄大小与刑事责任能力的大小成正比。

2. 刑事责任年龄阶段

法学界对此有三分法和四分法之争。

（1）无刑事责任年龄阶段：14 周岁以下。这个年龄阶段的人实施的危害行为不属于犯罪行为，这个年龄阶段的自然人不能成为犯罪主体。因不满 14 周岁而不处罚的，应当责令家长或者监护人予以管教，必要时也可以由政府收容教养。

（2）相对负刑事责任年龄阶段：已满 14 周岁不满 16 周岁的人犯故意杀人，

---

① "犯罪能力"是行为人实施犯罪时具有的辨认和控制自己行为的能力。"刑罚能力"即"受刑能力"，是行为人接受刑罚惩罚时具有的辨认和控制自己行为的能力。刑罚能力不是成立犯罪的要件，在国外是区别适用刑罚还是保安处分的标准。

故意伤害致人重伤、死亡，强奸，抢劫，贩卖毒品，放火，爆炸，投毒8种罪行，应负刑事责任。例如，马某（15岁）教唆陈某（17岁）去集市抢夺，陈某胆怯，马某让陈某带匕首以防万一。该案中马某教唆抢夺不负刑事责任，但教唆携带凶器抢夺，就是教唆抢劫，应对马某的行为定罪。再如，15岁的张某过失枪杀李某，张某的过失杀人行为不构成犯罪。

《刑法》第17条第2款规定的8种犯罪是具体的8种犯罪行为而不是8个罪名。绑架时故意杀人，虽不能定绑架罪却可以定故意杀人罪；抢劫不仅包括典型的抢劫罪，还包括抢劫枪支、弹药、爆炸物罪；行为人既可以是实行犯，也可以是帮助犯或教唆犯。例如，15周岁的张三明知破坏水库大坝会导致多人死亡，仍然实施决水行为，导致5人死亡。该案中，未满16周岁的人对决水罪不负刑事责任，但决水罪中包容了故意杀人的犯罪行为，15岁的张三对此要负责，应对其利用决水故意杀人的行为定"故意杀人罪"。

因不满16周岁而不处罚的，也应当责令家长或者监护人予以管教，必要时也可以由政府收容教养。

### 自然人的刑事责任年龄与刑事责任能力一览表

| 项目 | 类型 | 刑事责任 | 备注 |
|---|---|---|---|
| 刑事责任年龄 | 完全无刑事责任年龄（不满14周岁的人） | 无刑事责任能力人实施任何危害行为都不构成犯罪。 | （1）刑法所规定的年龄是指实足年龄。实足年龄以日计算，并且按公历的年、月、日计算。生日第二天才是已满周岁。刑事责任年龄应当从出生之日计算至行为之日而不是结果发生之日。（2）犯罪行为有持续或连续状态，应从行为状态结束时行为人的实际年龄来确定是否符合刑事责任年龄。对于跨年龄段的犯罪，应区别不同年龄段来确定该年龄段行为人应否负刑事责任。（3）对于因不满16周岁予以不刑事处罚的，责令其家长或者监护人严加管教，在必要的时候也可以由政府收容教养。 |
| | 相对负刑事责任年龄（已满14周岁不满16周岁的人） | （1）只对8种犯罪行为承担刑事责任：故意杀人、故意伤害致人重伤或者死亡、强奸、抢劫、贩卖毒品、放火、爆炸、投放危险物质罪。（2）8种犯罪是指具体犯罪行为不是具体罪名。 | |
| | 完全负刑事责任年龄（已满16周岁的人） | 完全事责任能力人对任何犯罪都应承担刑事责任。 | |
| | 从宽刑事责任年龄（已满14周岁不满18周岁的人以及审判时75周岁以上的人） | （1）18周岁以下犯罪分子：应当从轻或者减轻处罚，是减轻刑事责任能力人；不适用死刑（包括死缓）。（2）审判时75周岁以上的除了手段特别残忍致人死亡的不适用死刑。 | |

（3）完全刑事责任年龄：16 周岁以上的人进入完全刑事责任年龄阶段。原则上已满 16 周岁的自然人可以构成所有犯罪的自然人主体，行为人对自己实施的刑法禁止的一切违法行为承担刑事责任。但未满 18 周岁的人犯罪的，应当从轻或者减轻处罚，并且不得判处死刑。

适用刑事责任年龄这个一般标准需要注意：

第一，所有年龄一律以公历计算。

第二，刑法所规定的年龄，是指实足年龄，不是指虚岁。实足年龄以日计算，并且按照公历的年、月、日计算。例如，已满 14 周岁，是指过了 14 周岁生日，从第二天起，才是已满 14 周岁，14 岁生日这天，仍然属于未满 14 周岁。

第三，年龄应以行为发生时而不是结果发生之日为基准进行判断。例如，行为人实施伤害行为时差一天满 14 周岁，发生死亡结果时已满 14 周岁的，行为人不能定为罪犯。但行为人实施一定身体动作以后，具有防止结果发生义务的，就应根据不作为犯罪的发生时间计算年龄。例如，不满 14 周岁的行为人在他人的酒中投入毒药，并将毒酒隐藏于酒柜中，他人饮用时，行为人已满 14 周岁的，可以认为行为人对自己 14 周岁以前的行为所可能引起的危险有排除的义务，其已满 14 周岁，但仍然不履行危险源排除义务，因而导致他人死亡的，成立故意杀人罪。

第四，法定的刑事责任年龄不容突破。未满 14 周岁，即使只差 1 天的自然人，也不能以行为危害太大，不判不足以显示公正为由将其定为罪犯；未满 18 周岁，即使只差 1 天的自然人，也不能以罪大恶极、不杀不足以平民愤为由判其死刑。因为如果差 1 天可以突破，那么再多差一段时间也可以突破，这方面可以不按法律硬性规定办案，其他方面也可以效法，这种突破法律底线的做法最终会破坏一国的法制。"文革"结束后不久，长沙中南矿冶大学的一位女学生被人强奸并抛尸，犯罪分子手段极端残忍，但因其隔一段时间才满 18 周岁，所以未判死刑。

第五，行为跨年龄段的处理。对于不满 14 周岁实施危害行为，一直延续到成年时期的，只能追究其达到年龄阶段以后的行为的责任。行为人已满 16 周岁后实施了危害社会的行为，在已满 14 周岁不满 16 周岁时也实施过同样的行为，如果行为属于《刑法》第 17 条第 2 款所规定的 8 种犯罪，应一并追究，否则，只能追究已满 16 周岁以后实施的行为。例如甲在 13 周岁时抢劫，获得赃物 5 万元；15 周岁时诈骗，获得赃物 3 万元；17 周岁时侵占他人财物，获得赃物 1 万元，由于对甲的抢劫行为、诈骗行为都不能以犯罪进行追究，所以，只能对其 17 周岁时侵占他人财物的行为追究刑事责任。

## 三、刑事责任能力的补充标准

### 1. 精神病

刑事责任能力会因患精神病而丧失或者减轻，是各国所认可的通识。古罗马有学者把疯狂看作神的惩罚，认为疯狂者已经受到足够的惩罚，所以应对疯狂者免除刑罚。在中国古代，人们已经注意到精神障碍者犯罪与一般人犯罪在原因、手段上的不同，时而有所宽宥。《唐律·名例》规定："八十以上、十岁以下及笃疾，犯反、逆、杀人应死者，上请；盗及伤人者，亦收赎。余皆勿论。"所谓笃疾，是指痴呆和癫狂。在唐律中笃疾的刑事责任能力与 80 岁以上、10 岁以下者相同，可以减轻处罚，但不能免除处罚。

在英国，1800 年发生了轰动一时的詹姆斯·哈德菲尔德（James Hadfield）开枪打死英皇乔治三世案件。哈德菲尔德在法英战争中头部受伤并发生精神错乱。退伍后他产生妄想，认为上帝将毁灭世界，只有他牺牲自己的生命，才可以逃过一劫。但他深信自杀是一种道德上的犯罪，不想自杀，遂企图杀死皇帝，以达到自己被判处死刑进而拯救世界的目的。律师成功地为哈德菲尔德进行了辩护，哈德菲尔德被宣告无罪。

哈德菲尔德案件对《1800 年精神错乱刑事法》的颁布产生了促进作用。该法允许以精神错乱作为叛国罪、谋杀罪和重罪的辩护理由，同时规定在宣告无罪裁决后，法院必须命令将被告人严加看管。

## 美国人约翰·欣克利刺杀里根总统被判无罪案

**案情：** 1981 年 3 月 30 日，时任美国总统的里根，在华盛顿的希尔顿饭店被一个名叫约翰·欣克利的金发青年男子用左轮手枪连击 6 枪，经抢救才脱险。一时全球震惊。凶手刺杀总统的目的只是为了赢得女演员朱迪·福斯特的芳心。欣克利十分仰慕福斯特，软硬兼施，百般纠缠，但福斯特不予理睬。欣克利因为犯有谋杀总统等罪名而被起诉，被起诉后他声称是为了博得福斯特的尊敬和爱情而行刺总统。最后欣克利以犯有精神病，没有刑事责任能力，并在辩护人的有力辩护下，被判决无罪。

**问题：** 约翰·欣克利的精神病是否严重到足以丧失刑事责任能力？

精神病有狭义和广义的理解，哪些病列入精神病范畴，哪些精神病人没有刑事责任能力，在法学界和医学界存在不同的观点。

判定行为人有无刑事责任能力的标准，各国刑法大体上有三种立法方式：一是医学标准；二是法学标准或心理学标准；三是医学与法学相结合的标准，有的学者称之为混合标准。

医学标准，亦称生物学标准，简言之即实施危害行为者是精神病人，确切地讲，是指从医学上看，行为人是基于精神病理作用而实施特定危害社会行为的精神病人。

心理学标准，亦称法学标准，是指从心理学、法学的角度看，患有精神病的行为人的危害行为，不但是由其精神病理机制直接引起的，而且由于精神病理的作用，使其行为时丧失了辨认或者控制自己触犯刑法之行为的能力。[①]

我国刑法对精神病人的责任能力采用三分法，即分为以下三种情形：

（1）完全无刑事责任能力的精神病人。我国《刑法》第 18 条第 1 款载明："精神病人在不能辨认或者不能控制自己行为的时候造成危害结果，经法定程序鉴定确认的，不负刑事责任，但是应当责令他的家属或者监护人严加看管和医疗；在必要的时候，由政府强制医疗。"

精神病人只有经过法定的鉴定程序进行鉴定，认定其是否具备了医学标准和法学标准，才能适用第 18 条第 1 款的规定。不经过鉴定，不能将其认定为无刑事责任能力的精神病人。鉴定程序在刑事诉讼法中有所规定。

无刑事责任能力精神病人实施了危害社会行为的，不负刑事责任，但是，应当责令其家属或者监护人严加看管和治疗；在必要的时候，由政府强制治疗。这种对完全无刑事责任能力的精神病人的强制治疗，是一种保安处分措施。

（2）限制刑事责任能力的精神病人。限制刑事责任能力的精神病人也叫"减轻刑事责任能力的精神病人"、"部分刑事责任能力的精神病人"或"心神

---

① 2008 年 11 月 8 日，我国首部《网络成瘾诊断标准》通过专家论证。该标准将网络成瘾分为网络游戏成瘾、网络色情成瘾、网络关系成瘾、网络信息成瘾、网络交易成瘾五类，网络成瘾被纳入精神疾病范畴。该标准原拟 2009 年推出，但至今未出台。

据一项调查报告显示，我国 13 岁至 17 岁的青少年在网民中网瘾比例最高，大学生网络成瘾率达到 9% 以上。《网络成瘾诊断标准》认为网瘾最直观的一项量化标准是平均每日连续使用网络时间达到或超过 6 个小时，且符合症状标准已达到或超过 3 个月。其他标准还有对网络有强烈渴求或冲动；减少或停止上网时会出现周身不适、烦躁、易激怒、注意力不集中、睡眠障碍等戒断反应；因使用网络而减少或放弃了其他的兴趣、娱乐或社交活动等。如果该标准获得最终确认，我国就将是全世界第一个将网瘾列为精神疾病的国家。——参见李莉："网瘾也算精神病引发网络口水"，载《深圳特区报》2008 年 11 月 4 日。

衰弱人"。一般分为两类：一是处于早期或部分缓解期的精神病（如精神分裂症等）患者；二是某些非精神病性精神障碍人，包括轻至中度的精神发育不全者，脑炎、脑外伤等脑部器质性病变或精神分裂症、癫痫症等精神病的后遗症所引起的人格变态者，神经官能症中少数严重的强迫症和癔症患者等。他们也必须具备医学标准和法学标准，即精神病人在其精神病理的支配下实施了危害社会行为，但行为时其认识能力和控制能力只是有所减弱，而没有完全丧失。

是否属于限制刑事责任能力的精神病人，须经过法定的鉴定程序鉴定。

限制刑事责任能力的精神病人应当负刑事责任，但是可以从轻或者减轻处罚。决定从宽处罚的量刑幅度时，应以疾病对行为人认识能力和控制能力的影响程度为依据。

（3）完全刑事责任能力的精神病人。完全刑事责任能力的精神病人包括精神正常时期的间歇性精神病人和非精神病性精神障碍人。

第一，精神正常时期的间歇性精神病人。间歇性精神病是一个法律概念，而非精神医学概念，指具有间歇发作特点的精神病，包括精神分裂症、躁狂症、抑郁症、癫痫性精神病、周期性精神病、分裂情感性精神病、癔症性精神病等。

间歇性精神病人是指一个人的精神并非一直处于错乱状态而完全丧失辨认或者控制自己行为能力的精神病人。这种精神病人表现的特点是：精神时而正常，时而不正常，在精神正常的情况下，头脑是清醒的，具有辨认或者控制自己行为的能力；在发病的时候，就丧失了辨认是非和控制自己行为的能力，即其精神病是处于间断性发作的状态。基于间歇性精神病人的这一特点，《刑法》第18条第2款明文规定："间歇性的精神病人在精神正常的时候犯罪，应当负刑事责任。"间歇性的精神病人的行为是否构成犯罪，应以其实施行为时精神是否正常，是否具有刑事责任能力为判断标准，而不是以侦查、起诉、审判时其精神是否正常为标准。

值得注意的是，少数呈间歇性发作的精神病，在长期发作后，在间歇期仍可能出现某些精神障碍，如癫痫性格改变，癫痫性智能障碍等，可能出现辨认或者控制能力明显减弱的情况，不具有完全刑事责任能力。因此不能认为间歇性精神病人在精神病未发作时实施的任何犯罪都属于在精神正常时的犯罪，从而使其都承担完全的刑事责任。

司法审判必须考虑被告人丧失应诉能力和刑罚能力的情况。如在一个案例中，陈某在庭审过程中精神分裂，丧失辨认和控制自己行为的能力，所以不能对其继续进行庭审并进而定罪量刑及行刑。应暂时中止对陈某的审判，待其精神恢复正常，具有了应诉能力和刑罚能力以后，再行起诉和审判。有学理解释认为，如果待陈某精神恢复正常时，已过追诉时效所规定的期限，就不再追究其刑事责任。

第二，非精神病性精神障碍人。非精神病性精神障碍犯罪者是根据犯罪主体的类型单独划分出来的一类犯罪人。非精神病性精神障碍是指严重性达不到精神病程度的精神疾病，是较轻的精神障碍。医生进行检查不能发现阳性体征，病人自诉的症状无器质性基础。患者大都能控制自己的言行，除有时影响工作效率外，对家庭和社会一般不会造成危害，也能料理自己的日常生活，基本能继续原来的工作。

非精神病性精神障碍人，大多数并不因精神障碍使其辨认或者控制自己行为的能力丧失或减弱，因而不能对其行为不负刑事责任，也不能对其行为负减轻的刑事责任，而应在原则上令行为人对其危害行为依法负完全的刑事责任。但在少数情况下，非精神病性精神障碍人也可成为限制责任能力人甚至无责任能力人。

### 2. 生理性醉酒

《刑法》第 18 条第 4 款规定，醉酒的人犯罪，应当负刑事责任。醉酒分为生理性醉酒和病理性醉酒。通说认为病理性醉酒是精神病的一种，适用关于精神病的规定，该款所指的醉酒仅指生理性醉酒。少数学者认为醉酒人犯罪应一律负刑事责任，不管是生理性醉酒，还是病理性醉酒。其主要理由即是刑法明确规定"醉酒的人犯罪，应当负刑事责任"，并未排斥病理性醉酒，而是确立了任何醉酒的人犯罪均应负刑事责任的原则，如果对病理性醉酒人的危害行为不追究刑事责任，没有法律根据。

我们赞成通说。因为病理性醉酒属于严重的精神病，病理性醉酒人通常并不饮酒或对酒精无耐受性，或并存感染、过度疲劳、脑外伤、癫痫症，偶然一次饮酒后发生。主要症状是行为紊乱、记忆缺失、出现意识障碍，并伴有幻觉、错觉、妄想等精神病症状，且其行为通常具有攻击性。①

"病理性醉酒"作为一种暂时性的严重精神病，属于精神病。只要行为人

---

① "病理性醉酒"案例：某甲，男，29 岁，公安干部，平时饮酒量为白酒 4 两。某日下乡检查工作时，村干部设宴为之洗尘，殷勤劝酒，某甲喝白酒 1 斤，红酒半斤。席间，甲突然拔枪对空射击，当场打死村干部一人，然后昏睡酒桌旁。第二天甲说对杀人过程和情节不能回忆。经法医鉴定，甲系病理性醉酒，无刑事责任能力。——参见陈兴良、曲新久：《案例刑法教程（上卷）》，中国政法大学出版社 1994 年版，第 56 页。

主观上对自己陷于病理性醉酒无责任，那么行为人对自己在病理性醉酒状态中实施的行为就没有责任能力和主观罪过。但行为人在得知了自己有病理性醉酒的历史，预见到自己饮酒后会实施攻击行为，造成危害结果的情况下，故意饮酒造成危害结果，或者由于饮酒过失导致危害结果发生的，则应当负刑事责任（原因自由行为）。

为什么生理性醉酒人实施危害行为应负刑事责任？第一，现代医学与司法精神病学认为，生理性醉酒即普通醉酒不是精神病，其引起的精神障碍属于非精神病性精神障碍。刑法理论一般认为，在生理性醉酒的情况下，还具有辨认控制能力，故对其实施的犯罪行为应当承担刑事责任；即使其辨认控制能力有所减弱，但并不会丧失辨认和控制自己行为的能力。第二，醉酒的人对自己行为控制能力的减弱是人为的，醉酒前应当预见并可以得到控制的。第三，醉酒者进入昏睡期以后，其辨认能力和控制能力可能完全丧失，但"行为时虽没有责任能力，但使之陷于这种无责任能力状况的原因行为是自由的，是在完全责任能力状态下之所为"。①

3. 生理功能部分丧失

自然人可能由于重要的生理功能（如听能、语能、视能等）的丧失而影响其接受教育，影响其智商，影响其刑法意义上的辨认或控制行为能力。中外刑事立法和司法实践，不同程度地注意到了人的生理功能丧失尤其是听能和语能丧失者即聋哑对其刑事责任能力的影响问题。生理功能部分丧失也可作为判断行为人是否具有刑事责任能力的一个法定补充标准。我国《刑法》第19条规定："又聋又哑的人或者盲人犯罪，可以从轻、减轻或者免除处罚。"因此，聋哑人、盲人实施刑法禁止的危害行为的，构成犯罪，应当负刑事责任，应受刑罚处罚，但又可以从轻、减轻或者免除处罚。

（1）本条的适用对象有两类：一是既聋又哑的人，即同时完全丧失听力和语言功能者，其中主要是先天聋哑和幼年聋哑者，如果仅聋或仅哑则不影响行为人的刑事责任能力；二是盲人，即双目均丧失视力者，主要是指先天和幼年丧失视力者。

（2）对聋哑人、盲人犯罪坚持应当负刑事责任与适当从宽处罚相结合的原则。对生理功能部分丧失者是"可以"而不是"必须"从宽处罚。对于聋哑人、盲人犯罪，原则上即大多数情况下要予以从宽处罚；只是对于极少数知识

---

① 陈兴良：《规范刑法学》（上册），中国人民大学出版社2008年版，第182页。

和智力水平不低于正常人、犯罪时具备完全责任能力的犯罪聋哑人、盲人（多为成年后的聋哑人和盲人），才可以考虑不予以从宽处罚；对于不但责任能力完备，而且犯罪性质恶劣、情节和后果非常严重的聋哑人、盲人犯罪分子，应坚决不从宽处罚。对应予从宽处罚的聋哑人、盲人犯罪案件，主要应当根据行为人犯罪时责任能力的减弱程度，并同时考察犯罪的性质和危害程度，来具体决定是从轻处罚还是免除处罚，以及从轻、减轻处罚的幅度。

# 第三节　自然人犯罪主体的特殊身份

## 一、犯罪主体特殊身份的概念与作用

1. 犯罪主体特殊身份的概念

刑法中大多数犯罪的犯罪主体只要求行为人具有刑事责任能力即可，但也有一部分犯罪要求犯罪主体除了具备刑事责任能力外，还必须具备特定身份才能构成。

一般意义上的身份指人的出身、地位和资格，犯罪主体的特殊身份指刑法所规定的影响刑事责任的有无和大小的行为人人身方面特定的资格、地位或状态，例如公务员、男女、亲属、证人等。年龄是否属于身份？有不同的看法。这种身份是行为人实施危害行为时就已经具有的，不是在实施危害行为后才具有的特殊身份（例如犯罪嫌疑人、被告人、罪犯等身份），并且这种身份是针对实行犯而言的特殊身份。例如强奸罪中的实行犯只能是男性，不具有男性身份的妇女不可能成为强奸犯中的实行犯，但可以成为强奸罪共犯中的教唆犯或帮助犯。

特殊身份是特殊主体犯罪前拥有的，有些身份是永久性的，有些是一段时间内拥有的。

没有特殊身份的自然人，不可能成为以该特殊身份为特殊主体的犯罪的实行犯，但可以成为帮助犯或者教唆犯。

2. 犯罪主体特殊身份的作用

（1）对于定罪的作用。表现为：第一，特定身份的具备与否，是区别罪与非罪的标准之一。如《刑法》第292条规定的聚众斗殴罪的犯罪主体是聚众斗殴中的首要分子和其他积极参加者。没有这两种身份的一般参与者不是犯罪分子，其行为不是犯罪。第二，身份具备与否，也是某些犯罪案件中区分和认定此罪与彼罪的一个重要标准。同样的犯罪行为类型，因犯罪主体的身份不同而罪名不同。例如，隐匿、毁弃或者非法开拆他人信件的行为，具有邮政工作人员身份并利用其职务便利实施者构成私自开拆、隐匿、毁弃邮件、电报罪，一般公民则构成侵犯通信自由罪。第三，有身份者影响无身份者的定罪。无身份者与有身份者的共同犯罪，应当按照实行犯的犯罪性质决定共同犯罪的性质。例如没有国家工作人员身份的一般公民本来不能成为贪污罪的犯罪主体，但某国家工作人员与一般公民相勾结，利用国家工作人员职务上的便利，侵吞公共财物的，该国家工作人员犯贪污罪，与之相勾结的一般公民也是贪污罪的共犯。

（2）对于量刑的作用。表现为以下几个方面：第一，决定适用某些刑罚种类，例如，对于犯罪的外国人，可以独立适用或者附加适用驱逐出境。第二，决定不适用某些刑罚种类，例如，审判的时候怀孕的妇女，不适用死刑。第三，对犯罪行为类型相同或相似而犯罪主体具有特殊身份的犯罪，处罚往往重一些。例如，一般平民犯"战时造谣扰乱军心罪"与军人犯"战时造谣惑众罪"二者虽然法定最高刑均为 10 年有期徒刑，但前者法定最低刑为管制，后者为有期徒刑。第四，对某些犯罪如果行为人具有特殊身份就要从重处罚，例如累犯处罚从严，对构成累犯者不得适用缓刑；《刑法》第 243 条第 2 款明文规定，国家机关工作人员犯诬告陷害罪的，从重处罚。

## 二、身份犯与特殊主体

### 1. 身份犯的概念

身份犯是指由于一定身份而成立的犯罪或者影响刑罚轻重的犯罪。刑法理论中通常把以特殊身份作为主体构成条件或刑罚加减根据的犯罪称为身份犯。

### 2. 一般主体和特殊主体的概念

以犯罪主体是否要求具备特定的身份为标准，可以把犯罪主体分为一般主体和特殊主体。一般主体指只要具有刑事责任能力即可构成的犯罪主体，这种犯罪主体不要求具备特定身份。绝大多数犯罪主体是一般主体。所谓特殊主体，就是除了具备刑事责任能力外还必须具备特定身份才能构成的犯罪主体。

犯罪特殊主体与身份犯是两个容易混淆的概念，特殊主体是犯罪构成中的概念，强调犯罪构成要件之一的主体的特殊性，与之相对的是一般主体，其上位概念为犯罪主体；身份犯是犯罪学领域内的范畴，意在强调整个犯罪的特性，与其并列的是行为犯、结果犯、迷信犯等等，其上位概念是犯罪。

### 三、自然人犯罪主体特殊身份的类型

1. 从形成方式上分为自然身份和法定身份

自然身份是指因自然因素赋予而形成的身份，例如，基于性别形成的男女身份，基于血缘的事实而形成的亲属身份。强奸罪、嫖宿幼女罪的犯罪主体只能是男子，女子只能构成强奸罪、嫖宿幼女罪的共犯；虐待罪、遗弃罪的犯罪主体必须具有家庭成员的身份。

最高人民法院、最高人民检察院《关于办理盗窃刑事案件适用法律若干问题的解释》第8条明确规定，偷拿家庭成员或近亲属的财物，获得谅解的，一般可不按犯罪处罚；对确有追究刑事责任必要的，处罚时也应与社会上作案的有所区别，酌情从宽。

法定身份是指基于法律赋予而形成的身份，如国家工作人员、司法人员、会计人员等。这种分类的意义，并不在于直接说明刑法中的身份与刑事责任的关系，而在于通过对身份的了解，进而准确而深刻地把握刑法设立此项规定的原意，这无疑会有助于正确地适用法律。

2. 从作用上分为定罪身份和量刑身份

定罪身份又叫犯罪构成要件的身份（或叫构成的身份），它决定犯罪主体是否存在，缺少它就等于没有犯罪主体，行为人就不应该承担刑事责任。某种犯罪只有行为人具有一定的身份才能成立，不具备法律要求的一定身份，犯罪就不能成立，这种犯罪在刑法理论上叫真正身份犯。

量刑身份是影响刑事责任程度的身份，又叫影响刑罚轻重的身份。具有这种身份，是从重、从轻、减轻甚至免除处罚的根据之一。刑法上没有规定必须具有一定的身份才能构成的犯罪，具有一定的身份而犯这种罪时法律规定予以从重、加重或从轻、减轻处罚，这种犯罪在刑法理论上叫不真正身份犯。

3. 从对犯罪成立与否的影响不同分为积极身份和消极身份

行为人由于某种身份的存在，而使其行为成为刑法中所规定的犯罪，这是身份对定罪量刑的积极影响，故称积极身份。刑法中犯罪主体的特殊身份大多属于积极身份。行为人由于某种身份的存在，而使刑法上规定的某种犯罪不能成立或免除处罚，这是身份对定罪量刑的消极影响，称为消极身份。《刑法》第336条规定的"非法行医罪"和"非法进行节育手术罪"的犯罪主体必须具有"未取得医生执业资格"这个消极身份。

4. 从内容上来分门别类

（1）特定公职身份。分三种情形：

第一，一般国家工作人员包括四种人员：

A. 在国家机关依法从事公务的人员。国家机关包括国家立法机关、行政机关、司法机关和军事机关。

B. 在国有公司、企业、事业单位、人民团体中从事公务的人员。

C. 国家机关、国有公司、企业、事业单位、人民团体委派到非国有公司、企业、事业单位、社会团体从事公务的人员。

D. 其他依法从事公务的人员。一般认为包括人大代表、陪审员、国家机关的实习学生、合同警察、接受国家机关委托行使行政处罚权的事业单位的工作人员等。

村民委员会的工作人员在协助人民政府从事下列 7 种行政管理工作时，也是国家工作人员：救灾、抢险、防汛、优抚、移民、救济款物的管理；社会捐助公益事业款物的管理；国有土地的经营和管理；土地征收、征用补偿费的管理；代征、代缴税款；有关计划生育、户籍、征兵工作；协助人民政府从事的其他行政管理工作。

第二，特定的国家工作人员：司法工作人员（有侦查、检察、审判、监管职责的工作人员）、海关工作人员等。刑讯逼供罪、暴力取证罪的犯罪主体只能是具有司法工作人员身份的自然人；放纵走私罪的犯罪主体只能是具有海关工作人员身份的人。

第三，军人：中国人民解放军的现役军官、文职干部、士兵、有军籍的学员；武警部队的现役军官、文职干部、士兵、有军籍的学员；执行军事任务的预备役人员和军内在编职工。国家军事机关的工作人员和各级军官同时也是国家机关工作人员。《刑法》分则第 10 章规定的犯罪，从犯罪构成的犯罪主体来讲，行为人须具有军人身份。

（2）从事特定职业的身份：包括从事合法职业的人员和从事非法职业的人员的身份。如航空人员、医务人员、铁路职工。"重大飞行事故罪"的犯罪主体具有"航空人员"身份，"铁路运营安全事故罪"的犯罪主体具有"铁路职工"身份。

（3）具有特定法律地位或特定职责上的身份：如"伪证罪"的犯罪主体具有证人、鉴定人、记录人、翻译人的身份。《刑法》第 306 条规定的"辩护人、诉讼代理人毁灭证据、伪造证据、妨害作证罪"的犯罪主体具有辩护人、诉讼代理人的身份。"脱逃罪"的犯罪主体具有依法被关押的罪犯、被告人、犯罪嫌疑人的身份。"逃税罪"的犯罪主体具有纳税人、扣缴义务人的身份。"虚假出资、抽逃出资罪"的犯罪主体具有公司发起人、股东的身份。特定职责上的身份例如直接责任人员等。

（4）参与某种活动的特殊身份。如"串通投标罪"的犯罪主体具有投标人的身份。

（5）患有特定疾病的身份。如"传播性病罪"的犯罪主体具有"患有梅毒、淋病等严重性病"的身份。

（6）以居住地和特定组织成员为内容的身份。如按照《刑法》第 294 条第 2 款的规定，入境发展黑社会组织罪的犯罪主体具有境外黑社会组织成员的身份。

## 第四节　单位犯罪主体

### 一、单位犯罪概念与单位犯罪主体的分类

#### 1. 单位犯罪的概念

当今世界各国刑法对单位犯罪的规定，可以分为三大类：第一类是原则上承认法人刑事责任的国家，以英国、美国、加拿大等英美法系的国家及荷兰等国为代表；第二类是例外地承认法人刑事责任的国家，以丹麦、比利时、日本等国为代表；第三类是否定法人的刑事责任而只追究其行政责任的国家，以德国、意大利等国为代表。我国 1979 年《刑法》没有关于单位犯罪的规定，1987年《海关法》首次将单位规定为走私罪的主体。此后，有关单行刑法规定了大量单位犯罪，到 1997 年刑法修订之前，单位犯罪的罪名已达 49 个之多，几乎占到全部罪名的 1/5。1997 年《刑法》第 30 条正式确认了单位犯罪："公司、企业、事业单位、机关、团体实施的危害社会的行为，法律规定为单位犯罪的，应当负刑事责任。"

以前理论界称单位犯罪为"法人犯罪"，是指公司、企业、事业单位、机关、团体为单位谋取非法利益或者以单位名义，经单位集体研究决定或者由负责人员决定，故意或者过失实施的犯罪。公司、企业、事业单位、机关、团体实施的依法应当承担刑事责任的危害社会的行为。单位除了法人外，还包括合

伙、外国公司的分支机构、公司的筹备组织、公司的清算组织等在内，但它们都不是法人。

单位毕竟与自然人不同，有些犯罪自然人可以成为犯罪主体，单位不能成为犯罪主体。例如，某公司负责人组织员工对前来征税的税务人员使用暴力，拒不缴纳税款，是否构成"抗税罪"？我国《刑法》第211条没有规定单位可以成为抗税罪的主体。再如，某公司利用欺骗的方式得到银行贷款500万元，是否可以定贷款诈骗罪？《全国法院审理金融犯罪案件工作座谈会纪要》规定"对于单位实施的贷款诈骗行为，不能以贷款诈骗罪定罪处罚"，一般定合同诈骗罪。

2. 单位犯罪主体的分类

（1）单位犯罪主体的五大种类。我国刑法第30条直接规定了实施犯罪行为的公司、企业、事业单位、机关、团体是单位犯罪主体。这里的单位包括公司、企业、事业单位、机关、团体。这些单位必须是依法成立的合法单位；必须是独立的单位，而不能是单位的内部机构。

（2）单位犯罪究竟是一个主体还是数个主体。这历来是刑法学界争论的焦点，目前仍然难以达成共识。概括起来主要有以下几种观点：两个主体说——认为单位内部结构的复杂性决定了单位犯罪中，实际上是一个犯罪即单位犯罪，两个犯罪主体即单位和其中的自然人；一个主体说——持这种观点的人都认为："两罚制不是对两个主体，而是对一个主体即单位的整体处罚，是对单位的犯罪行为的综合性的全面处罚。"我们认为后者是正确的，前者的观点与公认的共同犯罪理论相冲突。

单位犯罪的，对其直接负责的主管人员和其他直接责任人员判处刑罚。这些单位成员应当受到刑罚惩罚的原因如下：其一，从罪过方面来讲，单位的主管人员及其他责任人员的犯罪意图是单位犯罪意图的根源，单位的犯罪意图来自于主管人员及其他责任人员的犯罪意图。其二，从行为方面来讲，单位的直接负责的主管人员及其他责任人员会因为其身份不同而有所不同，负直接责任的主管人员是指对单位犯罪负有直接责任的主管人员。

## 二、单位犯罪主体的认定

1. 单位犯罪主体是否区分所有制性质

1999年6月1日最高人民法院《关于审理单位犯罪案件具体应用法律有关问题的解释》第1条规定："刑法第三十条规定的公司、企业、事业单位，既包括国家、集体所有的公司、企业、事业单位，也包括依法设立的合资经营、合作经营企业和具有法人资格的独资、私营等公司、企业、事业单位。"

2. 不以单位犯罪论处的情形

个人盗用单位名义进行犯罪活动，违法所得由实施犯罪的个人私分的，不属于单位犯罪，应依自然人犯罪的有关规定定罪量刑。例如某学校领导以学校名义给上级领导机关以财物，最终得到的某些不正当利益被个人私分了，属于行贿罪，不构成单位行贿罪。不具有法人资格的单位不能成为单位犯罪主体。例如，甲乙成立合伙企业，专门从事假冒伪劣产品的销售，该合伙企业因没有法人资格不能成为单位犯罪主体。

3. 合法成立的"一人公司"犯罪成立单位犯罪

犯罪单位须具备法人资格，一人公司具有法人资格，所以一人公司如果犯罪，依法按单位犯罪处理。

4. 单位的附属机构能否成为单位犯罪的主体

2001 年 1 月 21 日《全国法院审理金融犯罪案件工作座谈会纪要》规定："以单位的分支机构或者内设机构、部门的名义实施犯罪，违法所得主要归分支机构成或者内设机构的部门所有的，应认定为单位犯罪。"

5. 犯罪单位发生变更的情况下如何追究刑事责任

（1）单位撤销、注销、吊销营业执照或者宣告破产。对此，2002 年 7 月 9 日最高人民检察院的司法解释规定，在上述情况下，对实施犯罪行为的该单位直接负责的主管人员和其他直接责任人员追究刑事责任，对该单位不再追诉。

（2）单位发生分立、合并或者资产重组。在这种情况下仍应追究单位的刑事责任。

# 第八章　犯罪主观方面

## 王某盗窃包中有枪的提包案

**案情：** 被告人王某曾因盗窃被公安机关拘留教育两次。1999 年 6 月 5 日晚，王某又在某市火车站候车室，趁一旅客熟睡之际将其提包偷走。出站时被查获，提包内有"五四"式手枪一支、人民币 200 元以及衣物等。在案件审理中，被告人王某只承认自己想盗窃财物，没料到提包里有手枪。

**问题：** 第一，本案被告人王某的行为是否构成盗窃枪支罪？第二，王某犯罪是想象竞合犯还是牵连犯？

**提示：** 王某主观上是否具有盗窃枪支的故意？

**第 8 章思考题：**

1. 什么叫犯罪主观要件
2. 简述犯罪主观要件的特征与意义
3. 哪些是犯罪主观方面的附随情状
4. 简述犯罪故意与犯罪过失的概念及其异同
5. 简述直接故意和间接故意的异同
6. 简述犯罪故意的学理类型
7. 简述犯罪动机与犯罪目的的概念
8. 简述刑法上的认识错误
9. 简述事实认识错误
10. 试述犯罪过失的本质
11. 简述犯罪过失的法定类型及其区别
12. 简述犯罪过失的学理分类
13. 简述不可抗力与意外事件的概念及其区别
14. 简述合理信赖事件的概念
15. 什么叫被允许的危险行为致害
16. 简述期待可能性理论

## 第一节　犯罪主观方面概述

在我国刑法理论中，不少学者认为"犯罪主观方面是指犯罪主体对他所实施的危害社会的行为及其危害结果的心理状态"，"犯罪主观方面在我国也常称为犯罪主观要件"。① 其实犯罪主观方面和犯罪主观要件是两个不同的概念。

犯罪主观方面是犯罪主观要件寓居的方面的简称，是犯罪主观要件存在的空间；犯罪主观要件是刑法规定成立犯罪必须具备的，犯罪主体对其实施的危害行为及其危害结果所持的心理状态。犯罪主观方面的外延比犯罪主观要件的外延大得多，二者具有包含关系。

刑法并不惩罚自然人无意识的行为。刑法规定的犯罪行为，不仅客观上有危害社会的行为，这种行为还应该是基于一定的罪过心理产生的。这种罪过心理是主观方面的主要内容。缺乏犯罪的主观要件，犯罪便不能成立。犯罪主观要件不同，所构成的犯罪也不同。所以，犯罪主观要件是犯罪构成的基本要件之一。

### 一、犯罪主观方面的内容

#### 1. 犯罪主观方面的必要要件

犯罪故意与犯罪过失是犯罪主观方面的必要要件。在刑法理论上，犯罪故意与犯罪过失合称为"罪过"。在一个具体的犯罪构成中，犯罪故意与犯罪过失二者必居其一，但也只能二者择一，不会两者都出现。但一个犯罪行为，可能同时一因多果，行为人可能对一个危害结果持故意的心理态度，对另一个结果持过失态度。

#### 2. 犯罪主观方面的附随情状

第一，选择要件，包括犯罪目的和犯罪动机。犯罪目的是某些犯罪构成必须具备的主观要素。例如《刑法》第217条规定的侵犯著作权罪、第303条第1款规定的赌博罪等，必须具有营利的目的，才能构成这些罪的故意。有的学者认为犯罪动机不是犯罪构成的主观要素。我们认为犯罪动机能够反映行为人主观恶性的大小，影响量刑，有时甚至影响直接故意犯罪的定罪，所以可以将其

---

① 陈立、陈晓明主编：《刑法总论》，厦门大学出版社2006年版，第157页。另见高铭暄、马克昌主编，赵秉志执行主编：《刑法学》，北京大学出版社、高等教育出版社2011年版，第103页。

列入主观选择要素。第二，刑法上的认识错误，包括法律认识错误和事实认识错误。

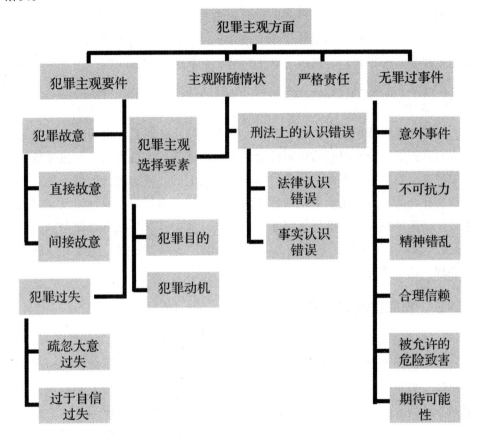

### 3. 无罪过事件

寄寓在犯罪主观方面的还有无罪过事件，如不可抗力、意外事件、精神错乱、合理信赖和期待可能性。

### 4. 严格责任

它是不问主观过错的刑事责任。

## 二、犯罪主观方面的特征

### 1. 主观性

犯罪主观方面的内容是行为人实施犯罪行为时的主观心理态度，是支配行为人外在客观行为的主观意识，包括认识因素和意志因素。罪过属于行为人主观意识的范畴。犯罪主观方面的主观性决定了罪过的内在性、隐蔽性，需要通过犯罪外在的客观行为去考察、揭示。

2. 法定性

犯罪的主观方面是我国刑法中犯罪构成的必备要件。《刑法》总则对犯罪故意和犯罪过失等构成要素作了明文规定，《刑法》分则对具体犯罪成立的特定的主观要素作了规定。例如《刑法》第276条规定"破坏生产经营罪"应具有"出于泄愤报复或者其他个人目的"。

3. 危害性

犯罪的本质特征是社会危害性，这种本质特征从主观方面反映出来就是行为人对其犯罪行为所引起的危害社会的结果所持有的心理态度，即犯罪故意和犯罪过失。犯罪主观方面不是普通心理学意义上的心理态度，如果不是对其实施危害社会的行为及其危害结果所持的心理态度，而是对其他行为及其结果的态度，则这种心理态度不属于犯罪主观方面。例如，学生故意上课迟到，这种"故意"谈不上危害性；故意在公共场合抽烟，这种"故意"即使有一般违法的心理，也不具有犯罪故意的危害性。

## 三、犯罪主观方面的意义

1. 是行为人承担刑事责任的主观根据

犯罪主观方面有利于防止客观归罪，限制刑罚权滥用，实现刑法的保障人权机能。犯罪构成是犯罪客观要件与主观要件的统一体。缺少主观要件，行为就是单纯的身体动静。行为虽然在客观上造成了损害结果，但不是出于故意或过失，而是不可抗力，该行为就不构成犯罪。对不是出于犯罪故意或犯罪过失的行为予以处罚，就不能实现刑罚预防犯罪的功能，处罚的正当性就令人质疑。

之所以要对犯罪分子予以处罚，就是因为在其主观意志和意识的支配和控制下实施了危害社会的行为。自然人具有自由意志，对从事什么活动实施什么行为具有相对的选择自由。如果本可以选择合法行为却选择了违法行为，则社会就具备了责难行为人的权利，即具备了追究其刑事责任的主观基础。一个人既可以选择实施有利于社会的行为，得到社会的褒奖；也可以选择实施利己不害人的行为，对这种行为自由社会一般不会干预；如果恣意妄为，选择实施危害社会的行为，就产生了刑事责任，社会就要矫正其行为，通过惩罚防止行为人继续危害社会，并促使其改过自新，择善而从。

2. 整合犯罪外在客观行为为构成要件

犯罪外在客观行为有时表现为一系列的身体举止，例如盗窃公家仓库的钢材在客观上表现为头天事先踩点、配钥匙、次日开锁、搬走钢材等一系列动作。这一系列动作在时空上并不连贯，经过盗窃故意整合为盗窃行为。

这些外在的行为之所以能够整合或"通约"，是因为每个单独的身体举止都是在罪过的支配控制下发生的。只有通过犯罪的主观要件，才能将一系列的身体举止联系起来。

3. 区分罪与非罪、此罪与彼罪、罪轻与罪重

行为造成了危害社会的严重后果，如果是出于罪过，就构成犯罪；行为人没有罪过，就是不可抗力或意外事件。

从犯罪主观方面看，许多犯罪既可以由犯罪故意构成，也可以由犯罪过失构成。大多数犯罪只能由犯罪故意构成，如盗窃罪、走私罪；有些罪还必须具有特定的犯罪目的（目的犯），如"侵犯著作权罪"须"以营利为目的"；有些罪只能由犯罪过失构成，如交通肇事罪。

# 第二节　犯罪故意

## 一、犯罪故意的概念

犯罪故意是指行为人明知自己的行为必然或者可能发生危害社会的结果，并且希望或者放任危害结果发生的心理态度。

犯罪故意是罪过的主要表现形式，是比犯罪过失更危险的犯罪主观要件。我国刑法以处罚故意犯罪为原则，以处罚过失犯罪为补充。犯罪故意与故意犯罪是密切相关的两个概念，没有犯罪故意就没有故意犯罪，犯罪故意是一种主要的罪过心理，故意犯罪是在这种罪过心理支配下构成的犯罪行为类型。

## 二、犯罪故意的构成

有的学者称之为犯罪故意的内容或基本特征，大同小异。犯罪故意由认识因素和意志因素构成。

1. 犯罪故意的认识因素

（1）含义。行为人"明知自己的行为会发生危害社会的结果"，这是构成犯罪故意的认识因素。犯罪故意中的认识，是指行为人对行为的有关事实的了解与某种价值评判。认识因素是成立犯罪故意的前提条件，人的任何行为都是

基于对客观事实的认识，进一步通过意志，确定行为的方向，选择行为的方式和进程，最终达到行为结果的。如果对有关事实缺乏认识，便不可能是犯罪故意。

（2）认识的程度。认识到"会发生"包括认识到自己的行为"必然发生"和"可能发生"危害社会的结果。

（3）认识的内容。在故意犯罪中，行为人"明知"哪些因素呢？

第一，行为的性质以及内容、作用。对行为本身性质的认识是指对行为的自然性质和社会性质的认识。某地国家非物质文化遗产的传承人制造黑色炸药，被判刑。该传承人认识到制造黑色炸药行为的自然性质，明知传承这项遗产需要这些黑色炸药，但制造行为也"可能发生"炸药爆炸误伤人命的结果，可能发生公共安全事故（对社会性质的认识）。在没有报批和采取防范措施以前，私自制造黑色炸药虽是为了传承国家非物质文化遗产，情有可原，但不能否认行为人主观上犯罪故意的存在。

第二，行为客体与危害结果。《刑法》第310条规定的窝藏、包庇罪的主观要件是行为人"明知是犯罪的人"而为之提供隐藏处所、财物。根据1984年4月6日《最高人民法院、最高人民检察、公安部关于当前办理强奸案件具体应用法律的若干问题的解答》的规定，明知妇女是精神病患者或者痴呆者（程度严重的）而与其发生性行为的，不管犯罪分子采取什么手段，都应以强奸罪论处。2003年1月17日最高人民法院的司法解释规定"行为人明知是不满14周岁的幼女而与其发生性关系，不论幼女是否自愿，"均以强奸罪定罪处罚。这些都是对行为客体或犯罪对象的认识。行为人还应明知自己的行为会发生某种自然后果，例如行为人应该预见到放火会烧毁房屋和可能会烧死屋内人员。

第三，刑法规定的特定事项，如对犯罪时间、犯罪地点、犯罪方法的认识等。例如《刑法》第311条规定的"拒绝提供间谍犯罪证据罪"要求行为人"明知他人有间谍犯罪行为"。

2. 犯罪故意的意志因素

犯罪故意的意志因素是指对危害结果所具有的希望或者放任的心理态度。

希望，是指对危害结果的发生，有目的地、积极地追求的心理态度，结果的发生是行为人努力希望达到的目的。"希望"即"追求"。由希望这一意志因素构成的故意叫直接故意，只有在目的行为中，才存在直接故意。犯罪构成中主观要件为直接故意的，都有犯罪目的。例如诈骗罪的主观要件为直接故意，且以非法占有为目的；挪用公款罪的主观要件亦为直接故意，且以非法取得公款使用权为目的。

放任，从词义学解释，"放任就是听其自然，不加干涉"。但刑法学上另有含义。刑法学界对放任的理解并不一致。我们认为：第一，放任是以行为人认识到结果可能发生或可能不发生这种或然性为前提的。如果行为人已经认识到结果必然发生则无放任可言。第二，放任是在追求一个目的时甘冒可能发生危害结果的风险而豁出去的心理态度。第三，放任并不完全是"听之任之"，不是放任危害结果不发生（如是这样则没有刑法意义），而是放任危害结果发生，"是行为人对可能发生的结果持一种纵容的态度"①，危害结果的发生是他的意料之中的事。"放任"即"同意"。

有的学者认为，在希望和放任之外，确实存在着既非希望也非放任的意志类型，这就是不断引起关注的所谓"明知必然性而放任其发生"的类型。这种意志类型可以称之为"容忍"。容忍表示行为人对法定构成要件的结果的发生持完全肯定的态度——不同于放任，但由于该结果并非行为人所追求，而是行为人追求其他目的的必然伴随结果，所以行为人又有不得已而为之的心态，其不同于希望。从责任来评价，容忍故意略轻于希望故意而重于放任故意。② 许多学者认为容忍仍然属于"希望"心理态度范畴。我们认为"容忍"心理态度确实不同于"希望"心理态度，有必要将之从"希望"心理态度中独立出来另立门户。③

## 三、危害性认识还是违法性认识

行为人对行为性质的认识，是明知行为的危害性，这是刑法学界的通说。通说认为，认识因素中不包括对行为的违法性的认识。④ 只有在特殊情况下可能有例外，这主要是指，某种行为过去一直不是犯罪而是合法行为，但随着形势的变化，新的法律将其规定为犯罪。这时由于人们不懂法就很难了解其行为的社会危害性，在这种特殊情况下就要求行为人明知其行为的违法性才能追究

---

① 陈兴良：《规范刑法学》（上册），中国政法大学出版社2008年第2版，第161页。

② 贾宇："犯罪故意概念的评析与重构"，西北刑事法律网，2008年11月4日更新。

③ 有时，行为人的主观方面的犯罪故意内容极不明确，行为的过程也难以反映出性质，是行凶杀人还是故意伤害不易确定，一般按行为实际造成的危害后果定罪，因为行为人对自己的危害行为客观上所造成的死亡或者伤残结果都是无所谓的，都在其犯意之内。

④ 陈兴良先生见解独到，他认为"我国刑法关于犯罪故意的规定中，包含了对行为的危害社会性质认识的内容，这实际上是违法性认识的另一种表述"，"我国刑法是承认违法性认识作为刑事责任的主观根据的"。——陈兴良：《规范刑法学》（上册），中国政法大学出版社2008年第2版，第184页。

其刑事责任。不能要求行为人明知行为的"刑事违法性"，原因在于：第一，我国刑法规范与我国社会的行为价值观、是非观是一致的，危害社会的行为及其结果达到一定严重程度就要被我国刑法所禁止、所制裁。第二，要求一般公民明知某个危害行为触犯刑法哪一条文，应当怎样定罪量刑是不现实、不合理的。第三，"不知法律不赦"从古罗马法以来就是无可置疑的原则，如果主张"违法性认识"观点就会使规避刑法的不法之徒有机可乘。①

对通说的上述观点，早有学者持有异议，认为社会危害性不是也不可能是故意犯罪的认识内容，其认识内容应当是也只能是违法性认识。② 我们也认为，通说上述理由有以偏概全、似是而非之嫌：

第一，我国刑法规范与我国社会的行为价值观、是非观并不都是一致的。"确信犯"就是否定其行为具有社会危害性。犯罪分为自然犯和法定犯，对于自然犯也许是如此，但对于没有明显违反伦理道德的现代型犯罪，很难用行为价值观、是非观进行价值判断，现实生活中确实存在"合理不合法，合法不合理"的现象。是非观因阶级而异，甚至因人而异，如对非法猎捕、杀害珍贵、濒危野生动物，人们的认识就可能大相径庭，在某些特殊情况下，甚至对杀人、放火这样似乎明显具有社会危害性的行为，行为人也会自以为是地作出肯定评价，例如不少公民认为私自处死亲属中的犯罪分子这种"大义灭亲"是合理的。要求犯罪行为人都认识到其行为的社会危害性是不现实的。因此用社会传统的或一般人的是非观去评判某种行为是否正当有时是不可靠的。

第二，"明知行为违反刑法"与"明知行为违反刑法某一条文"并不相同，我国刑法并不要求一般公民明知某个危害行为触犯刑法某个条文，应当怎样定罪量刑。后者是司法人员和其他从事法律职业的人员应该具有的法律水准。一般公民只需要知道某种行为违反刑法，不需要知道具体违反刑法哪一条文。一般公民甚至有些法官也不清楚参加间谍组织违反了刑法哪一条，应判多少年徒刑，但成年人都知道参加间谍组织是犯罪。

第三，担心规避法律者有机可乘完全是多余的，因为审判权、刑罚权并不在行为人手中，并不是行为人自己辩解不懂法就可以逍遥法外。行为人有无违法性认识的判断，是由司法机关根据刑法规范和具体情况及行为人的年龄、经历、经验等背景作出的。

---

① 参见高铭暄、马克昌主编，赵秉志执行主编：《刑法学》，北京大学出版社、高等教育出版社2011年版，第114页。

② 参见田宏杰：《违法性认识研究》，中国政法大学出版社1998年版，第44页。

第四，社会危害性乃相当宽泛且抽象之概念，其判断缺乏明确的可操作性的标准。即使能够勉强认定行为人具有社会危害性认识，不分程度的"社会危害性认识"的要求也使犯罪故意混同于一般危害故意。

第五，"不知法律不赦"这一古老的曾经被认为无可置疑的罗马法原则与"不知者不为罪"的法律格言水火不相容。大陆法系各国在司法实践中"通过判例或者例外解释，甚至通过修改刑法逐渐地摆脱'不知法律不免责'的影响"。① 例如1994年《法国刑法典》规定"能证明自己系由于其无力避免的对法律的某种误解，以为可以合法完成其行为的人，不负刑事责任"。"不知者不为罪"在精神实质上与罪刑法定主义是完全一致的。罪刑法定要求法无明文规定不为罪，其本质是禁止事后法。行为人在确实不知法的情况下实施违反刑法的行为，不能认定为故意犯罪。对犯罪故意的成立只要求社会危害性认识，不要求违法性认识的主张，背离了罪刑法定原则。

总之，我们认为，对于日常生活和本职工作范围内发生的某种行为，"明知"意味着行为人应该知道是否违反刑法；在其他一般情况下，运用犯罪本质特征去评判某种行为，行为人应该知道自己的行为违反刑法的规定才属于"明知"；在其他情况下，"不教而诛"也是不正当的。行为人是否明知行为的刑事违法性，不能仅凭行为人自己的声明来定夺，应该联系行为客观要件来综合分析。

## 四、犯罪故意的法定类型

对犯罪故意进行分类，一方面有利于为犯罪故意的具体认定提供更清晰明了的标准；另一方面有利于区别不同犯罪故意在主观恶性上的轻重差别，为量刑的个别化和科学化提供主观责任方面的依据。

我国刑法根据意志因素的不同，将犯罪故意分为直接故意和间接故意。

### 1. 直接故意

直接故意是指明知自己的行为会发生危害社会的结果，并且希望这种结果发生的心理态度。直接故意的认识因素是明知自己的行为会发生危害社会的结果。直接故意的意志因素是希望危害结果发生。这里的危害结果是指行为人已经明知会发生的那种危害结果；希望是指行为人积极追求危害结果的发生，发生危害结果是行为人实施危害行为所直接追求的目的。

---

① 陈兴良：《走向规范的刑法学》，法律出版社2008年版，第221页。

**2. 间接故意**

行为人明知自己的行为可能发生危害社会的结果，为了追求某种行为目的，而放任该行为必然或可能产生的伴随结果即本罪构成要素的结果的心理态度。行为人对于行为目的的追求态度是直接的，而对构成要件结果的态度则是间接的。通说认为放任行为自身没有目的，但并不排斥其他目的的存在。

在司法实践中，当情形高度冒险时，是否能避免危害结果发生纯凭侥幸，发生危害结果的，可以认定为间接故意。例如左某为当英雄，将工厂仓库点燃后再去救火，但烈火无情，左某虽奋不顾身扑救，仍是杯水车薪，无济于事，最后工厂仓库被烧成灰烬，左某本人也被烧伤。左某有间接故意，其放火行为构成放火罪。

间接故意包括三种情况：

（1）为了追求一个合法的目的而放任一个危害社会的结果发生。例如，甲上山合法打猎，发现猎物旁边站着一个陌生人，该人离猎物非常近，甲知道自己枪法不行，如果开枪有可能将该人打死，但他想"管他呢，打死了活该!"遂开枪打猎，结果将该人打死。

（2）为了追求一个非法的目的而放任另一个危害社会的结果的发生。例如甲与丈夫乙大吵大闹后想毒死乙，遂在午饭的菜中投放毒药。甲明知小孩丙也可能放学回家吃饭，但甲认为"舍不得孩子套不住狼"，为了毒死丈夫管不了那么多。结果乙被毒死，丙也被毒死。本案中甲对丈夫乙的死亡持直接故意态度，对小孩丙的死亡持间接故意态度。

（3）在突发性犯罪中不计后果，放任严重结果的发生。例如，甲在商场偷东西，被乙发现制止，甲恼羞成怒，拔出匕首朝乙连捅几下，然后扬长而去，乙当场死亡。甲对其行为造成乙死亡的结果就是持间接故意态度。

**3. 直接故意和间接故意的异同**

（1）直接故意与间接故意的相同点：二者同属犯罪故意的范畴，在认识因素上，二者均明确认识到自己的行为会发生危害社会的结果；在意志因素上，二者均不排斥危害结果的发生。

（2）直接故意与间接故意的区别。它们有四点不同。

### 直接故意和间接故意区别一览表

| 要点 | 直接故意 | 间接故意 |
|------|---------|---------|
| 认识因素 | 明知自己的行为必然发生或者可能发生危害社会的结果 | 明知自己的行为可能发生危害社会的结果 |
| 意志因素 | 希望（积极追求）危害结果发生 | 放任危害结果发生，既不积极追求，也不设法避免 |
| 犯罪形态 | 存在犯罪预备、中止、未遂形态 | 不存在犯罪预备等未完成形态 |
| 犯罪情形 | 犯罪动机 → 犯罪目的→ 犯罪行为 | 间接故意在实践中一般通过以下三种情况表现出来：①行为人为追求某一犯罪目的而放任了另一危害结果的发生；②行为人为追求某一非犯罪目的而放任某一危害结果发生；③突发性犯罪中行为人不计后果放任某种严重危害结果的发生。 |

第一，认识因素有所不同，直接故意一般是行为人明知自己的行为必然发生危害结果，但也可以是明知其行为可能发生危害社会的结果；而间接故意只能是行为人明知自己的行为可能发生危害结果。直接故意包括明知可能和明知必然两种情形，间接故意只有明知可能一种情形。

第二，对危害结果发生的意志因素明显不同。直接故意的意志因素是希望，间接故意则是放任，即听之任之、满不在乎，容忍、同意危害结果的发生。

是否发生法定结果，是直接故意是否成立既遂的标志；对于间接故意则是是否成立犯罪或者成立何种犯罪的标志。间接故意是放任危害结果发生。危害结果没有发生，就难以证实行为人对危害结果持放任态度，通常难以证实构成了犯罪。

第三，特定危害结果发生与否，对两种故意及其支配之下的行为定罪的意义也不同。直接故意中，无论危害结果是否发生都构成犯罪，分别为既遂与未遂。而间接故意，无危害结果发生则无犯罪。间接故意没有未遂。例如，一个人合法打猎，持枪人看到野猪旁边有一个人，他知道打偏就会打中那个人。如果一枪打中了野猪，没有伤及人，不能定间接故意杀人未遂；如果打中了人，就是间接故意犯罪。

第四，直接故意的主观恶性大于间接故意。[①]

① 教唆犯主观上是直接故意还是间接故意，有争论。有的学者认为，一般是直接故意，但不排除间接故意的可能。

## 五、犯罪故意的学理类型

刑法学界从不同角度对犯罪故意进行了分类。常见的有确定故意与不确定故意、预谋故意与非预谋故意、事前故意与事后故意、实害故意与危险故意等分类法。

1. 行为故意与结果故意

刑法理论长期以来注重的是结果故意，对行为故意有所忽视。

行为故意，是指明知自己的行为属于刑法禁止的违法行为，而决意实施该种行为的心理状态。行为犯的主观方面均应具备行为故意。《刑法》第 316 条第 1 款规定的脱逃罪，只要行为人认识到自己是在押人犯，并知道法律禁止在押人犯脱逃而仍决意脱逃的，就成立该罪故意，至于脱逃行为会造成何种危害结果在所不问。

结果故意是行为人明知自己的行为会导致危害社会的结果，而决意实施该行为并希望、放任这种结果发生的心理状态。结果故意即结果犯的故意。①

2. 确定故意与不确定故意

根据犯意的确定性程度，犯罪故意可分为确定故意与不确定故意。

确定故意是指行为人明知自己的行为性质和危害结果，并决意实施犯罪的心理态度。通常情况下的犯罪故意，大多属于确定的故意。

不确定故意是指行为人明知自己的行为会引起某种危害结果，但对结果的具体内容、发展趋势和发生几率认识不确定，而决意实施犯罪的心理态度。行为人实施犯罪行为时没有侵犯特定对象的主观认识。根据不确定故意中"不确定"内容的特点，又可将其分为概括故意、择一故意和未必故意三种。

概括故意是指行为人明知自己的行为必然导致构成要件的结果，但对结果的具体范围及其性质没有确定的认识，而希望、容忍或放任这种结果发生的心理态度。例如张三为了打死李四，用机关枪朝李四所在人群扫射，明知会打死人，但打死谁、打死多少人不确定。

择一故意是指行为人明知自己的行为必然导致多个危害结果中的一个，但对侵害的具体对象是哪一个尚不能确定，而希望或放任危害结果发生的心理态度。例如，"A 明知会击中 B 与 C 中的某一人，仍开枪射击，结果子弹击中 B，

---

① 参见贾宇："犯罪故意类型新论"，西北刑事法律网，2008 年 11 月 4 日更新。

致 B 死亡，则对 B 构成杀人既遂，对 C 构成杀人未遂"。①

"未必故意"即"可能故意"，是指行为人明知自己的行为可能引起危害结果，而容忍或放任这种结果发生的心理态度。

**3. 预谋故意和偶然故意**

根据行为人意志中策划行动过程的程度与时间长短，可分为预谋故意和偶然故意。早在中国汉代，就已将故意杀人分为谋杀与故杀等形式，谋杀要受到更重的惩罚。1810 年《法国刑法典》第 295 条规定"故意杀人者，称故杀"，第 296 条规定"预谋杀人或袭杀人者，称谋杀"，在处罚上二者有区别。

所谓预谋故意，是指行为人深思熟虑产生犯罪决意后，在较长时间内策划行动过程方付诸实施的犯罪故意。所谓偶然故意，又称突发故意、一时故意、单纯故意，是指行为人临时起意，突然决意实施犯罪的故意。

基于流氓动机，动辄行凶杀人，主观恶性不见得轻于预谋杀人。因此，不少学者质疑预谋故意与偶然故意的分类。但总的来说，预谋故意的危害性大于偶然故意的危害性。

**4. 作为故意和不作为故意**

根据行为人对行为形式的意志选择，可分为作为故意和不作为故意。刑法理论中有类似的"积极故意与消极故意"提法。

所谓作为故意就是作为犯的故意，是指行为人明知自己的行为会产生危害社会的后果，而决意以作为方式实施犯罪的故意。所谓不作为故意就是不作为犯的故意，是指行为人明知自己的行为会产生危害社会的后果，而决意以不作为方式实施犯罪的故意。我们认为，作为犯罪与不作为犯罪是根据行为方式而不是根据犯罪主观要件来区分的，并且在上述定义中，定义概念直接包含被定义概念，有同语反复之嫌，违背了定义不能循环的逻辑规则。

**5. 无条件故意与附条件故意**

根据行为人的故意内容中是否包含一定的前提条件可以将故意分为无条件故意与附条件故意。

无条件的故意，是指行为人决意无条件地实施犯罪的心理态度。附条件的故意，是指行为人决意在具备某种条件的前提下才实施犯罪的心理态度。例如甲欠乙债款未还，乙多次催还未果，于是某日乙带了凶器到甲家中，威胁甲"还钱什么都好说，再不还钱就绑架你"。

---

① 〔日〕西田典之：《日本刑法总论》，刘明祥、王昭武译，中国人民大学出版社 2007 年版，第 170 页。

## 六、犯罪动机与犯罪目的

犯罪目的和犯罪动机只存在于直接故意犯罪中，间接故意犯罪和过失犯罪不可能存在犯罪目的和犯罪动机，可能存在其他的目的。因为犯罪目的是行为人希望通过实施危害行为达到某种危害结果的心理态度，具有明确的指向即确定的目标，必然要有为了实现这一既定目标的积极追求行为，而无论是间接故意的对可能发生的危害结果持放任的心理态度，还是过失的对可能发生的危害结果持疏忽大意或过于自信轻信能够避免的心理态度，都不具备犯罪目的所需求的行为的鲜明的目标性。

1. 犯罪动机与犯罪目的的概念

（1）犯罪动机。动机是驱使和维持个体活动，使活动按照一定方向进行，以达到满足某种需要的心理起因。犯罪动机是刺激、促使、推动行为人实施犯罪行为以达到一定犯罪目的的内心起因或意识冲动。产生犯罪动机的两个必备条件是：第一，行为人内在的需要和愿望；第二，外界的诱因与刺激。在直接故意杀人罪中，非法剥夺他人生命是其犯罪目的，但行为人的犯罪动机可以是报复、贪财、嫉妒、杀人灭口等，甚至是两个或两个以上的动机。

（2）犯罪目的。它是指犯罪人希望通过实施犯罪行为达到的某种危害社会的结果，即犯罪分子主观上通过犯罪行为所追求的非法利益、状态等结果，也就是危害结果在犯罪人主观上的表现。比如，行为人在实施抢劫行为时，就有非法占有公私财物的目的；实施故意杀人行为时，就有非法剥夺他人生命的目的。犯罪目的具有选择性，如报复的动机会产生杀人、伤害、诬告、报复陷害等不同的目的；犯罪目的具有暂时性，一旦达到便不再存在。犯罪目的是一些犯罪的构成要件。

直接故意本身有一定的目的，许多直接故意犯罪的主观要件中包含犯罪目的的内容，这一目的在构成要件之内，法律不明文规定也不影响其存在。因为犯罪目的本身属于直接故意内容的一部分，因而刑法对犯罪目的不再明文规定，这样的犯罪目的便不能单独作为犯罪构成的要件。虽然刑法没有单独列出犯罪目的，但在认定犯罪时仍然必须考察直接故意中有无一定的犯罪目的。例如故意杀人罪的直接故意中，包含有"以剥夺他人生命为目的"的内容，《刑法》没有另外单独规定，但在认定故意杀人罪时必须分析行为人直接故意中有无这一犯罪目的。

在刑法上存在一种不为直接故意所包容的犯罪目的（有的学者称之为"超

越的内心倾向"）。这种犯罪目的是犯罪构成选择要件，它是由刑法专门规定的、构成某种犯罪必不可少的单独的构成因素。这种必须具有某种目的才能构成的犯罪叫"目的犯"，例如走私淫秽物品罪这种目的犯必须具有"以牟利或者传播为目的"，侵犯著作权罪必须"以营利为目的"。

"在某些情况下，刑法虽然并未规定一定的目的，但规定了目的的实现行为，这种情形也应视为法定的目的犯。例如受贿罪，为他人谋取利益就是受贿罪之主观目的的实现行为。因此，受贿罪是目的犯。"①

2. 犯罪动机与犯罪目的的联系

（1）产生原因相同。犯罪动机与犯罪目的都来源于行为人过于强烈的或不良的、畸形的需要，是客观世界对行为人产生消极影响的结果，也是行为人对不良社会环境因素的反映。

（2）从对犯罪行为所起的作用看，二者都对犯罪行为有重要影响。犯罪动机对犯罪行为主要起始动功能，犯罪目的对犯罪行为主要起导向功能，二者密切相连。

（3）从表现形式看，犯罪动机往往表现为一定的犯罪目的，犯罪目的也必然是犯罪动机的反映。即在多数情况下，犯罪动机与犯罪目的是一致的，甚至可以互相转化。

（4）从相互作用看，犯罪动机与犯罪目的这两种心理因素相互影响。一方面，犯罪动机在形成过程中出现动机斗争时，势必影响到犯罪目的的选择；另一方面，犯罪目的的实现与否，也必定会对犯罪动机起强化或弱化作用。在实施犯罪过程中，常因犯罪目的的实现，而使犯罪动机强化。而犯罪动机的强化，又促使犯罪目的的发生递进和不断升级。例如，由贪污数额小发展到贪污数额大，由一般的入室行窃发展到持枪抢劫银行等。

3. 犯罪动机与犯罪目的的区别

同一性质的犯罪，犯罪目的相同，犯罪动机不一定相同。不同性质的犯罪，犯罪目的各不相同，犯罪动机可能相同。

（1）产生时间先后顺序不同。犯罪动机是犯罪目的产生的原因。即犯罪动机的形成在先，犯罪目的产生在后。

（2）意识清晰度不同。犯罪动机是一种比犯罪目的更内在、蕴藏得更深的心理成分。犯罪人对其犯罪目的的意识必定是清晰的，而对犯罪动机的意识则

---

① 陈兴良：《规范刑法学》（上册），中国政法大学出版社2008年第2版，第171页。

未必清晰。

（3）作用不同。从对犯罪行为的作用看，犯罪动机向犯罪行为提供动力，回答为什么要实施犯罪行为的问题，起到推动犯罪行为的作用。犯罪目的决定犯罪行为的方向，回答干什么的问题，引导犯罪行为向预期的目标进行。

（4）是否影响定罪不同。犯罪目的既可影响定罪，也能影响量刑。犯罪动机一般不能影响定罪，只能影响量刑。

4. 犯罪目的与犯罪动机的意义

（1）犯罪目的的意义。第一，区分罪与非罪的标准之一。犯罪目的支配行为人实施行为的方向，决定行为的性质。对于某些犯罪，刑法条文又特别载明了犯罪目的，作为犯罪构成的必备条件。目的犯必须具有犯罪目的才成立犯罪。比如，制作、复制、出版、贩卖、传播淫秽物品牟利罪要求行为人必须是出于牟利为目的才能成立本罪；聚众赌博罪要求行为人必须是出于营利的目的才能成立本罪。第二，区别此罪与彼罪的标准之一。例如行凶致人死亡，以剥夺他人生命为目的的构成故意杀人罪，否则构成故意伤害罪（"致人死亡"是加重刑罚的情节）。第三，量刑考虑因素之一。犯罪目的反映出行为人主观恶性的程度，因而影响量刑。

（2）犯罪动机的意义。第一，作为犯罪构成要素影响定罪。例如《刑法》第399条规定的"徇私"、"徇情"，第423条规定的"贪生怕死"等动机属于犯罪构成要素；另外，因为情节包含了犯罪动机，所以如第246条规定的侮辱罪、诽谤罪之类的"情节犯"，刑法规定情节严重、恶劣为犯罪构成要素，犯罪动机因此也影响直接故意犯罪的定罪。第二，主要作用是影响量刑。犯罪意志是在犯罪动机的作用下产生的。犯罪动机的强度决定着犯罪意志力的强度，从而影响量刑。

## 七、犯意转化与另起犯意

犯罪故意内容的确定，关系到犯罪行为的性质或类型以及具体罪名的确定。行为人在实施犯罪行为的过程中，主观上往往不会一成不变，经常会发生犯意转化和另起犯意的现象。

1. 犯意转化

（1）犯意转化的概念。它是指行为人在犯罪行为的过程中，改变犯罪故意的具体内容从而导致此罪与彼罪的转化。犯意转化的特点：第一，从此罪转化为彼罪，最后还是按一罪处罚。第二，前一行为没有停止，或正在进行中。第三，侵犯法益多为同一法益或同一类法益。

（2）犯意转化的种类。主要有两种：

第一，预备阶段的此犯意转化为彼犯意，行为人以此犯意实施犯罪的预备行为，却以彼犯意实施犯罪的实行行为，即行为人在预备阶段是此犯意，但在实行阶段是彼犯意。例如，行为人在预备阶段具有抢劫的故意，为抢劫准备了工具、制造了条件；但进入现场后，发现财物的所有人、保管人等均不在场，于是实施了盗窃行为。行为人在实行犯罪时，由预备阶段的抢劫故意转化为盗窃故意，其实行行为便是盗窃行为。在这种情况下，应以实行行为吸收预备行为。

第二，在实行犯罪的过程中犯意改变，导致此罪与彼罪的转化。即行为人以此犯意开始着手实施实行行为，却在实行的过程当中又以彼犯意取代原犯意，继续实行行为。例如，某乙见他人手提装有现金的提包，起抢夺之念，在抢夺过程中转化为抢劫，使用暴力，将他人打倒在地，抢走提包。对此，处理时原则上"犯意升高者，从新犯意；犯意降低者，从旧犯意"。

2. 另起犯意

（1）另起犯意的概念。指在实施犯罪行为过程中，因某种原因出现，停止原犯罪行为而另起其他犯罪故意，实施另外一个犯罪行为。例如，甲本欲强奸乙，潜入乙房间后发现乙不漂亮，但见乙身上戴了许多珠宝，遂停止强奸行为，转而抢夺乙价值连城的珠宝。

（2）另起犯意的特点。第一，前一行为停止（既遂、中止或未遂状态）后，行为人又另起犯意，第二，侵犯的法益多为不同种法益，如上述案件中甲开始侵犯的是妇女乙的性权利，后又侵犯乙不同的财产权。第三，不止一个犯罪构成，按数罪并罚处理。

3. 另起犯意与犯意转化的区别

## 雷某强奸与强制猥亵妇女案

**案情：** 2011年12月27日晚，雷某等人在华县城找到郑某，提出让郑某找一女娃发生性关系。后郑某将学生李某骗出，拉至渭河大坝上，被告人雷某强行与被害人发生性关系时，因李某来例假，故其未与被害人发生性关系。后被告人雷某采用威胁、强迫的手段让李某进行了口交，后将被害人送回住处。

**问题：** 被告人雷某主观上由强奸到强制猥亵妇女，究竟是犯意转化，还是另起犯意呢？其行为定强制猥亵妇女罪，还是应认定为强奸罪与强制猥亵妇女罪，实行数罪并罚？

**提示：** 雷某因李某身上来了月经，其就放弃了奸淫的主观故意，前一犯罪故意由于被害人身上来了月经，犯罪行为停止下来。但他又临时起意，让被害人与其口交，属于"另行起意"，雷某的行为构成强奸罪与强制猥亵妇女罪。

在司法实践中，对犯意转化或另起犯意常常分不清，以致对案件的定性产生差错。另起犯意与犯意转化有着十分类似之处，但本质不同，犯意转化本质是此罪转化为彼罪，因而仍为一罪；而另起犯意是在前一犯罪行为停止后，行为人又另起犯意实施其他性质不同的犯罪行为，因而是数罪。两者的主要区别在于：

（1）两者侵害的法益是否为同一或同类法益不同。如果是犯意转化，前后犯意所侵害的法益是同一或者是同类的；而另起犯意，前后犯意所侵害的法益在多数情况下是不相同的。如行为人入室强奸后有怕罪行暴露就萌生了杀害被害人的想法，遂用被害人家中菜刀将其砍死后弃尸野外，行为人前后犯意所侵害的法益即不相同，应以强奸罪和故意杀人罪数罪并罚。

（2）犯罪对象是否为同一对象不同。犯意转化是针对同一被害对象而存在的；而另起犯意既可以针对同一犯罪对象，也可以针对另一不同对象。例如，某甲以伤害故意举刀砍某乙，适仇人某丙出现在现场，遂又以杀人故意举刀砍某丙，某甲应成立故意伤害与故意杀人二罪。

（3）前一犯罪行为是否已停止下来不同。犯意转化是前一犯罪行为正在继续进行过程中的犯意变更；而另起犯意是前一行为由于某种原因已经停止后的临时起意。行为在继续过程中，才有犯意转化问题；如果行为由于某种原因终了，则只能是另起犯意。例如，某甲以强奸故意对某乙实施暴力之后，因为妇女正值月经期而放弃奸淫，便另起犯意实施抢劫行为。由于抢劫故意与抢劫行为是在强奸中止之后产生的，故某甲的行为成立强奸中止与抢劫二罪。

（4）处理原则不同。另起犯意由于无论是主观上还是客观上，都符合两个犯罪构成要件，因此成立数罪，应当对行为人数罪并罚；而犯意转化则符合吸收犯的特征，按一罪处理。

## 八、刑法上认识错误

错误指人们主观对客观现实的错误反映与认识，即主观和客观不一致。刑法上的认识错误，又称为刑法上的错误，指行为人在实施危害行为时，其主观认识同行为的事实情况或刑法上对该行为的评价不相符合。行为人的认识错误，可能影响罪过的有无与犯罪形态（既遂还是未遂），还可能影响共同犯罪的成立与否。

国际上，许多国家的刑法对错误已有明文规定。我国刑法尚未规定错误问题，但有间接的法律根据。《刑法》第14条规定了故意犯罪的概念，通过刑法上的故意概念可以解释错误论的一些基本问题。一般从认识因素与意志因素两方面解释犯罪故意心态。认识因素中包括对犯罪构成事实的认识和对行为社会危害性（有的学者提违法性）的认识。因此，刑法上的认识错误一般分为两类，即对法律的认识错误和对事实的认识错误。

1. 法律认识错误

在西方国家的理论乃至立法中，"法律上的错误"转称"违法性错误"或"禁止性错误"，意味着对"法律错误"的把握向实质化、具体化的转换。

法律错误不影响故意的成立。认定犯罪故意，一般只需认定行为人对犯罪构成事实有认识，不必证明、认定行为人对社会危害性有认识，也不接受欠缺社会危害性认识的辩解。对法律认识错误的处理原则是：不免责，按照法律的规定定罪量刑即可。但在某些特殊的情况下，可以影响刑事责任的大小，主要有以下情况：

（1）假想的犯罪。行为人将无罪误认为有罪，即刑法理论上通常所说的"幻觉犯"。例如行为人把自己与他人的通奸行为、小偷小摸行为等不道德行为、一般违法行为误认为是犯罪，或者将正当防卫行为、紧急避险行为、意外事件、不可抗力事件、合理信赖等误认为是犯罪而向司法机关"投案自首"等等。这些情形不成立犯罪故意。[①]

（2）假想的无罪。行为人将有罪误认为无罪。此时行为人对行为性质的认识错误不影响犯罪故意的成立，不能以其不懂法而将其宣告无罪。例如，甲男明知乙女只有13周岁，误以为法律并不禁止征得幼女同意后的性交行为，于是在征得乙女的同意后与乙女发生了性交。甲的行为构成了强奸罪。再如，"大义灭亲"行为，行为人认为是为民除害，是正义行为，而法律规定这种行为构成故意杀人罪。

（3）对成立何种罪名和刑罚轻重的误解。即将此罪当成彼罪、将重罪当成

---

① 例如，李某对项某恨之入骨，为此苦练气功。3年后自认为可以远距离发功。某日，李某朝项某居住的方位发功，果然当日项某因急病死亡。李某事后痛心疾首，遂向司法机关"自首"。李某的行为属于法律认识错误。

轻罪或将轻罪当成重罪等。如行为人盗窃正在使用中的交通工具的重要零件，足以使交通工具发生倾覆或毁坏危险，依照法律构成破坏交通工具罪，但行为人却误认为构成盗窃罪。

2. 事实认识错误

（1）对象认识错误。具体分为：

第一，对目的物的认识错误。例如，误把甲对象作为乙对象加以侵害；行为人本想毁坏甲的财产，但误把乙的财产当做甲的财产给毁坏了。这种对体现相同社会关系的具体目标的错误认识，并没有使行为人罪过的内容发生改变，因而对行为人的刑事责任不发生任何影响，既不影响犯罪故意的成立，也不影响既遂犯成立。①

第二，对属于构成要件的对象的认识错误，如本想偷钱却偷到枪，本想猎杀大熊猫却杀死了人等。因为这些对象体现了不同的社会关系，行为人的同一行为触犯了两个罪名，即盗窃罪的未遂和过失盗窃枪支罪，非法捕杀珍稀、濒危野生动物罪和过失致人死亡罪。对于前者，因刑法没有设立过失盗窃枪支罪，因此应按照盗窃未遂论处；对于后者，应从一从重处罚。这种情况实际上是想象竞合犯。

第三，误把犯罪对象当做非犯罪对象加以侵害，如误把人当成野兽杀死。根据当时的情况，如果行为人应当预见而没有预见，属于过失；如果不可能预见，则属于意外事件。

第四，误把非犯罪对象当成犯罪对象加以侵害，本想杀人却杀死了动物（非保护动物）、误把尸体当仇人开枪射击、误把男人当成女人强奸、误把妻子当成其他妇女强奸等。这种情况是因为犯罪分子意志以外的原因使犯罪未得逞，因此属于犯罪未遂，即对象不能犯未遂。

（2）对行为性质的认识错误。有的学者称之为"客体认识错误"。行为人对于自己行为实际性质发生了错误认识，常见的是把事实上对社会有危害的行为当做有利于社会的行为而加以实施，如假想防卫、假想避险等。在这种情况下，行为人对行为的客观危害性没有认识，不成立故意犯罪，如果行为人有过失，成立过失犯罪，无过失的，属于意外事件。

（3）方法或手段错误，又叫工具错误。它是指行为人使用犯罪方法或使用

---

① 例如，甲教唆乙杀害丙，乙认错人，将丁当成丙给杀了。这就属于对象错误，二者是共同犯罪，都应定故意杀人罪。又如：伍某想杀死陆某，乘陆某晚上值班放火烧毁值班室，不料当晚值班的是顶替陆某值班的陆某的妻子。伍某发生对象认识错误，其行为构成直接故意杀人既遂。

犯罪工具发生错误，以至于犯罪未得逞的情况。如，为了杀人做了一个炸弹是哑的，不能爆炸。再如，为了杀人而投放危险物质，因为毒药失效或者是假的而未能将人毒死。对此，可以认为行为人因为方法、工具错误等意志以外原因而未得逞，按照故意犯罪未遂的情况来处理。主要有两种情况：

第一，行为人所采用的手段具有危害社会的可能性，但由于其认识错误，使用了不能导致危害结果发生的手段，如把白糖当成毒药杀人、把假枪当真枪杀人等。行为人的错误不影响故意的成立，客观上因为其意志以外的原因使犯罪不可能得逞，因此属于犯罪未遂。

第二，行为人采用的手段足以造成危害后果，行为人误以为不能造成危害结果，如把有毒的食物当成无毒的食物食用，行为人主观上不可能有故意，可能属于过失或意外事件。

（4）打击错误。又叫做目标打击错误、对象打击错误。例如，甲想打死仇人乙，但由于枪法不准打死了丙，或由于乙躲闪结果打死了丙。从现象看，这也是对象错误，或者最终的结果表现为对象错误。但是，这种错误不是产生于辨认的错误，行为人在对象的辨认上是正确无误的，而是产生于行为本身的差误。所以"打击错误"本质上不是认识错误，而是动作偏差。打死乙与打死丙都构成故意杀人罪，乙和丙均属于刑法规定的故意杀人罪的法定对象，甲的打击错误属于同一构成要件内的事实认识错误。对这种情况，通说采取"法定符合说"，直接认定为一个故意杀人既遂。理由是行为人有杀人的故意和行为，并且也实际杀害了一个人，完全具备故意杀人罪的要件，所以是犯罪既遂。行为人杀乙成立直接故意，对杀丙存在间接故意，甲犯有故意杀人（既遂）罪和故意杀人（未遂）罪。但是行为人只有一个开枪射击乙的行为，不能定数罪，只能从一从重，定一个故意杀人罪（既遂）罪。①

（5）因果关系的错误。它是指行为人对自己所实施的行为和所发生的危害结果之间的因果关系的认识有误解。这种认识错误主要有：

第一，对因果关系是否存在产生误解：一是行为人所预见的危害结果本身是由其他原因造成的，但行为人却误认为是自己造成的。例如，某甲将有毒物品放入乙的食品中，认为乙吃后会中毒死亡，结果乙不是因吃食物中毒死亡，而是因心脏病发作而死。在这种情况下，某乙的死亡结果并不是某甲的行为造

---

① 2006年有一道司考题：甲举枪射击乙，但因没有瞄准而击中了丙，致丙死亡。关于本案，下列哪些选项是正确的？A. 甲的行为属于打击错误；B. 甲的行为属于同一犯罪构成内的事实认识错误；C. 甲构成故意杀人（既遂）罪；D. 甲构成故意杀人（未遂）罪与过失致人死亡罪。答案：ABC。

成的，所以某甲只应承担杀人未遂的刑事责任。二是行为客观上引起了某种危害结果，而行为人却误认为结果不是自己造成的。这类情况应分别对待：如果行为人根本不想造成这种结果，应当排除犯罪故意；如果行为人有过失，应当负过失的刑事责任；如果行为人原本就有造成这种危害结果的犯罪故意，应当按照故意犯罪既遂追究刑事责任。这种情况下的故意犯罪一般都是属于间接故意。

第二，对因果关系的进程有误解。包括以下三种情况：

一是行为人的行为没有按照他预想的方向发展至预想的目的后停止，而是继续发生了行为人预见未追求的其他结果。如某甲意图伤害某乙，用刀向某乙左腿砍了一刀，由于砍断了某乙左腿上的动脉，造成某乙流血过多，经抢救无效而死亡。某甲伤害某乙的行为无疑是出于故意，但对于某乙死亡的结果却是一种过失。某甲应负故意伤害他人（致死）的刑事责任，而不应当以故意杀人罪论处。

二是进程尚未结束，行为人误认为已经达到了目的。如甲欲与乙交朋友，乙嫌甲没有文凭而断然拒绝，甲遂在茶中放毒药想把乙毒死，乙喝了甲倒的茶水后口鼻流血，不省人事，甲和乙的家人认为乙已死，当日准备下葬。昔日好友前来吊唁，见乙脉搏仍然微动遂送医院救活。甲应定故意杀人罪（未遂）。

三是提前实现了行为人预期的结果（犯罪构成的提前实现）。如张三在李四茶水里放了安眠药，准备待李四昏昏入睡时再杀死他，在张三动手杀人时李四因安眠药过量实际早已走向不归路。张三误认为李四未死，仍然在李四身上砍了数刀。张三主观上具有杀人的故意，基于同一故意连续实施性质相同的独立成罪的数个行为，可以按连续犯处理，不定一个故意杀人罪（既遂），再定一个故意杀人罪（未遂）。

第三，对因果关系内容的误解（事前的故意）。行为人误认为自己第一个行为已经造成预想的结果，出于其他目的又实施其他后续行为，实际上是后续行为才造成预期的结果。行为人意图杀人，实际上只造成伤害（行为人欲杀甲，将甲从悬崖上推下，以为甲已坠崖身亡而离去，但实际上甲被树枝挂住而未死）。这种错误不影响行为人的故意心理，行为人已着手实行犯罪，但由于意志以外的原因而未得逞，因此构成故意杀人罪的未遂。

第四，行为人实施了多个行为，危害结果是其中的甲行为造成的，行为人却误认为是乙行为造成的。例如刘某基于杀害潘某的意思将潘某勒昏，误以为其已死亡，为毁灭证据而将潘某扔下悬崖。事后查明，潘某不是被勒死而是从悬崖坠落致死。日本学者称这种因果关系错误为"过迟的结果发生"。① 这种对因果关系的错误认识不影响行为人的刑事责任，仍然应定故意杀人罪既遂。

对于行为人主观方面的认识错误，有的学者认为处理方式总的思路是"首先看行为人有没有犯罪故意，如果有犯罪故意，那么主要是犯罪既遂与犯罪未遂的辨析；如果没有犯罪故意，那么则是过失犯罪与意外事件的区别。而对于因果关系的认识错误，原则上不影响定罪量刑。"②

### 刑法上认识错误一览表

| 项目 | | 主要表现及举例 | 责任认定 |
|---|---|---|---|
| 法律认识错误 | 假想犯罪 | 幻觉犯：法律不认为是犯罪而行为人认为是犯罪，如通奸者自动投案。 | 无刑事责任 |
| | 假想不犯罪 | 法律规定是犯罪而行为人误认为不是犯罪。 | 原则上不影响犯罪的认定；但特殊情况下不知新禁令例外 |
| | 假想罪名、罪数与罪责 | 行为人已经认识到自己的行为构成了犯罪，但对罪名、罪数和罪刑轻重有误解，如行为人盗窃枪支误以为按盗窃罪处理。 | 不影响犯罪的认定 |
| 事实认识错误 | 对象错误 | 1. 具体犯罪对象不存在，行为人误认为存在而实施犯罪；2. 误把甲对象当做乙对象侵害，而甲对象与乙对象体现相同的权益；3. 误把犯罪对象当做非犯罪对象加以侵害（误以人为兽而实施杀伤）；4. 对象不能犯未遂。 | 1. 犯罪未遂；2. 生命同价，不影响犯罪的认定；3. 过失犯罪或意外事件；4. 犯罪未遂 |
| | 打击错误（目标打击错误） | 甲想打死仇人乙，但由于枪法不准打死了丙，或由于乙躲闪结果打死了丙。似乎也是对象错误，或者最终的结果表现为对象错误。但这种错误不是产生于辨认的错误，行为人在对象的辨认上是正确无误的，而是产生于行为本身的差误。所以"打击错误"本质上不是认识错误，而是动作偏差。 | 通说采取"法定符合说"，直接认定为一个故意杀人既遂 |

---

① 参见〔日〕西田典之：《日本刑法总论》，刘明祥、王昭武译，中国人民大学出版社2007年版，第180页。

② 袁登明编著：《刑法48讲》，人民法院出版社2012年版，第77页。

续　表

| | | | |
|---|---|---|---|
| 事实认识错误 | 性质认识错误 | 行为人对行为的客观危害性没有认识，常见的是把事实上对社会有危害的行为当做有利于社会的行为而加以实施，如假想防卫、假想避险等。 | 如果行为人有过失，成立过失犯罪，无过失的，属于意外事件 |
| | 方法错误（手段错误、工具错误） | 工具不能犯：误用不能导致危害结果发生的手段，如把白糖当成毒药杀人、把假枪当真枪杀人等。 | 犯罪未遂 |
| | | 行为人采用的手段足以造成危害后果，行为人误以为不能造成危害结果，如把有毒的食物当成无毒的食物食用。 | 过失犯罪或意外事件 |
| 因果关系错误 | 对侵害的对象未误认，对因果关系的发展过程、内容等认识有误：1. 对因果关系是否存在产生误解：一是行为人所预见的危害结果本身是由其他原因造成的，但行为人却误认为是自己造成的。二是行为客观上引起了某种危害结果，而行为人却误认为结果不是自己造成的。这种情况下的故意犯罪一般都是属于间接故意。2. 对因果关系的进程有误解。未按方向发展至预想的目的后停止，而是继续发生了行为人未预见未追求的其他结果。如某甲意图伤害某乙，用刀向某乙左腿砍了一刀，由于砍断了某乙左腿上的动脉，造成某乙流血过多，经抢救无效而死亡。3. 对因果关系内容的误解。实际未发生危害结果而行为人自以为发生了结果，或发生的结果轻于行为人预想的结果。4. "过迟的结果发生"：行为人实施了多个行为，危害结果是其中的甲行为造成的，行为人却误认为是乙行为造成的。 | | 1.（1）犯罪未遂；（2）行为人根本不想造成这种结果应当排除犯罪故意；（3）如有过失应当负过失的刑事责任；（4）如原本就有犯罪故意，成立故意犯罪既遂。2. 故意伤害他人（致死）不以故意杀人罪论处。3. 故意犯罪未遂。4. 不影响定性，仍定故意犯罪既遂。 |

# 第三节　犯罪过失

## 陈建兵持枪走火过失致人死亡案

**案情：** 1994 年 4 月 3 日，被告人陈建兵携带自制的火药枪打野鸡。返回途中，恰遇被害人胡金昌迎面而来。胡金昌问陈建兵："野鸡打到没有？"陈建兵答："没打着。"二人搭话时，陈建兵手中火药枪的枪口正对着胡金昌的头部。由于陈建兵疏忽大意，致使手中的火药枪走火，枪内散弹正好击中相距 4 米处的胡金昌的头部，胡金昌中弹后当即倒地，满脸是血。陈建兵见状，立即与他人一起将胡金昌送医院抢救。然后至公安机关投案自首，被害人胡金昌因伤势过重而死亡。

**问题：** 第一，被告人陈建兵的行为是否构成过失致人死亡罪？第二，陈建兵对胡金昌的死亡持什么心理态度？

**提示：** 陈建兵并不希望胡金昌的死亡，"立即与他人一起将胡送医院抢救"说明也不是放任，因此只能是过失。

## 一、犯罪过失的概念和本质

### 1. 犯罪过失的概念

犯罪过失与过失犯罪是两个密切相关的概念。过失犯罪，指在过失心理支配之下实施的、根据刑法的规定已经构成犯罪的行为。日本学者认为，"严格地说，所谓过失即违反注意义务，是指明明具有结果的预见可能性，并有可能采取行为以回避结果的发生，却未能预见结果，或者虽然预见了结果，却并未采取回避结果发生的行为，因而发生结果的场合。"[①]犯罪过失，是指行为人应当预见自己的行为可能发生危害社会的结果，因为疏忽大意而没有预见，或者已经预见但轻信能够避免的心理态度。

在刑法理论中，过失理论长期寄生于故意理论之中，德国学者恩吉斯将它称为刑法理论的"私生子"。实际上，过失理论与不作为理论一样，往往比故意理论的构造更为复杂深奥。

### 2. 犯罪过失的本质

过失的本质在于对注意义务的违反，即不注意。注意是心理活动对一定对象的指向和集中。指向，即每一瞬间，心理活动有选择地朝向一定事物而离开其他事物；集中即心理活动反映事物达到一定清晰和完善的程度。在刑法理论上，不注意，即行为人由于没有在意识上保持集中和紧张，以至于意志上出现疏忽与轻率，注意对象不准确，注意范围不够全面，因而造成危害社会的结果。

有的学者将注意义务分为如下四类：第一，最低程度之注意义务，它来自习惯、行政法规甚至人与人相处的基本道德准则，它是社会成员都应负担的注意义务。比如遇到住在自己家中的不速之客得急病，主人负有送其到医院救治

---

① 〔日〕西田典之：《日本刑法总论》，刘明祥、王昭武译，中国人民大学出版社 2007 年版，第 206 页。

的义务，司机见到红灯有停车之义务。第二，通常之注意义务，它是普通行为中的注意义务。例如对患高血压的邻居负有不得刺激其精神的义务，带小孩去游泳负有注意其安全的义务。第三，密切注意义务，通常是业务上的注意义务。比如食品药品监督管理局、国家工商行政管理总局、国家质量监督检验检疫总局、卫生部对三鹿奶粉事件进行查处，有关工作人员对奶制品负有仔细谨慎检验之义务。过失渎职罪中，通常该罪主体违反的就是此项义务。第四，最密切之注意义务，这是程度最高的注意义务，极少数高度危险行业中的注意义务属此范畴。比如从事国家核武器研究的工作人员及管理人员在平时生活中对外的言谈举止都要十分留意，负有不将核秘密外泄的高强度的注意义务。[①]

不注意的表现形式可以分为三类：一是完全的不注意，即行为人的注意力未指向任何事物，漫无目的，漫无边际，没有注意到任何情况包括他应该注意的事项。二是注意发生转移，心不在焉，即行为人将注意力集中到与注意义务无关的事项上。三是不充分注意，即注意不全面的情形。前两种违反注意义务情形的心理原因是疏忽，即粗心大意，漫不经心，忘记了自己应该履行的注意义务；后一种违反注意义务情形的心理原因是轻率，即掉以轻心，未充分履行注意义务。[②]

过失不仅有质的规定性，还有量的规定性——过失有程度的差别。违反注意义务的程度直接决定过失的程度，即违反注意义务程度越高，过失就越重，反之，则越轻。

注意义务程度由两个因素予以制约：第一，风险越大，利润越多，注意义务程度越高。某些高新技术领域已为或即将为社会带来巨大效益，但是由于该技术发展得还不成熟，该领域尚无完善的管理经验与职务规则，因此该领域相关人员的职务注意义务程度就比其他领域的要高。第二，"危害结果发生的大小与危险发生的可能性影响职务注意义务的程度。在职务活动中，职务行为危险性越大，危害结果发生可能性越大，相关人员的注意义务程度就越高。"[③]

## 二、犯罪过失的法定类型及其区别

### 1. 疏忽大意的过失

行为人应当预见自己的行为可能发生危害社会的结果，因为疏忽大意而没

---

① 参见周光权：《注意义务研究》，中国政法大学出版社1998年版，第134页。
② 姜伟：《犯罪故意与犯罪过失》，群众出版社1992年版，第293页。
③ 刘守芬、林岚："注意义务履行之探讨"，载《甘肃政法学院学报》2008年3月总第97期。

有预见，以致发生了这种危害结果的心理态度，又称无认识过失。其特征为：

（1）没有预见。即行为人实施行为时没有遇见到自己的行为可能发生危害社会的结果。行为人在主观上不希望、不放任结果的发生，但仍然实施了可能导致危害结果发生的行为，根本原因就在于行为人没有预见到自己的行为可能发生危害社会的结果，否则他就不可能实施其行为或者采取必要的措施防止危害结果的发生。

（2）应当预见。应当预见指行为人在行为时有责任预见并且有能力预见。如果根本不应当预见，主观上就没有罪过，也就没有刑事责任。应当预见包括预见义务和预见能力两方面内容。预见义务即行为人对于结果的发生有预见责任。判断一个人是否有预见能力，主要有主观说、客观说、折中说三种主张。对于业务过失应采用客观说；对于一般过失，则应当根据实际情况，以行为人本人的预见能力为准。

（3）应当预见而没有预见的原因是行为人的疏忽大意。如果不是由于疏忽大意，而是由于年幼无知、精神病等原因，则不具有罪过。

虽然危害后果是因为行为人未履行注意义务造成，但即使行为人履行注意义务，结果仍然可能发生，这种情况如何处理呢？德国学者罗克辛（Roxin）运用一个案例进行说明：一家毛笔加工厂的厂长没有遵照规定事先消毒，给女员工一些山羊毛进行加工，导致女员工感染上炭疽病毒而死亡，但其后调查表明，即使对其进行消毒处理，以欧洲当时的技术是达不到消灭该病毒的水平的。对此有三种见解：第一，如果不能肯定在不违反注意义务的情况下，结果将会避免，必须根据"存疑时有利于被告"的原则，宣判其无罪。[1] 第二，遵守规则也"肯定"而不是"可能"会发生同样的后果，才可以排除行为人主观上的过失。第三，根据是否带来危险的增加以判断此种情况下注意义务的不履行是否导致过失。[2] 我们认为，本来刑法就以处罚故意为原则，以处罚过失为例外，而且肯定与可能、风险是否增加等问题本身不易加以辨别和证明，无论是从刑法收缩性还是从诉讼经济性考虑都不应该认定为过失。

2. 过于自信的过失

过于自信的过失，是指行为人虽然已经预见到自己的行为可能发生危害社会的结果，但轻信可以避免，以致发生了这种结果的心理态度。例如甲发现猎

---

[1]　陈兴良、周光权：《刑法的现代展开》，中国人民大学出版社2006年版，第256页。

[2]　〔德〕汉斯·海因里希·耶塞克、托马斯·魏根特：《德国刑法教科书》（总论），徐久生译，中国法制出版社2001年版，第703页。

物旁边站着一个陌生人，该人离猎物非常近，甲觉得如果开枪有可能将该人打死，但甲又认为自己的枪法很好，应该不会出事，遂开枪射击，结果将该人打死。再如，某日下午，张三在给妻子做的饭中放了毒药，为了防止读小学的儿子放学回家后吃到这份饭菜，张三去学校接儿子。不料当天妻子提前下班接儿子回家。张三得知后急忙赶回家想制止儿子吃饭。但到家时妻儿均已中毒身亡。张三对儿子的死亡不是希望，也不是放任，并且已经遇见到了危害结果的发生，所以主观上是过于自信的过失。其特征为：

（1）已经预见。行为人已经预见到自己的行为可能发生危害社会的结果——认识因素。这是成立过于自信的过失的前提，是其区别于疏忽大意的过失的明显标志。

（2）轻信可以避免。即行为人轻信能够避免自己的行为可能发生的危害结果。行为人自恃具有防止结果发生的有利条件，他在主观上对危害结果的发生既不希望也不放任，而是持否定态度的，他自信这种结果不会发生，但实际他过高地估计了避免危害结果发生的有利因素，过低估计了自己的错误行为可能导致危害结果发生的程度。这就是"轻信"。

3. 过于自信的过失与间接故意的异同

（1）相同点：第一，都预见到危害结果发生的可能性；第二，都没有希望危害结果的发生。

（2）不同点：第一，认识因素上：间接故意是明知自己的行为导致危害结果发生的现实可能性，即明知这样确实可能发生危害结果，但他没有想到靠什么办法来避免使这种可能性变成现实性。过于自信的过失则是预见到行为发生危害结果的假定可能性。行为人过高估计了有利因素，过低估计了不利因素的作用，行为人对于可能性是否会转化为现实性的客观事实发生了错误认识，行为人主观和客观不一致。第二，意志因素上：间接故意是放任危害结果的发生。过于自信的过失中行为人反对、排斥危害结果发生。

4. 疏忽大意的过失与过于自信的过失的异同

过于自信的过失与疏忽大意的过失都是过失，二者对危害结果的出现都是持反对的、否定的态度的，结果出现都是意料之外、没有想到的。

过于自信的过失和疏忽大意的过失的主要区别：第一，在认识因素上，过于自信的过失（有认识的过失）行为人预见到行为会发生危害结果；疏忽大意的过失是行为人对自己的行为会发生危害社会的结果没有认识、没有预见。第二，在意志因素上，过于自信的过失是轻信能够避免；疏忽大意的过失是疏忽。

### 三、犯罪过失的学理分类

1. 普通过失与业务过失

根据行为人所违反的是否为业务上的注意义务，可以将过失分为普通过失与业务过失。普通过失，是指行为人在日常生活或一般社会交往中，违反一般注意义务、造成危害结果的心理态度。业务过失的主体是从事业务的人员，其违反的是业务上的特别注意义务，注意义务的具体内容由业务性质与范围决定。这里的"业务"是指具有危险性的、性质上是要反复实施的技术性或技能性活动。我国刑法规定的交通肇事罪、重大责任事故等属于业务过失犯罪。

业务过失犯，是指从事一定业务的人，应当预见自己的行为可能发生危害社会的结果，没有尽其业务上应当特别注意的义务，因为疏忽大意而没有预见，或者已经预见而轻信能够避免，以致发生这种结果的过失犯罪。[①] 日本学者认为，业务过失犯是指业务人员从事具有发生一定侵害法益结果危险的业务时，疏忽了业务上的必要注意的过失犯。在上世纪80年代中期，曾有学者统计过，在过失犯罪中，交通肇事的达75%，占绝大多数；玩忽职守的占15%至20%；违反劳动保护法规的占3%至5%；过失杀人的只占3%左右。[②] 近年来，玩忽职守和违反劳动保护法规的业务过失犯罪比例有所上升。根据我国刑法理论，交通肇事罪、重大责任事故罪、玩忽职守罪一般均属于业务上的过失犯罪。但在我国当前的刑法理论和司法实践中，业务过失犯罪的研究还没有引起足够重视。

从事业务的人"应注意"的义务比普通人要高，"能注意"的程度比普通人要强，"不注意"所造成的危害也比普通人要严重。因而执行特殊业务的人对其业务上的认识能力自然应当比一般人要强，其注意义务也自然应当比一般人大。由于业务犯罪的发案率高、危害性大、行为人违反义务的程度重，故许多国家刑法中，业务过失犯罪的法定刑均重于普通过失犯罪。但我国刑法则相反，与外国刑事立法例相反，我国1979年《刑法》规定的对业务过失犯的法定刑恰恰比对一般过失犯的法定刑要轻，如交通肇事罪的法定最高刑为有期徒刑7年，而过失致人死亡罪的法定最高刑为15年。1997年刑法修订后，在维持业务过失犯法定刑的刑度的前提下，相对降低了一般过失犯的法定刑，如过失致人死亡罪的法定最高刑除《刑法》另有规定外，一般的降为7年。

---

① 有的学者认为，业务过失犯的过失与一般过失犯的过失并无不同。

② 顾肖荣："我国刑法中业务过失犯罪的特征"，载《法学》1986年4期。

2. 重大过失与一般过失

根据过失的程度，可以将过失分为重大过失与一般过失。

重大过失（重过失）是指违反注意义务的程度比较严重的过失，即只要行为人稍加注意就可以避免结果的发生，但行为人违反了这种起码的注意义务。例如，在油库抽烟却没有预见到发生火灾，或者已经预见而轻信能够避免，就属于重大过失。业务过失实际上都应属于重大过失。

一般过失（轻过失）是指违反注意义务的程度较轻的过失，即较难预见或避免的结果，行为人因为不注意而没有预见或避免。一般过失反映的主观恶性明显轻于重大过失，故前者的刑事责任轻于后者。当然，在量刑时还要考虑其他事实与情节。

在轻率的过失中，如果行为人已经对自己的行为极其谨慎，那么他违反注意义务的程度就轻，其过失即为轻过失；在疏忽的过失中，如果行为人严重不注意，那么他违反注意义务的程度就重，其过失即为重过失。

3. 管理过失与监督过失

管理过失，是指管理者在具有事故预见可能性的场合，对被管理事项没有尽到管理职责义务而未能制止危害结果发生所构成的间接过失。

监督过失有广义和狭义之分。广义的监督过失主要涉及灾害性责任事故、企业事故中负有监督、领导业务活动职责的人的业务过失。狭义的监督过失，与"管理过失"相区别。监督过失，是指监督者对被监督者的过失行为没有尽到监督义务以致未能制止被监督者的过失行为所引发的事故所构成的过失。日本学者认为，监督过失的前提是"在现场作业人员因失误而引发事故时，本应该为了不出现这种过错而加以指导、训练、监督，并且，如果履行此监督义务本可以避免结果的发生或结果的扩大"。[①]我国刑法中有的条文明文规定，"直接负责的主管人员"由于未履行或未正确履行其监督、领导、管理职责，而下属从业人员实施了不适当的行为，导致为危害结果发生时，应同时追究领导者、管理者的刑事责任。如《刑法》第408条规定的环境监管失职罪便是监督过失的适例。1994年12月8日新疆克拉玛依市发生的特大火灾，14名被告中有11名对事故发生负有直接责任的领导被依法追究刑事责任。

---

① 〔日〕西田典之：《日本刑法总论》，刘明祥、王昭武译，中国人民大学出版社2007年版，第226页。

## 第四节 无罪过事件

从刑法理论来讲，行为及其后果所表现出的人的主观心理状态不外乎故意、过失和既无故意也无过失三种，故意行为原则上都具有可罚性，过失行为具有有条件的可罚性，既无故意也无过失的无过错行为不具有可罚性。

刑法中的无罪过事件具有以下特征：

其一，客观上存在特定的行为。

其二，行为在客观上导致了一定的后果。

其三，行为人主观上既无故意也无过失。这种无罪过事件表现为要么是行为人没有认识到也不可能认识到行为会产生危害后果，即在意识上是出乎意料的，是不可预见的；要么表现为行为人虽然认识到了行为的社会危害性，但是却是不可抗拒的，从意志上是不可控制的。

无罪过事件在法律上可分为：意外事件、不可抗力事件、精神错乱举动、合理信赖事件、被允许的危险行为致害事件等。

### 一、意外事件

#### 张某殴击梁某意外事件案

**案情：** 张某因邻居韩某搭建的凉棚遮挡了自家的采光与韩某发生争执。韩某亲友梁某等人闻讯赶来，与张某发生冲突以至互殴。张某在互殴中挥拳还击梁某等人。梁某在互殴后，退至胡同内绿化地水泥护栏处停下，继而仰面倒地，在被急送医院途中死亡。经法医鉴定，"死者梁某因患严重冠心病，致急性心力衰竭死亡。情绪激动、剧烈运动及一定外力作用为引起死亡的诱发因素。"一审法院认为，张某的行为已构成故意伤害（致死）罪。而辩护人认为，死者生前患有严重的心脏病，其死亡结果与张某的还击行为没有直接的因果关系，因而其行为无罪。二审法院判决被告的行为不构成犯罪，当庭释放。

**问题：** 第一，殴打严重冠心病患者诱发其死亡的行为是否构成故意伤害罪？第二，张某无罪吗？第三，辩护人的理由成立吗？

**提示：** 第一，刑事评价的对象是最为接近危害结果的那个实行行为。只要出于罪过的实行行为与病患的恶化之间具有必然性的不可逆的关系，就不能排除刑法上因果关系的存在。第二，张某与梁某素不相识，因而不可能知道梁某患有心脏病，因此对其实施的攻击行为不是建立在明知必然或者可能导致其死亡结果的预见基础上，因而没有希望、放任的主观心态。第三，本案属于意外事件。

### 1. 意外事件的概念

广义的意外事件应包括不可抗力。意外事件又称为意外事故，这是个在刑法、民法、合同法中均被普遍运用的概念，但刑法中所指的意外事件仅指狭义的意外事件，即行为在客观上造成了损害，但是行为人在主观上既没有故意也没有过失，而是由不能预见的原因造成的事件。在意外事件中，行为人不构成犯罪。①意外事件是并非出于当事人的过错的且意想不到的偶然事故。如汽车轮胎崩起地上石子击中旁边骑摩托车人的手臂，摩托车失控撞伤行人。人无意识的身体反射动作如果客观上导致危害结果，可作为意外事件处理。② 如坐在珠江边乘凉的市民身体无意识的反射动作，客观上将行人弹射进水中，属于意外事件。

### 2. 意外事件的特征

第一，行为在客观上造成了损害结果。

第二，行为人对于自己行为所造成的损害结果在主观上既无故意、也无过失。意外事件系当事人具体行为时，随机偶然发生。

第三，损害结果的发生是由于不能预见的原因引起的。根据当时的各种客观条件，确实无法预见。"不能预见"，实质上是一个认识能力问题。在衡量能否预见的问题上，要以社会一般人在当时情况下能否遵从法秩序为标准，不是以个人（行为人）为标准。例如，张三在高速公路上正常行驶，李四突然翻过护栏横穿高速公路，张三刹车不及，撞死李四。

### 3. 意外事件与疏忽大意的过失的区别

相同之处都是发生了损害结果，都没有预见。不同之处在于，在疏忽大意的过失中，行为人应当预见也能够预见，但没有预见；在意外事件中，根据行为人的自身状况和当时的环境、条件，不可能预见。因此，是否应当预见、是

---

① "意外事件"在刑法体系中一直是一个"无家可归的流浪者"。它应置于刑法体系中什么位置，刑法学界众说纷纭。

② "反射动作"指无意识参与作用的动作。例如无关节炎的人在膝盖被敲打时小腿会自动向前运动。

否能够预见，是区分二者的关键。

## 二、不可抗力

《民法通则》第 153 条和《合同法》第 117 条第 2 款对不可抗力下了定义：本法所称"不可抗力"，是指不能预见、不能避免并不能克服的客观情况。由于《民法通则》和《合同法》对不可抗力的定义比较笼统，概念内涵模糊，使得一般的法学教科书对意外事件所下的定义与法律规定的不可抗力的定义几乎完全相同，并使许多学者将不可抗力事件与不可抗力原因混为一谈。

1. 不可抗力事件的定义

行为在客观上造成了损害，但是行为人在主观上既没有故意也没有过失，而是由于不能抗拒的原因造成的，这种情况是不可抗力。在不可抗力的情况下，行为人的行为不构成犯罪。例如，一马夫赶车进城走在街上，突然从旁边的球场上飞来一个足球，正好撞在马的眼睛上，马儿受惊狂奔，马夫竭力勒紧缰绳阻止马儿狂奔，但仍制止不住，导致马儿踩死一个行人。

虽有意识但无意志自由下的被动行为性质上被视为无意识行为，包括无奈的举动和无法履行职责的身体静止。前者是人在身体受强制时违背主观愿望的无奈之举或机械动作，它是指受他人物理限制，在完全无法抗拒的情况下的动作。例如被歹徒捆住手脚，无法反抗，身体被歹徒拖着移动，被他人强行注射毒品等而陷入精神障碍状态，并实施了某种行为。后者是指人因不可抗力而无法积极履行职责，例如消防员去救火遇到断桥，又没有其他方法渡河，就只能"隔岸观火"。《刑法》第 16 条规定，不可抗力原因引起的行为不是犯罪。

世界上迄今发现的完整保存的最早的一部成文法典《汉谟拉比法典》第227 条规定："倘自由民欺骗理发师，而理发师剃去非其奴隶的奴隶标识者，则此自由民应处死而埋于其门内；理发师应宣誓云：'我非有意剃之'，免负其责。"这闪烁着人类早期法律中"无犯意即无犯罪"的思想火花。在古罗马，公元前 287 年颁布的《阿奎利亚法》明确规定，"因偶然事故杀害者，不适用阿奎利亚法，但以加害人自身并无任何过错者为限"，法律规定对偶然事件谁也不负责，偶然事件应落在被击中者身上，落在谁头上谁倒霉。①

---

① 该法第 5 条举例说明：修整树枝的人使树枝坠地，将正在过路时属于自己的奴隶击毙，如果这事发生在公路或村道旁，而整枝的人并未高声呼喊行人回避，则整枝人有过错；如果呼喊了，而路过的奴隶竟漫不经心，整枝的人并无过错。如果在远离通道或者在庄园中砍伐树木，即使整枝人不高声呼喊，他也同样没有过错，因为在这些地点，任何人无权通行。

**2. 不可抗力事件的特征**

第一，行为人的行为客观上造成了损害结果。① 与人的主观意识和身体举止无关的自然灾害等不属于刑法上的不可抗力事件，如地震、山洪暴发导致人员伤亡和财产损失，这些自然灾害本身不是不可抗力事件，而只是不可抗力原因。不可抗力原因是指当事人本身无法抗拒的一些自然现象和社会现象，如发生洪水、地震、战争等。

第二，主观上没有罪过。罪过是构成犯罪的必备条件，无罪过则无犯罪。不可抗力事件中虽然也有损害后果的发生，但行为人没有犯罪故意或犯罪过失，所以行为人的行为不是犯罪。

第三，损害结果的发生是由不能抗拒的原因引起的。行为人遇见了自身不能控制和排除的外来力量，即使他力图避免危险结果的发生，由于个人能力和客观条件的限制，也仍然无法避免。不可抗力的具体来源多种多样，如动物受惊，他人的捆绑、杀害威胁等。

**3. 不可抗力与意外事件的区别**

不可抗力事件和意外事件，虽然行为人对危害结果的发生都持反对态度，行为人主观上都没罪过，但二者泾渭分明：

（1）导致损害结果发生的原因及其可抗拒性不同。不可抗力事件发生损害的原因是在特定场合下，非人力所能抗拒、避免的力量，包括自然力和非自然力的强制。不可抗力事件的发生具有不以人的意志为转移的必然性，在事件发生的区域内具有普遍性、广泛性和不可克服性，当事人的预见能力对事件发生本身不能产生任何实质性影响，无论人能否预见，其发生都是必然的。不可抗力事件的发生是人力所不能避免、不可抗拒和克服的。

意外事件发生损害结果的原因是由于行为人对自己行为会造成损害结果没有预见也不可能预见。意外事件作为当事人难以预料的偶发事件，如突生疾患、交通事故、遭遇劫匪等，具有对象的特定性和后果的不确定性等特点，它与人的业务活动具有密切的联系。意外事件的发生具有出乎预料的偶然性特点，不具有普遍性，它只对遭遇事件的当事人产生影响。意外事件难以预料，但却并

_____

① 有的学者认为"刑法上的不可抗力，指的是行为人遇到了不可抗拒的力量，使他无法防止、避免危害社会结果的发生。这种不可抗力，通常指自然现象、自然灾害等非人为的力量，如地震、山洪暴发、飓风等引起的伤亡、财产毁损事件，风吹日晒产生自然而引起的火灾事件等等"——陈立、陈晓明主编：《刑法总论》，厦门大学出版社2006年版，第179页。我们认为前一句话是正确的，但后一句话没有区分刑法上的不可抗力事件与不可抗力原因。纯自然现象不是刑法评价的对象，只有人们受这种自然现象、自然灾害影响而实施了客观上危害社会的行为，这种现象、情况才叫不可抗力事件。

非无法避免与克服。

（2）对损害结果发生的预见情况不同。二者的认识因素不同，不可抗力事件中行为人对损害结果的发生是有所预见或可以预见的，不可抗力事件则属于有认识的无罪过事件；意外事件中行为人对损害结果的发生根本缺乏预见，也不可能预见。即意外事件是完全出乎人的意料之外发生的，它是指在当事人已经尽到合理的谨慎和注意的情形下，仍然发生了事先难以预料的事件。意外事件由于具有偶发性，它与人的不能预见存在着必然的联系。

（3）不构成犯罪的根据不同。不可抗力是由于行为人不能依自己的意志支配自己的行为，意外事件是因为行为人主观上根本不能认识到损害结果会发生。

### 三、精神错乱举动

梦游行为，虽然有人的身体行为，但因其不体现人的思想意识，也并不是实质意义上的行为。[①] 2003 年 6 月 13 日深夜，杭州福来旅馆发生了新中国成立以来非常罕见的梦游"杀人"案。童某梦游时把素不相识的旅馆王老板杀死。童某杀人时正处于"朦胧状态"，对自己的行为完全没有意识，属于精神疾病中的"意识障碍"。按照刑法的规定，他不应当负刑事责任，被无罪释放。

目前全世界的梦游发病率高达 18%。梦游患者意识不清，对人、对物不自主地应对，行为目的不明确，常有睡眠中起床行走的行为，梦游时患者脸部表情呆板，对他人的刺激基本上不作反应，很难被强行唤醒。梦游患者会突然产生一种令人难以相信的巨大力量，在面对危难时，完全没有恐惧或不安，甚至可以完成相当困难的动作，不容易被声音和光线所惊醒。梦游患者清醒后，梦游中所发生的一切忘得一干二净。绝大部分梦游患者的症状会随着年龄的增长和生理的成熟而逐渐消失。[②]日本曾有一名男子晚上和妻子同床共枕时睡眠不佳，处于浅睡状态时梦见三个男子卡住自己的脖子，该男子极度恐惧，先发制人猛卡其中一个人的脖子致其死亡，实际上是卡死了妻子。终审判决认为该男

---

① 历史上法国有一位名叫雍·阿里奥的梦游症患者，一次梦游竟长达 20 年之久。一天晚上，他熟睡之后突然爬起来，离开妻子和 5 岁的女儿，来到了英国伦敦。他在伦敦找到了工作，并另外娶了一个妻子，婚后还生了一个儿子。20 多年后的一个晚上，他一下子恍然大悟，便急匆匆地重返故里。梦中才一日，其实已过 20 年。第二天早晨，阿里奥终于醒来，莫名其妙分别 20 多年的法国妻子看到白发苍苍、失踪 20 多年的丈夫，悲喜交集地问他："亲爱的，你逃到哪里去了？20 多年来音讯全无。"阿里奥若无其事地回答说："别开玩笑！昨天晚上我不是在这里睡得好好的吗？"

② 参见诸筱艳、金振东："梦游杀人，就可以游离于法律之外？"，载《今日早报》2003 年 7 月 23 日。

子的行为是"行为",但他无责任能力。①

## 四、合理信赖

### 1. 合理信赖的概念

合理信赖事件,是指虽然行为造成危害他人的结果,但危害后果是受害人或者第三人行为不当或不适法引起的,行为人已合理地相信潜在受害人或第三人会采取相应的适法或者适当行为,尽到了应尽的注意义务,无时间和能力采取避免危害后果发生的措施,因而行为人不存在罪过,不负刑事责任。② 如在高速公路上行车,行人擅自闯入高速公路造成交通事故,正常行驶的司机不负法律责任。在日本,对无视信号灯而突然奔出来行人引发的交通事故,法院适用信赖原则进行判决。

合理信赖事件中行为人既无犯罪故意,亦无犯罪过失,合理信赖属于与不可抗力事件、意外事件并列的第三种无罪过事件。

传统的过失理论认为,凡有预见危害结果的可能即有注意义务,凡认识到危害结果即应采取避免危害结果的措施。按此逻辑,汽车司机时刻得小心翼翼,提心吊胆,诚惶诚恐,一发生交通事故,司机在劫难逃,过失责任就在所难免。如果对司机要求如此苛刻,司机势必缩手缩脚,汽车时开时停,其作为高速运输工具的性能便会丧失,不符合现代社会生活节奏的要求。于是,随着交通运输业的发展,为了减轻交通运输人员过多的义务负担,不得不适用信赖原则,将一部分注意义务分配给行人。

现代社会人们遇到的危险越来越多,注意社会生活中的危险义务应是全体公民的义务。在诸如交通、医疗等领域的事故中,过失行为人与被害人都存在预见和避免危险结果发生的可能性,也都有违反注意义务的问题。刑法理论界为此提出了社会相当性、被允许的危险等理论,强调社会共同生活参与人的注意义务的分担。

信赖原则的理论渊源,是以"被允许的危险"理论而确认的"危险分配"理论。在有危险的行业中,行为人分配给他人的那部分注意义务成为信赖原则的来源,由此免除行为人该部分注意义务。当他人违背这部分的注意义务而造

---

① 参见〔日〕大谷实:《刑法讲义总论》,黎宏译,中国人民大学出版社2008年版,第93-94页。

② 所谓信赖原则是指当行为人实施某种行为时,如果可以信赖被害人或者第三人能够采取相应的适当行为的场合,由于被害人或者第三人不适当的行为而导致结果发生的,行为人对此不承担过失责任的原则。——参见〔日〕西原春夫:《交通事故和信赖原则》,成文堂1969年日文版,第14页。

成损害后果时，行为人只要恪守自己的注意义务，就不成立过失犯罪，不对该结果承担责任。

信赖原则滥觞于德国 1935 年的判例，后瑞士、澳大利亚、日本等国相继承认和发展。信赖原则已经成为这些国家刑法和刑法理论中确定过失责任及责任程度的重要规则和理论。目前信赖原则在西方国家的适用，已经达成共识，但适用范围尚莫衷一是。信赖原则已经比较普遍地用于交通运输、医疗等行业发生的业务事故当中。

在日本，1935 年 10 月 18 日下午 6 时许，被告人正驾驶汽车沿市内电车轨道路基行驶，突然，在其前方的两个成年人突然自电车轨道上跳下（电车轨道高于汽车车道），与被告人的汽车相撞，结果惨不忍睹，一死一伤。第一审法院判决被告人有罪，12 月 9 日帝国法院认为行为人不构成过失，改判被告人无罪。①

2. 适用信赖原则的条件

第一，适用的前提是行为人必须已经尽到自己的那部分注意义务，行为人完全遵守了职业规则，对违反职业规则的不能适用信赖原则。

第二，在对方由于身心上的原因例如对方是幼童、老人、醉酒者、身体障碍者等而容易采取异常的行动时，不得适用信赖原则。②

第三，行为人有时间也有能力采取措施避免危害后果的，不得适用信赖原则。信赖原则，并不意味着被害人违反注意义务便完全免除加害人的过失责任。前者为积极条件，后二者为消极条件。

在我国，2000 年 2 月 20 日最高人民法院《关于审理交通肇事刑事案件具体应用法律若干问题的解释》体现了信赖原则的精神。交通肇事罪必须首先分清事故责任。行为人必须负全部责任或事故主要责任才可能构成犯罪。甚至吸毒后驾驶机动车辆、严重超载、明知安全装置不全或失灵的，只要不是承担事故主要或全部责任，同样不能作为犯罪论处。

---

① 理由为：司机虽然对步行者有违反交通规则之情况应有所警惕，但驾驶员并无将所有行人可能不注意的情况都予以考虑的必要及可能，从当时的实际情况看，判断两行人必不至于如此不注意时，则行为人应是已尽其注意义务。一般而言，在白天车流量不大，视野良好的市区，驾驶员对于成年人不顾接近自己车辆的危险而突然从电车轨道上走下汽车道之情况，实予以考虑之必要。在无特别应注意的情形下，驾驶员对参与交通之人突然而为的行为，因无预见可能性，所以不负任何责任。——参见〔日〕西原春夫：《日本刑事法的形成与特色》，李海东等译，法律出版社 1997 年版，第 263 页。

② 〔日〕大冢仁：《犯罪论的基本问题》，冯军译，中国政法大学出版社 1992 年版，第 241 页。
张志勇："试论信赖原则在我国刑法的适用"，广西专业律师网，2008 年 9 月 30 日访问。

## 五、被允许的危险行为致害

1. "被允许的危险"的概念

在社会生产和生活中，某些行业或某些人类行为带有侵害法益的危险性，但此类危险行为又应在某种程度上被允许存在。[①] 按照危险注意义务的分配理论，在某些危险行为中可以将行为人的注意义务分配给社会和他人一部分，分配给社会的那部分义务就是行为人被免除的注意义务，对行为人而言就构成"被允许的危险"。发生这种危险时，由于行为人对实际需要自己承担的那部分注意义务并没有违反，因此，也就不存在罪过。

2. "被允许的危险行为"的概念

"被允许的危险行为"不是一般意义上的冒险行为，而是法律和行业惯例允许的具有一定风险、可能给社会造成某种危害结果的正当行为。它主要是具有一定危险的业务行为。刑法理论关注的不是这种行为的客观方面，而是这种行为致害事件中行为人主观方面有无罪过，因此，放在犯罪主观方面予以研究。

3. "被允许的危险行为致害"事件的概念

"被允许的危险行为致害"是指行为人实施被允许的危险行为，因缺乏"期待可能性"造成危害结果，行为人没有罪过，因而不负刑事责任的事件。例如，警察抢救被歹徒劫持的人质时，为保持人质的安全，答应歹徒所提出的条件，交了巨额赎金，而且未追回，造成了损失，人质同时脱险。在此过程中警察抢救人质的行为虽然造成一定的损害，但与劫持人质的歹徒斗争的过程本来就是相当危险的，这种危险不仅威胁人质安全，也威胁国家和社会的财产安全。因此，警察在危急情况下为保护人质生命安全而交付赎金的行为中包含的危险，是被允许的危险。这种事件不能完全用紧急避险规则和理论来评价。

实施某种危险行为的人，如果遵守了其行为所必需的法律规则和行业惯例，以慎重的态度实施其行为，即使事先预见到了危险，事后造成了危害社会的结果，也不能追究行为人过失犯罪的刑事责任。例如在监狱高墙上设立的电网，显然存在致人伤亡的危险，但为了防止犯人逃脱，维护社会安宁，这种危险应当被允许。看守在押人员的司法人员如果因为没有发现犯人或者其他人攀越高墙而致使攀越者被电死，不构成过失，无需承担责任。

---

① 〔日〕福田平、大塚仁：《日本刑法总论讲义》，李乔等译，辽宁人民出版社 1986 年版，第 109 页。

4. 某些危险行为及其造成的危害结果为什么被允许

现代社会是科技高度发达的社会，也是险象环生的社会。人们从事任何活动，如宇宙探险、登山探险、海洋科考、北极科考、原子弹和氢弹试验等高科技、高风险活动难免存在失败、伤亡的风险，倘若一旦失败，都归于行为人、决策人、操作人过于自信显然有悖常理和情理。法律不应当也不可能禁止一切危险行为。某些危险是社会生活中必不可少的，在需要对法律保护的利益之间进行权衡取舍的时候，某些危险行为所带来的风险并不必然排斥于法律之外。例如新飞机需要试飞，试飞过程中飞行员即使恪尽职守，也依然可能存在由于新飞机性能不稳定所带来的危险，这种危险的业务行为是科技进步和社会进步所需要的，因而该危险就是被允许的危险。

随着社会生活的科技化、复杂化、现代化，危险行为不胜枚举。许多危险行为不仅不可避免地存在，而且对社会发展具有必要性与有用性，成功机会与风险并存，不入虎穴，焉得虎子。国家不能要求人们避免一切损害结果，也不能为了避免损害结果而阻止技术进步，放弃对社会极其有益的科学成果。① 宇航事业存在巨大的风险，1986年美国"挑战者"号航天飞机因为一个密封圈失效而凌空爆炸，发生机毁人亡的惨痛悲剧，但一些科技发达国家仍然不屈不挠，锲而不舍。

5. 危险行为及造成的危害结果被"允许"的条件

对危险行为及其造成的危害结果被允许须符合的条件，一些学者发表过真知灼见：②

（1）危险行为及其造成的危害结果具有法律认可性。对一部分危险行为特别是业务危险行为，在相关法律、法规及部门规章中一般都作了较为详尽的规定。因而从事这些危险业务行为时必须严格遵照这些法律及规定，否则产生的危险，不在被允许的危险之列。

（2）危险行为及其造成的危险结果具有适当性。包含危险的业务行为所带来的效益，其绝对值应该大于由该行为引起的危险导致的损害后果，否则，得不偿失是不能被允许的。如果危险行为可能造成的损害大于实施危险行为所带来的法益，该危险行为及其造成的危险就没有正当性，社会根据公平正义观念就不会接受。例如曾有人私设电网，以防止自己瓜田的西瓜被偷，结果将一名小偷电死。这种私设电网所造成的危险不是"被允许的危险"。

① 侯国云：《过失犯罪论》，人民出版社1996年版，第229页。
② 参见刘守芬、林岚："注意义务履行之探讨"，载《甘肃政法学院学报》2008年3月总第97期。

（3）行为人包含危险的行为能够带来社会效益。毋庸置疑，重大科研行为实际上是高投入高风险的行为，例如飞机和飞机发动机的开发费为129万美元，协和号从1934年研究到1973年，花费73000万英镑。① 如果这些研发成本最终不能通过专利和成果投入生产实践予以收回，不仅个人和企业会倾家荡产，国家和社会也会遭受重大损失。如果该行为不会对社会的进步起作用，或对社会的进步所起作用微不足道，那么该行为所导致的危险后果就不能成为被允许的危险。

## 第五节　期待可能性理论

### 李某迫不得已与凶手妹妹调换位置逃过一劫案

**案情：**某日傍晚，某县妇联干部李某骑车下乡，途中遇一身强力壮的男子张某抢车，李某在与张某周旋过程中机智地放气，并在张某弯腰检查车胎时将其打昏，然后慌不择路地走到最近一村里的农户家，李某向该家的老太太讲了自己的遭遇，主人表示同情并还安排李某到女儿房中睡觉。而李某借宿之处恰为劫车犯张某家。半夜张某苏醒后推车回家，向母亲诉说遭遇，母子对话后均知道车主睡在自己家。张某从母亲口中得知车主睡在妹妹床上外侧，妹妹睡内侧，遂带刀神不知鬼不觉地推开房门，朝睡在外侧的人的脖子砍了一刀。而实际的情况是李某由于惊恐一直未睡，听到了张某母子的对话和张某取刀的动静后，极度恐慌，急中生智，在不得已的情况下使用"掉包计"，悄悄移动张某妹妹，将她推到土炕外侧，自己睡到张某妹妹的位置上，进入梦乡的张某妹妹对此一无所知，张某杀死的实际上是自己的妹妹。在李某和其母亲带着尸体到荒郊野外掩埋时，李某乘机逃走。

**问题：**第一，李某的行为属于紧急避险吗？第二，李某对于张某妹妹的死亡是否存在罪过？第三，行为人在不得已的情况下，无可奈何被迫实施了违法行为，其刑事责任如何？

**提示：**第一，用牺牲他人生命来保全自己的生命不符合紧急避险的本质特征，李某和张某的妹妹二者生命权受到同等保护。李某避险过当。第二，张某

---

① 刘茂林：《知识产权法的经济分析》，法律出版社1996年版，第211页。

妹妹被杀是罪犯误杀，误杀这一结果是李某布置的结果，李某利用认识错误的工具实施杀人行为，是故意杀人罪的间接正犯。第三，在当时特定情况下，李某别无他法，社会不可能期待行为人不实施违法行为而实施其他适法行为，李某无须承担刑事责任。

## 一、期待可能性的概念与特征

### 1. 期待可能性的概念

行为人在不得已的情况下，无可奈何被迫实施了违法行为，其刑事责任如何，这就是期待可能性问题。[①] 期待可能性，是指根据具体情况，有可能期待行为人不实施违法行为而实施其他适法行为，即根据行为时的具体情况，能够期待行为人实施合法行为的可能性。如果有期待可能性，即能够期待行为人在行为时实施合法行为，行为人却事与愿违，违反此期待实施了违法行为，即存在罪过，产生责任；如果无期待可能性，即行为人在行为时只能实施严重违法行为，不能期待其实施合法行为，则即使行为人的行为给社会造成了危害，行为人主观上也没有罪过，不负刑事责任。期待可能性程度的高低，与刑事责任的重轻成正比。

期待可能性理论是20世纪初由倡导规范责任论的学者提出的研究行为人主观方面（有责性）的理论。该理论在德国、日本等国刑法犯罪论中占有极其重要的地位，且在司法实践中得到体现，1897年德意志帝国法院对癖马案的判决首次涉及期待可能性理论。期待可能性理论滥觞于过失理论，现在已经适用于犯罪故意的分析过程。

最起码和最大的合理性应该体现在法律中，"善法"应是不强人所难之法。而期待可能性理论的核心正在于"法不强人所难"。期待可能性理论最应该被借鉴的有两点：一是存在期待可能性就可能存在过失，缺乏期待可能性就无过失。二是存在期待可能性不一定都存在可责性，一旦出现可责的阻却事由，即可免责。[②] 正是由于此种期待可能性理论，才能从刑事责任的角度在理论上解

---

① 1992年起，河北农妇刘某便遭受其夫张某的百般殴打。张某好吃懒做，嗜赌成性。刘某终日操劳，承担繁重的家务。刘某曾经要求张某的父亲及本村的干部管教张某，但张某我行我素，桀骜不驯，经常出言不逊，连自己年迈的父亲也拳脚相加。刘某曾经提出离婚，张某威胁要杀了她和她全部娘家人。刘某也想过自杀，但又丢不下三个年幼的孩子。2003年1月15日晚上，张某再次无端用擀面杖毒打刘某，甚至拿斧子要砍她。次日一早，刘某将毒鼠强拌在端给张某的早餐中，张某服用后中毒身亡。事发后，包括死者亲属在内的全村400多人不约而同地下跪求情。最后，一审法院在明知本案确有多重可恕情节的情况下，对其判处了12年有期徒刑。——屈学武："命案追问：期待可能性在中国法治命运反思"，中国刑事法律网，2007年4月5日更新。

② 参见刘守芬、林岚："注意义务履行之探讨"，载《甘肃政法学院学报》2008年3月总第97期。

释刑法规定的"迫不得已"的紧急避险行为,刑法理论承认的义务冲突行为以及部属执行上级命令行为等。期待可能性理论促进了刑法的合理化与正当化,有利于保障人权,限制不断扩张的国家刑罚权。日本学者大冢仁教授认为"期待可能性正是想对强有力的国家法规范面前喘息不已的国民的脆弱人性倾注刑法的同情之泪的理论"。①

2. 期待可能性的特征

(1)意识因素,行为人已经认识到自己的行为会发生特定的危害后果。例如本节开头案例中的李某,在把张某妹妹推到床外边时已经清楚地认识到她将做替死鬼。

(2)意志因素,当时境遇下,行为人不可能遵从法律的规定来抉择。任何身处绝境的人在生命安危遭受严重威胁之际,都有趋利避害和求生的本能。此种情况下,一般人都会出于自救本能而难以遵从法律规范,只有经过特殊训练具有某种坚强意志的人才能大义凛然,超然物外,如古希腊的苏格拉底被以拒绝承认国家规定的神而又造出一些新神来毒害青年为由判处死刑后,其学生和朋友拿到牢门钥匙,劝他逃之夭夭,苏格拉底却视死如归,泰然自若地喝下毒鸩从容就义。

## 二、期待可能性理论在我国司法实践中的体现

1986年3月24日最高人民检察院《关于〈人民检察院直接受理的法纪检察案件立案标准的规定(试行)〉中一些问题的说明》② 规定:"由于以下几种情况而重婚的,可以认定不构成重婚罪:1. 对主动解除或经劝说、批评教育后解除非法婚姻关系的;2. 因自然灾害、被拐卖或者其他客观原因而流落外地,为生活所迫而与他人结婚的;3. 因强迫、包办婚姻或因遭受虐待,与原配偶没有感情,无法继续维持夫妻生活而外逃,由于生活无着,又与他人结婚的;4. 因配偶长期外出下落不明,造成家庭生活严重困难,又与他人结婚的。"这是因为行为人是为生活所逼,缺乏重婚的主观罪过。

1999年10月27日最高人民法院印发的《全国法院维护农村稳定刑事审判工作座谈会纪要》规定:"对那些迫于生活困难、受重男轻女思想影响而出卖亲生子女或收养子女的,可不作为犯罪处理。"另外,对于受被害人长期虐待杀人与报复杀人,为生活所逼盗窃与为获取赌注而盗窃,两者刑事责任有所不同,

---

① 转引自冯军:《刑事责任论》,法律出版社1996年版,第245页。

② 目前该文件已失效。

从中可以发现期待可能性理论的蛛丝马迹。值得注意的是，"我国学者试图打通期待可能性的法理与我国刑法中的不可抗力的规定之间的关系"。[①]

《最高人民法院关于审理交通肇事刑事案件具体应用法律若干问题的解释》第7条规定："单位主管人员、机动车辆所有人或者机动车辆承包人指使、强令他人违章驾驶造成重大交通事故，具有本解释第二条规定情形之一的，以交通肇事罪定罪处罚。"这里并没有规定直接驾驶车辆的司机构成本罪，原因在于我们很难期待司机不畏丢失工作岗位而去拒绝单位主管人员、车辆所有人、承包人的指使、强令行为。在这种情形下，弱者只能仰人鼻息，唯命是从，充其量是充当不法"老板"的犯罪工具而已。

我国刑法规定了重大责任事故罪，但被强令违章冒险作业的工人，国家和法律不能期待他们做出适法的行为，所以他们被排除在本罪犯罪主体之外。

偷窃自己家里或近亲属财物的案件，一般可不按犯罪处理；对确有追究刑事责任必要的，处理时也应与社会上作案的有所区别。这也反映了期待可能性的有无及强弱对刑事责任的影响。

### 三、期待可能性的判断

期待可能性问题实际上是在非常规情况下是否存在行为可选择性的问题。期待可能性是否存在应当从以下几个方面进行判断。

1. 存在期待可能性的前提——非常规情况

非常规情况是指在一定的时间与地点之下，存在某种危及生命、健康或财产的威胁或其他不利情况。没有非常规情况，就必定存在期待可能性；有了非常情况，并不一定没有期待可能性，即可能有也可能没有期待可能性。

2. 在非常规情况下，期待可能性的有无判断标准

期待可能性是一种判断，判断必须根据一定的标准。其判断标准历来有立足于人的标准说和立足于客观情形的标准说。我国学者大多赞成后者。

立足于人的标准又分为：第一，行为人标准说，即以行为人本人的能力为标准。第二，通常（一般）人标准说，也叫"平均人标准说"，即一般人在行为人行为时的地位，是否具有实施合法行为的可能性。第三，国家标准说。以期待方面的国家或法律秩序为标准，应以国家或法律期待什么、期待怎样的程度来决定。有的学者认为第一种观点正确。

---

[①] 陈兴良：《走向规范的刑法学》，法律出版社2008年版，第225页。

## 第六节　刑事严格责任

### 一、刑事严格责任的概念与起源

1. 刑事严格责任的概念

刑事严格责任指发生主观罪过不明确、罪过形式难以区分的特殊侵害行为时，只要行为在客观上造成了危害后果，不论主观上处于何种心理状态，行为人都要对此结果负刑事责任。在英美法系国家，适用严格责任的犯罪比较明显或者危害性较轻，处罚往往以适用罚金刑为主。大陆法系国家的刑法对严格责任抱谨慎的态度。

2. 刑事严格责任的起源

罪过在古代并不是犯罪构成中的要件。人类刚跨入文明社会门槛时，实际上民刑不分，伤害纠纷开始用同态复仇的办法解决，后来可以用金钱赔偿的方式予以解决。赔偿往往只看客观损害结果的大小，不考虑主观因素。《汉谟拉比法典》规定："倘建筑师为自由民建屋而工程不固，结果其所建房屋倒塌，房主因而致死，则此建筑师应处死。"在英国的盎格鲁撒克逊时代，结果责任甚至可以施加于动物乃至非生物。例如，"一头牛误伤了一个男人或者女人，致其死亡，那么，该牛通常要被砸死，并且它的肉不能食用"。1118年《亨利一世法典》规定："任何杀人者，无论是故意的还是由于偶然事件，都必须向死者的家属支付赎罪金。"现代意义上的刑法严格责任滥觞于古代的绝对责任或客观责任，完善于英美法系刑法理论。

### 二、刑事严格责任制度评析

1. 英美国家适用严格责任并非完全针对"真正的犯罪"

美国有所谓"偷一个苹果构成犯罪"的说法，原因在于英美国家的犯罪行为和违法行为都是由刑法规制的，没有所谓的行政处罚措施。英美法系国家盛行的严格责任制度，从其适用范围及其处罚措施来看，除了重婚罪、法定强奸罪和道路交通罪以外，是适用于违反酒类专卖法规的案件（卖酒给未成年人，不论是否知道其年龄，都构成严格刑事责任）、超速驾驶（只要驾驶超速就构成犯罪）、违反食品卫生法规的案件（出售有毒或危害健康的食品，不论是否知道食品的污染情况，都应负严格刑事责任）、违反渔业法律、狩猎法规的案件（捕捞或拥有禁捕的水产品，狩猎或猎杀禁猎的动物，不论其是否知道是禁捕物，都应负严格刑事责任）和持有违禁品的犯罪。这些案件大都不管其程度的轻重，不问主观态度如何，都按犯罪处理。显然，其中许多行为属于一般违法行为，不是真正的犯罪，自然谈不上客观归"罪"。

2. 实行刑事严格责任制度并不是实行"客观归罪"

被追究严格责任的行为人，主观上并不是没有罪过，而是其罪过不言自明，昭然若揭，或因人的心理状态具有无形性、抽象性、复杂性，导致罪过形式难以分清，或没有必要查清。对于这些犯罪，实际上根据生活常识推定其主观上有罪过，免除了公诉机关的证明责任，节省了司法资源，降低了司法成本。比如公务人员拥有明显超过其合法收入的巨额财产，根据经验这些财产多属不义之财，然而要查明其非法来源却步履维艰；同时作为国家公职人员，清正廉洁是其当然之义，法律的要求并不过分。

3. 实行刑事严格责任有利于维护重大公共利益

对这种犯罪追究严格责任，某种程度上可以遏制一些重大犯罪的发生。非法携带枪支参加集会，非法持有毒品，对公共安全构成重大威胁，如警察发现嫌疑人身上带有枪支或者毒品，但是无从知道其正在或将要实施何种严重犯罪，这时规定持有型罪名即可起到一定的严密刑事法网、预防犯罪的作用。行为人对这种"自然犯"也是心知肚明的，见一个抓一个，严厉打击，不会造成冤案。

## 三、我国刑法中是否存在、是否应该存在严格责任

1. 我国刑法中是否存在严格责任的规定

我国刑法中是否存在严格责任，学术界有两种观点。肯定派认为，中国刑法中存在着严格责任，主要体现在以下几种情况中，一是醉酒状态下行为人完全不能辨认自己行为的性质和不能控制自己的行为，依法仍对其追究刑事责任；二是在强奸罪的奸淫幼女行为和嫖宿幼女行为中，行为人在某种情况下确实不知对方是幼女或确信对方不是幼女而与之发生性关系，法律规定对行为人追究刑事责任；三是行为人在法律上发生认识错误，法律对某种行为规定为犯罪，而行为人由于不知晓法律误认为不是犯罪；四是持有型犯罪和巨额财产来源不明罪中，行为人在持有状态下并非一定有罪过形态，控诉方只要证明持有状态的成立即可追究行为人的刑事责任；五是丢失枪支不报罪中，行为人丢失枪支

不报是故意，但对造成危害后果的心态可能是过失可能是放任。

否定派认为，当前我国刑事立法和刑事司法中均不存在严格责任，而且将来也不应当采用严格刑事责任，罪过责任始终是我国刑事责任的原则，无过失责任与我国刑法的性质是背道而驰的，不符合主客观相统一的原则，应予否定。

我们认为，目前我国刑法中并不存在严格意义上的严格责任的规定。如醉酒的人客观上给社会造成了重大危害要负刑事责任，主要原因在于原因自由行为。对于与幼女发生性关系，不论幼女是否自愿均定强奸罪，司法解释明确规定存在前提条件即"行为人明知是不满 14 周岁的幼女"，"明知"已经表明行为人主观上存在罪过了；对于持有型犯罪，只要被告人能提出"不知道"的无罪证明，即可否决犯罪指控。

2. 我国刑法是否应该引入严格责任制度

我们认为，"凡是存在的，就是合理的"，英美法系国家的刑法和司法实践已经证明了刑事严格责任制度的价值。人类社会越发达，在某种意义上人们面临的风险就越大，人类需要运用包括法律在内的手段应对这些风险。严格责任制度已经冲破民法的藩篱，为什么不能在刑法中找到一块栖息地？该制度并不违反罪刑法定原则，与主客观相统一原则也并不必然相冲突，从犯罪构成来说，这一制度并不是否定了犯罪主观要件，而只是省去评判、衡量具体犯罪主观要件特征和内容的过程。

# 第九章　故意犯罪停止形态

## 王某入户抢劫未动手即被擒拿案

**案情：**1994 年 6 月 7 日中午，王某尾随放学回家的小学生马某伺机抢劫。跟进马某家中后正要实施抢劫，被刚好回家的马某父亲逮住，遂送往派出所。

**问题：**王某的行为处在犯罪的什么阶段？其刑事责任如何？

**提示：**第一，王某入户抢劫，"入户"行为被抢劫行为吸收，按吸收犯处理，重罪吸收轻罪，王某行为构成抢劫罪。第二，王某还未着手实施犯罪，其犯罪行为因王某意志以外的原因（被马某父亲抓住）而停止下来，属于犯罪预备。第三，入户抢劫，属于抢劫罪中加重情节犯，即抢劫罪中升格法定刑的 8 种情况之一，量刑升格，该处 10 年以上有期徒刑直至死刑；但王某是预备犯，刑法规定对于预备犯，可以比照既遂犯从轻、减轻或者免除处罚。

**第 9 章思考题：**

1. 简述犯罪阶段与犯罪停止形态的概念
2. 简述犯罪阶段与犯罪停止形态的关系
3. 简述犯罪停止形态存在的范围
4. 简述犯罪既遂的类型
5. 简述犯罪预备的概念和特征
6. 简述犯意表示与犯罪预备的区别
7. 简述犯罪未遂形态的概念和特征
8. 简述犯罪中止的特征或条件
9. 比较犯罪预备、犯罪未遂与犯罪中止的异同

## 第一节　故意犯罪过程中的犯罪形态概述

### 一、犯罪阶段与犯罪停止形态的概念及其关系

*1. 犯罪阶段的概念*

故意犯罪从发生、发展到完成这种纵向的全过程中，因主观与客观具体情况而划分为不同的段落。犯罪阶段就是指直接故意犯罪行为在其发展过程中所经过的具有明显的先后次序的若干段落或时期。有的学者认为犯罪阶段可以分为以下几个阶段：犯意产生阶段；犯罪预备阶段；犯罪实行阶段；犯罪实行后阶段。但通说认为，犯罪阶段可以划分为两大阶段三个点，即犯罪预备阶段和犯罪实行阶段，在犯罪全过程中可以确定开始犯罪预备（起点）、着手犯罪实行行为和犯罪完成（终点）三个点。犯罪阶段具有时间因素，时间具有向前的一维性，因而犯罪阶段不能倒退。

*2. 犯罪停止形态的概念*

犯罪行为在犯罪产生、发展到完成的过程中，可以出现不同的形态，有的是持续的，有的是断断续续的，有的是在某一时段或某时点停止不再发展的。犯罪停止形态是犯罪形态的一种现象。犯罪停止形态，是指故意犯罪在其产生、发展和完成犯罪的过程及阶段中，因主客观原因而停止下来的各种犯罪状态。

犯罪停止形态有犯罪预备、犯罪未遂、犯罪中止、犯罪既遂四种，其中前三种是未完成罪，是犯罪的未完成形态，最后一种是犯罪的完成形态。

各种犯罪停止形态都有一个共同的特征，即它们都是故意犯罪过程中不再发展而固定下来的相对静止的犯罪停止状态。各种犯罪停止形态在客观上已经"定格"，不能转化为另一种犯罪形态。例如，甲绑架了乙，在乙苦苦哀求下又将乙放了。甲的行为已构成绑架罪既遂，不能再转化为犯罪中止，释放人质只是犯罪既遂后的表现。

*3. 犯罪阶段与犯罪停止形态的关系*

从主观上说，犯罪阶段作为故意犯罪发生、发展和完成的进程中划分的段落，属于相继运动发展的概念；犯罪停止形态作为故意犯罪已经停止下来的某种结局，属于相对静止的概念。从客观上说，各种犯罪停止形态是在故意犯罪发展过程中的某个阶段产生的不再发展的犯罪结局。一个犯罪主体在实施犯罪

时，在犯罪阶段进程中的某个时段或"点"，只能出现一种犯罪停止形态，不可能同时出现两种以上的犯罪停止形态。犯罪停止形态之间具有不可并存性和不可逆转性。

在犯罪预备阶段，可能出现犯罪预备和犯罪中止形态，但不可能产生犯罪未遂形态。在理论上，犯罪预备阶段可能发生"未遂"情况，例如甲为了杀害乙去另一个地方找丙借枪，但找了几天也没有找到丙。但在刑法上没有规定犯罪预备阶段存在犯罪未遂形态。在犯罪实行阶段，可能出现犯罪未遂形态、犯罪中止形态和犯罪既遂形态。

## 二、犯罪停止形态存在的范围

1. 过失犯罪不存在犯罪停止形态

过失犯罪都是结果犯。过失犯罪只有造成严重的危害结果，才构成犯罪，也就是不存在未完成形态。犯罪的未完成形态只能存在于故意犯罪中，过失犯罪没有犯罪目的，不可能为犯罪实施预备行为；没有出现危害结果时，不可能成立过失犯罪。所以，过失犯罪没有犯罪预备、犯罪未遂与犯罪中止形态。由于过失犯罪没有未遂，也没有必要肯定其有既遂。所以对过失犯罪而言，只有成立与否的问题，而没有既遂与未遂的问题。

2. 间接故意犯罪不存在犯罪停止形态

间接故意犯罪由其主客观特征决定，不可能存在犯罪未完成形态。从主观方面分析，犯罪人对自己的行为所可能造成的一定危害结果发生与否持"放任"的态度，即发生与否都为行为人放任的心理所包含，谈不上对完成特定犯罪的追求。从客观方面考察，间接故意犯罪受主观"放任"心理的支配，客观上不可能存在未完成特定犯罪的状态，因为客观上出现的此种状态或彼种结局都是符合其放任心理的。对这种案件应以行为的实际结局解决定罪问题，无犯罪未完成形态存在的余地。

3. 直接故意犯罪并非都存在犯罪停止形态

从罪种上分析，有几类直接故意犯罪不存在某种或某几种犯罪未完成形态：一是依法一着手实行即告完成犯罪的举动犯（如刑法中的煽动分裂国家罪、传授犯罪方法罪等），不存在犯罪未遂；二是我国刑法中把"情节严重"、"情节恶劣"规定为犯罪限制性要件的情节犯，不存在犯罪未遂；三是结果加重犯和情节加重犯，由其构成特征决定了不存在犯罪既遂与未遂之分，而只有是否成立加重构成之分。从具体案件上看，突发性的直接故意犯罪案件由于一般不存在犯罪的预备阶段而直接着手实施犯罪的实行行为，因而往往不存在犯罪的预备形态以及犯罪预备阶段的中止形态，而只有犯罪未遂、犯罪实行阶段的犯罪中止及犯罪既遂形态的存在。

# 第二节　犯罪既遂形态

## 一、犯罪既遂的概念与特征

1. 犯罪既遂的概念

犯罪既遂是犯罪的完成形态。何谓犯罪既遂，在学理和判解上一般有三种观点。一是结果说，主张犯罪既遂就是故意实施犯罪行为并且造成了法定的犯罪结果时所呈现的停止形态。二是目的说，主张犯罪既遂就是故意实施犯罪行为并且达到了行为人预期的犯罪目的时所呈现的停止形态。三是构成要件说，主张犯罪既遂就是故意实施的犯罪行为具备了特定犯罪构成的全部要件所呈现的停止形态。该观点是刑法学界的通说。

确认犯罪既遂与否，应以行为人所实施的行为是否具备了刑法分则所规定的某一犯罪的基本犯罪构成的全部构成要件为标准，而不能以犯罪目的的达到或者以犯罪结果发生作为犯罪既遂的标准。只要犯罪实行行为完全具备犯罪构成要件，即便没有发生具体的犯罪结果或者没有实现行为人预期的犯罪目的，也构成犯罪既遂。例如，破坏交通工具罪以行为人破坏火车、汽车、电车、船只、航空器，足以使这些交通工具发生倾覆、毁坏的危险，这些为犯罪构成的基本要件。只要行为人实施了足以使这些交通工具发生倾覆、毁坏的现实危险的破坏行为，即便没有实际发生交通工具倾覆、毁坏的实际结果，仍然应当以破坏交通工具罪的既遂论处。①

2. 犯罪既遂的特征

（1）行为人主观方面必须是直接故意。过失犯罪、间接故意犯罪的成立因为没有直接故意所以无所谓犯罪既遂。过失犯罪、间接故意犯罪不存在犯罪未完成形态，也就不应使用犯罪既遂这一概念，只可使用犯罪成立的概念。

---

① 甲的下列行为都应认定犯罪既遂：甲将乙扣作人质，索要赎金未果后放掉乙（绑架罪既遂）；甲拐骗妇女乙尚未卖出去就被公安抓住（拐卖妇女罪既遂）；甲将毒品出售给乙尚未收钱就被抓了（贩卖毒品罪既遂）；甲收受乙内有2万元的信用卡一张，过了有效期才想到忘记使用了（受贿罪既遂）。

（2）行为人必须已经着手实行犯罪。这是犯罪既遂成立的时间条件。如果行为人尚未着手实行犯罪，而只是进行了为实施犯罪准备工具、创造条件的行为，就只是犯罪预备，而不能成立犯罪既遂。

（3）行为人的行为齐备了某种犯罪的基本构成的全部要件。这是构成犯罪既遂的实质要件。这里说的构成要件的齐备，是指刑法分则规定的某一犯罪基本犯罪构成要件的齐备。

## 二、犯罪既遂的类型

根据我国刑法分则对各种直接故意犯罪构成要件的规定，犯罪既遂形态主要有以下四种：

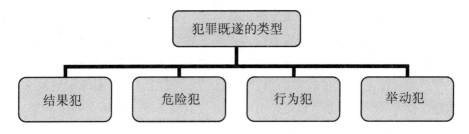

1. 结果犯

结果犯是指不仅要实施具体犯罪构成客观要件的行为，而且必须发生法定的犯罪结果才构成既遂的犯罪。它是以发生法定的危害结果与否作为犯罪既遂与否标志的犯罪。所谓法定的危害结果，具体是指刑法分则明文规定的犯罪行为对犯罪对象造成物质性、有形的、可以具体测量确定的损害结果。这类常见的犯罪很多，如故意杀人罪、故意伤害罪、抢劫罪、盗窃罪、诈骗罪等。故意杀人罪的犯罪结果就是他人死亡，如果发生了死亡结果，就是犯罪既遂，如果因行为人意志以外的原因未发生死亡结果，就是犯罪未遂。[①]

注意结果加重犯中，"结果加重犯"出现后，基本犯罪就认为既遂了（有的学者认为强奸罪例外）。结果加重犯一般都被认为是既遂，与其基本犯罪是否既遂无关。例如，张某企图强奸李某，遭到拒绝，张某遂将李某打死。张某属于强奸犯的结果加重犯，不定强奸罪（未遂）、故意杀人罪，仍然定强奸罪。

---

① 抢夺罪通常以犯罪人控制财物为既遂，但犯罪人在突然攫取财物之际，并不一定能完全或者稳定地控制财物。在司法实践中，抢夺财物因当场被抓获或者被迫当场丢弃，物主当场夺回财物的，一般不按犯罪既遂论处。

再如，赵某抢劫一过路行人，将行人打成重伤后搜遍全身竟身无分文，赵某失望而去。赵某抢劫中致人重伤，属于结果加重犯，赵某行为属于抢劫罪既遂。

2. 危险犯

危险犯，指以行为人实施的危害行为造成法律规定的危险状态作为既遂标志的犯罪。这类犯罪不是以造成物质性的和有形的犯罪结果为标准，而以法定的客观危险状态的具备为标志。行为人着手实施该危险行为后，只有导致了该罪构成要件客观方面的法定危险状态才能构成犯罪既遂，如果由于其意志以外的原因未导致该法定的危险状态的，不构成犯罪既遂。如破坏交通工具罪就以造成足以使火车、汽车、电车、船只、航空器发生倾覆危险为既遂的标志，如果行为着手破坏交通工具行为之后，由于其意志以外的原因而未造成足以引起交通工具倾覆毁坏危险的，只能构成犯罪未遂。

危险犯的犯罪既遂，不仅要求行为人实施完毕刑法分则规定的特定犯罪行为，而且要求犯罪行为足以造成某种危害社会的结果发生的危险状态，但不要求犯罪行为实际发生某种危害结果。一般认为，我国刑法分则规定的放火罪、爆炸罪、投毒罪、决水罪、以危险方法危害公共完全罪、破坏交通工具罪、破坏交通设施罪等，均属于危险犯。

3. 行为犯

行为犯是指以法定的犯罪行为的完成作为犯罪既遂标准的犯罪，即不要求造成物质性的和有形的犯罪结果，而是以行为的完成为标志，但这些行为并非一着手即告完成，而是有一个实行的过程，要达到一定程度。如脱逃罪以行为人达到脱离监禁羁押的状态和程度为犯罪既遂的标志，偷越国（边）境罪以行为人达到越过边境线的程度为犯罪既遂的标志。这类常见的犯罪有：强奸罪、诬告陷害罪、脱逃罪、传播性病罪、投敌叛变罪等。例如甲编造乙受贿的犯罪事实后告发乙，目的是将乙送进大牢。但检察机关发现举报与事实不符，遂没有对乙采取任何强制措施。该案中甲诬告行为已完成就达到既遂，不以甲实现其使人受到刑事处罚的目的为既遂要件。

4. 举动犯

举动犯也称"即时犯"，是指按照法律规定，行为人一着手犯罪实行行为即告完成，从而构成犯罪既遂的犯罪。举动犯不存在犯罪未遂问题，但存在既遂形态、预备形态及预备阶段的中止形态。我国刑法中的举动犯一般都是原本属于非实行行为而被刑法分则规定为实行行为的犯罪行为。具体包括两类：一类是原本为预备性质的犯罪构成，如参加恐怖活动组织罪之参加行为；二是教唆性质的犯罪构成，如煽动分裂国家罪之煽动行为。

举动犯一着手实施犯罪就构成既遂，所以不存在未遂问题，但仍然存在犯罪预备、犯罪中止问题。

### 三、犯罪既遂的处罚原则

犯罪既遂是故意犯罪的完成形态。我国刑法分则具体条文所规定的特定故意犯罪的犯罪构成要件实际上就是特定故意犯罪的既遂形态。因此，对故意犯罪的既遂犯，应当直接按照刑法分则具体条文所规定的刑罚规格量刑。刑法分则条文的法定刑是为犯罪基本构成设置的，对既遂犯刑法未专门规定既遂犯的特殊处罚原则。实践中，应当在考虑刑法总则一般量刑原则的指导与约束的基础上，直接按照刑法分则具体犯罪条文规定的法定刑幅度处罚。但应注意对同种罪危害不同的既遂犯的区别对待，在既遂犯同时具备其他从宽或从严处罚的情节尤其是法定的处罚情节时，要注意同时引用相关的条款。

# 第三节　犯罪预备形态

### 一、犯罪预备的概念和特征

1. 犯罪预备的概念

犯罪预备形态，即通常所说的预备犯，是指行为人为实施犯罪而开始创造条件，由于行为人意志以外的原因而未能着手实行犯罪行为的犯罪停止形态。

犯罪预备与犯罪预备阶段是两个不同的概念，二者区别在于：

第一，性质不同。犯罪预备是故意犯罪的一种停止状态，是行为人应对其承担刑事责任的一种行为状态；犯罪预备阶段是行为发展的一个过程，是一个时间概念。

第二，对定罪量刑意义不同。一个犯罪行为可能经过犯罪预备阶段再往前发展到实行阶段并最终完成犯罪，预备行为被实行行为吸收，这样对犯罪预备阶段的行为就不单独评价，预备行为作为犯罪行为动态发展的过程，对定罪量刑一般没有独立意义；而如果犯罪在预备阶段由于行为人意志以外的原因而未能着手实行，犯罪行为不再往前发展，这时就成立预备犯，犯罪预备对定罪量刑具有独立意义。

2. 犯罪预备形态的特征

（1）行为人已经实施犯罪预备行为。行为人已经进行了准备工具、制造条件的预备行为。该特征区分犯罪预备与犯意表示。所谓犯罪工具，是指犯罪分子进行犯罪活动所用的一切器械物品。准备犯罪工具，包括寻找工具、购买工具、改造工具、制造工具使之适合犯罪的需要等多种表现形式。为实施犯罪准备犯罪工具也是一种为实施犯罪制造条件的行为，但是刑法将这一常见的行为方式单独列举予以明示。

制造条件，是指为实行犯罪创造除了准备工具以外的各种顺利条件的行为。司法实践中，常见的"制造条件"行为有许多方式。①

（2）行为人尚未着手犯罪的实行行为，预备行为在着手实行犯罪之前进行并终止。着手指行为人开始实施刑法分则规定的特定犯罪的构成要件行为，它是实行行为的开始。犯罪预备停止形态表明行为人尚未着手实行犯罪。该特征是区分预备犯和未遂犯的显著标志。

犯罪预备行为与实行行为的区别在于：第一，形式上的区别。二者的区别要看是否为《刑法》分则所规定，规定了的是实行行为，否则是预备行为。第二，实质区别在于是否直接侵害法益。对法益造成直接侵害的是犯罪实行行为，对法益没有直接侵害的则仅仅是犯罪预备行为。

犯罪预备行为必须在着手实行犯罪前停顿下来。如果是因为时机不成熟，在犯罪过程中暂时撤退，并没有终局性停止，则不属于预备犯。

（3）犯罪预备行为停顿在犯罪预备阶段必须是由于行为人意志以外的原因。预备行为在着手实行犯罪之前已经停止，并非出于行为人的本来意志。"行为人意志以外的原因"表明犯罪预备行为停止不前非出已愿，如被告发、被盘查，因作案条件不成熟而未继续着手实行犯罪，由于被害人闻讯逃避、不在现

---

① "制造条件"行为大致可归纳为以下方式：（1）踩点。为实施犯罪事先调查犯罪场所、时机和被害人行踪。如行为人为实施盗窃活动而事先查看银行所处的位置、保险柜放置的地方、毗邻的建筑物、逃跑的路线等。（2）练习。准备实施犯罪的手段，例如为实施入户盗窃而事先练习楼顶下滑入窗技术。（3）清障。排除实施犯罪的障碍。是指在着手实行犯罪之前，排除实行犯罪时可能遇到或已经遇到的障碍，以便为进一步实行犯罪创造有利条件。这既可能是单纯地排除障碍，等待时机成熟再实施犯罪，也可能是在排除障碍之后，立即着手实行。（4）跟踪或者寻找犯罪目标。追踪被害人、守候被害人的到来。（5）出发前往犯罪地点，埋伏或者守候。即进入预定的犯罪现场等待作案时机。出发前往犯罪场所或者诱骗被害人赶赴预定犯罪地点。守候行为是典型的犯罪预备。（6）引诱预定的被害人。（7）邀约同伙。（8）勾引、集结共同犯罪人，共谋、策划，即商量作案方式、方法、步骤。（9）筹集资金。如为走私、贩卖毒品或者雇用凶手而筹集资金。（10）备料、备货。如为制造毒品或者生产伪劣产品而准备原材料。（11）拟定实施犯罪后逃避侦查的计划等。

场或防范措施严密而难以着手实行犯罪，由于司法机关及时行动或被群众抓获而未能着手实行犯罪，等等。该特征是区分预备犯和预备阶段的中止犯的显著标志。因行为人意志以外因素而停止不是犯罪中止。例如甲乙二人预谋盗窃某银行，在白天"踩点"之后，晚上前来行动，但是发现银行有很多人在加班，不便下手，便撤走打算改日再来行窃。这不是犯罪中止。因为犯罪人遭遇到意志以外的原因，并未放弃犯罪意图，应当认定为犯罪预备。

## 二、预备犯和犯意表示

### 1. 犯意表示的概念

犯意表示是指以口头、文字或其他方式对犯罪意图的单纯表露。汉武帝时设立的"腹诽"罪来惩罚犯意表示，外国封建刑法也有处罚"思想犯"的规定，但当代各国刑法规定，犯意表示不构成犯罪，行为人也不承担刑事责任。从需要到动机到犯意形成（包括犯意表示），都属于"思想"范畴，不受处罚。只有在犯意支配下积极或者消极地实现该犯意的外部行为出现，才受刑罚处罚。例如，王某接到孙某电话，孙某邀请他一起去抢劫，王某承诺后并未实际参加，也没有任何鼓励、帮助行为。

### 2. 犯意表示与犯罪预备的区别

刑法上关于言论可以构成犯罪的规定，处罚的不是思想本身，而是发表言论的行为及其方式。比如侮辱罪、诽谤罪、传授犯罪方法罪、教唆犯罪、煽动性质的犯罪等。把言论写在私人日记上不让别人看到，这只是思想；写在纸上公布于众，是发表言论。发表言论如果仅仅停留在意志形成阶段，也只属于意思表示（包括犯意表示）；如果更进一步，进入意志实现阶段，如犯意表示的内容是煽动或教唆他人危害社会，则成为犯罪实行行为；如果找人商量如何实现除了煽动、教唆内容以外的犯罪意思，则属于预备行为。

犯意表示虽然在客观上也表现为一定的行为，但这一行为仅仅是其犯罪意图的表露，还不属于为犯罪制造条件的行为，因此，它和犯罪预备具有本质的区别。第一，犯意表示仅是一种单纯的思想表现形式，并没有付诸行动，是行为人将犯罪的意图简单地流露于口头或书面的形式；而犯罪预备则是行为人通过实施某些具体活动为进行犯罪制造条件。第二，犯意表示没有对犯罪起促进作用，对法益没有构成现实的威胁；而犯罪预备则是行为人将犯罪意图引向犯罪行为，已经直接开始实施犯罪的准备活动，犯罪预备已经使法益受到了实际的威胁。第三，犯意表示不具有可罚性，但犯罪预备则具有可罚性。犯意表示虽然也对社会具有一定的危害，但这种危害尚没有达到刑法处罚的程度，对法益所产生的影响和威胁处于不确定阶段，所以不在刑事责任范围内评价；而预备犯应当负刑事责任。

以下两种类似于犯意表示的行为不能认定为犯意表示而应以犯罪论处：

一是某些具体犯罪的构成中所包含的口头或书面语言形式的实行行为。如侮辱罪、诽谤罪、煽动分裂国家罪以及教唆犯罪里所包含的言语行为，作为强奸罪、抢劫罪等犯罪的手段行为的威胁性语言。这些特定的语言在特定的犯罪构成中属于犯罪的实行行为，表达这些语言不但构成犯罪，而且不是犯罪预备，属于已经实行犯罪的其他犯罪形态。

二是单个人犯罪中制定犯罪计划的书面语言，以及共同犯罪中勾结共同犯罪人、交流犯罪思想、商议犯罪计划的口头语言或者书面语言。这些语言都已经超出犯意表示的范畴，是在为实施犯罪创造条件的犯罪预备行为，足以构成犯罪的，应当以犯罪论处。

## 三、预备犯的处罚

1. 可以比照既遂犯从轻、减轻或者免除处罚预备犯

预备犯应当负刑事责任。但由于预备犯还没有着手实行犯罪，没有造成犯罪结果，对法益的侵犯通常小于既遂犯对法益的侵犯，故对于预备犯，可以比照既遂犯从轻、减轻或者免除处罚。

"比照既遂犯"，应是在性质、情节、危害程度等方面与预备犯向前发展可能形成的既遂犯相同或相似的既遂犯，而不是随意想象的既遂犯。

2. 刑法对预备犯规定的处罚原则是得减主义

对预备犯可以予以从宽处罚，也可以不予从宽处罚。在一般情况下，对预备犯原则上应予以从宽处罚，比照既遂犯从轻、减轻或者免除处罚；在特殊情况下，如行为人准备实行特别严重的犯罪、手段特别恶劣时，可以不予从轻、减轻或免除处罚。至于究竟是从轻处罚，还是减轻处罚、免除处罚，应当对犯罪预备的整个案件进行综合考察后来决定。主要应考虑的情况有：犯罪预备行为是否已经实施终了，犯罪预备行为本身能否导致实行行为造成重大危害结果等。

3. 应注意犯罪预备与刑法第13条"但书"的关系

犯罪预备的成立以犯罪行为足以构成犯罪为前提，如果行为人的行为属于刑法第13条规定的"情节显著轻微危害不大的"情况，应依法不认为是犯罪。

在使用罪名时应在罪名后加括弧标明预备形态问题，如"抢劫罪（预备）"。

## 第四节 犯罪未遂形态

### 沈某盗窃本厂财务股保险柜未打开案

**案情：** 被告人沈某，男，24岁，某厂工人。被告人因赌博欠债，难以偿还，便图谋盗窃本厂财务股保险柜里的现金。某日晚9时许，被告人撬开了财务股的房门，但因无法打开小保险柜，未能窃取柜中现金（数百元）。于是，被告人将小保险柜搬离财务股，藏在厂内仓库旁的小试验室里，想等待时机再撬开小保险柜，窃取现金。第二天，财务股的李会计上班后发现办公室被撬、小保险柜失踪，当即向厂保卫股报案。第三天上午8时15分，人们在小试验室找到了小保险柜，柜门尚未打开，柜内人民币也原封未动。

**问题：** 被告人沈某的行为属于犯罪未遂还是未构成犯罪？

**提示：** 由于沈某意志以外的原因犯罪未得逞，应属于犯罪未遂。

### 一、犯罪未遂形态的概念和特征

*1. 犯罪未遂的概念*

犯罪未遂在世界上有两种立法规定和学说主张。一是将犯罪中止也作为犯罪未遂的一种，二是将犯罪中止与犯罪未遂并列。我国刑法采用"并列说"。第23条第1款规定："已经着手实行犯罪，但由于意志以外的原因而未得逞的，是犯罪未遂。"犯罪未遂，是指行为人已经着手实行具体犯罪构成的实行行为，由于其意志以外的原因而未能完成犯罪的一种犯罪停止形态。

在理论上，并不是一切直接故意犯罪都存在犯罪未遂形态，例如举动犯属于一着手即告完成的犯罪形态，只可能存在犯罪预备和犯罪预备阶段的犯罪中止，没有犯罪未遂成立的可能。

*2. 犯罪未遂形态的三个特征*

（1）行为人已经着手实行犯罪。所谓着手，是动手、开始做某事的意思，即犯罪分子开始实施刑法分则条文规定的具体犯罪的实行行为。[①] 它是实行行

---

① 1764年贝卡利亚首先在刑法理论上明确提出"着手"概念，并将它与犯罪未遂联系起来。1810年法国刑法典首次将"着手"立法化，限定未遂只有在着手实行犯罪以后发生。

为的起点，标志着已经产生侵害法益的紧迫危险性。例如甲试图杀害乙，在射程之内举枪瞄准，是为"着手"；远在异国他乡的哥哥邮寄毒酒回广州，企图毒死弟弟，以便独占父母遗产，广州的弟弟收到毒酒后即为"着手"；甲从 A 地邮寄爆炸物到 B 地，由于爆炸物随时可能爆炸，则邮寄时即为"着手"；成年人张三指使 8 岁小孩李四去窃取王五钱包，下达命令时不是"着手"，只有李四走近王五开始实际盗窃时才是着手。

"着手"的判断可采取"犯罪对象出现论"。如果犯罪对象没有出现，一般认为犯罪行为还处在预备阶段。犯罪对象常常是具体法益的载体，行为人的行为如果直接作用于、针对于具体的犯罪对象，则可以判定犯罪人已经"着手"犯罪。故意杀人罪的"着手"，必须是针对被害人实行杀人行为才算，如果被害人不在现场，谈不上"着手"。行为人是否已经着手实行犯罪，是区分犯罪预备与犯罪未遂的关键特征或显著标志。

着手的性质：从主观上看，行为人实行犯罪的意志已经通过着手行为而充分表现出来，不同于以前预备实行犯罪的意志。从客观上看，行为人已经开始实施犯罪的构成要件行为即实行行为，它使法益面临实际的威胁，在实行行为中包含着导致危害结果发生的实际可能性，如不遇意外，该危害结果将合乎规律地发生。

认定着手实行犯罪与否的有效办法，是将犯罪预备行为与实行行为加以区别。前者的本质与作用是为分则犯罪构成行为的实行与完成创造条件，为其创造现实可能性；后者的本质与作用是直接完成犯罪。

注意强奸罪属于行为犯，无论是暴力、胁迫等强制行为还是奸淫行为，均为强奸的实行行为，实行任一行为，都是着手犯罪，即使行为人未实际奸淫，仍然构成强奸罪未遂，不是强奸预备犯。

（2）犯罪未完成而停止下来。即刑法中所说的"犯罪未得逞"，即犯罪行为未达到犯罪构成的全部要件。如果行为已经具备犯罪构成的全部要件，则不能再成立犯罪未遂。这是区分犯罪未遂与犯罪既遂的主要标志。在存在既遂与未遂之分的三类直接故意犯罪中，"犯罪未完成"有不同具体含义和表现形式：

一是结果犯，以法定的犯罪结果没有发生作为犯罪未完成的标志。例如陶某想要一儿子，却生下一残疾女儿，痛不欲生，一起喝农药，母女幸被陶某丈夫送医院救活。陶某自杀行为不构成犯罪，但给女儿喝农药，属于故意杀人，因未发生死亡结果，所以应认定为故意杀人罪未遂。

二是行为犯，以法定的犯罪行为未能完成作为犯罪未完成的标志，如脱逃罪以在押人员（犯罪嫌疑人、被告人、罪犯）未达到逃脱监禁羁押的程度为犯罪未完成的标志。

三是危险犯，以法定的危险状态尚未具备作为犯罪未完成的标志，如破坏交通工具罪以破坏行为未能造成可导致交通工具倾覆的危险为犯罪未完成的标志。

认定犯罪完成与否应注意：

第一，所谓犯罪未完成是指具体犯罪构成所包含的作为犯罪完成标志的客观要件尚不完备，而不是说没能发生任何具体的危害结果。比如，甲意图杀害乙，在刺了乙一刀后，被周围群众制服扭送公安机关，乙虽然没有死亡，但是受重伤。再如，张三将公家存放金钱的保险箱盗回自己家中，但想尽办法也打不开，破案后发现箱中金钱原封未动。此案中保险箱虽然脱离了所有人的控制，但张三还未能控制保险箱，为了达到占有箱中财物的目的，张三还必须继续进行犯罪活动。因此，本案定性为盗窃未遂。

第二，具体犯罪构成要件的完备，在时间上没有任何长短要求，只要一完备构成要件就意味着犯罪既遂的构成。例如甲在回家的路上从后面抢走乙的钱包，得逞后走到乙的前面看见乙原来是同村熟人，于是声称是开玩笑，并马上将钱包还给了乙。在本案中，甲抢劫乙的财物，虽然非法占有时间非常短暂，对甲仍须按抢劫罪既遂论处。甲得逞后马上将钱包还给了乙只能在量刑时予以适当考虑。

第三，犯罪既遂是犯罪完成的标志，犯罪既遂后绝不可能再出现犯罪未完成的停止形态，即犯罪停止形态具有不可逆转性。如行为人破坏交通设施已经造成足以使交通工具倾覆的危险状态，但行为人在交通工具尚未实际倾覆之前采取措施消除这一危险状态的，也应认定为犯罪既遂，但对其后消除危险状态的行为在量刑时应予以从宽处理。①

（3）犯罪停止在未完成形态是由于行为人意志以外的原因所致。"行为人

---

① 需要注意一些特殊的情形构成犯罪未遂。例如，工商局收到检举王某在其商店内卖假烟的举报信后，在王某商店里查获价值20万元的假烟，但未能查明王某出售了多少假烟。对王某的行为该这样认定：第一，先看王某有无烟草专卖许可证。如无，则即使出售真烟情节严重的也构成非法经营罪，何况出售假烟。王某触犯非法经营罪和生产、销售伪劣产品罪，择一重罪处罚。第二，如果王某有烟草专卖许可证，则王某的行为构成生产、销售伪劣产品罪。按照《刑法》第140条的规定，销售额达到5万元以上的，属于犯罪既遂；没查到销售额，按法释〔2001〕10号文件第2条第2款规定，"伪劣产品尚未销售，货值金额达到刑法第140条规定的销售金额3倍以上的，以生产、销售伪劣产品罪（未遂）定罪处罚"，所以查处的数量折算金额达到15万元以上的，属于犯罪未遂。

意志以外的原因"，这是犯罪未遂与犯罪预备相同之处，也是区别犯罪未遂与犯罪实行阶段中止的关键所在。它是指违背犯罪人的犯罪意志、并足以阻止犯罪行为达到既遂状态的各种主客观因素，这些因素与犯罪人的主观愿望相违背，与犯罪行为的发展进程相冲突。它有质和量的规定性：第一，应当是阻碍犯罪分子完成犯罪的原因。第二，应当是足以阻碍犯罪分子完成犯罪的原因。如果不足以阻碍犯罪分子完成犯罪，而行为人自动放弃的，不能认定为意志以外的原因而视为犯罪未遂，应认定为犯罪中止。当然，行为人对这些因素是否足以阻碍其完成犯罪存在错误认识的另当别论。

在司法实践中，有时出现了犯罪结果，但不能证实这一结果是谁的行为导致的，这时应以犯罪未遂论处。例如，张三以杀人故意，李四以伤害故意分别向王五射击，结果一枪击中王五，导致王五死亡，但无法证明这一枪是谁打的。因此，只能成立各自的未遂犯罪。① 注意，如果两人均没有犯罪故意，使用同样的枪弹误伤了王五，无法查明是谁击中的，则疑罪从无，均不构成犯罪。

3. 犯罪意志以外的原因具体分为三类

（1）犯罪人意志以外的客观原因。包括被害人强有力的反抗，第三者的制止或者司法机关的拘捕，被害人有效的逃避，自然力的破坏，时间、地点使犯罪难以继续进行，遇到难以克服的物质障碍等。例如，甲回家路经正在维修的一楼房，于是顺着脚手架爬上三楼，从窗入室。见床上睡有一女子，于是持刀相威胁，欲行奸污。女子惊慌中急中生智，告之"我有性病"，并说其男朋友就不敢接触她。某甲闻后放弃该女离开。本案中某甲的强奸行为已经着手（已经针对明确具体的被害对象开始实施了暴力胁迫行为），未得逞是由于认为被害人有性病而不敢实施奸淫行为，可以视为意志以外原因所致，故应该属于强奸罪未遂。

（2）犯罪人自身的客观原因。如犯罪人智能低下，技术拙劣，致使其未能完成犯罪，犯罪时突遇病变，体力不支，致使犯罪活动无法继续进行，犯罪人的生理缺陷使犯罪无法继续进行等。

---

① 刑法与民法规定不同。《民法通则》第126条规定："建筑物或者其他设施以及建筑物上搁置物、悬挂物发生倒塌、脱落、坠落造成他人损害的，它的所有人或者管理人应当承担民事责任，但能够证明自己没有过错的除外。"重庆曾发生"烟灰缸伤人"案：2001年5月11日凌晨，市民郝某被临街楼上坠落的烟灰缸砸中头部，昏迷7天后脱险，留下了严重的后遗症，花费医疗费计9万元。公安机关经过侦查现场，排除了有人故意伤害的可能性。郝某将位于出事地点的两幢居民楼的产权人以及两幢居民楼一定楼层以上的25户居民告上了法庭。法院经审理认为，因难以确定该烟灰缸的所有人，除事发当晚无人居住的两户外，其余房屋的居住人均不能排除扔烟灰缸的可能性，根据过错推定原则，由当时有人居住的王某等有扔烟灰缸嫌疑的20户住户分担该赔偿责任，各赔偿8101.5元。

（3）犯罪人主观上的认识错误。即对客观外界事物的不正确认识使其行为未能达到既遂状态。包括对犯罪对象的认识错误，对犯罪工具的认识错误，对犯罪因果关系的认识错误，对犯罪时周围客观环境的认识错误等。

## 二、犯罪未遂形态的类型

根据不同的分类标准，可以对犯罪未遂作不同的分类：

### 1. 实行未了的未遂和实行终了的未遂

以犯罪实行行为是否已经实行终了为标准，犯罪未遂可分为实行终了的未遂与未实行终了的未遂。

实行未了的未遂，是指行为人已经着手实施具体犯罪客观方面的实行行为，在犯罪实行行为实施终了之前，由于其意志以外的原因而未能继续实施犯罪的犯罪停止形态。如甲潜入仓库盗窃，在刚刚打开保险柜，尚未来得及往外取财物时，即被保卫人员抓获。

实行终了的未遂，是指行为人已经将具体犯罪客观方面的实行行为实施完毕，但由于其意志以外的原因未发生刑法规定作为既遂要件的犯罪结果的犯罪停止形态。如乙为了杀害丙，用木棍猛击丙的头部5下，以为丙已经死亡而逃离现场，但丙被路过的群众发现送往医院抢救而脱离生命危险。再如，甲想毒死乙，一天给乙喝毒酒，但乙却安然无恙。后来甲明白毒酒失效，但也没有再继续实施杀害乙的行为。本案中不能因为甲未实施新一轮犯罪行为而认为构成犯罪中止，甲投毒杀人的过程已经结束，甲的行为构成故意杀人罪未遂，属于手段不能犯未遂。

### 2. 能犯未遂和不能犯未遂

以行为的实行客观上能否构成犯罪既遂为标准，在刑法理论上可以将犯罪未遂可分为能犯未遂与不能犯未遂。

（1）能犯未遂。它是指行为人已经着手实行犯罪，并且该实行行为实际上有可能达到既遂状态，即本来按照行为人的计划是有可能成功的，由于行为人意志以外的原因而使犯罪未得逞。如甲用枪向乙射击，意欲打死乙，但由于其枪法不准，未能击中乙，乙见状得以逃脱。

（2）不能犯未遂。它是指行为人已经着手实行犯罪，但由于行为人对有关犯罪事实的认识错误，致使其行为不可能达到既遂状态而出现的未遂犯，具体包括对象不能犯和工具不能犯。

在不能犯未遂中，行为人对其行为的性质存在错误认识，即实际上不能完成犯罪而行为人却认为可以完成犯罪。这种认识错误就是成立犯罪未遂之"行为人意志以外的原因"。

我国刑法对不能犯未遂没有作出规定。从外国立法例来看，有相当一些国家的刑法典未明文规定不能犯未遂问题，但也有些国家的刑法典在犯罪未遂中明文规定了不能犯未遂问题。

3. 手段（工具）不能犯未遂和对象不能犯未遂

（1）工具不能犯未遂，即犯罪分子使用了按客观性质不能产生犯罪分子所追求的犯罪结果的工具，以致犯罪未得逞。例如，把白糖当做砒霜毒人，误用空枪、坏枪去射杀人，在任何情况下都绝不可能发生死亡结果。

"不能犯未遂"与"不可罚的不能犯（绝对不能犯）"不可同日而语。某种行为完全不可能导致侵害法益的现实危险性，则该行为不宜作为犯罪论处。如在荒郊野外将稻草人当仇人射杀，属于绝对不能犯。

（2）对象不能犯未遂，即犯罪分子行为所指向的对象当时并不存在，或因具有某种属性而不能达到犯罪既遂。

将野猪当做人射杀，误认为尸体为活人而砍杀，误认为包内有钱而扒窃，误将男当女实施强奸，都属于对象不能犯的未遂。例如，郭某从自家携带一把改制的螺丝起子窜入某市聋哑学校，意图强奸女学生。郭某把学校教学楼后第二排学生宿舍的第四间房门撬开，见里面无人，又将第六间房门撬开。开门后，郭某见床上睡着一个人（邱某，男，12岁），误认为是女学生，便用双手掐住邱某的脖子，企图掐昏使邱某不能反抗时强奸。邱某反抗挣扎滚到地下，郭某仍不松手，直至邱某停止挣扎后，将邱某抱到床上，脱掉其长、短裤，正欲行奸时，发现其为男性，便将被子盖在邱某的身上离去。邱某因窒息死亡。本案中，郭某误以男学生邱某是女学生欲行强奸，属于对象不能犯。

不能将手段不能犯同迷信犯混为一谈。所谓迷信犯，是指行为人采用在任何情况下都不可能造成实际损害结果的祈祷、诅咒或者其他愚昧、迷信的方法来意图实现自己所追求的某种危害结果的行为。例如在布娃娃上刻上某个仇人的生辰八字，每天在这个布娃娃的胸口插上一针，以为七七四十九天后仇人便会心脏病突发而死。

从主观上看，迷信犯与手段不能犯都具有犯罪的意图，并且已将犯意表露于外部，但二者的认识内容是截然不同的：迷信犯对自己行为的性质与作用的认识是违反常识、超乎自然的，但自己的实际行为也就是其所意欲实施的行为，这一方面是不存在错误认识的；而手段不能犯的行为人对自己行为的性质与作用的认识符合人类社会的常识、符合规律的，但自己的实际行为并非其所意欲实施的行为，正是这一方面的认识错误，导致其犯罪行为不能得逞。

迷信犯并不存在实际的社会危害性，但有时迷信犯在"施法"过程中可能给社会造成危害。例如，行为人当着被害人的面大声诅咒，使当事人暴怒而亡。行为人当着的被害人的面大声诅咒已经不仅仅是一种迷信行为。又如迷信犯在纸人上写上仇人姓名，烧毁纸人时引起大火，就构成了失火罪。

### 三、未遂犯的处罚原则

1. 对未遂犯刑法原则上规定了从宽原则

因为行为毕竟没有造成刑法所规定的犯罪结果。因而《刑法》第23条第2款规定，对于未遂犯，可以比照既遂犯从轻或者减轻处罚。

2. 对未遂犯采取得减主义

刑法规定，对未遂犯"可以"比照既遂犯从轻或者减轻处罚，而不是"应当"从轻或者减轻处罚。到底是否予以从宽处罚由审判人员根据具体的案件情况决定。需要指出的是，对未遂犯并非都得从轻或者减轻处罚。对未遂犯是适用从轻处罚原则还是减轻处罚原则，应当根据具体案件情况，由审判人员考虑以下因素：属于何种类型的未遂犯、距离犯罪既遂的远近和未遂犯本身所造成结果的轻重。

3. 对能犯未遂处罚一般应比不能犯未遂处罚较重

我国刑法对不能犯未遂没有加以规定，但在刑法理论上一般都承认不能犯未遂。在一般情况下，能犯未遂往往比不能犯未遂具有更大的社会危害性。因此，未遂的这种分类对量刑具有一定的意义。

# 第五节　犯罪中止形态

## 一、犯罪中止形态的概念

在很多国家，犯罪中止被认为是犯罪未遂的一种。在我国，犯罪中止是指在犯罪过程中，行为人自动放弃犯罪或者自动有效地防止犯罪结果发生，而未完成犯罪的一种犯罪停止形态。犯罪中止没有被包含在犯罪未遂中。司法机关在犯罪中止与犯罪未遂难以判别时，往往判断为犯罪中止。

## 二、犯罪中止的特征或条件

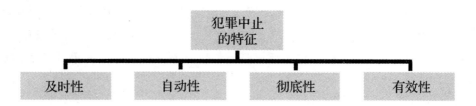

1. 及时性

犯罪中止发生时犯罪不能呈现终局形态，即不能出现预备、未遂和既遂形态。从犯罪预备开始直至犯罪达到既遂之前，即在犯罪预备阶段、犯罪实行阶段均可以成立中止犯。有的学者强调中止犯发生在犯罪结果出现以前。这一提法不够确切。在犯罪处于运动中而尚未形成任何其他犯罪停止形态的情况下放弃犯罪，这是犯罪中止成立的客观前提条件或时间性条件。

根据这个特征，可以将类似犯罪中止的两种现象与犯罪中止区分开来：第一，犯罪既遂后自动返还原物。第二，犯罪未遂后主动抢救被害人。例如甲想打死乙，开枪击伤乙后，旁人阻止其继续行凶，这时甲后悔，主动协助他人将乙送到医院抢救，使其得救。这两种现象不具备犯罪中止的及时性条件，不能认定为犯罪中止。行为人事后的悔改只能作为量刑情节考虑。

从时空阶段来看，预备犯只存在预备阶段，犯罪未遂只存在于实行阶段，犯罪中止则在预备阶段和实行阶段都可能存在。

犯罪停止形态之间具有不可并存性和不可逆转性。在犯罪发展过程中一旦出现犯罪预备、犯罪未遂或犯罪既遂，就不可再出现犯罪中止。例如，甲想置乙于死地，猛砍乙数刀后扬长而去。几个小时后，为销毁凶器又回来寻找匕首，见乙一息尚存，但痛苦万分，甲产生怜悯之心，送乙去医院救治。甲的行为不构成犯罪中止，构成故意杀人罪的未遂，其送乙去医院救治属于未遂后的悔罪表现。

2. 自动性

行为人在确信自己能够将犯罪进行到底的情况下，出于本人意愿而自动停止犯罪行为。这是犯罪中止的本质特征，是成立犯罪中止的实质性条件，也是犯罪中止与犯罪未遂的关键区别：犯罪中止是"能达目的而不欲"，犯罪未遂是"欲达目的而不能"。

（1）行为人自认为能够完成犯罪，是认定自动性条件的基本前提。只要行为人自信能够将犯罪进行到底，不管客观上是否可以完成，均可以成立中止犯。

即使客观上不能完成犯罪，但自认为能够完成犯罪的情况下，自动停止的，也是自动中止。例如甲某使用过期失效的农药（本人不知过期失效）投放到乙某杯中，意图杀乙。后改主意，在乙某喝水之前将杯中水倒掉。虽然因为农药已经失效，客观上不可能完成犯罪（杀害乙某），但甲某并不知道，在自认为能完成犯罪的情况下放弃犯罪的，可成立犯罪中止。相反，如果客观上行为可以进行到底，但行为人主观上却认为不能完成犯罪的，不成立中止犯。

（2）行为人出于本人的意愿而停止犯罪，是自动性条件的实质内容。在犯罪行为发生的过程中，总是存在各种对犯罪的发展不利的因素。如果行为人在犯罪过程中遇到自认为无法克服的困难，不可能将犯罪继续进行下去，而不得不停止犯罪，这种现象是犯罪未遂，不是犯罪中止。

（3）行为人积极地履行阻止犯罪结果发生的义务。如果行为人在停止实施犯罪行为之后，采取消极的不作为方式，对犯罪结果的出现等待观望，即使最后没有发生犯罪结果，也不能认定为犯罪中止。

3. 彻底性

（1）行为人主观上必须彻底放弃了犯罪意图。在预备阶段和实行阶段，行为人彻底放弃了正在进行的某个具体的犯罪意图，消极地停止实施犯罪行为，即可构成有效性条件。如果行为人认为时机不成熟，准备不充分，环境条件不利，暂时中断犯罪，改日待条件适宜再继续作案，就不是犯罪中止。

（2）在客观上彻底放弃了自认为本可能继续进行的犯罪。自动放弃重复侵害行为的成立中止。例如，张三带10发子弹和手枪1支，想杀死仇人李四，第一发打偏了，第二发击中李四大腿，鲜血四溅，血流如注，惨不忍睹。张三见后未继续开枪，李四得救。这种自动放弃重复侵害的行为是犯罪中止不是犯罪未遂。从客观上讲，只有在结果犯的情况下才存在重复侵害的问题，行为犯和危险犯不存在重复侵犯问题，其侵害只能是一次性的。从主观上讲，只有直接故意，并且行为人主观上具有确定的故意时才发生重复侵害问题，间接故意和过失的情况下不发生重复侵害问题，即使在直接故意情况下如果没有确定的故意也不会发生重复侵害问题。

4. 有效性

（1）事实上没有发生犯罪结果。只有行为人实际地防止犯罪结果的发生，犯罪中止才能成立。如果已经造成了犯罪结果，即使行为人曾经做过不懈的努力，也不能认定为犯罪中止。例如，甲往乙菜里放毒药，乙吃后大汗淋漓，甲产生怜悯遂送乙到医院抢救，但最终不治身亡。甲没有最终有效地防止乙死亡的结果发生，不能视为犯罪中止。甲送乙到医院抢救只能作为量刑的一个情节。

（2）危害结果没有发生是指行为人追求的、行为性质决定的危害结果没有发生。发生其他结果的不影响犯罪中止的成立。

（3）行为人所采取的防止措施和犯罪结果未发生之间具有因果关系。如果行为人所采取的防止犯罪结果发生的措施和犯罪结果未发生之间不具有因果关系，即使事实上犯罪结果未发生，也不能认定为犯罪中止。但需要指出的是，如果行为人真心实意地尽力采取防止犯罪结果发生的措施，其一人的力量难以达到目的，而有他人的协助，结果避免了犯罪结果的发生，也不应否定其采取的防止犯罪结果发生的措施和犯罪结果未发生之间存在因果关系，即行为人真诚努力地防止结果发生，结果确实未发生，但不是因为行为人的中止行为，而是因为其他因素，行为人的行为仍然属于犯罪中止。

### 三、自动放弃犯罪的原因

其原因包括真诚悔悟、对被害人产生怜悯、被害人的求饶、他人规劝教育、被害人反抗或斥责、害怕第三人告发、害怕将来罪行暴露受到法律制裁，以及在受到其他不足以阻止犯罪的轻微不利因素影响下经过思想斗争而自动放弃犯罪。

### 四、犯罪中止形态的类型

1. 自动放弃犯罪的犯罪中止与自动有效地防止犯罪结果发生的犯罪中止

（1）自动放弃犯罪。即犯罪分子在犯罪过程中，出于自身意志而放弃犯罪的行为。出于自身意志，是指犯罪分子出于自身认识的主观因素，而非出于非主观因素的外在因素而自动放弃犯罪。"能达目的而不欲"、自动放弃可重复侵害的行为，均为典型的犯罪中止。如张三朝李四打一枪未击中，弹夹里还有子弹，但张停止了射击。不能孤立地看每次射击，而应把几次射击动作视为一个统一的杀人行为。

（2）自动有效地防止犯罪结果的发生。即犯罪分子在犯罪行为实施过程中，出于自身的原因结束了犯罪行为，同时又积极作为、有效地防止了犯罪结果的发生。例如，朱某往奶粉中掺毒药，送给戴某。后害怕东窗事发，想要回。但戴某谎称已喝完。朱某以为毒药量放少了或失效了，没吭声就走了。朱某走后戴某因喝此奶粉而死亡。朱某未能有效地防止结果发生，其行为未能构成犯罪中止仍属于犯罪既遂。

2. 消极中止和积极中止

根据其成立是否要求行为人做出一定积极的举动之不同，可以将犯罪中止分为消极中止和积极中止。

（1）消极中止。即只需行为人消极停止犯罪行为的继续实施便可以成立的犯罪中止。预备中止都是消极中止，实行未了的中止一般也属于消极中止。

（2）积极中止。即不仅需要行为人停止犯罪行为的继续实施，而且还要积极有效地实施一定行为去防止犯罪结果的发生才能成立的犯罪中止。实行终了中止都是积极中止，也有一小部分实行未了的中止属于积极中止。在其他条件相同的情况下，积极中止的社会危害性要比消极中止大。

3. 预备中止、实行未了的中止和实行终了的中止

犯罪中止的时空范围相当广泛，在犯罪的预备阶段、实行阶段、犯罪行为尚未实行完毕的情况下都可以发生，甚至在犯罪行为已经实行完毕的情况下只要法定既遂状态尚未出现（如投毒杀人后，被害人尚未喝下毒药或喝下毒药后尚未死亡），自动有效防止危害结果发生的，也成立犯罪中止。

根据发生的时空范围不同，可将犯罪中止分为预备中止、实行未了的中止和实行终了的中止三类。

（1）预备中止。即发生在犯罪预备阶段的犯罪中止，例如，甲某准备了毒药杀害其夫，因为害怕而没有敢下毒，后来放弃杀人念头，把毒药扔掉。因为尚未着手就自动放弃犯罪，属于在预备过程的中止。

（2）实行未了的中止。即发生在行为人着手犯罪实行行为以后，实行行为尚未终了之前的犯罪中止。

（3）实行终了的中止。即发生在行为人的实行行为已经终了犯罪既遂之前，自动放弃犯罪并有效地防止该犯罪结果发生而成立的犯罪停止形态。

## 五、中止犯的处罚原则

1. 对中止犯处罚的基本处罚原则是从宽处罚

对中止犯予以从宽处罚。我国刑法中的从宽处罚原则是从轻处罚、减轻处罚和免除处罚的总称。对预备犯规定了可以比照既遂犯从轻、减轻或者免除处罚的处罚原则，对未遂犯规定了可以比照既遂犯从轻或者减轻处罚的原则，而对中止犯规定了应当减轻或者免除处罚的处罚原则。即对预备犯和未遂犯都有从轻处罚的原则，而中止犯则至少是减轻处罚。

2. 对中止犯采取必减主义

按照《刑法》第24条第2款的规定，对于中止犯，没有造成损害的，应当免除处罚；造成损害的，应当减轻处罚。

（1）造成了一定的危害结果，但没有造成刑法规定的犯罪构成要件结果的，对中止犯应当减轻处罚。如甲本来打算故意杀害乙，但在着手后，因乙的求饶而放弃了杀人的念头，结果只造成了乙轻伤的结果。

（2）没有造成任何实际的危害后果的，应当免除处罚。尚未造成实际危害后果，说明社会危害性较小，情节轻微。

（3）对预备中止、实行未了的中止、实行终了的中止三者在具体量刑时应有所区别。预备中止离犯罪既遂最远，实行未了的中止较近，实行终了的中止最近，因而在其他条件相同的条件下，预备中止的社会危害性和行为人的主观恶性最小，实行未了的中止较大，实行终了的最大。因而应充分体现区别对待的刑事政策，鼓励犯罪分子尽早自动放弃犯罪。

## 六、犯罪中止与犯罪预备、犯罪未遂的对比

| | 形态 | 特征 | 行为停止原因 | 处罚 |
|---|---|---|---|---|
| 预备犯 | 准备工具、制造条件 | 行为人已经实施犯罪预备行为；行为人尚未着手犯罪的实行行为；停顿在犯罪预备阶段必须是由于行为人意志以外的原因 | 被告发、被盘查，因作案条件不成熟、被害人闻讯逃避、不在现场或防范措施严密而难以着手实行犯罪，司法机关及时行动或被群众抓获而未能着手实行犯罪等 | 可以比照既遂犯从轻、减轻或者免除处罚 |
| 未遂犯 | 实行未了的未遂和实行终了的未遂；能犯未遂和不能犯未遂；手段（工具）不能犯未遂和对象不能犯未遂 | 行为人已经着手实行犯罪；犯罪未完成而停止下来；犯罪停止在未完成形态是由于行为人意志以外的原因所致 | 犯罪人意志以外的客观原因；犯罪人自身的客观原因；犯罪人主观上的认识错误 | 可以比照既遂犯从轻或者减轻处罚 |
| 中止犯 | 自动放弃犯罪与自动有效地防止犯罪结果的发生；消极中止和积极中止；预备中止、实行未了的中止和实行终了的中止 | 及时性 自动性 彻底性 有效性 | 出于本人的意愿而停止犯罪：真诚悔悟、对被害人产生怜悯、他人规劝教育、被害人反抗或斥责、害怕第三人告发、害怕将来罪行暴露受到法律制裁，以及在受到其他不足以阻止犯罪的轻微不利因素影响下经过思想斗争而自动放弃犯罪的着手和完成 | 没有造成损害的应当免除处罚；造成损害的应当减轻处罚 |

# 第十章　共同犯罪

## 王某、陈某与张某共同犯罪案

**案情：** 被告人王某对甲怀有深仇大恨，遂出资 5 万元雇使张某去除掉甲，张某同意，并将欲杀甲的情况告诉其妻陈某，陈某不仅不加制止，而且积极为其出谋划策，帮张某买来一把尖刀用于杀甲。在陈某的帮助下，张某做了充分准备，于某天晚上潜入甲的家中，当时甲不在家，见甲妻乙正在床上睡觉，顿起歹意，一不做二不休，把乙给强奸了。等到甲回家，又把甲杀死。

**问题：** 第一，王某是否属于教唆犯，在共同犯罪中教唆犯能否定为主犯？第二，陈某是否属于帮助犯，是否应当按照她所帮助的犯罪以从犯论处？第三，王某与陈某对于张某的强奸犯罪是否承担刑事责任？第四，对于张某应当如何定罪处罚？

**提示：** 第一，本案中存在共同犯罪和单独犯罪两种情况，应分门别类。第二，强奸罪是张某临时起意所犯，属于实行犯过限。第三，王某与陈某教唆与帮助张某犯的是故意杀人罪，对强奸罪既未教唆亦未帮助。第四，按照故意杀人罪与强奸罪对张某实行数罪并罚。在故意杀人的共同犯罪中，张某是正犯，直接实施了杀人行为，在共同犯罪中起主要作用，应以主犯论处。

## 第 10 章思考题：

1. 简述共同犯罪的概念及其构成要件
2. 哪些犯罪情形不属于共同犯罪
3. 什么叫片面共犯、间接共犯
4. 共同犯罪有哪些形式
5. 简述必要共犯、对行犯、任意共犯、事前共犯
6. 何谓共同共犯、复杂共犯、一般共犯、犯罪团伙
7. 试述共同犯罪人的分类及其刑事责任
8. 什么叫主犯、组织犯、实行犯

9. 什么叫从犯、帮助犯、胁从犯

10. 胁从犯为什么要负刑事责任

11. 试述教唆犯成立的条件与刑事责任

12. 共同过失犯罪为什么不以共同犯罪论处

# 第一节　共同犯罪的概念和要件

## 一、共同犯罪的概念与不能作为共同犯罪的情形

### 1. 共同犯罪的概念

共同犯罪是故意犯罪中的一种特殊类型。《刑法》第 25 条第 1 款规定："共同犯罪是指二人以上共同故意犯罪。"共犯是刑法学中一个非常复杂的理论问题，共犯理论是构成要件理论的组成部分。日本曾有学者称之为"绝望的一章"和"迷茫的一章"。在西方刑法理论中，"共犯"有时被称为"犯罪参与"。

"共犯"有三种含义：第一，最广义的共犯，即共同犯罪，包括共同故意犯罪和共同过失犯罪。第二，广义的共犯，指共同正犯、教唆犯和帮助犯。日本刑法典采用此说。第三，狭义的共犯，仅指教唆犯和帮助犯，德国刑法典采用此说。

我国刑法总则没有规定共犯的概念，但在刑法分则和司法解释中，共犯的提法较多，共犯是指组织犯、教唆犯和帮助犯。①

共同犯罪比个人单独犯罪具有更大的社会危害性。首先，共同犯罪人多势众，比单个犯罪人实施犯罪具有更大的危害性。其次，各犯罪人之间存在分工或作用的分担，从而使犯罪行为更容易实施，犯罪目的更容易达到。第三，参与者互为依托，聚众闹事的"从众心理"可强化犯意，并且即使某个成员想"金盆洗手"也会遇到其他共同犯罪人的阻挠。

《刑法》分则各条款所规定的犯罪构成，一般是以个人单独犯罪为标本的，各国刑法通常是在刑法总则对共同犯罪如何认定和处罚加以规定。

共犯是相对于"正犯"而言的，正犯是指实行犯。实行犯，是指在共同犯

---

① 有学者认为，"组织犯"是苏俄及我国刑法关于共犯规定中的唯一亮点。我国刑法没有从客观上提供共同的参与形式，共同犯罪包括共同故意实行犯罪、组织犯罪、教唆犯罪和帮助犯罪。——参见陈兴良：《教义刑法学》，中国人民大学出版社 2010 年版，第 640 页、638 页。

罪中，自己直接实施犯罪的实行行为，或者利用他人做工具实施犯罪的实行行为的共同犯罪人。实行犯的特征：第一，必须自己实施犯罪的实行行为。第二，必须有实施实行行为的故意。实行犯是具体犯罪行为的执行者，其在共同犯罪中起着决定性的作用，共同犯罪中其他参与者的犯罪意图都是通过实行犯的实行行为来实现的。

2. 下列犯罪情形不属于共同犯罪

（1）共同过失犯罪不是共同犯罪。一般而言过失犯罪社会危害性较小，刑法规定均为过失犯罪的不成立共同犯罪。共同犯罪，理论上存在共同故意犯罪和共同过失犯罪，但我国刑法不承认行为人共同过失可以构成共同犯罪。共同过失犯罪是指二人以上构成的过失犯罪，包括过失的共同实行犯、过失的教唆犯与过失的帮助犯。行为共同说认为，帮助行为本身足以说明帮助犯的构成，无须再考虑故意与过失的区别。犯罪共同说则认为，帮助犯是在他人产生犯意之后对其实施犯罪予以帮助。但在过失犯罪情况下，行为人不存在产生犯意的问题，也就不存在帮助过失犯罪的问题。帮助本身只能是一种故意行为，不存在过失帮助。共同过失犯罪具有个别犯罪的性质，是单独犯罪的一种特殊形态，但这并不妨碍对共同过失犯罪人同案审理。"共同过失犯罪"并非"过失的共同犯罪"，也并非"共同犯罪"，只是共同的过失行为而导致的同一犯罪（过失竞合）。共同犯罪实行"部分行为全体负责"的原则，但对过失共同犯罪，因为行为人主观上并无犯意联系，社会危害性要小于共同犯罪，所以对共同过失犯罪应该分别予以处罚，行为人分别对本人的过失行为承担刑事责任。《刑法》第25条第2款规定："二人以上共同过失犯罪，不以共同犯罪论处；应当负刑事责任的，按照他们所犯的罪分别处罚。"①

（2）一方故意一方过失，不能成立共同犯罪。共同犯罪人主观上都是故意。

（3）同时犯不是共同犯罪。同时实施犯罪，但故意内容不同的，不能成立共同犯罪。同时犯是指没有共同的犯罪故意，而在同一时间同一场所针对同一目标实施同一性质的犯罪。对这种犯罪现象应分别按单独犯罪论处。例如甲乙

---

① 甲乙二人是某厂锅炉工。一天甲有事需提前下班，心想平时乙都是提前15分钟左右上班，甲看手表离交班也只差15分钟，于是就离开了工作岗位。恰巧乙这天也有事，乙心想平时都是我去了甲才离开，今天迟去一会儿甲也不会责怪。于是乙也过了15分钟才上班，结果由于无人看守致使锅炉爆炸。甲乙的行为供选答案有"A属于共同犯罪；B属于共同过失犯罪；C各自构成故意犯罪；D应按照他们所犯的罪分别处罚"，答案为B、D。

同时侵害丙，甲只想把丙打伤，乙却想把丙打死。结果造成丙死亡的结果。甲乙没有共同的犯罪故意，不属于共同犯罪，对甲乙分别定故意伤害罪和故意杀人罪。

（4）两人以上都是故意犯罪，但故意的内容并不重合，不成立共犯。例如，甲乙两人共雇一条船，甲走私毒品，乙走私淫秽物品，甲乙故意内容不重合，不成立共犯。如果在走私过程彼此为对方走私提供便利，则成立共犯，但二人各自都构成走私毒品罪和走私淫秽物品罪。

（5）先后故意实施犯罪行为，但彼此没有主观上的联系。

（6）超出共同犯罪故意的行为不属于共同犯罪。共同犯罪人中如有人超出共同犯罪故意又犯其他罪行，这种某个人单独实施的犯罪只能由实行该犯罪行为的人负责，对其余人不能按共同犯罪论处。刑法理论将这种现象叫"实行犯过限"。例如，甲乙共同盗窃，进屋窃取他人财物后，乙又强奸了女主人。甲构成盗窃犯的共犯，但不构成强奸犯的共犯，乙单独对自己的强奸行为承担法律责任。

（8）事后通谋的窝藏、包庇行为，不构成共同犯罪。因为这些行为与危害结果之间没有因果关系，并且窝藏、包庇者事前与实施犯罪行为者没有共同的犯罪故意。但事前通谋的窝藏、包庇者与实施犯罪行为者具有共同的犯罪故意，应成立共同犯罪。

（9）单位直接负责的主管人员及其直接责任人员与单位本身不成立共同犯罪。例如甲公司经理在履行职务过程中，为该公司走私，只成立一个单位犯罪（但该经理作为主管人员应该被处罚）。

### 3. 共犯与正犯的关系

在刑法学中，对于共犯与正犯的关系存在共犯的从属性与共犯的独立性之争。前者是通说，德日盛行通说。通说认为，共犯的成立以正犯实行行为为前提。但从属性程度仍然仁者见仁，智者见智。独立性说则认为，共犯的成立不要求以正犯实行行为为前提。我国《刑法》第29条第2款规定处罚教唆犯的未遂犯，即没有正犯的共犯。可见我国刑法采用独立性说。

独立性说扩张了间接正犯的范围，却缩小了共犯的范围。例如教唆不满14周岁的人杀人，按照独立性说，被教唆者因为没有达到刑事责任年龄而不构成犯罪，没有正犯，也就没有共犯，教唆者只能以间接正犯论处。而在主张从属性说的日本，如果被教唆者具有认识与控制能力，即使没有达到刑事责任年龄，他本身不被处罚，但教唆者仍然构成共同正犯。

## 二、共同犯罪的构成要件

1. 主体要件

必须有两个以上的人。包括三种情况：

第一，两个以上有刑事责任能力的自然人实施的共同犯罪。

第二，具有刑事责任能力的自然人和单位的共同犯罪。

第三，单位和单位的共同犯罪。

2. 行为客观要件

必须有共同犯罪的行为。各共同犯罪人的行为结成了一个整体，互相联系，共同配合，共同导致了危害结果的发生。共同行为的表现形式有：

（1）共同的作为、共同的不作为，共同持有，不作为和作为的结合，持有与作为的结合，持有与不作为的结合。仅有共谋，未实施犯罪实行行为的，能否构成共犯？共犯行为包括犯罪的实行行为和预备行为，共谋可以视为犯罪预备行为，因此构成共犯。例如甲乙合谋杀害丙，约定杀人之日，甲害怕法律制裁没去，乙独自一人将丙杀害。本案中甲乙构成故意杀人罪共犯。

（2）有分工或者无分工的行为。无分工的行为中，每一个共同犯罪人都实施了特定犯罪的实行行为，都是实行犯，行为人共同直接实行犯罪。有分工的情形指共同犯罪行为中，有的行为人实施了实行行为，有的实施了教唆、帮助或者组织等非实行行为。

3. 主观要件

各共同犯罪人存在共同犯罪的故意。所谓共同犯罪的故意，指各共同犯罪人通过意思联络，认识到他们的行为会发生危害社会的结果，并且希望或者放任该结果的发生。共同故意包括认识因素和意志因素。

（1）共同犯罪的认识因素。在共同犯罪中，各共同犯罪人必须认识到以下内容：第一，认识到不是自己一个人单独实施犯罪，而是和其他人一起共同实施犯罪行为；第二，认识到自己的行为会发生危害结果，并且认识到其他人的行为也会引起危害结果；第三，预见到各共同犯罪人的行为已经结成了一个整体，将会共同导致危害结果的发生。

（2）共同犯罪的意志因素。第一，行为人在认识到上述因素的基础上，通过自己自由意志的选择，决意参加共同犯罪；第二，希望或放任包括自己行为在内的共同犯罪行为共同导致危害结果的发生。

### 三、共犯理论中的特殊问题

1. 片面共犯

（1）片面共犯的概念。片面共犯是相对"全面共犯"而言的。"全面共犯"是双方或多方的共犯，而片面共犯是单方的共犯。片面共同犯罪是指参与犯罪的人中，一方有同他人实施犯罪的故意，暗中配合他人实行犯罪，而另一方却不知道有人配合自己实施犯罪，因而缺乏共同犯罪故意的情况。片面共犯通常是片面的帮助犯，即在一方（正犯）不知情的情况下，另一行为人对其犯罪提供帮助，被帮助者以正犯论处，帮助者则是片面共犯。"片面共犯"原本是大陆法系国家刑法的概念，在英美法系国家的刑法中存在类似的"潜在同谋犯"的概念。

（2）片面共犯的分类。

一是片面的实行犯。片面的共同实行，即实行的一方没有认识到另一方的实行行为。例如，乙正欲对丙实施强奸行为时，甲在乙不知情的情况下，使用暴力将丙打伤，乙得以顺利实施奸淫行为。有的学者否认或没有必要承认存在片面的实行犯，因为片面的实行犯实际上是间接正犯，是利用他人之力或以他人为工具实现自己的犯罪目的，对其直接依照刑法分则的有关条文定罪量刑即可。例如，甲想毒死乙，在乙的食物中投了毒。丙知道甲想毒死乙的意图但毒药量不足以毒死人，遂添加了同种类毒药，结果乙中毒身亡。甲的行为构成故意杀人罪（未遂），对丙直接以故意杀人罪论处，不必承认其为片面共犯。

二是片面的教唆犯，即被教唆者没有意识到自己被教唆的情况。例如，甲将乙的妻子丙与他人通奸的照片和一支枪放在乙的桌子上，乙发现后立即产生杀人故意，将丙杀死。

三是片面的帮助犯，即实行的一方没有认识到另一方的帮助行为。例如，甲明知乙正在追杀丙，由于其与丙有仇，便暗中设置障碍物将丙绊倒，使乙顺利杀害丙。

片面共犯能否成立共同犯罪？中外刑法理论上都存在较大争议，可以分为否定派和肯定派。否定派否认片面共同犯罪的存在。持这种观点的学者认为共同犯罪中共同故意应该是全面和相互的，而片面共同犯罪之中的共同故意是片面和单向的，故片面共同犯罪不能成立。我国刑法规定的共同犯罪以共同犯罪人认识到自己与他人互相配合共同实施犯罪为认识因素，因此"片面共犯"在我国刑法中没有立足之地。

肯定派肯定片面共同犯罪的存在。其中有人认为所有片面共犯都成立共同犯罪；有人只承认片面教唆犯与片面帮助犯；有人仅承认片面帮助犯。

2. 间接正犯

间接正犯和直接正犯相对。直接正犯指行为人基于自身直接的身体活动实行构成要件行为的情况。间接正犯又可以称为间接实行犯，是指将他人作为工具加以利用，实现犯罪的情形。在利用他人行为这一点上类似共犯，但由于缺乏共同的犯罪故意，利用者与被利用者不成立共同犯罪，而由利用者对被利用者的行为独立负责，即间接正犯对其通过中介实施的犯罪行为承担完全刑事责任。被利用的他人不构成犯罪或构成过失罪。如某甲利用幼童或精神病人实施犯罪行为，应当认为是某甲单独犯罪。间接正犯存在于以下场合：

（1）利用无责任能力者进行犯罪，包括利用不满14周岁的人和精神病人为工具进行犯罪。例如，甲教唆13周岁的乙盗窃，因为乙未到刑事责任年龄，与甲不构成共犯，甲属于实行犯，即正犯。

（2）利用他人身体活动如身体的条件反射运动、利用身体被强制时的动作等进行犯罪。例如，利用他人睡梦中的动作实现犯罪。

（3）利用他人过失或不知情的行为实施犯罪。[①] 如，甲医生欲杀害病人丙，将毒针交给不知情的护士乙。乙给丙注射后，致丙死亡。甲医生为间接实行犯；乙不知情，与甲没有共同故意。再如，甲将毒品说成药品，利用不知情的乙运送毒品。甲构成运输毒品罪的间接正犯。

一人利用他人的过失行为犯罪，利用者属于间接实行犯，承担故意犯罪的刑事责任；被利用者单独构成过失犯罪，对该犯罪行为承担过失犯罪的刑事责任。例如，甲与乙有仇，欲借丙之手除掉乙。一天，甲将装有子弹的枪支借给丙，骗其枪中无弹，可以吓吓乙。丙信以为真，朝乙开枪，结果乙中弹身亡。甲为故意杀人罪的间接实行犯，丙主观上存在疏忽大意的过失，其行为构成过失杀人罪。

（4）利用他人的合法行为进行犯罪，如甲拟杀丙，唆使丙用刀砍乙，预期

---

① 甲将面粉冒充4号海洛因欺骗乙，让乙出售，出售获利后二人平分。乙出卖后获款1万元，但还未分赃就被公安人员抓获。下列说法哪些是正确的：A. 甲乙构成贩卖毒品的共犯；B. 甲的行为构成诈骗罪；C. 甲才属于间接正犯；D. 甲的行为属于犯罪未遂。答案为B、C。因为甲用面粉冒充海洛因，用虚构事实、隐瞒真相方法非法获取他人财物，构成诈骗罪。甲利用不知实情的乙去出售所谓的"海洛因"，甲是间接正犯，乙实际上是被利用的工具。就诈骗罪而言，乙与甲没有共同的犯罪故意，不成立共犯关系。因此BC正确。由于甲是间接正犯，甲取得了1万元的赃款视同甲非法占有了该赃款，甲构成诈骗罪既遂。乙误将面粉当海洛因出售，属于对象不能犯未遂，乙单独构成贩卖毒品罪（未遂），故A错。

乙会实施正当防卫而杀死丙。

（5）利用有故意的工具。有些犯罪的成立要求具有特定的犯罪目的或者具有特定的身份。"利用有故意的工具"是指被利用者虽有责任能力和犯罪故意，但欠缺目的犯中的犯罪目的和身份犯中的身份，行为人利用其达到犯罪目的。例如国家工作人员甲指使知情的妻子乙（非国家工作人员）接受贿赂。甲为受贿罪间接正犯，乙为受贿罪的帮助犯。在绝大多数情况下，间接正犯不是共犯，但此种情形下夫妻构成受贿罪共犯。

（6）强制被害人或第三者的行为。行为人（利用者）通过强制，迫使被害人或第三者丧失意志自由，成为利用者实现犯罪目的的工具。例如，官员甲与乙通奸暴露，逼迫乙自杀，甲为故意杀人罪的间接正犯。

间接正犯是特殊形态的实行犯，应对其直接依照刑法分则的有关条文定罪量刑。这就是对间接正犯处罚的直接性原则。

3. 身份犯的共犯

按照德日刑法，没有身份的人可以成为身份犯（正犯）的共犯（教唆犯或帮助犯）。我国刑法总则中关于共同犯罪的规定没有涉及共犯与身份的关系问题。但在刑法分则中有零散的关于身份犯的共犯的规定。例如《刑法》第382条第3款规定："与前两款所列人员勾结，伙同贪污的，以共犯论处。"

没有身份的人不能构成身份犯，指的是不能构成身份犯的直接正犯，但没有身份的人可以构成身份犯的间接正犯。有时，没有身份的人形式上实施了身份犯的构成要件行为，也不能属于只有具有身份的人实施才能构成的实行行为，只能算帮助行为。如，没有国家工作人员身份的张三的妻子在丈夫不在家时收受贿赂，张三妻不能构成贪污罪的直接正犯，其"代为收受"不是实行行为而是帮助行为。张三妻只能构成贪污犯这种身份犯的共犯（帮助犯）。

没有身份的人能否构成身份犯的共同正犯，有争议。例如女子不能单独构成强奸犯，但女子使用暴力、胁迫手段，男子实施强奸行为，此时该女子与男子是否构成强奸罪的"共同正犯"，日本法院的判例认为可以构成，我国有的学者认为不能构成，只能构成强奸罪的"共犯"而不能构成"共同正犯"，因为强奸罪的实行行为只有男子才能实施。因此，无特定身份的人教唆或帮助具有特定身份的人实施法律要求犯罪主体具有特定身份的犯罪，应以该罪的共犯论处。

4. 内外勾结共同犯罪

对于内外勾结共同犯罪，司法解释采用"主犯决定说"。最高人民法院、最高人民检察院《关于当前办理经济犯罪案件中具体应用法律的若干问题的解答》（试行）① 规定："内外勾结进行贪污或者盗窃活动的共同犯罪（包括一般共同犯罪和集团犯罪），应按其共同犯罪的基本特征定罪。共同犯罪的基本特征一般是由主犯犯罪的基本特征决定的。""如果共同犯罪中主犯犯罪的基本特征是贪污，同案犯中不具有贪污罪主体身份的人，应以贪污罪的共犯论处。例如：国家工作人员某甲与社会上的某乙内外勾结，由甲利用职务上的便利，侵吞、盗窃或者骗取公共财物，乙在共同犯罪中起次要、辅助作用，甲定贪污罪，乙虽然不是国家工作人员，也以贪污罪的共犯论处。售货员某甲与社会上的某乙、某丙内外勾结，由甲利用职务上的便利，采取付货不收款、多付货少收款，或者伪开退货票交由乙、丙到收款台领取现金等手段，共同盗骗国家财物，三人共同分赃，甲定贪污罪，乙，丙也以贪污罪的共犯论处。"

该司法解释还规定"如果共同犯罪中主犯犯罪的基本特征是盗窃，同案犯中的国家工作人员不论是否利用职务上的便利，应以盗窃罪的共犯论处。例如：社会上的盗窃罪犯某甲、某乙为主犯，企业内仓库保管员某丙、值夜班的工人某丁共同为某甲、某乙充当内线，于夜间引甲、乙潜入仓库盗窃国家财物，四人分赃。甲、乙、丁均定盗窃罪，丙虽是国家工作人员，在参与盗窃活动时也曾利用其仓库保管员职务上的便利，但因他在共同犯罪中起次要或辅助的作用，仍以盗窃罪的共犯论处。"但是该学说受到诸如主犯不是定罪依据、在多个主犯的情况下无法解决问题、为共同犯罪人避重就轻指明方向等观点的质疑。

有的学者提出"分别定罪说"，认为混合主体的共同犯罪，应根据犯罪主体的不同区别对待，有特定身份者以纯正身份犯论，无特定身份者则以常人犯论。"内外勾结共同犯罪人按犯罪人在共同犯罪中的分工性质确定，而不应该按作用（主犯、从犯）的性质确定"，"在内外勾结进行贪污或者盗窃活动的情况下，国家工作人员应以贪污罪论处，而非国家工作人员实际上属于想象竞合犯，即一行为同时触犯盗窃罪（实行犯）和贪污犯（帮助犯）两个罪名"，应从一从重罪论处，定盗窃罪。② 有学者质疑该学说有悖共同犯罪的整体性特征，割裂了共同犯罪人在主客观上的联系；出现同一共同犯罪行为不同罪名的不合理结果；可能放纵无身份主体等。

2000 年 6 月 30 日，最高人民法院发布的《关于审理贪污、职务侵占案件如何认定共同犯罪几个问题的解释》第 1 条至第 3 条规定："行为人与国家工作

---

① 该文件目前已失效。
② 陈兴良、曲新久：《案例刑法学》（上卷），中国政法大学出版社 1994 年版，第 445 – 446 页。

人员勾结，利用国家工作人员的职务便利，共同侵吞、窃取、骗取或者以其他手段非法占有公共财物的，以贪污罪共犯论处。""行为人与公司、企业或者其他单位的人员勾结，利用公司、企业或者其他单位人员的职务便利，共同将该单位财物非法占为己有，数额较大的，以职务侵占罪共犯论处。""公司、企业或者其他单位中，不具有国家工作人员身份的人与国家工作人员勾结，分别利用各自的职务便利，共同将本单位财物非法占为己有的，按照主犯的犯罪性质定罪。"

现在有的学者提出"身份犯决定说"，认为内外勾结，特殊主体与一般主体共同犯罪的，全案应该以身份犯论处。因为一般情况下，共同犯罪属于同性质的犯罪，有特殊主体规定的应从规定；法律对特殊主体犯罪的要求与刑罚严于一般主体犯罪，特殊主体犯特定罪时，其他参加人应以特定犯罪论处。

5. 中立的帮助行为

中立的帮助行为也叫"日常性行为"，这些行为在德国被称为"外部的中立的行为"、"典型职业行为"（berufstypisches Verhalten）、"惯常的业务活动"，在日本被称为"日常的行为"、"中立的行为"等，在我国台湾地区被称为"中性帮助行为"、"日常生活的中性行为"等，在我国大陆被学者称之为"外表无害的'中立'行为（日常生活行为）"。它是指在外观上无害但在客观上对犯罪实行行为、危害结果起到促进作用的行为。如五金店将菜刀卖给了杀人犯，可否构成故意杀人罪的帮助犯？配锁者帮顾客配了钥匙，结果顾客拿了配的钥匙去盗窃，配锁者能否构成盗窃罪的帮助犯？网络接入服务商明知他人申请开通网络的目的是建立黄色网站仍为其办理网络接入服务，网络服务商能否构成传播淫秽物品罪牟利罪、侵犯著作权罪的帮助犯？[①]

现代社会为保护正常的业务交易行为及日常生活正常交往的需要，处罚所有符合传统帮助犯构成要件的行为显然不合适。原则上，日常生活中商品销售、出租运输、金融服务、网络服务、民事借贷等行为如果没有制造不被法律允许的危险，应否定中立帮助行为成立帮助犯的客观要件。在行为人知悉正犯的犯罪意图时还提供中立的帮助行为的，则行为人主观上有帮助的故意，客观上有帮助的行为，成立帮助犯的构成要件。但是，考虑到行为的日常生活性或者正当业务性，为了保护正常的业务活动和正常的日常生活交往，将符合传统帮助犯构成要件的行为均作为帮助犯论处，自然不妥。我国目前司法实践中对帮助

---

① 参见洪兵："中立的帮助行为论"，法律教育网2009年4月28日，2013年3月24日访问。

犯处罚范围比较宽泛，深入研究中立的帮助行为具有现实意义。

6. 共谋而未一起参与实行是否构成共同犯罪

## 共谋但不共同实行的共犯案

**案情：** 甲乙共谋盗窃汽车，甲将盗车所需的钥匙交给了乙，但后来甲不想干了，要乙将钥匙交还给自己。乙说："你等几分钟，我配一把钥匙再还你。"不久甲要回了自己原来提供的钥匙。乙利用配置的钥匙盗窃价值 30 万元的汽车。

**问题：** 第一，甲的行为属于盗窃预备、盗窃未遂还是盗窃中止或盗窃既遂？第二，甲与乙是否构成盗窃罪（既遂）的共犯？

**提示：** 第一，共同犯罪行为不仅包括共同实行行为，而且包括共同预备行为；第二，一人既遂全体既遂。因此本案中甲与乙构成盗窃罪（既遂）的共犯。

（1）"部分行为整体负责"。它包括两层意思：

第一，共同犯罪行为不仅包括共同实行行为，而且包括共同预备行为。[①] 一个人在共同犯罪中只参与了部分行为，但必须对所有犯罪行为负责。例如，某日甲乙共谋次日杀害丙，但第二天乙因故未去，甲独自一人杀害了丙。供选项目有 "A. 甲与乙构成故意杀人罪的共犯；B. 甲乙不构成故意杀人罪的共犯；C. 甲承担故意杀人既遂的刑事责任，乙承担故意杀人预备的刑事责任；D. 甲与乙都承担故意杀人罪既遂的刑事责任。"答案为 A、D。

第二，共同犯罪中，单个人想中止自己的犯罪行为，必须制止同案犯的行为达到犯罪既遂才成立；但部分共同犯罪人如果在共犯着手实施实行行为之前

---

① 2011 年有一道司考题，"关于共同犯罪的判断，下列哪些选项是正确的：A. 甲教唆赵某入户抢劫，但赵某接受教唆后实施拦路抢劫，甲是抢劫罪的共犯；B. 乙为吴某入户盗窃望风，但吴某入户后实施抢劫行为，乙是盗窃罪的共犯；C. 丙以为钱某要杀害他人为其提供了杀人凶器，但钱某仅欲伤害他人而使用了丙提供的凶器，丙对钱某造成的伤害结果不承担责任；D. 丁知道孙某想偷车，便将盗车钥匙给孙某，后又在孙某盗车前要回钥匙，但孙某用其他方法盗窃了轿车。丁对孙某的盗车结果不承担责任"。本案中在同一犯罪构成的前提下，不同的加重情节或减轻情节不影响共同犯罪的成立，故 A 对；抢劫行为包容了盗窃行为，抢劫罪是暴力加盗窃，因此基于部分共犯的原理，B 项中乙和吴某在盗窃的范围内成立共犯关系，B 对；C 项中丙和钱某在伤害的范围内成立共犯，因此丙应对伤害结果承担责任，因此答案不对；D 项中丁在共犯着手实施实行行为之前要回了盗车钥匙，切断自己的影响力，最终危害结果与自己的行为没有刑法上的因果关系，可以成立犯罪中止，故 D 对。

切断自己的影响力，最终危害结果与自己的行为没有刑法上的因果关系，也可以成立犯罪中止。

（2）"一人既遂全体既遂"。它包含三点内容：

第一，一人行为既遂，全体行为既遂。共同行为意味着各共犯人的行为都是共同犯罪行为这一整体的组成部分，如果整体犯罪行为达到了既遂，则同时意味着各共犯人的行为都达到了既遂状态。如果共同犯罪既遂，所有的共同犯罪人都承担犯罪既遂的责任。

第二，共同犯罪没有完成，则有的共犯人是预备犯或未遂犯或中止犯，也可能都是预备犯或未遂犯或中止犯。

第三，部分共同犯罪人仅仅中止自己的行为，其他同案犯的行为达到既遂的，中止行为人本身也成为犯罪既遂犯而不是中止犯。

## 第二节　共同犯罪的形式

共同犯罪的形式是指共同犯罪的形成形式、结构形式和共同犯罪人之间的结合形式的总称。共同犯罪的形成形式是指共同犯罪是如何形成并继续存在的，结构形式是指共同犯罪内部的分工状况，结合形式是指共同犯罪人之间的组织形式。在刑法理论上，从不同的角度可以作出不同的分类，通常将共同犯罪的形式区分为四类八种。

### 一、必要的共同犯罪与任意的共同犯罪

这是以共同犯罪可否任意形成为标准进行的分类。

1. 必要的共同犯罪

它简称"必要的共犯"，是指刑法分则规定必须有二人以上的共同行为才能构成而不能由一人实施的犯罪。必要的共同犯罪规定在刑法分则中，因此又称分则性共同犯罪。刑法对这类共同犯罪人已经根据其性质、作用的大小规定了不同的法定刑，因此量刑时直接根据刑法分则中规定的法定刑，不再根据总则的关于共同犯罪人的规定对其从轻或从重处罚。在我国刑法中，主要有以下三类：

（1）聚众犯罪。以不特定多数人的聚合行为作为构成要件的犯罪，如武装叛乱暴乱罪、聚众劫狱罪、组织越狱罪、聚众扰乱社会秩序罪等。这种共同犯

罪的特点是：第一，人数众多，至少 3 人以上；第二，参与者的目标基本一致；第三，参与程度不一，有纠集和策划的首要分子，也有积极实施犯罪行为的骨干分子。它可以分为两类：一类是只要参加就可以构成的聚众犯罪，如聚众劫狱罪、组织越狱罪；一类是只有组织者和积极参加者构成而一般参与者不构成犯罪，如聚众扰乱社会秩序罪、聚众冲击国家机关罪、聚众斗殴罪、聚众淫乱罪等。"聚众犯罪"与"聚众共犯"不是同一概念，聚众犯罪并非必然构成共犯，即并非必然属于聚众共犯。

（2）对行性共同犯罪，又称对行犯、对向犯，是必要共犯的一种。它不是狭义而是广义的共犯。对向犯是指以存在两人以上的对向性参与行为为要件的必要共犯形态。如，非法贩卖枪支、弹药、爆炸物的行为与非法购买枪支、弹药、爆炸物的行为，倒卖车票、船票的行为与购买他人倒卖的车票、船票的行为，贩卖淫秽物品牟利罪中的贩卖行为与购买行为，贿赂罪中的行贿行为与受贿行为。对向犯即基于二人以上的互相对向行为而构成的犯罪。它又包括三种情况：一是对双方的对行行为给予同样的评价，规定同样的法定刑，如重婚罪；二是对双方的对行行为给予不同的评价，法定刑也不同，如行贿、受贿，拐卖妇女、儿童和收买被拐卖的妇女、儿童；三是片面的对向犯。片面的对向犯是指以存在双方相互对向的行为为要件，且刑法只规定处罚一方的犯罪形态。对于显然可以预见的对向犯参与行为不予处罚。它主要涉及交易类、伪造类、挪用类以及容留类等几类犯罪。例如贩卖淫秽物品牟利罪，分则条文只规定处罚贩卖者，对于购买者则没有明文规定刑罚处罚。

对向犯的特点是：第一，犯罪主体在 2 人以上，各自实施自己的犯罪，例如一个行贿，一个受贿。第二，双方的对向行为互相依存，如受贿行为以对方行贿行为为依托，没有人行贿就没有人受贿。第三，触犯罪名可能相同（重婚罪）也可能不同（行贿罪与受贿罪）。

在两面对向犯的场合，双方的参与人构成必要共同犯罪的正犯，应直接根据刑法分则的规定对双方的参与人定罪处刑，无需适用刑法总则关于主、从犯的规定。在片面对向犯的场合，只处罚一方的参与行为是立法者的意思，而不处罚一方的参与行为，只要尚未超出"最低必要参与程度"，没有创设或者提高法不允许的风险，就不能认定为受处罚一方的共犯；反之，其行为就属于可处罚的参与行为，成立受处罚一方的共犯。

（3）集团性共同犯罪。以组织、领导或者参加犯罪集团作为构成要件的共同犯罪，主要有组织、领导、参加黑社会性质组织罪，组织、领导、参加恐怖组织罪，以及参加间谍组织的行为。

特点：第一，具有严密的犯罪组织，内部存在分工。第二，具有明确的犯罪目的。第三，组织和参加犯罪集团这种行为本身就构成犯罪。这种共同犯罪的社会危害性最严重。例如《刑法》第 294 条规定的"组织、领导、参加黑社会性质组织罪"，参加黑社会就构成犯罪。

2. 任意的共同犯罪

它又称"任意的共犯"、"总则性共同犯罪"，是指刑法分则规定一人能够单独实施的犯罪，由两个以上的人共同故意实施时所成立的共同犯罪，如两个以上的人共同伤害、共同盗窃等。任意的共同犯罪的特点是：第一，由刑法总则加以规定，处理时依据总则规定的共同犯罪的条款结合分则的有关规定定罪量刑。第二，人数无上限，只要 2 人共同故意实施犯罪就可以成立。第三，范围广泛，绝大多数犯罪既可以采用单独犯罪的形式来完成，也可以通过任意共同犯罪的形式来完成。

## 二、事前通谋的共同犯罪与事中通谋的共同犯罪

这是以共同犯罪故意形成的时间为标准进行的分类。

1. 事前通谋的共同犯罪

简称"事前共犯"，是指共同犯罪人在着手实施犯罪之前已经形成了共同犯罪故意的共同犯罪。

2. 事中通谋的共同犯罪

简称"事中共犯"，以前称"事前无通谋的共同犯罪"，是指在着手实行犯罪之际或实施犯罪过程中形成共同犯罪故意的共同犯罪。突发性共同犯罪就属于这类共同犯罪，共同犯罪人事先并无周密谋划，共同故意是事中临时形成的，因而社会危害性相对较小。

## 三、简单的共同犯罪与复杂的共同犯罪

这是以共同犯罪人之间有无分工为标准进行的分类。

1. 简单的共同犯罪

简称"简单共犯"，又称"共同正犯"、"共同实行犯"，指二人以上共同故意实行某一具体犯罪的共同犯罪，所有的共同犯罪人都实施了犯罪的实行行为，都是实行犯。在简单的共同犯罪中没有教唆犯、帮助犯、组织犯，所有的人都是实行犯，每一个人的行为都符合刑法分则规定的某种犯罪的犯罪构成。各共

同犯罪人对共同实行的犯罪行为整体负责，而不仅仅是只对自己实行的犯罪行为负责。例如，甲乙丙三人共谋杀害丁，甲乙丙朝丁开枪，甲击中丁心脏，乙没击中，丙没击中要害。丁被甲击中后当场死亡。甲乙丙作为共同实行犯对丙的死亡都应承担故意杀人既遂的刑事责任。

2. 复杂的共同犯罪

简称"复杂共犯"，指各共同犯罪人之间存在犯罪分工的共同犯罪。其中，有一人或数人实施了实行行为，但必须有人实施了非实行行为即教唆行为、帮助行为、组织行为。在复杂的共同犯罪中，其他行为只要有一种就可以，但必须要有实行行为。我国刑法没有规定复杂的共同犯罪。

## 四、一般的共同犯罪与特殊的共同犯罪

这是以共同犯罪人之间结合的紧密程度为标准进行划分的。

1. 一般的共同犯罪（无组织的共同犯罪）

简称"一般共犯"，又成"非集团性共同犯罪"，是指共同犯罪人暂时结合在一起，在实施完某一具体犯罪后即行散伙的共同犯罪。一般共同犯罪既可以是事前通谋的共同犯罪，也可以是事中通谋的共同犯罪；既可以是简单的共同犯罪，也可以是复杂的共同犯罪。

2. 特殊的共同犯罪

它是指犯罪人之间存在组织形式的共同犯罪，也就是集团犯罪，是通过建立犯罪集团有组织地进行犯罪。《刑法》第26条第2款规定："3人以上为共同实施犯罪而组成的较为固定的犯罪组织，是犯罪集团。"

犯罪集团与"犯罪团伙"不是半斤八两。犯罪团伙是司法实践中的一个习惯用语。犯罪团伙是三个以上成员之间，基于共同的犯罪意图和目标，以共同的需要、兴趣、价值观念等心理因素作为精神纽带，纠合在一起，多次共同进行违法犯罪活动，比较松散的非正式群体。它是共同犯罪的一种组织形式。

犯罪团伙的主要特征：第一，组织结构较为松散；第二，没有明确的组织者和领导者，团伙头目自发产生；第三，团伙成员在犯罪活动中没有明确的分工或分工比较简单、不固定；第四，团伙成员具有相对稳定性，但不固定。因此，犯罪团伙是一种介于一般的共同犯罪和犯罪集团之间的犯罪组织形态。团伙犯罪从本质上来看就是一个有组织的犯罪。对于犯罪团伙符合刑事犯罪集团基本特征的，团伙犯罪按特殊的共同犯罪论处；犯罪团伙不符合犯罪集团基本

特征的，团伙犯罪按一般共同犯罪论处。①

除此以外，还有其他分法。如，从行为形式看，有作为与不作为结合的共同犯罪；② 从故意内容看，有直接故意与间接故意结合在一起的共同犯罪；③ 从行为发展阶段看，有预备行为与实行行为结合的共同犯罪。例如，某日下午甲乙共谋盗窃某商店，但晚上去盗窃时甲突然生病卧床不起，乙独自一人去盗得1万元，事后分文未给甲。该案中，甲虽然没有实际到现场参加盗窃活动，事后又分文未得，但甲参与了策划，其预备行为与乙的实行行为结合构成共同犯罪。实行犯既遂，全案整体既遂。甲的情节只在量刑时考虑。

日本学者还提出"承继性共犯"的概念。在先行行为者已经着手实行犯罪但尚未终了之前，后行为者基于于甲的意思联络而参与犯罪，后行为者应对自己参与行为引起的危害结果承担共同正犯或帮助犯的罪责。④

## 第三节　　共同犯罪人的种类

世界各国刑法对共同犯罪人的分类标准有两种：以分工为标准，将共同犯罪人分为实行犯、教唆犯、帮助犯，有的再加上组织犯，这是大多数国家的做法；以作用为标准，将共同犯罪人分为主犯和从犯。这是中国古代刑法中的做法。

我国刑法对共同犯罪人的分类采取的"以作用分类法为主，以分工分类法为补充"的标准。将共同犯罪人分为主犯、从犯、胁从犯和教唆犯。据我国刑法规定，共同犯罪人应当根据在共同犯罪中所起的作用予以处罚。

---

① 参见1994年6月5日《最高人民法院、最高人民检察院、公安部关于当前办理集团犯罪案件中具体应用法律的若干问题的解答》第1条第2款。

② 例如，老奸巨猾的甲与涉世未深刚"出道"的乙合谋抢劫丙，一起走到丙身边，甲多次示意乙动手，乙瞻前顾后，畏首畏尾，甲见状直接出手，后两人瓜分了赃款。甲的作为与乙的不作为构成共同犯罪。

③ 如《水浒》中西门庆打伤武大郎后买毒药给武大郎吃，西门庆姘妇即武大郎妻子潘金莲虽不希望弄死丈夫，但明知是毒药，却采取放任态度，结果毒死武大郎。西门庆的直接故意与潘金莲的间接故意结合在一起，毒死武大郎，用今天刑法的理论来分析，亦属于共同犯罪。

④ 参见〔日〕西田典之：《日本刑法总论》，刘明祥、王昭武译，中国人民大学出版社2007年版，第299－303页。

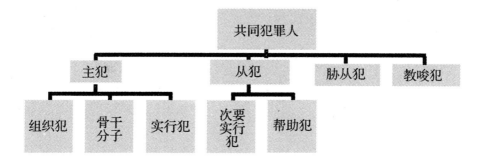

## 一、主犯

### 1. 主犯的概念

《刑法》第26条第1款规定："组织、领导犯罪集团进行犯罪活动的或者在共同犯罪中起主要作用的，是主犯"。在简单的共同犯罪中，其行为对于结果的发生起了主要作用的实行犯是主犯。在复杂的共同犯罪中，如果只有一个实行犯，该实行犯必然是主犯；如果有几个实行犯，其行为对结果发生起主要作用的是主犯。在共同犯罪中，只有主犯（二人以上）没有从犯的现象是存在的，但不可能只有从犯没有主犯。

### 2. 主犯的分类

（1）组织犯。即组织、领导犯罪集团的首要分子或者在犯罪集团中起策划、指挥作用的犯罪分子。组织犯的特征：第一，客观上实施了组织行为，即组织、领导、策划、指挥的行为；第二，主观上有组织犯罪集团的故意，即明知自己的行为是组织、领导犯罪集团或者在其中策划、指挥犯罪活动的行为，并且希望犯罪集团成立，希望犯罪集团进行的犯罪活动所造成的危害结果的发生。

（2）犯罪集团中的骨干分子。他们虽然不是组织犯，但在组织犯的领导下，特别卖力地实施犯罪行为，是组织犯的得力助手，具体的犯罪活动往往是由他们指挥进行的。

（3）一般共同犯罪中主要作用的实行犯和起主要作用的教唆犯。其行为对危害结果的发生起到了关键作用。

分析主犯时应注意：主犯不一定都是首要分子。犯罪集团中的首要分子都是主犯，但犯罪集团中的主犯不一定都是首要分子，因为还有其他起主要作用的也是主犯。

聚众犯罪中的首要分子不一定都是主犯，因为有些聚众犯罪只处罚首要分子。

### 3. 主犯的处罚

主犯本身不是从重处罚的法定情节。在共同犯罪中，有时可能有几个主犯，甚至都是主犯，此时对不同的主犯仍应区别对待。《刑法》第 26 条第 3 款、第 4 款规定："组织、领导犯罪集团的首要分子，按照集团所犯的全部罪行处罚。对于第 3 款规定以外的主犯，按照其所参与的或者组织、指挥的全部犯罪处罚。"

## 二、从犯

### 1. 从犯的概念

《刑法》第 27 条第 1 款规定："在共同犯罪中起次要或者辅助作用的，是从犯。"在共同犯罪中，不可能都是从犯，要么都是主犯，要么有主犯有从犯。

### 2. 从犯的分类

从犯包括两类人员：

（1）次要的实行犯。在共同犯罪中起次要作用的犯罪分子，他们实施的行为虽然是犯罪的实行行为，但行为对结果的发生所起的作用较小，不是结果发生的主要原因，不宜笼统地认为实行犯都是主犯。

（2）帮助犯。帮助犯是指在共同犯罪中起辅助作用的犯罪分子。辅助作用本质上也是一种次要作用，但这种分法侧重于按照分工而不是按照所起作用来分析共同犯罪人。"辅助作用"是指自己不直接实施犯罪行为，而是在他人产生犯罪决意后为他人实施犯罪创造便利条件，帮助他人实施犯罪。

帮助犯的特征：第一，客观上实施了犯罪的帮助行为，即在他人犯罪之前或者犯罪的过程中给予帮助，使其易于实施犯罪或易于完成犯罪的行为。第二，主观上有帮助他人进行犯罪的故意。在我国刑法中，所有的帮助犯都是从犯。

### 3. 虚假帮助是否构成帮助犯

虚假帮助是指在他人已有犯罪故意或正在实行犯罪之际，虚假地予以帮助，然后报告政府有关部门，将犯罪人予以逮捕。例如囚犯张三想越狱逃跑，将想法告诉同室囚犯李四。李四想立功减刑，便假装赞同，并一起挖洞准备越狱。当洞即将挖通，曙光就在眼前时，李四报告看守，使张三前功尽弃。虚假帮助人在被帮助者犹豫不决或感到犯罪目的不一定能实现时，给予物质上或精神上的帮助，使其坚定犯意或共同实施了犯罪行为，因此，从理论上来说，对虚假帮助应以犯罪论处。

### 4. 从犯的处罚

对于从犯的刑事责任，刑法理论上有"同等处罚说"、"得减说"和"必减说"。我国刑法基本上采用"必减说",《刑法》第 27 条第 2 款规定"对于从犯，应当从轻、减轻或者免除处罚"。注意，从犯的从宽处罚不是比照主犯进行的。

为了保护法益的需要，刑法分则将部分帮助行为上升为实行行为，对提供帮助的人不再定有关犯罪的共犯，而直接按分则的规定独立定罪。例如，甲为乙组织卖淫提供帮助，不定组织卖淫罪共犯，而直接定"协助组织卖淫罪"。

### 三、胁从犯

#### 1. 胁从犯的概念

《刑法》第 28 条规定："被胁迫参加犯罪的，是胁从犯。"因理解有歧义并且司法实践中很难判定，所以现行刑法删去了 1979 年刑法中"被诱骗"的提法。"被胁迫"是指受到他人暴力威胁或精神胁迫，即行为人知道自己参加的是犯罪活动，虽然本身不愿意参与犯罪，但为了避免现实的危害或其他不利后果而不得不参与犯罪。《加拿大刑事法典》第 17 条规定，除某些严重的犯罪以外，如果被胁迫者参与一般犯罪是由于受到杀害、重伤等重度精神强制，则可以视为其意志不自由，主观上无罪过而不构成犯罪。我国对此没有规定。

我国刑法在共同犯罪人中列出"胁从犯"一类，这种分类是否合理，学术界观点不一。有的学者认为，应该参照有的国家或地区的做法，删去"胁从犯"的规定，刑法"绝不能仅凭被胁迫犯罪的主观原因就不顾实际效果而从宽甚至过宽地追究刑事责任，从而轻纵犯罪人"。①

#### 2. 胁从犯的处罚

根据刑法的规定，对于胁从犯，应当按照他的犯罪情节减轻或者免除处罚。这里的"犯罪情节"包括被胁迫的程度和参加犯罪后所起作用的大小。

在司法实践中，有人开始是被胁迫参与犯罪的，后来尝到了"甜头"，变为自愿甚至积极从事犯罪活动，成为共同犯罪中的从犯甚至主犯，对这种共同犯罪人不能再按胁从犯论处，应按其在共同犯罪中所起的实际作用以主犯或从犯定罪量刑。

#### 3. 胁从犯处罚的理由

胁从犯参与犯罪虽然不是他情愿的，但胁从犯并不是身体受到强制完全失去了自由意志，他参与犯罪仍然是其自由意志自行选择的结果。因此，胁从犯应承担刑事责任。

---

① 赵秉志主编：《中国内地与澳门刑法之比较研究》，中国方正出版社 2000 年版，第 185–186 页。

## 四、教唆犯

### 1. 教唆犯的概念

教唆犯指故意唆使他人实施犯罪的人。在我国刑法分则中没有教唆罪的规定。从这一点上就可以看出，教唆犯罪没有自己独立的、完整的犯罪构成。教唆他人犯罪本身是一种犯罪行为，不是一种有具体罪名的犯罪，教唆犯的主要特点是：第一，教唆犯是犯意的制造者，是以对他人灌输犯罪意图，制造犯意为己任的共同犯罪人。第二，教唆犯本人不亲自实施刑法分则所规定的具体犯罪行为，而是通过他人实现犯罪意图。教唆犯唆使他人去实施犯罪，他扮演的是幕后策划者的角色。

### 2. 教唆犯的成立条件

（1）客观条件：必须有教唆行为，教唆行为的实质是引起他人的犯罪故意，教唆他人实施一般违法行为的不能认定为教唆犯。教唆的内容必须是教唆他人犯罪；必须是教唆他人犯特定的罪；必须是教唆他人故意犯罪——包括教唆他人实施构成犯罪的实行行为、组织行为、教唆行为和帮助行为。

教唆的方式包括建议、劝说、请求、嘱托、哀求、利诱、鼓动、威胁、强迫、怂恿、命令、挑拨、激将、收买和雇佣等。教唆他人犯罪是指怂恿、指使他人实施符合《刑法》分则规定的具体罪的行为，而不是怂恿他人实施抽象的犯罪。

如果被教唆者实施的犯罪与教唆者教唆之罪部分重合，则在重合范围内成立共同犯罪。

（2）对象条件：教唆的对象必须是本来没有犯罪意图的特定的人，必须是达到刑事责任年龄具备刑事责任能力的人，必须是特定的人。否则不成立教唆犯，而是成立间接正犯。无特殊身份的人可以成为具有特殊身份的人犯罪的教唆犯。在公众集会上唆使群众暴力抗拒国家法律实施，行为人不是教唆犯，可以定煽动暴力抗拒法律实施罪。

（3）主观条件：主观上必须有教唆他人犯罪的故意，希望或者放任被教唆人去实施自己所教唆的犯罪。从教唆故意的范围来看，应当是特定的，即只能是教唆他人实施某一种罪或某几种罪，而仅仅教唆他人实施不确定的犯罪不能构成教唆犯。

过失引起他人犯意的，即所谓"说者无意，听者有心"，不成立教唆犯。教唆犯故意的内容包括：

第一，认识到他人没有犯罪故意，或者犯罪故意不坚定。被教唆人本来已经有犯罪故意而教唆人不知道，误以为对方没有犯罪故意而加以教唆的，仍然成立教唆犯（认识错误）。

第二，认识到被教唆人是具有刑事责任能力的人。明知对方没有刑事责任能力而教唆的，例如教唆不满14周岁的人或精神病人实施客观上严重危害社会的行为，教唆者是间接正犯，不是教唆犯，按单独犯罪论处。

第三，预见到自己的教唆行为将引起被教唆人产生特定的犯罪意图并实施所教唆之罪，希望或者放任被教唆人实施的行为引起危害社会的结果。

3. 教唆犯与传授犯罪方法罪的区别

传授犯罪方法罪是从教唆犯罪中独立出来的，这就决定了它同教唆犯罪有着不可分割的联系，同时，二者也有着明显的区别。

（1）性质不同。传授犯罪方法罪，是指故意以语言、文字或者其他方式，向他人传授实施某种犯罪的具体方法、技能和经验的行为。传授犯罪方法行为则是将具体的实施某种犯罪的方法、技巧传授给他人，至于是否有唆使他人去实施犯罪的目的在所不问。教唆犯仅仅是起意犯。

（2）是否为具体罪名不同。教唆犯没有完整的犯罪构成，不是具体罪名。传授犯罪方法的行为有其独立的罪名与法定刑。

（3）教唆对象是否有限定不同。教唆犯教唆的对象是达到刑事责任年龄有刑事责任能力的人，传授犯罪方法罪中传授的对象没有限定。

（4）是否构成共犯不同。传授犯罪方法的，即使被传授者犯了按照传授的方法实施的犯罪，也不成立共犯；教唆他人犯罪的，被教唆者实施了犯罪就产生共犯。

4. 教唆犯的分类①

（1）按主观故意内容分为直接故意教唆犯与间接故意教唆犯。根据我国刑法理论，教唆犯是指故意引起他人犯罪意图的人，既然是故意引起，就可以分为直接故意教唆犯和间接故意教唆犯。

---

① 中国人民公安大学出版社于2002年出版了魏东著的《教唆犯研究》一书，作者在书中提出了七种分类方式：以教唆方式为标准，教唆犯可以分为直接教唆犯和间接教唆犯；以教唆犯的人数和犯罪形式为标准，可将教唆犯分为单独教唆犯与共同教唆犯；以教唆犯与被教唆人是否成立共犯为标准，教唆犯可分为共犯教唆犯和非共犯教唆犯；以教唆犯的行为特点为标准，可把教唆犯分为普通教唆犯、悬赏教唆犯、雇佣教唆犯与网络教唆犯；以教唆内容的明确程度为标准，将教唆犯分为精确性教唆犯、概然性教唆犯和选择性教唆犯；以教唆犯的主观目的为标准，将教唆犯划分为纯粹教唆犯和陷害教唆犯；以教唆犯的行为形态为标准，把教唆犯分为教唆犯的既遂犯、未遂犯、中止犯与预备犯。

直接故意的教唆犯是指教唆人不仅认识到自己的教唆行为会使被教唆人产生犯罪意图并且希望被教唆人按其指明的犯罪意图去实施犯罪行为的犯罪形态。被教唆人实施了被教唆的罪的，构成共同犯罪，教唆人实现了自己的目的，是行为的既遂；被教唆人没有实施所教唆的罪的，没有构成共同犯罪，教唆人没有实现预期的目的，是行为的未遂。例如某甲与乙妻有染，甲得知丙与乙素有不睦，遂加以利用，常在丙面前挑拨，致使丙对乙恨之入骨，最终将乙杀死在家中。甲为直接故意教唆犯。

间接故意教唆犯是指教唆人已经预见到自己的教唆行为会使被教唆人产生犯罪意图，但是放任被教唆人实施犯罪行为的犯罪形态。如怂恿某些好逸恶劳并挥霍无度的人进行盗窃，引起其实施盗窃犯罪的意图。间接故意的教唆没有独立的犯罪构成，只有结合被教唆人的行为才能对教唆人的刑事责任进行认定。被教唆人未实施被教唆之罪，教唆人不负刑事责任。在这种场合，如果被教唆人没有实施被教唆的罪教唆人的行为就不构成犯罪，其犯罪构成依赖于被教唆人是否实施被教唆的罪。

间接故意教唆不同于间接教唆。间接教唆是指甲教唆乙，乙又去教唆丙，丙实施了被教唆之罪。例如甲教唆乙，对乙说"你出口成章，口才好，你去动员丙参与走私"。甲属于间接教唆，按所教唆的罪定罪。

（2）以教唆犯与被教唆人是否成立共犯为标准，教唆犯可分为共犯教唆犯和非共犯教唆犯。

5. 教唆犯的认定

教唆行为和共同犯罪存在一定的客观联系但教唆犯并不等同于共同犯罪。教唆行为可能构成共同犯罪，但也可以不是共同犯罪，我们不应把教唆犯罪局限在共同犯罪之中。

（1）教唆不是独立的罪名，教唆犯按照其所教唆的具体罪名来定罪，而不定"教唆罪"。教唆犯不是单独的罪名，应根据教唆的具体犯罪内容确定罪名。例如，张三教唆李四盗窃，李四到现场后因害怕而放弃。张三属于盗窃罪未遂，李四属于盗窃罪犯罪中止。再如，张三教唆李四去某商店抢东西，李四到现场后发现不能来"硬的"，"不能力取只能智取"，遂秘密窃取。张三定抢劫罪未遂，因被教唆者没有犯被教唆之罪，教唆犯独自构成犯罪，并可从轻或减轻处罚。李四定盗窃罪既遂。

（2）刑法分则特别规定某种教唆行为构成独立犯罪时，教唆行为按照独立犯罪处理。例如，刑法第 103 条第 2 款规定的煽动分裂国家罪，第 278 条规定的煽动暴力抗拒法律实施罪。

（3）"实行过限"。实行过限，又叫共同犯罪中的过限行为，是指实行犯实施了超出共同犯罪故意的行为。对此，应当由实行人对过限行为单独承担刑事责任，其他共同犯罪人对过限行为不负刑事责任。例如，甲教唆乙伤害丙，乙却杀害了丙；张三教唆李四盗窃，李四在盗窃过程中还强奸了女主人。教唆犯只对自己教唆的罪负责。如果被教唆人实行的犯罪超出了教唆范围，教唆犯对超出教唆范围的犯罪不负刑事责任；如果被教唆人对教唆的内容理解错误，实施了与教唆性质不同的犯罪，那么教唆犯对被教唆人的犯罪行为也不负刑事责任。

（4）不要把法律明确规定的以教唆的方法实行的犯罪当做教唆犯：

第一，刑法分则规定的煽动性行为如煽动分裂国家罪，煽动暴力抗拒法律实施罪等。在这些犯罪中，教唆人的教唆行为刑法明文规定为犯罪，是独立的具体的罪名，而没有将其规定为共犯行为，不存在按照其在共同犯罪中的作用处罚的问题。一方面即使被教唆人未实行被教唆之罪对教唆人也应当以既遂追究刑事责任，另一方面即使被教唆人实施了被教唆的罪，也应当适用刑法分则条文的有关规定，而不适用共同犯罪。

第二，基于保护法益的需要，刑法分则将部分教唆行为规定为实行行为，确定了独立的罪名。某些教唆行为直接按照犯罪实行行为处理，而被教唆者不构成犯罪。刑法分则有明文规定的引诱性行为如"引诱、教唆、欺骗他人吸食、注射毒品的"，因《刑法》已将其规定为独立的犯罪即引诱、教唆、欺骗他人吸毒罪，并规定了相应的法定刑，因而这种教唆行为不同于教唆犯。再如妨害作证罪中，引诱证人违背事实改变证言或者作伪证的，一方面被教唆人没有实施被教唆之罪丝毫不影响教唆人的犯罪构成；另一方面，被教唆人实施了被教唆的罪，被教唆人构成伪证罪，教唆人构成妨害作证罪，不能以伪证罪共犯论处。

（5）陷害教唆是否认定为教唆犯。我国的现行刑法并没有明文规定陷害教唆，但是司法实践中，此类案件时有发生。希腊、波兰等国家明文规定处罚陷害教唆。"陷害教唆"又叫虚伪教唆、假象教唆、陷阱教唆和未遂教唆，[①] 陷害教唆是在陷害他人的故意支配下，唆使他人实施不可能达到既遂的犯罪行为，而且，陷害教唆是一种教唆者教唆行为既遂，而被教唆者犯罪未遂的特别教唆

---

① 如：乙，某市工商局干部，为急于取得成绩证明自己，10月找到甲，教唆其进行黄金倒卖行为，于是甲到各地收购黄金，后于12月电话联系乙，问及买主事情，乙要甲将黄金带到某金器行，随后带人到金器行抓捕甲，后检察机关以非法经营罪对甲提起公诉。甲的行为应成立非法经营罪，乙为教唆犯，其行为属于陷害教唆。——参见王静然："实例中的陷害教唆"，荆楚公平正义网，2013年2月25日访问。

犯，对陷害教唆者应依其教唆真意处罚。陷害教唆常表现为行为人诱使他人犯罪，待其着手实行犯罪的时候，通知警察将其逮捕。追根溯源，它滥觞于法国路易十四时代和沙俄时代政府为了逮捕革命分子，诱人入彀后，加以逮捕诛杀的做法。当时的陷害教唆是打击政治犯罪的一种侦查方式，根本不负刑事责任。后来刑法学界对陷害教唆的犯罪性、可罚性进行了深入的探讨，但是至今莫衷一是。

在陷害教唆中，被教唆人行为的未遂通常有两种情形：一是被教唆人的行为性质决定其不可能既遂，即教唆人教唆被教唆人实施的行为性质本身具有不可得逞性，如教唆他人用白糖拌烟灰杀人。二是教唆人告发而使被教唆人犯罪未遂，如被教唆人刚着手实施犯罪，教唆人就通知被害人。陷害教唆行为可能同时构成两个犯罪：一个是陷害被教唆人所可能构成的犯罪，一个是教唆他人实施犯罪可能构成的犯罪。

陷害教唆者主观上存在教唆故意，应以教唆犯论处。

6. 教唆犯的刑事责任

（1）教唆他人犯罪的，应按其在共同犯罪中的作用处罚。这里的前提条件是被教唆人犯了被教唆的罪。如果教唆犯的作用比实行犯的作用大或相当于实行犯，应当按照主犯的处罚原则处罚教唆犯；如果教唆犯的作用小于实行犯，则以从犯的处罚原则处罚教唆犯。但是，不再把教唆犯认定为主犯或从犯。

（2）教唆不满18周岁的人犯罪的，对教唆犯从重处罚。包括：第一，教唆已满16周岁不满18周岁的人犯任何罪的，对教唆犯从重处罚。第二，教唆已满14周岁不满16周岁的人犯《刑法》第17条第2款规定的8种犯罪的，对教唆犯从重处罚。第三，教唆已满14周岁不满16周岁的人犯8种特定犯罪以外的其他犯罪的，教唆不满14周岁的人实施任何严重危害社会的行为的，均属于间接正犯，但对教唆人仍然应当从重处罚。第四，教唆无刑事责任能力人包括精神病人、无刑事责任能力实施客观上危害社会的行为，不存在所谓"二人以上故意犯罪"的问题，被教唆人只是其实现犯罪的工具，教唆过程只是"准备工具"的犯罪预备过程，在无刑事责任能力人实施所教唆的危害行为的，无刑事责任能力人的实行行为应视为教唆人的实行行为。

（3）被教唆人没有犯被教唆之罪的，对教唆犯可以从轻或者减轻处罚。这是教唆未遂。包括：第一，拒绝教唆。第二，当时接受了教唆，但事后又打消了犯罪意图，没有进行任何犯罪活动。第三，接受了教唆，但事后实施了其他犯罪行为，没有实施所教唆之罪；第四，对方已经有犯罪意图，误以为其没有犯罪意图而对其进行教唆（对象不能犯）。

# 第十一章　犯罪竞合形态

## 郑某4次盗割通讯电线构成想象竞合犯案

**案情：**郑某犯盗窃罪服刑4年刚释放，又故态复萌。2006年6月6日，郑某盗割正在使用的通讯电线，销赃后获款6000元；6月28日，再次盗割正在使用的通讯电线，销赃后获款5000元；7月7日，第三次盗割正在使用的通讯电线，销赃后获款8000元；8月8日正在盗割通讯电线时被当场抓获。

**问题：**第一，郑某的行为是构成盗窃罪还是构成破坏公用电信设施罪？第二，郑某每次盗割正在使用的通讯电线，每次行为都应定罪然后实行数罪并罚吗？第三，本案犯罪形态属于法条竞合犯还是想象竞合犯？

**提示：**第一，郑某4次盗割行为，按连续犯作为一罪论处。第二，郑某刚刑满释放又故意犯罪，须判有期徒刑以上刑罚，已构成累犯，应从重处罚。第三，郑某4次盗割行为触犯盗窃罪和破坏公用电信设施罪，构成想象竞合犯。第四，对想象竞合犯应从一重处罚，因此对郑某应定破坏公用电信设施罪。

**第11章思考题：**

1. 什么叫犯罪竞合

2. 简述罪数判断标准

3. 简述罪数形态研究的意义

4. 什么叫实质的一罪、实质的数罪、法定的一罪、处断的一罪

5. 继续犯、想象竞合犯、结果加重犯、集合犯、连续犯、吸收犯的概念、区别及其认定

6. 简述法条竞合与法条竞合犯

7. 什么叫转化犯、包容犯

8. 简述禁止重复评价原则

## 第一节　犯罪竞合概述

刑法学的竞合理论即我国刑法理论中的罪数论，向来都是难懂难学难用的刑法理论。罪数问题是各种刑法制度的交汇处，加上我国刑法总则中没有关于罪数的专门规定，因此罪数问题理论性最强，比较抽象。从产生竞合前提条件的认定，到罪数判断标准，乃至于竞合形态的认知，到最终法律处断原则，似乎都存在着相当模糊的形象。

早在古罗马，刑法竞合论问题就令人费解。1901 年，一位德国学者就失望地感叹"那是一个无解的问题"。至今，它仍然是刑法中的百慕大三角洲，是犯罪行为论的危险丛林地带，至今始终无法揭开其神秘的面纱，成为"令学者绝望，实务上无解"的问题。但罪数与刑法分则以及司法实务紧密相连，学习时需要迎难而上。①

### 一、犯罪竞合的概念、实质

#### 1. 犯罪竞合的概念

"竞合"意味着争执与合并或并存。法学意义上的竞合是在同一事项中多个行为、多个规则和多个责任发生逻辑上相容关系（同一、从属和交叉）时只认定其中一个行为、规则和责任的现象。它既可以是在一个部门法之间如民法中侵权与违约责任的竞合，刑法中的法条竞合和想象竞合，也可以是不同部门法之间，如治安处罚和刑法中罚金的竞合。竞合可以分为行为竞合、法规竞合和法律责任竞合。法规竞合是司法实践中经常遇到的现象，例如具体处理案件时只能适用某种规则，而同一机关在不同时期对同一事项作出不同的规定，且它们都有效；或者级别相同的机关作出不同的规定，如国务院各部委制定的部门规章与省级地方性法规对同一事项作出不同的规定。法学原理一般主张后法优于前法，特别法优于一般法。问题是：同位阶的规则是不同机关同时颁布的，

---

① 数几个数似乎是牙牙学语的幼童都不费吹灰之力就可以得心应手的，但即使学富五车的刑法学家在数罪时也颇费周折。有学子抱怨走进刑法竞合论知识殿堂之前，思路清晰，进入后如进迷宫，如坠烟海。究其原因，除罪数确难认定外，与刑法理论编造了过多无用的术语不无关系。正如陈兴良先生所指出的那样"有些概念所描述的现象在我国刑法中并不存在（结合犯），有些概念对于罪数认定并无实际意义（转化犯），因而大多数概念从规范刑法学的视角来看，都是没有必要存在的，而且显得繁琐"。——陈兴良：《规范刑法学》，中国人民大学出版社 2008 年版，第 272 页。

并且无特别法与一般法之分（例如国务院各部委制定的部门规章虽然不能叫"法律"，但属于广义的法，如果几个部委同时对同一事项做了适用范围、适用对象相同的规定），这种情形该如何适用规则？《立法法》第86条对同一机关就同一事项作出新旧不同的规定不能确定如何适用时的问题作了规定，第85条对同位阶的规则不一致如何适用规则的问题作出了规定，总的原则是由前后作出不同规定的同一制定机关本身来裁决或由同位阶的不同制定机关的共同上级来裁决，直至全国人大常委会最后一锤定音。

犯罪竞合，又叫犯罪的罪数或犯罪的并合。如一枪打死一个打伤一个或一个炸弹炸死多个人，这一个犯罪行为同时触犯多个罪名；有时似乎存在多个犯罪行为，却只按认定行为人一个罪或处理时只按一个罪对待。现行刑法没有规定什么是数罪，但专节规定了"数罪并罚"。另外《刑法》第89条的规定、第149条第2款的规定，以及若干条文后段"本法另有规定的，依照规定"的内容，是我们研究竞合犯的刑法依据。罪数形态是研究行为人的行为究竟是构成一个罪，还是几个罪，也叫一罪与数罪形态。其基本任务在于，从罪数之单复的角度描述行为人实施的危害行为构成犯罪的形态特征，阐明各种罪数形态的构成要件，揭示有关罪数形态的本质属性即实际罪数，剖析不同罪数形态的共有特征，并科学界定各自的界限，进而确定对各种罪数形态应适用的处断原则。

犯罪竞合包括异种犯罪竞合和同种犯罪竞合。"异种犯罪竞合"指数个行为或同一行为触犯了不同的罪名，按照"从一而重"的原则处罚；"同种犯罪竞合"指数个行为或同一行为触犯了同一罪名，按一罪处理。

不少学者认为刑法中的竞合犯是由两个以上具体罪名的犯罪构成要件同时适用于同一具体的犯罪事实，发生评价范围上的相容而形成的一种复杂犯罪形态，其基本特征是部分或者全部事实要素被数个刑法规范重复评价。我们认为这只是竞合犯的一种情况，定义过窄。我们认为，竞合犯是在同一案件中多个犯罪构成、多个刑法规则和多个刑事责任发生逻辑上相容关系时只认定为一个犯罪构成、适用其中一个刑法规则和追究其中某一刑事责任的现象。数罪并罚可以在数罪总和刑以下处罚，因而不是竞合论研究的对象。

就竞合犯的客观行为而言，有的只有一个危害行为，有的则包括两个以上的危害行为。就发生竞合的原因而言，竞合犯有的是由于危害行为的特殊性造成的，有的是由于立法中的规范交错现象造成的。就数罪之间的竞合程度而言，竞合犯既有交叉关系，也有同一（重合）关系或从属（包含）关系。

2. 刑法中的竞合实质

竞合的实质是构成要件的竞合，不包括不同罪之间纯粹量刑情节的竞合，或一罪的构成要件与另一罪纯粹量刑情节的竞合。有的学者认为，"竞合论的本质，并非行为数或是罪数决定的问题，亦非二者间可罚性认定问题，而系立于复数规范的评价关系下，法律效果决定的问题，罪数之认定，仅为确认构成要件实现的基本情状，而行为数之判断，亦仅是在复数规范存在时，作为区分竞合形态的基础而已"。①

## 二、罪数的概念与判断标准

1. 罪数的概念

罪数，是指一个人所犯之罪的数量。一般情况下，行为符合一个犯罪构成就是一个罪，行为符合数个犯罪构成的就是数罪，行为数次符合同一个犯罪构成的也是数罪。

一罪与数罪的区分是犯罪竞合理论的核心内容。我国刑法学界一般是从一罪与数罪的区分标准展开竞合理论的探讨。在德国，刑法学界则从行为单复数与法条单复数来研究犯罪竞合问题：一行为触犯一法条、一行为触犯数法条、数行为触犯一法条和数行为触犯数法条。一行为触犯一法条是单纯的一罪，数行为触犯数法条是异种数罪，数行为触犯一法条是同种数罪。在一行为触犯数法条中，又分为想象竞合和法条竞合。②

2. 罪数的判断标准

罪数的判断标准，指判断罪数是一罪还是数罪的依据。依据什么来判断罪数，虽然在中外刑法理论中存在各种学说，但在刑法典中明文规定罪数标准的却比较少见。对这一问题，在中外刑法理论上存在不同的学说。

我国现行刑法没有规定判断罪数的标准。在刑法理论上，我国内地学者普遍主张犯罪构成标准说。我国罪数判断标准的通说是犯罪构成标准说，即行为人的犯罪事实符合一个犯罪构成的是一罪，符合数个犯罪构成的是数罪，行为数次符合一个犯罪构成的也是数罪。这里所说的犯罪构成指刑法分则条文对各种具体犯罪所规定的犯罪构成，采用这一学说首先要求对各种犯罪构成本身有正确的认识。

另外，在判断现实所发生的犯罪事实是否完全符合某一犯罪构成时，要坚

---

① 柯耀程：《刑法竞合论》，中国人民大学出版社2008年版，第39页。
② 陈兴良：《教义刑法学》，中国人民大学出版社2010年版，第679页。

持主客观相统一的原则，要注重分析行为人的主观心理状态。最后，犯罪构成符合性，是指现实发生的事实完全符合刑法规定的犯罪构成，一方面犯罪预备、未遂、中止都是完全符合犯罪构成的行为，另一方面不仅要分析事实各个方面是否符合犯罪构成的各个要件，而且要综合判断事实的整体是否符合犯罪构成的整体。

在司法实践中，区分一罪与数罪，原则上以犯罪构成的个数为标准，同时也要考虑刑法的特别规定。

（1）行为是否只侵犯了一个法益。只侵犯一个法益的原则上以一罪论处，否则可能是数罪。例如盗窃他人财物后又毁坏该财物，由于只侵犯了一个法益，所以只成立一个罪。

（2）对一个犯罪行为的法律评价能否包含对另一个犯罪行为的法律评价。如果是，则原则上是一罪，否则可能是数罪。例如为了杀人而盗窃枪支并利用盗窃的枪支杀人的，因为对故意杀人罪的评价不能包含对盗窃枪支罪的法律评价，所以不能定一罪。

（3）对几个相同的犯罪行为能否进行一次评价。如果是，则原则上是一罪，否则可能是数罪。例如行为人数次盗窃，盗窃的数额应累计计算，认定一个盗窃罪即可。

（4）行为是否具有连续性或持续性。如果是，则原则上是一罪，否则可能是数罪。例如张三基于同一个杀人故意，想杀害李四全家，连续三天分别跑到李四家杀害三人，虽然有三个杀人行为，也完全可以构成三个故意杀人罪，但由于杀人行为具有连续性，只能认定一个故意杀人罪。

（5）相关法条规定的法定刑升格的条件是否包括了数个行为。如果是，则是一罪，否则是数罪。例如，盗掘古文化遗址、墓葬罪，一般为3年以上10年以下有期徒刑；盗掘古文化遗址、墓葬罪，并盗窃珍贵文物或造成珍贵文物严重破坏的，刑法第328条规定法定刑升格，为10年以上有期徒刑、无期徒刑。法定刑升格后仍然只定"盗掘古文化遗址、墓葬罪"，该罪包括了盗掘古文化遗址、墓葬和盗窃珍贵文物或造成珍贵文物严重破坏数个行为。

### 三、罪数的分类

**1. 一罪（包括一行为一罪和数行为一罪）**

通说中的一罪包括单纯的一罪、法定的一罪和处断的一罪。① 通说中的"法定的一罪"，指数个行为原本可以成立数罪，但由于某种原因，在刑法上将其规定为一罪的情况，即刑法在犯罪构成上已经预设了数个行为的犯罪，行为人实施了刑法规定的数个行为，成立一罪，包括结合犯和集合犯。其实，结合犯在我国不存在，法定的一罪肯定可以成为处断的一罪。所以将法定一罪中的集合犯移入"处断的一罪"范畴之内，本书不再列出"法定的一罪"。

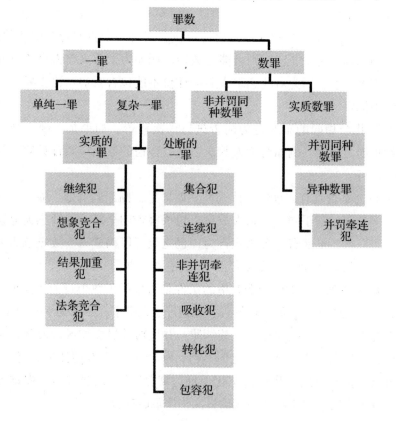

---

① 大陆法系刑法理论中法定一罪的一个基本罪数形态是结合犯。它指数个原本独立的犯罪行为，基于它们之间的客观联系，根据刑法的明文规定，结合为另一个独立的新罪的犯罪形态。如日本刑法中，假设强盗犯罪人又强奸事主时，不是分别认定为第241条的强盗罪和第177条的强奸罪，而是只成立第241条的强盗强奸罪，这就是典型的结合犯。对于结合犯，以结合后的新罪一罪论处。结合犯的理论及其立法例的最初出现是针对司法实践中经常伴随出现几个犯罪行为的情况，为提高司法打击效率，而专门将若干犯罪行为规定为一罪，从而便于及时迅速地予以制裁。一般认为我国刑法中没有典型的结合犯。

（1）单纯的一罪。单纯的一罪是指分则条文规定的某一事实仅一次符合犯罪构成而成立的一罪，即以一个罪过，实施一个危害行为，侵犯一重合法权益的犯罪，从形式到实质看均为一罪。"单纯的一罪"不具有貌似数罪的特征，是刑法分则条文的样本。如一个人故意打一枪，杀死一个人。因为简单的一罪不具有数罪的特征，所以没有必要在罪数形态里加以研究。

（2）复杂的一罪。包括实质的一罪与处断的一罪。

第一，实质的一罪。实质一罪又叫"本来一罪"，是指形式上具有数罪的某些特征，但在实质上仅构成一罪的犯罪形态。其中包括继续犯、想象竞合犯和结果加重犯。法条竞合不是作为犯罪现象的犯罪竞合，而是法律重叠现象。法条竞合、法条竞合犯的概念以及能否放在竞合论中论述，众说纷纭。本书认为法条竞合犯属于实质的一罪。

第二，处断的一罪。实质上本可以认定成立数个犯罪，但因数行为之间存在着某种密切联系而在评价和司法审判中作为一罪处理的犯罪形态。牵连犯在通说中属于处断的一罪，《刑法》总则没有明文规定牵连犯，《刑法》分则对大多数牵连犯的处罚没有特别规定，有的条文规定从一重处罚，有的规定了独立的较重法定刑，有的规定对牵连犯实行数罪并罚。[1] 刑法规定并罚的牵连犯是实质竞合；刑法规定不并罚以及刑法没有规定的牵连犯则不属于实质竞合。[2] 因此牵连犯部分属于处断的一罪，部分属于实质数罪，在一罪与数罪中都有一席之地。

2. 数罪（包括同种数罪和异种数罪）

同种数罪，如刑法规定可以并罚，则属于实质数罪；如刑法规定不并罚，则不是实质数罪。我国《刑法》除第 70 条、第 71 条外，没有规定对同种数罪实行并罚，所以同种数罪在我国刑法上不是实质竞合。

## 四、禁止重复评价原则

任何人不因同一事件再度承受痛苦的古老的法律格言，在刑法领域即表现为禁止重复评价。刑法中的禁止重复评价原则要禁止对同一构成事实做重复评价。一个危害行为只能在一个构成要件中评价，例如张三以故意致人死亡的暴力手段劫取他人财物的，致人死亡的暴力手段在抢劫罪的构成要件中作为抢劫的手段被评价了，就不能再在故意杀人罪的构成要件内评价一次，也即张三的行为只构成一个罪，不构成抢劫罪和故意杀人罪两个罪。犯罪竞合的处理中经

---

① 参见张明楷：《刑法学教程》，北京大学出版社 2007 年版，第 116－117 页。
② 陈兴良：《规范刑法学》，中国人民大学出版社 2008 年版，第 272 页。

常出现"从一而重",就是禁止对某一犯罪行为重复评价,反复处罚。

# 第二节　实质的一罪

## 一、继续犯

### 1. 继续犯的概念

继续犯亦称持续犯,指行为从着手实行直到由于某种原因终止以前,犯罪行为和行为引起的不法状态一直处于持续状态的犯罪。其中,从行为着手实施至其构成既遂的一定时间是该行为构成犯罪所必需的时间条件,可称之为基本构成时间;自犯罪构成既遂之后,至其终止的一定时间,是犯罪行为及其引起的不法状态处于持续的过程,是量刑应予考虑的时间因素,可称之为从重或加重构成时间。

通说认为继续犯是实质的一罪,但也有学者认为它属于单纯的一罪,将继续犯纳入罪数论研究有所不当。[①]

### 2. 继续犯的特征

(1)基于一个犯罪故意实施一个危害行为的犯罪。继续犯从始至终在主观上只有一个犯罪故意,在客观上只有一个实行行为,并不因为行为持续时间的长短而改变,也不因行为地点的改变而改变。例如行为人先将被害人拘禁于甲地,后又转移至乙地,再转移至丙地,尽管拘禁地点一变再变,但拘禁的过程并未中断,而是一直持续着,仍只能认定为一个拘禁行为。值得注意的是继续犯通常由作为的方式构成,但少数也可由不作为构成,如遗弃罪。

(2)持续地侵犯同一犯罪对象,即行为自始至终都针对同一对象,侵犯同一合法权益。如行为人非法拘禁甲一月有余,在持续拘禁的一个月的时间里,拘禁的对象始终只是甲。如果数个行为侵犯同一合法权益或一行为侵犯数种合法权益,则不是继续犯。

(3)犯罪行为及其所引起的不法状态同时处于持续过程中。首先,继续犯的犯罪行为必须在一定时间内持续存在,持续时间的长短不影响继续犯的成立,但瞬间性的行为没有持续性,不能构成继续犯,如果行为过程中出现间断也不

---

[①]　参见陈兴良:《教义刑法学》,中国人民大学出版社 2010 年版,第 680 页。

能构成继续犯。如甲拘禁乙一天后将其放了，隔了一段时间又将其拘禁起来，则不能认为有持续性，只能认为是两次拘禁行为。其次，犯罪行为所引起的不法状态也必须呈现为一种持续状态。所谓不法状态指由犯罪的实行行为使客体遭受侵害的状态。继续犯中这种不法状态不是很快就消失，而是会持续一定时间。再次，继续犯的犯罪行为及其引起的不法状态必须同时处于持续状态，即二者的发生、延续、完结必须是同步或基本同步。如在非法剥夺人身自由罪中，行为人的非法拘禁行为和被害人的人身自由被剥夺状态同时发生、持续。

盗窃他人财物数额较大的行为结束后，非法占有的状态一直在持续，一个结束一个持续，所以盗窃犯不是继续犯。只有不法状态持续的不能认定为继续犯。

（4）着手实行到实行终了必须持续了一定时间。没有一定的时间过程，不能构成继续犯，如将他人非法关押起来，但立刻就放了，就不能构成非法拘禁罪。至于应以多长时间为准，法律没有作出规定，在实践中要根据犯罪的性质和情节具体加以分析和认定。

以上四个方面的条件缺一不可，必须同时具备，才能构成继续犯。

3. 继续犯常见的类型

（1）侵犯人身自由的犯罪。非法拘禁罪被认为是典型的继续犯，即行为人从着手非法剥夺他人的人身自由到恢复他人的人身自由为止，其非法剥夺他人人身自由的行为一直处于持续状态中。还有绑架罪，拐卖妇女、儿童罪等。

（2）持有型犯罪。如非法持有枪支、弹药罪等也是典型的继续犯，窝藏罪，窝藏毒品、毒赃罪，非法持有毒品罪，非法持有假币罪。

（3）不作为犯罪。如遗弃罪，拒不执行判决、裁定罪，战时拒绝、逃避服兵役罪等。

4. 继续犯的处断原则

继续犯持续性的行为和不法状态是在一个犯罪故意支配下实施和存在的，并且是针对同一犯罪对象侵害同一法益，因而只符合一个犯罪构成。所以继续犯属于实质的一罪，不实行数罪并罚。《刑法》第89条的规定也说明对继续犯只能以一罪论处。

对于继续犯，追诉时效的起算，应从其持续不断的行为终了之日起计算。

## 二、想象竞合犯

1. 想象竞合犯的概念

想象竞合犯也称观念的竞合、想象的数罪，即行为人基于一个犯罪意图实施一个危害行为，触犯两个以上异种罪名的犯罪形态。例如，甲重伤正在执行公务的乙，触犯故意伤害罪和妨害公务罪；再如，李某盗割正在使用中的电话线，一个偷盗行为同时触犯盗窃罪和破坏公用电信设施罪。我国刑法总则中虽没有规定想象竞合犯的概念，但在刑法分则的具体条文中，有关于想象竞合犯的规定。如刑法第 329 条第 3 款的规定："有前两款行为，同时又构成本法规定的其他犯罪的，依照处罚较重的规定定罪处罚。"司法实践亦认可想象竞合犯。

想象竞合犯的本质在于，对于单一行为的复数构成要件评价，形成刑罚单一。有的学者认为，想象竞合犯实际上不是实质一罪，但也不是实质数罪，而是不完整的、特别的数罪形态，构成数罪的客观行为是重合的，是"想象数罪"，是数罪的理论形态，是处断上的一罪。

2. 想象竞合犯的特征

想象竞合犯的构成需要三个要件即行为人实施了一个危害行为，该行为触犯了数个罪名，且数个罪名中的任意一个都无法全面评价该行为。这也是想象竞合犯区别于实质一罪、实质数罪及法条竞合犯，作为独立的犯罪形态所具有的根本特征。

（1）行为人只实施了单一行为，这是前提条件。如果行为人实施了数个行为，便不可能构成想象竞合犯。例如丢一个炸弹，同时炸死 3 个人。这是想象竞合犯区别于实质数罪及牵连犯等犯罪形态的根本点。

究竟何为"一行为"，学界众说纷纭。有所谓"自然行为说"、"社会行为说"、"犯意行为说"、"法律行为说"等等。我们赞同自然考量方式，认为单一行为，不是从构成要件的评价上看，而是基于自然的观察，从事实层面加以考察。在社会的一般观念上被认为是一个行为，即从一个事物的自然状态，而不是从法的评价或从构成要件的观点看是一个行为。例如同一行为同时侵害多个法益，从构成要件的评价来说，有的是作为，有的是不作为，作为与不作为在事实层面上仅存在单一行为，而不是两个行为。妻子为了与奸夫长期鬼混，在饭菜中下毒，明知儿子也会中毒死亡却放任不管，结果导致丈夫与儿子同时中毒死亡。妻子的作为导致丈夫死亡，不作为导致儿子死亡，但妻子的作为与不作为合二为一，只有单一行为，不是两个行为。当某个行为还能被分成两个行为时，要根据二者间有无重合关系来判断是否是一个行为。至于达到何种程度的重合时才被认为是一个行为，在理论上存在主要部分重合说、一部分重合说、着手一体说、不能分割说等争议。主要部分重合说为大多数学者所赞同，认为数个符合构成要件的自然行为至少在其主要部分重合时，才是一个行为。另外，这里的行为不是狭义的行为，而是指包括结果在内的广义的行为。如典型的想象竞合犯中，开一枪，打死一人，伤一人，被认为是一个行为触犯了数罪名，这时是将死伤结果都包括行为之中的。

想象竞合犯中，只要行为人实施了一个危害行为，无论其行为是作为还是不作为，其犯罪心理是故意还是过失，抑或故意与过失混合，均不影响想象竞合犯的成立。

（2）一个行为必须触犯数个罪名，即在构成要件的评价上，该行为符合数个犯罪的构成要件。一个行为之所以能触犯数个罪名，往往是因为该行为具有多重属性或造成了多重结果而侵犯了不同的直接客体。至于数个罪名是否必须相同，在理论上存在有两种意见：一种是只承认异种类的想象竞合犯，认为一个行为只能触犯数个不同的罪名，才能成立想象竞合犯，触犯同种罪名的不成立想象竞合犯，如开一枪，死一人，伤一人，触犯的是杀人罪和伤害罪两个不同的罪名；如果开一枪，死二人，则触犯的是两个相同的罪名，不能成立想象竞合犯。一种是认为想象竞合犯分为异种类的和同种类的两种，一个行为触犯数个不同的罪名构成想象竞合犯，触犯数个相同的罪名也构成想象竞合犯，如开一枪，死二人，且对二人的死持有相同的罪过心理，也构成想象竞合犯。前一种观点比较妥当，因为认定想象竞合犯的目的在于说明这种犯罪不是数罪，并解决行为触犯了数个罪名时应按哪一罪名定罪量刑的问题，而同种类的想象竞合犯不会发生罪名的疑问，所以承认同种类的想象竞合犯没有意义。

（3）数个罪名之间没有逻辑上的相容（从属或交叉）关系。也即行为所触犯的数个罪名均无法全面评价该行为，即行为所触犯的各犯罪构成之间应无重合之关系，这是想象竞合犯区别于法条竞合犯的根本特征。例如，行为人甲出于贪财的目的，偷割使用中的通讯电缆，欲作废铜处理，触犯盗窃罪与破坏公用电信设施罪。两罪中的其他要件均存在重合关系，但盗窃罪具有非法占有的目的，破坏公用电信设施罪的故意内容是破坏正在使用中的电信设施，故两罪在主观方面无法重合，因此，盗窃罪与破坏公用电信设施罪均无法单独、全面地评价该行为，必须用数个罪名对行为人的危害行为进行多重评价，只用一个罪名评价必然陷入以偏概全的错误之中，因而行为人的行为是想象竞合犯。

3. 想象竞合犯的分类

（1）异质想象竞合犯。被犯罪侵犯的法益，可以分为个人法益与整体法益（集体、社会、国家法益）。个人法益又可以分为"一身专属性法益"与"非一身专属性法益"。异质想象竞合犯侵害的诸种法益性质不同，如用石头打击车内人员，打伤了人又砸坏了车。对于异质想象竞合犯，由于侵害的不同性质的法益杂交，要么就是侵犯一身专属性法益的犯罪多次成立，要么就是构成要件彼此间属于异质或交集关系者；对于构成要件内含关系的情形，仅成立法律竞合，具有内含关系的构成要件不可能由一行为同时实现，即不可能产生想象竞合犯。

（2）同质想象竞合犯。一危害行为产生多数性质相同的犯罪成立的情形，即为"同质想象竞合犯"，如丢一个炸弹同时炸死数个人。单一行为侵害的法益为同质法益的，则仅为一身专属性法益，可以成立同质想象竞合犯；如为财产性法益，如盗窃同一屋内分属不同人的财物，仅成立单一盗窃罪，没有竞合问题。

4. 司法实践中常见的想象竞合犯

第一，使用破坏性手段盗窃数额较大的财物，又毁损数额较大的财物的，同时触犯盗窃罪和故意毁坏财物罪（应从一重罪从重处罚）。

第二，犯罪分子实施一个盗窃行为的同时触犯了其他罪名。例如，盗窃交通工具、交通设施、电信设施、易燃易爆设备等，一个盗窃行为同时触犯盗窃罪和其他有关罪名。

第三，使用暴力妨碍公务又打伤公务员，同时触犯妨碍公务罪和故意伤害罪。

第四，制售伪劣商品同时触犯其他罪名。例如，甲没有烟草专卖许可证却销售冒牌伪劣的"芙蓉王"香烟。甲一个行为触犯销售伪劣产品罪、非法经营罪和销售假冒注册商标的商品罪。[①]

5. 想象竞合犯的处断原则

想象竞合犯本质上是一罪而非数罪。对于想象竞合犯，刑法理论界和司法实务中一般主张按"从一重处断"的原则处理，即对想象竞合犯无须实行数罪并罚，而是按照该犯罪行为所触犯的数罪中最重的犯罪论处。例如，甲教唆乙盗窃银行保险柜中的金钱，并向乙传授打开银行保险柜的方法。甲又教唆又传授，属于想象竞合犯，从一重罪处罚，不数罪并罚。例如，甲乙合谋杀害在历史博物馆工作的丙，两人潜入馆内朝丙各开一枪，甲击中丙身边的珍贵文物造成该文物毁损，乙未击中任何对象。供选项目有"A. 甲成立故意损毁文物罪；B. 甲乙成立故意杀人罪的共犯；C. 对甲应以故意杀人罪和过失损毁珍贵文物罪实行数罪并罚；D. 甲的行为属于一行为触犯数罪名，成立牵连犯"。此题难度很大，涉及罪过、刑法上的错误、共犯、犯罪竞合等原理。甲乙存在杀人的共

---

① 例如张三盗割正在使用中的铁路专用电话线，在构成犯罪情况下，对张三应按哪一选项处理：A. 破坏交通设施罪；B. 破坏公用电信设施罪；C. 盗窃罪与破坏交通设施罪中处罚较重的犯罪；D. 盗窃罪与破坏公用电信设施罪中处罚较重的犯罪。答案为 C。

同故意，也存在共同的杀人行为，共同犯罪实行"部分行为全体负责"的原则；甲存在打击错误，乙也未击中丙，属于故意杀人未遂；甲杀人的一个行为同时触犯了过失损毁珍贵文物罪，属于想象竞合犯；又由于故意杀人罪与过失损毁珍贵文物罪（最高判 3 年有期徒刑）相比，前者法定刑重。因此应选 B。

学术界对《刑法》第 204 条第 2 款的理解有分歧。有的学者认为，"如果行为人骗取的税款超过所缴纳的税款，对于超过的部分，应认定为骗取国家出口退税罪，其余的部分应认定为逃税罪。由于客观上行为人只实行了一个行为，因而应按想象竞合犯处理，即按其中的重罪从重处罚"。① 有的学者虽然也赞同此为想象竞合犯，但认为应实行"数罪并罚"。② 我们认为前者是正确的。

### 三、结果加重犯

1. 结果加重犯的概念

结果加重犯的认定历来是刑法理论界和实务界争论较大的一个问题。结果加重犯，也称加重结果犯，是指实施了符合基本的故意犯罪构成要件的行为，又过失或故意地引起了基本犯罪构成结果以外的加重结果③，刑法规定加重其法定刑的犯罪形态。《刑法》第 234 条第 2 款规定的故意伤害致人死亡就是其适例。结果加重犯的实质是行为人的犯罪行为所造成的危害结果已经超出了基本犯罪的构成结果的界定范围，根据罪责刑相适应的原则，要加重处罚。

我国刑法总则对结果加重犯未作明确规定，只是在刑法分则中对一些具体犯罪发生严重结果作出了加重其刑罚的规定，如刑法第 234 条第 2 款规定的故意伤害致人死亡，即为典型的结果加重犯。刑法中"后果严重"、"后果特别严重"等概括性规定，不宜都视为结果加重犯的加重结果。

在国外，结果加重犯一般成立独立的罪名，如强奸致人死亡的，被认定为强奸致死罪。在我国刑法中结果加重犯没有独立的罪名，只能按基本犯罪定罪，

① 高铭暄、马克昌主编，赵秉志执行主编：《刑法学》，北京大学出版社、高等教育出版社 2011 年版，第 433 页。

② 参见北京万国学校组编：《刑法专题讲座》，九州出版社 2012 年版，第 145 页。

③ 据有的学者统计，我国《刑法》分则中涉及结果加重犯规定的共有 16 个条文 17 个罪名，分布如下：第 121 条劫持航空器罪；第 141 条生产、销售假药罪、第 144 条生产、销售有毒、有害食品罪；第 234 条故意伤害罪、第 236 条强奸罪、第 238 条非法拘禁罪、第 239 条绑架罪、第 257 条暴力干涉婚姻自由罪、第 260 条虐待罪；第 263 条抢劫罪；第 318 条组织他人偷越国（边）境罪、第 321 条运送他人偷越国（边）境罪、第 336 条非法行医罪、非法进行节育手术罪、第 358 条强迫卖淫罪；第 443 条虐待部属罪、第 445 条战时拒不救治伤病军人罪。——参见王宇展："论我国刑法中的结果加重犯"，广东律师法律咨询网，2007 年 5 月 19 日访问。

并根据刑法规定加重处罚。

2. 结果加重犯的特征

（1）行为人实施了基本犯罪行为，但造成了加重结果，而且基本行为与加重结果之间具有因果关系。行为人必须实施了符合刑法分则明文规定、可罚的基本犯罪构成要件的行为，基本犯罪构成是结果加重犯存在的前提，没有基本犯罪构成就没有结果加重犯，但对于基本犯罪是否必须是结果犯，却有争议。否定说为多数人所主张，认为基本犯即使不是结果犯，也可以成立结果加重犯。如在非法拘禁致人重伤、死亡的场合，并不要求非法拘禁行为成立结果犯。另外，加重结果必须是由基本犯罪行为所引起的，即加重结果与基本犯罪行为之间必须具有因果关系。如甲殴打乙致伤，乙住院治疗期间，由于医生失职，发生医疗事故致乙死亡，此时，甲对乙的死亡不承担责任，只对其伤害结果承担责任。再如，王某长期虐待母亲，一次李某又谩骂、侮辱母亲，母亲不堪忍受而自杀。王某基本犯罪行为——虐待母亲的行为与母亲自杀这个加重结果之间有因果关系，王某属于结果加重犯。

加重结果是构成结果加重犯的必要条件之一。没有造成基本犯罪构成要件以外的加重结果，同样也不能认定构成结果加重犯，即基本犯罪行为是成立结果加重犯的前提，加重结果不能脱离它而独立存在。加重结果的这种法定性和附属性，是认定结果加重犯，并将它与其他罪数形态相区别的重要特征。

（2）刑法就发生的加重结果加重了法定刑。对加重结果的法定刑的规定方式有两种立法例：一是规定比照某罪从重处罚；一是比照基本犯罪加重处罚。我国《刑法》采取了第二种方式，如第 234 条第 2 款即如此。虽然实施了基本犯罪行为，并由此产生了加重结果，但刑法不是对其单独规定较重的刑罚，而是规定按照另一较重犯罪定罪处罚，这样就不是结果加重犯了。如《刑法》第 248 条规定，虐待被监管人员，致人伤残、死亡的，依故意伤害罪、故意杀人罪定罪处罚，就不是虐待被监管人员罪的结果加重犯。

刑法如果没有针对加重结果加重法定刑，那么结果再严重也不是结果加重犯。例如强制猥亵、侮辱妇女致其重伤的，因为刑法没有规定加重法定刑，所以不是结果加重犯。再如，侮辱他人导致他人自杀身亡的，监管人员虐待犯人致其死亡的，遗弃没有独立生活能力的人致其死亡的，都不能成立结果加重犯。《刑法》分则规定的犯罪的法定刑幅度有几个的，才可能构成结果加重犯；只有一个的，不可能成立结果加重犯。例如，《刑法》第 246 条规定的侮辱罪、诽谤罪只有一个法定刑档次，因此侮辱罪、诽谤罪不可能形成结果加重犯形态。

（3）行为人主观上对基本犯罪一般持故意的心理态度，对加重结果至少有过失。行为人对所实施的基本犯罪行为及其引起的加重结果均有犯意，其犯意的表现形式在理论上颇有争议。结果加重犯的罪过形式可以有四种情况：一是基本犯罪为故意，对加重结果也有故意；二是基本犯罪为故意，对加重结果是出于过失；三是基本犯罪是过失，对加重结果也是出于过失；四是基本犯罪为过失，对加重结果是出于故意。例如，甲酒后开车撞倒行人乙，甲下车看乙不省人事，又见周围没人发现，于是开车逃逸。乙因失血过多死亡。法医鉴定如抢救及时乙本来不会死亡。甲所犯基本犯罪——交通肇事罪是出于犯罪过失，对乙死亡这一加重结果持放任态度（间接故意）。常见的过失犯罪的结果加重犯有《刑法》第136条规定危险物品肇事罪中的"危险物品肇事后果特别严重的"，第137条规定的工程重大安全事故罪中的"工程重大安全事故后果特别严重的"，第133条规定的交通肇事罪中的"交通肇事后因逃逸致人死亡的"。

　　3. 结果加重犯与情节加重犯的区别

　　加重犯是指具有法定从重或加重处罚情节的犯罪。情节加重犯，是指行为人的行为已经构成基本罪，且其犯罪情节严重程度符合了作为加重构成的定罪情节的要求，而由刑法规定加重法定刑的犯罪形态。情节加重犯"致人死亡"主要体现在第133条的交通肇事罪中，即交通肇事"因逃逸致人死亡"的情形。

　　情节加重犯的基本犯可以是结果犯、行为犯或者情节犯，也可以是故意犯或者过失犯。加重情节从内容上说，包括犯罪对象、犯罪手段或方法、犯罪时间、地点和环境、犯罪动机、犯罪目的、犯罪结果、犯罪数额等。情节加重犯的"加重情节"虽然同样被法律所规定，但是其具体内容一般不在法律中明确，加重情节有可能是出于后果的严重性，可能是出于对象的特殊性，也可能是出于犯罪人主观恶性极大等情况，但这些内容不是由法律明确规定的而是由法官根据具体情况予以确认的。

　　情节加重犯与结果加重犯的区别在于：情节加重犯中的严重情节不带有特定性，是综合指标，可以是主观的，也可以是客观的；结果加重犯中的加重结果带有特定性，是单项指标，只能是客观的；当某种犯罪的结果是成立基本犯罪的要件时，该种结果必定不是结果加重犯中的结果。因此，当以该种结果为内容规定加重处罚情节时，该规定就绝不可能是结果加重犯，而只能是情节加重犯。

　　强奸罪一般判3年以上10以下有期徒刑。但《刑法》第236条第3款规定："强奸妇女、奸淫幼女，有下列情形之一的，处10年以上有期徒刑、无期徒刑或者死刑：（一）强奸妇女、奸淫幼女情节恶劣的；（二）强奸妇女、奸淫幼女多人的；（三）在公共场所当众强奸妇女的；（四）二人以上轮奸的；（五）致使被害人重伤、死亡或者造成其他严重后果的。"触犯前四种情形的属于情节加重犯，触犯第五种的属于结果加重犯。

4. 结果加重犯的处罚原则

由于结果加重犯是以刑法的明文规定为条件，并通过刑法明确规定加重其处罚的犯罪形态，所以对结果加重犯只能认定为一罪，并根据加重的法定刑量刑，不能以数罪论处。结果加重犯所定罪名仍然是基本犯罪的罪名。例如，故意伤害致人死亡是结果加重犯，罪名仍然是故意伤害罪。

## 四、法条竞合犯

### 李某盗窃武器案

**案情：**被告人李某，系某部战士。平日李某在营区内经常行窃。某月，他乘本部弹药库管理混乱之际，多次潜入窃取手榴弹和子弹。经部队保卫部门侦破，李某被抓获。

**问题：**法条竞合犯的构成条件以及法条适用原则是什么？[①]

**提示：**李某一个行为触犯了盗窃枪支弹药罪与盗窃武器装备罪，是独立竞合犯，按照特别法优于普通法的原则，应定盗窃武器装备罪。

1. 法条竞合犯的概念

（1）法条竞合的概念。法条竞合历来是刑法基本理论与实务中争执不休而又无法回避的难点。法条竞合理论中基本每个问题均存在争议。"法条竞合"，有的学者又称之为"法规单一"，认为其本身并无真正规范竞合的情形，其竞合是一种假象，刑法理论研究"假性竞合"是将它作为真性竞合的参照物。[②]广义上的法条竞合应当包括刑法总则和分则条文的竞合，狭义上的法条竞合是指刑法分则所规定的异质罪名概念犯罪构成要件诸种成分的竞合，即罪名竞合，表述为刑法分则所规定异质罪名概念之间，其犯罪构成的诸种要件发生从属或交叉关系的法条形态。在刑法上，此一法条规定的犯罪可能是另一法条规定的

① 参见陈兴良、曲新久：《案例刑法学》（上卷），中国政法大学出版社1994年版，第508－514页。
② 参照柯耀程：《刑法竞合论》，中国人民大学出版社2008年版，第三编。

犯罪的一部分，或者此一法条规定的犯罪的一部分可能是另一法条规定的犯罪的一部分。这就导致一个犯罪行为可能同时符合数个法条规定的犯罪构成。而分则条文之间的重合，有的表现为部分与整体或者逻辑上的从属关系，有的犯罪客观要件同其他犯罪的客观要件有着牵连关系。

法条竞合犯与法条竞合不是同一概念。① 我国刑法学者普遍认为，法条竞合是揭示刑法不同条文（款）所规定的犯罪构成要件在内涵外延上有重合交叉关系的一个概念，说明的是刑法分则体系的某种特殊结构，法条竞合不是一种犯罪形态。法条竞合指一个犯罪行为因为刑法对罪刑规范的错综规定，出现数个法条所规定的构成要件在其内容上具有从属或交叉关系的情形。例如，《刑法》第264条规定的盗窃罪，其犯罪对象是"公私财物"，第127条规定的盗窃枪支、弹药、爆炸物罪，其犯罪对象是"枪支、弹药、爆炸物"，前者的外延可以包容后者，因此，触犯第127条的，也必然触犯第264条，这两个条文就形成了法条竞合。法条竞合的现象纷繁复杂，数个不同条文规定的犯罪构成要件，由于内涵外延的大小不同，因而产生包容与被包容关系。其中外延大的通常叫做一般法或普通法，外延小的叫做特殊法或特别法。法条竞合研究的是对于某一犯罪事实的法条取舍和适用问题，而罪数形态涉及的主要是罪数的单复问题，二者有质的不同。

法条竞合具有必然性，不是通过提高立法技术水平就能消除的。陈兴良教授等认为法条竞合的社会本质、法律本质和逻辑本质三位一体。法条竞合的社会本质为"犯罪所侵犯而为刑法所保护的社会关系的竞合"；其法律本质为"法条所规定的犯罪构成要件的竞合"；其逻辑本质为"罪名概念之间的从属或者交叉关系"。

（2）法条竞合犯的概念。在我国刑法理论上，多数学者对法条竞合与法条竞合犯并未区分。法条竞合不是一种犯罪形态。但任何犯罪形态都是一种法律现象，最终都要涉及适用法条定罪量刑的问题，从动态的角度去揭示刑法分则内部条文的实际联系。法条竞合犯是在法条竞合的基础上形成的特殊犯罪形态，指一种犯罪行为同时触犯了在犯罪构成上具有相容关系的刑法规范，而只适用其中一个刑法规范的犯罪形态，即行为人的一个行为，同时符合具有逻辑重合关系的数法条所规定的数个犯罪构成，虽数个犯罪构成对其均有所包摄，而仅能适用其中最恰当评价的法条，排斥其他法条适用的一种特殊犯罪形态。

_____

① 德国刑法理论将行为单复数与触犯的法条单复数结合起来研究，这有利于正确揭示罪数现象的本质。我国刑法学界大多对此不屑一顾，考察法条竞合犯的寥寥无几，导致犯罪竞合理论存在不周延之处。

（3）法条竞合与法条竞合犯的关系。"法条竞合是一种条文形态，而法条竞合犯是在法条竞合的基础上形成的特殊犯罪形态。法条之间的逻辑关系是法条竞合及法条竞合犯的法律逻辑前提，法条竞合是法条竞合犯的基础，法条竞合犯则是现实且特定的犯罪行为同时触犯存在竞合关系的数个法条而形成的复杂犯罪形态。"①

2. 法条竞合犯的特征

（1）行为人实施一个犯罪行为。这是构成法条竞合犯的前提。

（2）符合各法条所规定的犯罪构成要件。按照涉及的各法条的规定，该行为均构成犯罪。

（3）犯罪行为触犯的法条之间具有相容关系。有的学者认为刑法对故意杀人罪与放火罪的规定，从表面上看，两个法条之间似乎不存在任何内在联系。但当犯罪分子以放火为手段实现其杀人之目的时，法条的交叉就显而易见了，杀人罪的放火之杀人和放火罪的杀人之放火具有重叠性，两者都是法条的题中应有之义；又如非法搜查罪与非法侵入住宅罪，本是构成要件毫不相干的两个犯罪，但有的学者认为当行为人非法进入他人住宅非法搜查时，此两罪的法条便发生竞合关系。我们认为上述观点是值得商榷的。依照这种观点，所有一行为触犯数罪名的犯罪形态都是法条竞合犯，法条竞合犯与想象竞合犯也无所谓作区分，甚至想象竞合犯的范畴也没有存在的必要了。都是误把想象竞合犯或吸收犯当成法条竞合犯，而这些犯罪触犯的法条在外延上并无必然的从属与交叉关系。

3. 法条竞合犯的类型

（1）独立竞合犯。也叫局部竞合犯、从属竞合犯。两个具有属种关系的罪名概念，普通法规定的是属罪名，特殊法规定的是种罪名，外延小的种罪名由于其客体受到法律的特别保护而独立成罪，从外延大的属罪名中独立出来，另立门户。因此两者之间存在排斥关系。例如，盗窃罪与盗窃枪支罪之间就存在这种独立竞合关系。其适例如《刑法》第398条泄漏国家秘密罪与第432条泄漏军事秘密罪。《刑法》第127条规定的盗窃枪支、弹药、爆炸物罪在逻辑上从属于第264条盗窃罪。

（2）包容竞合犯或全部竞合犯。指行为人触犯多个法条规定的罪名或犯罪构成，其中一个罪名或犯罪构成的外延被另一个罪名或犯罪构成的外延所包含但犯罪构成的内容已超出外延小的罪名概念的犯罪竞合形态。整体法规定属罪

---

① 黄京平、陈毅坚："法条竞合犯的类型及其法律适用"，载《中国刑事法杂志》2007年第4期。

名，部分法规定种罪名，种罪名涵括在属罪名中，两者存在吸收关系，当行为人实施某一犯罪行为时，完全符合整体法规定的构成要件时，其行为的一部分必然也同时符合部分法规定的构成要件，从而形成法条竞合，如抢劫罪（致人死亡）与杀人罪就存在包容竞合关系。

（3）交叉竞合犯：指行为人行为触犯多个罪名，这些被触犯的罪名的外延之间具有交叉关系的犯罪竞合形态。例如，一个人冒充国家机关工作人员诈骗财物的行为同时触犯了《刑法》第 266 条规定的诈骗罪和第 279 条规定的招摇撞骗罪，这两个罪的犯罪对象都可以是财物，犯罪方法与冒充国家机关工作人员也相同，但其他方面不同。

（4）偏一竞合犯，是以交叉关系的法条竞合或者补充关系的法条竞合为基础形成的法条竞合犯。即两个法条交叉重合，但犯罪行为已经超出重合范围的情形。例如拐卖妇女、儿童罪与拐骗儿童罪，两罪有交叉重合的地方即拐骗儿童，但拐卖妇女、儿童罪还有"出卖行为"。出卖行为已经超出交叉重合部分，由此偏向于拐卖妇女、儿童罪。交通肇事罪和过失致人死亡罪，本来是交互竞合，但由于过失致人死亡罪的"本法另有规定的，依照规定"的规定，因交通肇事致人死亡的案件实际上由交互竞合犯转化为偏一竞合犯。

4. 法条竞合犯与想象竞合犯的关系

（1）想象竞合犯与法条竞合犯的共同点：第一，法条竞合犯与想象竞合犯都是实施了一个行为；第二，这一个行为都触犯了规定不同罪名的数个法条；第三，两者在罪数上都是形式上的数罪、实质上的一罪；第四，两者最终都只适用一个条文并且按照一罪来处理。

（2）法条竞合犯与想象竞合犯的区别。二者有五点区别：

第一，竞合性质或发生原因不同。后者是观念的竞合，犯罪数目的竞合、主观的竞合，即想象中的数罪（由于观念或者主观认识的影响而发生竞合）；前者是法律条文的竞合、客观的竞合，属于法律条文的错综复杂的规定而使数个不同罪名的法条发生竞合。

第二，二者触犯的法条之间是否有相容关系不同。想象竞合犯所触犯的规定不同种罪名的数个法条之间，不存在重合、从属或交叉关系；而法规竞合犯所涉及的数个法条之间必然存在重合或交叉关系，例如，行为人为了杀死其仇人某甲，跟踪甲至电影院，因杀人心切，便不顾祸及无辜，引燃炸药包炸死甲及周围数十人。行为人乃故意杀人罪和爆炸罪的想象竞合犯，而非法条竞合犯，因为规定故意杀人罪和爆炸罪的两个法条（《刑法》第 114 条和第 232 条）之间并不必然地存在重合或交叉关系，即故意杀人罪和爆炸罪两罪的构成要件及要素并没有包容或交叉关系。不宜把犯罪构成要件完全不同而只是在现实上有可能因某种犯罪事实将之联系起来的不同法条之间的关系，误解为法条竞合关系。如非法搜查罪与非法侵入住宅罪，本是构成要件风马牛不相及的两个犯罪，但有的学者认为当行为人非法进入他人住宅非法搜查时，此两罪的法条便发生竞合。依照这种观点，所有一行为触犯数罪名的犯罪形态都是法条竞合犯，法条竞合犯与想象竞合犯也无所谓作区分，甚至想象竞合犯的范畴也没有存在的必要了。有些学者认为交通肇事罪与过失致人死亡罪之间、合同诈骗罪与伪造、变造票证罪之间存在法条竞合关系，都是误把想象竞合犯或吸收犯当成法条竞合犯。须知，这些犯罪的构成要件在外延上并无必然的包容与交叉关系。

第三，二者触犯的法条是否都被适用不同。想象竞合犯所触犯的数个法条都应当被运用，比较各自的法定刑的轻重后，择一重罪处断，而法条竞合犯只能选择适用一个法条而排斥其他相竞合的法条的适用。

第四，二者罪过与犯罪对象是否唯一不同。想象竞合犯的犯罪行为，是在一个或数个具体罪过支配下实施一个行为，同时直接作用于体现不同直接客体的数个犯罪对象，而法条竞合犯的犯罪行为是在一个具体的罪过支配下实施的一个行为，直接作用于体现一个直接客体的单一犯罪对象。

第五，要解决的问题不同。前者是犯罪单复的形态，目的是解决罪数问题；后者是法条关系的形态，解决的是法律适用问题。

**5. 法条竞合犯的适用法条原则**

（1）双重评价禁止原则。即只能适用同一法律渊源中的一个条文，不能同时适用两个以上的法律条文。

法条竞合犯的适用规则是，对于独立竞合犯适用特别法优于普通法的原则。对于交互竞合犯适用重法优于轻法的原则。对于基于交叉关系的偏一竞合犯适用全部法优于部分法的原则。对于基于补充关系的偏一竞合犯适用基本法优于补充法的原则。

（2）对于从属竞合犯适用特别法优于普通法的原则，即特殊的、专门的、具体的规定优先于一般的、笼统的规定适用。如在签订履行合同中，骗取对方当事人财物的，既触犯第224条合同诈骗罪条款，也触犯第266条诈骗罪条款，而第224条较为特殊、具体，应适用第224条以合同诈骗罪定罪处罚，排斥适用诈骗罪条款，也不数罪并罚。再如，对于"诈骗罪"《刑法》第266条后段规定"本法另有规定的，依照规定"，即如果一个人的诈骗行为触犯本条和其他规定特殊诈骗罪的法条（如规定集资诈骗罪的第 192 条、规定贷款诈骗罪的第 193 条、规定票据诈骗罪、金融凭证诈骗罪的第 194 条等等），应依其他规定特殊诈骗罪的法条定罪量刑。①

（3）对于包容竞合犯，实行整体法优于部分法的原则。包容竞合的两个法条之间存在吸收关系，其中包容其他法条的法条为"整体法"，而被其他法条包容的法条是"部分法"。在立法设置法定刑的时候已经考虑了部分法的内容已经被整体法所包容，因而整体法的法定刑往往（不是全部，有例外）重于部分法，适用整体法的结果是适用重法。

（4）对于交叉竞合犯适用重法优于轻法原则。应该具备三个条件：

第一，适用前提是行为触犯的是同一法律的普通条款与特别条款，否则应实行特别法优于普通法的原则。

第二，刑法没有禁止使用普通条款的规定，否则必须适用特别条款。如果刑法条文规定了"本法另有规定的，依照规定"，即表示禁止适用普通条款，必须适用特别条款。另外，刑法指明必须适用特别条款的，应按指明的定罪量刑。例如，《刑法》分则第 10 章"军人违反职责罪"明确指明了军人犯违反职责罪的行为，适用该章的规定，意味着军人犯违反职责罪的行为如果同时触犯普通条款时，只能适用《刑法》分则第 10 章的条款。再如，上述冒充国家机关工作人员诈骗财物的行为同时触犯了《刑法》第 266 条规定的一般"诈骗罪"和第 279 条规定的招摇撞骗罪，第 266 条规定诈骗罪的法定最高刑为无期徒刑，第 279 条规定招摇撞骗罪的法定最高刑为 10 年以下有期徒刑，虽然特别条款规定的法定最高刑明显低于普通条款规定的法定最高刑（是否合理另当别论），但该特别条款指明了冒充国家机关工作人员诈骗财物的行为应以招摇撞骗罪论处，所以司法实践中对此犯罪应依特别条款定罪。

第三，同一法律中特别条款规定的法定最高刑明显低于普通条款规定的法定最高刑，并且根据案情适用特别条款不符合罪责刑相适应原则的要求。例如，利用保险合同进行诈骗的行为触犯了第 224 条规定的合同诈骗罪和第 198 条规定的保险诈骗罪，刑法中这方面的普通条款即第 224 条规定的合同诈骗罪法定

---

① 有的学者对此表述为"特别法优于普通法的原则"。其实，对于同一规范对象，如果有两个以上可以适用的法律渊源存在时，在不同法律形式中本不发生法律竞合问题，而只存在优先适用什么法律的问题。目前有些地方将法律竞合概念扩张到不同法律形式的适用关系，是值得商榷的。特别法与普通法的适用关系，并不产生法律竞合问题。——参照柯耀程：《刑法竞合论》，中国人民大学出版社 2008 年版，第 160 页、第 164 页。

最高刑为无期徒刑，特别条款即《刑法》第 198 条规定的保险诈骗罪法定最高刑为 15 年，如果根据案情适用普通条款更符合罪责刑相适应原则的要求，在刑法没有禁止适用普通条款时，就宜适用重法优于轻法的原则。①

（5）对于偏一竞合犯，实行基本法优于补充法的原则。例如刑法关于拐骗儿童罪的规定是补充法，关于拐卖妇女、儿童罪的规定是基本法，在拐骗儿童而出卖的情形下，形成偏一竞合，应以拐卖妇女、儿童罪论处。

## 第三节　处断的一罪

处断的一罪又称科刑一罪、裁判一罪，指行为人基于某一概括故意，所实施的行为虽然符合数个犯罪的构成要件或者几次符合同一犯罪的构成要件，但在刑罚处断上，又以一罪论处的犯罪形态，或指实质上构成数罪，但因其具有的特征，司法机关将其作为一罪处断的犯罪形态。为什么实质上构成数罪，司法实践中只以一罪论处，有关理论给出的理由差强人意，但有点牵强附会之嫌，尚待深入研究。

一般认为它包括连续犯、牵连犯和吸收犯。无论是刑法学界还是司法实践中，对将连续犯、吸收犯科刑为一罪，争议并不大。问题的焦点集中在对牵连犯的科刑，也当处断为一罪还是应根据其"实质数罪"之法律性质，对其实行数罪并罚？

通说认为结合犯和集合犯属于"法定的一罪"。我们认为，结合犯在我国刑法中子虚乌有，"集合犯"虽是法定的一罪，但处理时更是作为"处断的一罪"，完全可以归到处断的一罪之列。

### 一、集合犯

1. 集合犯的概念

它是指行为人以实施不定次数的同种犯罪行为为目的，虽然实施了数个同种犯罪行为，但作为一罪论处的犯罪形态。集合犯具有恶习深、时间长、次数多、危害大的特点。集合犯在国外刑法理论中是使用比较普遍的一个概念，我国理论界只是在我国 1997 年《刑法》取消"惯犯"规定后才逐渐有人关注。

---

① 参见张明楷：《刑法学教程》，北京大学出版社 2007 年版，第 113 页。

2. 集合犯的特征

（1）集合犯是行为人具有以实施不定次数的同种犯罪行为为目的，具有营利的犯意倾向。所谓以实施不定次数的犯罪行为营利的"犯意倾向"，即行为人不是意图实施一次犯罪行为，而是预定连续实施不定次数的同种犯罪行为来营利。例如《刑法》第336条第1款规定的非法行医罪，行为人就是意图实施不定次数的非法行医行为，并且非法营利。非法行医行为，如果不是以营利为目的的医疗行为，如甲出于同情用自己的偏方为邻居乙治疗，致使乙死亡，构成过失致人死亡罪，而不是非法行医罪。这是集合犯的主观方面的特征。因此，集合犯在主观上，表现为对实施的数个相同的犯罪行为具有连续实施的犯意倾向。所谓"连续实施的犯意倾向"，包括两层含义，一是指犯罪故意产生于一次而非数次，如果是数次产生数个相同的犯罪故意，则不成立集合犯，在这一点上，与连续犯犯罪故意是相同的；二是指犯意是连续的意思，即在犯罪着手时就预定连续实施。如果在预定之外又产生的故意，即使故意的内容是同一的，也不成立集合犯，可能为同种数罪。

（2）集合犯都可能多次实施同种的犯罪行为。一般说来，行为人的一次危害行为构成犯罪的，原则上不是集合犯，即没有集合的必要，如果行为人实施两次以上的危害行为，才可能构成集合犯。但犯罪次数的多少并不是集合犯的必要条件，但凡是集合犯，行为人都可能多次实施犯罪。实践中行为人一般是实施了数个同种犯罪行为的。具体说来，集合犯中的营业犯可能多次实施相同的犯罪行为，但即使只实施一次行为，也可构成犯罪。如虽然只实施一次非法行医行为，但却造成就诊人死亡的，也同样构成非法行医罪，属于集合犯。集合犯中的常业犯，只实施一次行为尚不足以构成犯罪，必须反复实施同种危害行为才构成犯罪，如刑法第303条第1款规定："……以赌博为业的"，构成赌博罪。如果偶尔赌博，不是以赌博为业的，则不构成犯罪；以赌博为业，数十次赌博，也只构成一罪。

所谓"同种犯罪行为"，是指其数个行为的法律性质是相同的。如数个生产、销售伪劣商品的行为，数个走私普通货物、物品的行为，数个非法组织卖血的行为，数个非法行医的行为等。集合犯虽然是行为人意图实施不定次数的同种犯罪行为，并且通常也是实施了数个同种的犯罪行为，但仍然只构成非法行医一罪。

（3）集合犯的数个同种犯罪行为，触犯的是同一个罪名。所谓"同一个罪名"，包括单一罪名，也包括选择性罪名。例如，非法行医罪，还包括犯罪未完成形态的修正罪名，和属于共犯的修正罪名。

（4）集合犯作为一罪论处。对于集合犯，因为刑法将可能实施的数个同种行为规定为一罪，所以行为人实施了数个同种行为，仍然只能构成一罪。

3. 集合犯的种类

集合犯分为几种，刑法理论上还有不同的认识。当前在日本刑法理论中大体有三种意见。一是分为常习犯和营业犯两种。二是分为常习犯、营业犯和职业犯三种。三是认为，除上述通行的三种类型外，结合犯也是集合犯的种类之一。

（1）常业犯，也称为常习犯、惯行犯，是指以一定的行为作为常业的犯罪，《刑法》第318条第1款第2项规定了组织他人偷越国（边）境罪，"多次组织他人偷越国（边）境"的，也属于集合犯。我国《刑法》第303条第1款规定的赌博罪有的学者认为是营业犯，通说认为是常业犯，因为以赌博为业意味着行为人以营利为目的，反复实施赌博行为，偶尔赌博行为一般不构成赌博罪。

（2）营业犯，也叫"营利犯"，是为了营利目的以反复实施一定的行为为业的犯罪。属于营业犯的集合犯，在我国刑法中比较多，大体上刑法中以营利为目的的破坏社会经济秩序的犯罪、危害社会秩序的犯罪以及在罪状中规定"多次"实施同一犯罪行为为从重处罚情节的，一般为营业犯，如贩卖淫秽物品罪。

营业犯与常业犯的区别在于：对常业犯来说，实施一次某种行为，不构成犯罪，必须反复实施同种行为，才构成犯罪。而对营业犯来说，实施一次某种犯罪行为，可能构成犯罪。

（3）职业犯，是以反复实施同种类犯罪行为为职业的犯罪，《刑法》第336条第1款规定的非法行医罪，可谓职业犯，即未取得医生执业资格的人将行医作为一种业务而反复从事行医活动。如果不是将行医作为一种业务，则不成立本罪。有些黑社会组织中的所谓"职业杀手"即以杀害敌对人物和竞争对手为其职业。一般说来，职业犯对犯罪的依赖性更强，社会危害性更大。也有学者认为，职业犯是营业犯的一种。

营业犯与职业犯具有相同点：首先，都要求行为人主观上具有反复、多次实施犯罪行为的意思。其次，都将犯罪行为作为一种业务、职业而反复多次实施。但行为人是以反复、继续实施的意思实施犯罪活动，其第一次实施犯罪行为时，就可能被认定为营业犯或者职业犯（如非法行医）。再次，都不要求行为人将犯罪行为作为唯一职业，行为人在具有其他职业的同时，将犯罪行为作为副业、兼业的，也不影响营业犯、职业犯的成立。最后，都不要求具有不间断性，只要行为具有反复实施的性质，即使具有间断性，也不影响对营业犯、职业犯的认定。

营业犯与职业犯的关键区别，在于刑法是否要求行为人主观上出于营利目的，要求具有营利目的的，属于营业犯，不要求具有营利目的的，属于职业犯。但从主观上是否具有营利的目的来区别营业犯和职业犯，这种差别是无法准确掌握和区别两者的。因此，有些学者认为集合犯中不具有也无必要划分出职业犯的类型。

4. 集合犯的处罚

对集合犯，不论行为人实施多少次行为，都只能作为一罪论处，不实行数罪并罚，即只需要按照刑法分则条文规定的刑罚予以处罚即可。

## 二、连续犯

我国刑法没有规定什么是连续犯，但《刑法》第89条规定："追诉时效从犯罪之日起计算，犯罪行为有连续……状态的，从犯罪行为终了之日起计算。"这是刑法理论研究连续犯的法律依据。在我国《刑法》分则中，诸如"多次抢劫"、"多次盗窃"、"多次走私"之类的词语往往提示存在连续犯的可能性。

1. 连续犯的概念

连续犯是指基于同一或者概括的犯罪故意，连续实施数个性质相同的行为，触犯同一罪名的犯罪形态。它是行为复数但法条单数，实际上是同种数罪，是由于法律的明文规定而在对其评价（即定罪）时以一罪论，故属于罪的吸收。如甲与乙有仇，一天，甲冲入乙家，举刀连杀乙家四口人。甲虽有四个杀人行为，但这四个行为是出于一个概括的故意，触犯的是一个犯罪行为，即故意杀人罪，只认定其成立一个而非数个故意杀人罪。日本刑法曾规定了连续犯，但现在已取消。有的学者认为，在"我国刑法不实行同种数罪并罚的情况下，连续犯概念可以说毫无法律上的意义"。[①]

2. 连续犯的特征

（1）行为人必须是基于同一或概括的犯罪故意。同一的犯罪故意，指行为人具有数次实施同一犯罪的故意；概括的犯罪故意，指行为人主观上具有只要

---

① 陈兴良：《教义刑法学》，中国人民大学出版社2010年版，第681页。

有条件就连续实施特定犯罪的故意。行为人的同一或概括的犯罪故意，必须源于其连续实施某种犯罪的主观意图，即行为人在着手实施一系列犯罪行为之前，对于即将实行的数个性质相同的犯罪行为的连续性主观上存在认识，并基于此种认识决意追求数个相对独立的犯罪行为连续进行。在行为人的主观心理上，这些连续的性质相同的犯罪故意具有整体性。例如，郭某获悉妻子张某与王某勾搭成奸，怀恨在心，一日早晨卡死妻子张某，中午又跑到王某家捅死王某。虽然郭某实施了两个杀人行为，每一个行为都构成一个单独的故意杀人罪，但这两个杀人行为在主观上有密切联系，是基于同一或概括的犯罪故意，所以作为连续犯，作为一个故意杀人罪论处。

（2）必须实施了数个性质相同的行为。只实施一个犯罪行为，不能成立连续犯。如果所实施的数个独立的行为在刑法上不能独立成罪，那么一般不能成立连续犯。数个行为综合成一个整体才能构成犯罪，则往往是徐行犯。如在一个人的食物中分几次下毒才将其毒死，则不是连续犯，而是徐行犯。

连续犯的数个行为，包括三种情况：一是数个行为都独立成立犯罪。二是数个行为单独都不构成犯罪；对于有些数额犯，即使数次行为不能独立构成犯罪，也可成立连续犯，这样可防止行为人逃避刑罚处罚，也利于诉讼时效的正确计算。三是数个行为中有的独立构成犯罪，有的不独立构成犯罪。

（3）时间上数个行为之间必须具有连续性。数行为之间如果没有连续性，只能成立数罪，而不是连续犯。如甲与乙、丙二人有仇，甲杀了乙，数年后才又找到机会杀了丙，则甲的两次杀人行为之间不具有连续性，不能认定为连续犯，只能成立两个故意杀人罪。所谓连续性，指数行为之间有时间上的分隔，但间隔时间不能过长。对于数行为之间是否存在连续性的判断标准，在理论上颇有争议。主观说以行为人的主观意思为标准来判断，认为行为人主观方面有连续犯罪的决意或同一的犯罪故意，即足以认定有连续性。客观说以行为人所实施的危害行为的性质或特征为标准来判断有无连续性，认为数个行为有外部的类似关系或时间上的联络，就可认定为有连续性。折衷说认为，连续性的认定，不仅需要行为主观上有连续犯罪的决意或同一的犯罪故意，而且需要客观上数个行为有外部的类似关系和时间上的联络。我国刑法通说认为，连续性的判断应以主客观相统一为标准，既要看行为人有无连续实施某种犯罪行为的故意，又要通过分析客观行为的性质、对象、方式、环境、结果等来判断是否具有连续性。

（4）数个行为必须触犯同一罪名，即数个行为均符合相同的特定犯罪构成要件，触犯同一具体罪名。在此不包括触犯同类罪名的情况，触犯同一条文的，也不等于触犯同一罪名，因为有些条文中就包含了几个罪名。同一罪名只能是触犯性质完全相同，即构成要件完全相同的罪名，这是由主观上基于连续意图制约的数个同一故意，客观上实施数个性质相同的犯罪行为所决定的。当然，数个犯罪行为中有的是同一罪名的基本构成，有的是该罪的基本构成之外的派生的构成，即加重或减轻的构成，亦成立同一罪名。

3. 连续犯与继续犯的区别

连续犯与继续犯都要经过一段时间，而且行为侵犯的都必须是同一或相同的直接客体，且都不实行数罪并罚。这是二者相似之处，但两者区别也是明显的：

第一，连续犯是连续实施数个性质相同的行为，其实质上是数个犯罪行为；继续犯是以一个行为持续侵犯同一或相同客体，其实质是一个行为。

第二，在主观上，连续犯具有在一个连续意图支配下的数个同一的犯罪故意，即数个连续的行为都有与之对应的犯罪故意；继续犯只有一个犯罪罪过。

第三，在时间上，连续犯中数个行为是在一段时间内实施，但相互之间可以有时间的间隔或分隔，数行为之间具有可分离性；而继续犯的一个行为在一段时间内必须是持续不断的，不存在间断状态。

第四，继续犯的行为及其产生的不法状态必须是同时存续，而连续犯并无此要求。

4. 连续犯的处断

连续犯一般按一罪从重处罚，或按一罪作为加重构成情节处罚，不实行数罪并罚。

## 三、非并罚的牵连犯

1. 牵连犯与"非并罚牵连犯"的概念

牵连犯是我国刑法理论中众多罪数形态之一，也是司法实践中运用颇多的一个概念。牵连犯作为传统刑法理论上与数罪并罚相对应的一个形态，近年来一直受到刑法理论界一些学者质疑，而在司法实践中的运用也极不统一，认识颇不一致。有的学者认为，无刑法规定性和不实行并罚性，应是牵连犯的本质特征。但刑法中出现了可以并罚的牵连犯。是循名责实还是削足适履？刑法学者倍感困惑。

按照现行刑法，牵连犯可以分为并罚的牵连犯和"非并罚的牵连犯"。这里论述牵连犯的共性与不并罚牵连犯的个性。一般意义上的牵连犯，是指以实施某一犯罪为目的，其方法行为或结果行为又触犯其他罪名的犯罪形态。如甲为了实施抢劫，先买了枪支，又持枪抢劫，则触犯了非法买卖枪支罪和抢劫罪。再如，郑某生产销售伪劣白酒，犯有生产、销售伪劣商品罪；同时他还擅自印制某著名商标用作假酒销售的标识，又犯有假冒注册商标罪。两种犯罪行为具有牵连关系，假冒注册商标的行为是一种手段行为，目的是为了推销其假酒，所以择一重罪处罚。所有的牵连犯实际上犯的是数罪，牵连犯本身是实质的数罪。并罚牵连犯被承认犯的是数罪，但是"非并罚牵连犯"在处罚时被视为一罪。有的学者认为，"一旦牵连犯都实行并罚，牵连犯存在的法律意义也就丧失殆尽"。[①]

在我国刑法理论中，"非并罚牵连犯"是指刑法没有特别规定如何处罚或明文规定不并罚的牵连犯，不并罚牵连犯不属于实质竞合。牵连犯属于刑的吸收，因为其属处断的一罪，也称科刑上的一罪，对数个罪名分别宣判，只是在科刑时以重罪论处，并不发生罪之间的吸收。

"非并罚牵连犯"有：购买假币后又使用的，直接以购买假币罪从重处罚；伪造货币并出售、运输的，直接以伪造货币罪从重处罚；盗窃他人信用卡并使用的，以盗窃罪论处；中介组织人员索取他人财物或者非法收受他人财物，并提供虚假证明文件的，以提供虚假证明文件罪加重处罚；邮政工作人员私自开拆、毁弃邮件、电报又从中窃取财物的，以盗窃罪从重处罚；组织、运送他人偷越国（边）境过程中以暴力威胁方法抗拒检查的，以组织他人偷越国（边）境罪、运送他人偷越国（边）境罪论处；走私、贩卖毒品犯罪过程中以暴力威胁方法抗拒检查的，以走私、贩卖毒品罪论处。

2. 牵连犯的特征

（1）牵连犯必须具有两个以上的、相对独立的危害行为。这是构成牵连犯的前提条件。也即行为人实施了数个相对独立，并完全具备犯罪构成要件的危害行为才可能构成牵连犯。这是牵连犯与想象竞合犯的主要区别，即前者实际上有数个行为，有构成本罪的目的行为或原因行为，构成他罪的方法行为或结果行为；后者只有一个行为。如果仅实施一个犯罪行为，则无从谈起牵连关系，也就不存在牵连犯了。例如甲在火车上盗走他人提包，回到家中打开提包一看才发现包中只有一支手枪，甲的一个盗窃行为涉及盗窃罪和盗窃枪支罪两个罪

---

① 陈兴良：《教义刑法学》，中国人民大学出版社 2010 年版，第 681-682 页。

名。甲只有一个行为，所以不构成牵连犯。

（2）数个行为之间必须具客观上的牵连关系。即数个行为之间具有手段与目的或原因与结果的关系。目的行为、原因行为是就犯罪目的所想达到的行为，也即本罪行为，当它与方法行为相对应时，称目的行为，当与结果行为相对应时，就称原因行为。方法行为，是指为了便于本罪的实行而实施的行为。如为了杀人而购买枪支，杀人是目的行为，非法买卖枪支就是方法行为。结果行为，指本罪行为实行后，为了实现本罪而实施的行为。方法行为或结果行为构成另一独立的犯罪，即牵连犯的他罪。他罪围绕本罪而成立。

（3）牵连犯以实施某一犯罪为目的。这是牵连犯的主观要件，而且是认定数个行为之间具有牵连关系的主要标准。过失犯罪与间接故意犯罪没有犯罪目的，不能成立牵连犯。具有多个犯罪目的时，也不能成立牵连犯。

（4）数个行为必须触犯不同的罪名。这是牵连犯的法律特征。目的行为或原因行为触犯一个罪名，方法行为或结果行为又触犯了其他的罪名。如行为人盗得提包后，发现有枪支，又非法进行私藏，构成盗窃罪与非法持有、私藏枪支、弹药罪的牵连犯，盗提包是原因行为，触犯盗窃罪罪名；私藏是结果行为，触犯非法持有、私藏枪支、弹药罪罪名。如果数个行为只触犯了一个罪名，则不构成牵连犯。例如被告人盗窃财产达到定罪数额，得手后又销赃的，数个行为中只有盗窃行为构成盗窃罪，刑法没有规定销赃行为是犯罪，因而不构成盗窃罪与掩饰、隐瞒犯罪所得、犯罪所得收益罪的牵连犯。另外，方法行为或结果行为不是触犯其他罪名，而是触犯与目的行为所触犯的罪名相同的罪名，也不构成牵连犯。如被告人为窃取仓库中的财物，先从保管员身上盗取金钥匙，然后打开仓库大门盗走大量财物。窃取金钥匙的方法行为与盗走仓库中大量财物的目的行为都触犯了盗窃罪，但触犯的是相同的罪名，不构成牵连犯。

3. 牵连犯与相关罪数形态的区别

（1）牵连犯与继续犯的区别。二者的主要区别在于：第一，继续犯实质上只有一个犯罪行为，而牵连犯必须存在数个独立的犯罪行为。第二，继续犯只是一个行为持续地侵犯同一或相同直接客体，只触犯一个罪名，而牵连犯的数个行为必须都各自具备特定犯罪构成的全部要件，触犯不同的罪名。第三，继续犯属实质一罪，按刑法分则中的相应罪名定罪处罚即可，牵连犯实质上有数个行为，只是处断上作为一罪处理，一般应按数个罪名中最重的一个罪名处罚，在法律有特别规定的情况下实行数罪并罚。

（2）牵连犯与想象竞合犯的区别。牵连犯和想象竞合犯同属"处断的一罪"中的罪数形态,因而在理论上又有若干相同或相似之处,实践中经常会发生混淆。二者在形式上由于其方法或结果的特殊性,都触犯了数个罪名,而且往往可以找到数个结果和数个罪过,此外,牵连犯的方法犯罪行为或结果犯罪行为有时经常被人理解为是犯罪方法或犯罪结果,这就使两者经常被人们混同。

牵连犯与想象竞合犯的主要区别就在于行为人实施了一个还是数个行为,牵连犯有两个以上的行为,而想象竞合犯只有一个行为。想象竞合犯是实质的一罪,即行为人实施一行为所采取的犯罪方法或造成的犯罪结果虽然可能触犯其他罪名,但因其只有一个行为,也就不存在有方法行为或结果行为的问题,想象竞合犯中的"结果"仅指结果状态,如开一枪的行为,造成一死一伤的两个结果状态;牵连犯中有数个结果,但存在"结果行为",如私藏行为、持有行为等。

(3)牵连犯与连续犯的区别。二者都是处断的一罪,都实施了数个行为。其显著的差异在于:连续犯的数个行为在主观上是基于同一或概括的犯罪故意,在客观上是必须具有连续性,而且数个行为所触犯的必须是同一罪名。而牵连犯的数个行为是基于行为人的牵连意图,存在着目的行为与方法行为或原因行为与结果行为的牵连关系,而且数个行为所触犯的是不同的罪名。

4. "非并罚牵连犯"处断的不同范式

对牵连犯的处罚,各国刑法规定不一样,甚至一个国家的刑法对牵连犯也作了不同的规定,有的条文规定并罚,有的条文规定不并罚。不并罚的,应从一重罪处罚,或从一重罪从重处罚。我国《刑法》总则没有对牵连犯的处罚作专门的规定,分则有两种不同的范式:

(1)从一重处断规定。对于牵连犯应按数罪中最重的一个罪名定罪,并在其法定刑之内酌情从重判处刑罚。理由是牵连犯虽然触犯数罪名,但它不是通常的数个独立的罪行,也不是单纯的一罪,其社会危害性大于一罪,小于数个独立的犯罪,故裁判原则是"从一重处断"。如《刑法》第399条第4款规定,司法工作人员收受贿赂,徇私枉法、枉法裁判,执行判决裁定失职或滥用职权,同时又构成第385条规定的受贿罪的,"依照处罚较重的规定定罪处罚",对受贿罪的牵连犯实行"从一重处罚"。又如第386条规定犯第385条规定的受贿罪的,按照第383条关于处罚贪污罪的规定予以处罚,而第383条规定的法定最高刑为死刑,一个人只可能被枪毙一次,从这种意义上讲,对非并罚的牵连犯从一重罪处罚与对并罚牵连犯实行数罪并罚,殊途同归,不存在放纵罪犯的可能。

（2）从一重从重处断规定。如第 253 条第 2 款规定，邮政工作人员私拆、隐匿、毁弃邮件而窃取财物的，依盗窃罪的规定定罪并从重处罚。不是一律判处法定最高刑，而是考虑到他毕竟还犯了其他的罪，应当在重罪的法定刑范围内适当从重。同时，重罪如果有几个法定幅度（罪刑单位），也应该根据重罪本身的情节，对号入座。重罪没有附加刑，而轻罪有附加刑的，从牵连犯的整体性考虑，在判处重罪的主刑的同时应附加适用轻罪的附加刑。在重罪的法定刑低于轻罪的法定最低刑时，不能判处低于轻罪的法定最低刑的刑罚，否则就有悖于"从一重处断"的原则。在牵连犯的全部犯罪事实中，无论是重罪还是轻罪的法定情节，在量刑时都应当综合地予以考虑。这样，对牵连犯的处罚，就可以既和单纯的一罪有严格的区别，同时也可与一般的数罪并罚有显著的不同。

## 四、吸收犯

### 1. 吸收犯的概念

吸收犯，是我国刑法学中常见的概念，在外国刑法中较为罕见。它是指事实上存在数个不同的犯罪行为，其中一行为吸收其他行为，仅成立吸收行为一个罪名的犯罪形态，或指一个犯罪行为因为是另一个犯罪行为的必经阶段、组成部分、当然结果，而被另一个犯罪行为吸收的情况。如行为人伪造货币后，又非法持有，则非法持有行为被伪造行为所吸收，仅成立伪造货币罪，非法持有行为不再论罪。一般认为吸收犯属于实质的数罪、处断的一罪。

### 2. 吸收犯的特征

（1）行为人必须实施数个均符合犯罪构成要件的危害行为。这是前提条件，没有数个行为，就谈不上一个行为吸收另一个行为的吸收关系了。而且数个行为必须能独立成罪，即符合特定的犯罪构成。吸收犯是基于数个犯罪行为之间的吸收关系而成立的，而不是基于犯罪行为与违法行为或不法状态之间的吸收关系而成立的犯罪形态，也不是基于同属一个犯罪构成客观方面的复合行为中的各个无独立性的行为之间的吸收关系而成立的犯罪形态。

（2）数个行为必须触犯不同的罪名。数个犯罪行为必须指向同一的具体犯罪对象，但触犯不同罪名，否则就不能成立吸收犯。如果数个犯罪行为触犯同一罪名，则不属于吸收犯而可能是连续犯。

（3）数个行为之间必须具有吸收关系，其中一行为吸收其他行为。所谓吸收，即一个行为包容其他行为，只成立一个行为构成的犯罪，其他行为构成的犯罪失去存在的意义，不再予以定罪，即前行为是后行为发展的所经阶段，后行为是前行为发展的当然结果：重行为吸收轻行为（实行行为吸收预备行为，主行为吸收从行为）。

为什么"吸收"，通说认为是因为这些犯罪通常属于实施某种犯罪的同一过程，彼此之间存在着密切的联系：前一犯罪行为可能是后一犯罪行为发展的必经阶段，后一犯罪行为可能是前一犯罪行为发展的自然结果，或者在实施犯罪过程中具有其他密切关系。

在罪数形态理论中，具有数罪特征（形式上或实质上）由于各种原因依一罪论处，都可以说是基于吸收关系，因此，吸收犯与吸收关系不能等同。通说不适当地扩张了吸收犯的外延，导致吸收犯的外延与牵连犯、连续犯、结果加重犯的外延发生逻辑上的交叉，初出茅庐者感觉三者界限模糊，彼此息息相关。

关于伪造信用卡并使用的，通说观点认为是牵连犯的一种，"目的行为是信用卡诈骗罪，其方法行为触犯了伪造金融票证罪"。有的学者又认为是吸收犯，"伪造信用卡是信用卡诈骗罪的预备行为，触犯了伪造金融票证罪，其后使用伪造的信用卡诈骗财物的行为，触犯了信用卡诈骗罪，实行行为吸收预备行为，仅依信用卡诈骗罪定罪处刑"。孰是孰非，是否公说公有理，婆说婆有理，还不能妄下断言。

吸收关系具有以下类型：

第一，主行为吸收从行为，如共同犯罪中的教唆行为吸收帮助行为。

第二，实行行为吸收非实行行为，此种情形存在于同一罪名的不同阶段的犯罪以及共同犯罪之中。实行行为与非实行行为是根据刑法的规定来划分的，实行行为由刑法分则加以规定，非实行行为由总则加以规定。当预备行为发展为实行行为后，要么预备行为对定罪没有独立意义，要么预备行为仍然是独立的犯罪，难以出现预备行为既有独立性，又要被实行行为吸收的情况。①

若是一个完整的不受任何阻断的犯罪发展过程，这种划分和说法则是错误的。因为从预备行为开始到完成犯罪的过程是一个完整的犯罪行为，不存在吸

---

① 在牵连犯与连续犯的夹缝中，吸收犯可以生存的一席之地似乎就是"实行行为吸收预备行为"。严格讲来，吸收犯"无疆可守"——如果预备行为没有侵犯新的法益和在预备阶段没有停顿下来，连预备犯也够不上，直接以实行行为予以评价即可，无须运用吸收犯理论来评价。如果预备行为与实行行为性质不同，触犯不同罪名，则应该属于牵连犯，而不是吸收犯。例如，为杀人而盗窃枪支，虽然盗窃枪支属于为杀人而"准备工具、制造条件"的预备行为，但盗窃枪支的行为本身，侵犯了不能被故意杀人罪所包括评价的法益——公共安全，构成盗窃枪支罪，与用所盗窃的枪支杀人的行为构成故意杀人罪不可同日而语，可见吸收犯的唯一生存之地实行行为吸收预备行为也是子虚乌有的。

收犯所要求的数个犯罪行为，当然只能作一罪处理。如果预备行为被迫中断，再次预备后实行犯罪最后完成了犯罪行为，此种情形是否视为两个独立的犯罪行为仍值得探讨。因为虽然前面的预备行为被迫中断，但是犯罪行为仍未停顿而是在继续进行之中，故无所谓犯罪形态的出现。

行为人在同一案件中既有教唆行为、帮助行为，又参与了犯罪的实行，一般按照实行行为定罪处罚，对于教唆、帮助行为，作为在共同犯罪中的作用考虑。

第三，重行为吸收轻行为。如抢劫实施暴力殴打他人致轻伤的，抢劫罪吸收故意伤害行为。行为的轻重，主要是根据行为的性质及法定刑来判断。例如，根据《刑法》第 171 条第 3 款的规定，伪造货币并出售或者运输伪造的货币的，不定"出售、购买、运输假币罪"，按照伪造货币罪从重处罚。伪造货币这种"重行为"吸收"出售或者运输伪造的货币"的轻行为。

3. 吸收犯的类型

（1）吸收必经阶段的行为。如行为人入户抢劫的场合，往往有非法侵入他人住宅的行为。这个"非法侵入他人住宅"的行为是行为人预定入室"抢劫"行为的一个必经阶段，被抢劫行为吸收，只需要以抢劫罪论处。

（2）吸收组成部分的行为。例如行为人伪造增值税发票，同时又有伪造发票上印章的行为，这个伪造印章的行为是行为人伪造发票行为的一个有机组成部分，被伪造发票行为吸收，只需要以伪造增值税专用发票罪论处。

（3）吸收当然结果的行为。例如行为人非法制造枪支后又持有该非法制造的枪支。这个非法持有枪支的行为是行为人非法制造枪支行为的当然结果，被非法制造枪支行为所吸收，只需要以非法制造枪支罪一罪论处。

4. 吸收行为与"不可罚的事后行为"的区别

不可罚的事后行为，又称"共罚的事后行为"，是大陆法系国家刑法和刑法理论中的概念。不论是竞合说还是犯罪构成理论，尚不能对事后不可罚行为予以令人满意的解释。它是指在状态犯的情况下，主实行行为完成以后，在原法益的范围内又实施的一个对主行为所造成的不法状态加以保持或者利用，未侵害新法益的行为。如果侵害新的法益，且不缺乏期待可能性，认定为数罪，例如行为人将盗窃的仿真品（价值数额较大）冒充文物出卖给他人，骗取财物的，盗窃罪与诈骗罪并罚。但盗窃后自己毁坏赃物的行为，毁坏赃物的行为本身符合故意毁坏财物罪的犯罪构成，但由于没有在盗窃罪所侵犯的法益——公私财产所有权基础上，侵犯新的法益，因此，自己毁坏赃物的行为已被盗窃罪作了包括的刑法评价，属于不可罚的事后行为。再如盗窃信用卡并使用，刑法学上对此有三种观点，一是认为构成盗窃罪与诈骗罪的牵连犯，二是认定为盗窃罪一罪，三是认为构成诈骗罪。现行刑法采纳了第二种观点，实际上就已经肯定了该使用行为为不可罚之事后行为。

事后不可罚行为具有以下特征：

第一，事后不可罚行为以状态犯的既遂为前提，这使其与牵连犯中的结果性从行为区分开来。如故意杀人后为逃避侦查而实施的遗弃、毁损尸体行为，由于故意杀人罪并非状态犯，故只能认定为牵连犯的结果性从行为。另外，状态犯必须达到既遂状态，才可能有事后行为的存在，盗窃后的持有、处分赃物显然以前罪已达到既遂为前提。如果盗窃未遂或因数额很小不以犯罪论处，则不存在事后不可罚行为。

第二，对不法状态加以保持或者利用的行为未侵害新的法益。事后不可罚行为是主实行行为完成以后，在原法益的范围内又实施的一个对主行为所造成的不法状态加以保持或者利用，未侵害新法益的行为。该事后不可罚行为在形式上亦不符合赃物罪的要件。有的学者认为它具有"形式上的构成要件符合性"，事后不可罚行为如果与前罪单列开来，其完全符合某一犯罪构成。以财产犯罪后的处分赃物行为（如销赃）为例，行为人主观上明知是赃物，且故意实施客观上的销赃行为，似乎已符合销赃罪的构成要件。但由于前罪的存在决定了其仅具备形式上的符合性，这也是其不可罚的本质所在。我们认为这种观点是值得商榷的，它混淆了吸收犯与事后不可罚行为二者质的区别，如果真是如此，那么二者就是同一概念了。其实，盗窃他人财产后的销赃行为，属于吸收犯中的被吸收行为，不是"不可罚行为"。

第三，不可罚性。事后不可罚行为没有侵犯新的法益，不构成新罪。吸收犯与事后不可罚行为非常相似，容易混为一谈，甚至张冠李戴。有人甚至提出用"事后不可罚行为"来取代吸收犯、牵连犯的概念。有的学者认为，非法制造枪支弹药，事后藏于家中，私藏是非法制造的自然结果，非法制造行为在性质上重于私藏行为，所以非法制造枪支、弹药行为吸收私藏枪支、弹药行为，只成立非法制造枪支、弹药罪，私藏枪支、弹药罪不成立。"私藏枪支、弹药罪不是不成立，是因为没有侵犯新的法益而已被前行为做了包括的刑法评价，属于典型的'不可罚的事后行为'"。[1]

---

[1] 陈洪兵："共罚的事后行为论及其展开"，北大法律信息网 2008 年 10 月 7 日访问。

　　吸收犯与事后不可罚行为的区别在于：第一，"事后不可罚行为"只存在于状态犯中，吸收犯则无此限制。第二，"事后不可罚行为"本身不可罚，吸收犯中的数行为如果分开来看都是可罚的。"事后不可罚行为"只存在于状态犯中，不法状态往往是与前罪行为相伴而生的，是其自然后续，对不法状态加以保持或者利用的行为未侵害新的法益，因而不具可罚性。而吸收犯中的数行为包括被吸收行为都具有可罚性。如伪造货币并出售或者运输伪造的货币的吸收犯，伪造货币的行为可以构成犯罪，具有可罚性，出售或者运输伪造的货币的行为又构成"出售、购买、运输假币罪"，也具有可罚性。

　　5. 吸收犯与牵连犯的区别

　　牵连犯与吸收犯都具有数个独立的犯罪行为，触犯数个不同罪名，而且它们都是发生在一个犯罪过程中，都是出于犯一罪的目的，在处理时都是作为一罪处断。从理论上看，吸收犯与牵连犯存在一定的交叉关系。例如为了杀人而盗窃枪支弹药，然后用该枪支杀害了被害人。该杀人行为与盗窃枪支弹药行为既是牵连关系（目的行为与方法行为），又具有吸收关系（预备行为与实行行为）。但是二者之间仍具有质的区别，区别的关键在于侵犯的客体以及作用的对象是否具有同一性，吸收犯要求行为人实施的数个犯罪行为必须侵犯同一直接客体，指向同一的具体犯罪对象。例如，甲将乙捆绑后装入麻袋，放在自家房间中十几个小时，然后丢入河流中致乙被淹死。甲有两个犯罪行为即非法拘禁和故意杀人，故意杀人这一主行为吸收了非法拘禁行为（预备行为），直接以故意杀人罪论处。该案中甲实施的数个犯罪行为侵犯同一直接客体（乙的生命权），指向同一的具体犯罪对象（乙）。

　　（1）数行为之间关系的含义不同。牵连犯的数行为之间是牵连关系，具体说来，牵连关系是手段与目的、原因与结果关系。从实质上来说，牵连关系也是一种吸收关系。但是数个犯罪行为的特定联系的形成机制在牵连犯与吸收犯中是不同的。

　　牵连犯中的"吸收关系"属于刑的吸收关系，而不是罪的吸收，所吸收之罪仍独立存在。吸收犯数行为间的关系是吸收关系，这种吸收关系是罪的吸收，所吸收之罪不再存在。

　　确认这一区别，"入户抢劫"既属于吸收犯又属于牵连犯的问题就可以迎刃而解。入户抢劫首先不成立"结果加重犯"，非经房主允许破门而入触犯了"非法侵入住宅罪"，"入户"与"入户抢劫"不是同一概念，上述观点忽视了二者的区别。"入户抢劫"构成抢劫罪，但"入户"这种方法行为只可能触犯

"非法侵入住宅罪"而不是"抢劫罪"。① 值得一提的是，通说认为入户抢劫中，抢劫是目的行为，触犯抢劫罪，"入户"是方法行为，但《刑法》第263条将入户抢劫规定为加重抢劫罪构成的条件之一，方法行为也是触犯抢劫罪，因而只能按加重抢劫犯论处，不构成牵连犯。

（2）行为的具体表现不同。牵连犯的数行为表现为手段行为、目的行为和结果行为。吸收犯的数行为表现为预备行为、未遂行为、实行行为、中止行为、组织行为、教唆行为、帮助行为等。当然二者表现的这些行为有的没有矛盾关系，不是非此即彼，根据这一点有时不能对吸收犯与牵连犯进行区分。

（3）犯罪故意的性质不同。牵连犯虽然是基于一个犯罪目的实施数个犯罪行为，但行为人在这个犯罪目的的制约下，形成了与牵连犯罪的目的行为、方法行为、结果行为相对应的数个犯罪故意，犯意的异质性和相对复数性是牵连犯的构成特征之一。吸收犯必须基于一个犯意，为了实现一个具体的犯罪目的而实施了数个犯罪行为，犯意的同一性和单一性是吸收犯的显著特征之一。

吸收犯数行为的故意是同一的；其数量可能多个，但性质是相同的。牵连犯的数行为的故意不是同一的。支配方法行为、目的行为、结果行为的各个具体犯罪故意虽然是为总的犯罪目的服务，但其本身则具有各自不同的内涵。

从吸收犯犯意的同一性不能推出吸收犯数个行为触犯的罪名相同的结论。有的学者认为吸收犯与牵连犯的区别之一在于，吸收犯数个行为触犯的是相同罪名，而牵连犯数个行为触犯的是不同的罪名。这种观点作为一家之言如果能够成立，势必颠覆约定俗成的共识，造成思想混乱。例如，非法制造枪支弹药事后又收藏的行为，大家公认是典型的吸收犯，吸收行为（非法制造枪支弹药）构成"非法制造枪支弹药罪"，被吸收行为（私藏枪支弹药）如果分出来构成"私藏枪支、弹药罪"，吸收行为和被吸收行为触犯的不是同一罪名。

---

① "入户抢劫"中抢劫行为吸收"入户"这一必经阶段的行为，因而属于吸收犯；但按牵连犯的特征来一一对比，"入户抢劫"可以完全对号入座，构成牵连犯：第一，入户抢劫是以实施抢劫为目的；第二，入户抢劫具有非法侵入他人住宅和抢劫两个行为；第三，非法侵入他人住宅和抢劫两个行为具有方法和目的的牵连关系；第四，非法侵入他人住宅和抢劫两个行为触犯的是不同的罪名，前者触犯了"非法侵入住宅罪"，抢劫行为触犯抢劫罪。因此有的学者认为入户抢劫属于牵连犯。面对"入户抢劫"似乎"两属于"的现象，一些学者认为，在吸收犯和牵连犯之间无法适用排中律，入户抢劫既是吸收犯，也是牵连犯。之所以如此，是刑法理论没有严格界定二者的内涵与外延。判明入户抢劫是吸收犯还是牵连犯，似乎是徒劳的。因此，应该取消其中一个概念。我们认为，牵连犯中的"吸收关系"属于刑的吸收关系，而不是罪的吸收，所吸收之罪仍独立存在。吸收犯数行为间的关系是吸收关系，这种吸收关系是罪的吸收，所吸收之罪不再存在。入户抢劫只作为抢劫罪处理，其中的"入户"行为不作为"非法侵入住宅罪"而独立存在，所吸收之罪不再存在，因而可以认定为吸收犯。

（4）处断原则不同。吸收犯与牵连犯适用的处断原则有所不同，吸收犯仅以吸收之罪论处，被吸收之罪置之不论；而牵连犯的处罚实行"从一重处断"、"从一重从重处断"和"数罪并罚"三种处罚原则并列的范式。

6. 吸收犯的处断原则

对吸收犯，处理原则是重罪吸收轻罪，依照吸收行为所构成的犯罪处断，不实行数罪并罚。

## 五、转化犯

1997 年修订《刑法》后新出现了转化犯与包容犯。目前理论界对此尚众说纷纭。

1. 转化犯的概念

它是指行为人在实施某一较轻的犯罪行为时，由于具有特定情形而转化为较重的犯罪，不以原行为性质定罪处罚，也不实行数罪并罚，而以较重的犯罪论处的犯罪形态。

2. 转化犯的基本特征

（1）最本质的特征。转化犯中的"转化"不是指由一般违法行为"转化"为犯罪行为，而是由此罪（基本罪）向彼罪（转化罪）转化，由轻罪（基本罪）向重罪（转化罪）转化。其基本的危害行为构成独立的犯罪，转化后的新罪也是一个独立的犯罪，而且前后两个犯罪的性质是不相同的。如果是同一性质的犯罪，仅仅是发生了基本犯罪构成以外的加重结果，不属于转化犯，而是结果加重犯。

（2）时间条件。转化发生在基本犯罪实施过程中或者其不法状态持续过程中。这是转化犯成立的时间条件。

（3）法定性。转化犯的法定性不允许任意地将某种犯罪转化成另一种犯罪。只有在法律明文规定的情况下才允许转化。

3. 中国刑法关于转化犯的立法例

第一，在非法拘禁过程中，故意使用暴力致人伤残的，非法拘禁罪转化为故意伤害罪，对行为人以故意伤害罪定罪处罚；故意使用暴力致人死亡，非法拘禁罪转化为故意杀人罪，对行为人以故意杀人罪定罪处罚。

第二，收买被拐卖的妇女、儿童后又出卖的，收买被拐卖的妇女、儿童罪转化为拐卖妇女、儿童罪，以拐卖妇女、儿童罪定罪处罚。

第三，司法工作人员刑讯逼供或者暴力取证致人伤残的，刑讯逼供罪或者暴力取证罪转化为故意伤害罪，对该司法工作人员以故意伤害罪定罪从重处罚；致人死亡的，刑讯逼供罪或者暴力取证罪转化为故意杀人罪，对该司法工作人员以故意杀人罪定罪从重处罚。

第四，虐待被监管人的行为人故意致人伤残的，虐待被监管人罪转化为故意伤害罪，对行为人以故意伤害罪一罪定罪从重处罚；故意致人死亡的，虐待被监管人罪转化为故意杀人罪，对行为人以故意杀人罪一罪定罪从重处罚。

第五，邮政工作人员私自开拆或者隐匿、毁弃邮件、电报而窃取财物的行为，不再以私自开拆或者隐匿、毁弃邮件、电报罪定罪处罚，而是转化为盗窃罪，对行为人以盗窃罪一罪从重处罚。

第六，刑法第 267 条第 2 款规定："携带凶器抢夺的，依照本法第 263 条的规定定罪处罚。"抢夺罪转化为抢劫罪。

第七，在实施盗窃、诈骗、抢夺罪的过程中，行为人为窝藏赃物、抗拒抓捕或者毁灭罪证而当场使用暴力或者以暴力相威胁的，盗窃、诈骗、抢夺罪转化为抢劫罪，对行为人以抢劫罪一罪定罪处罚。

第八，聚众斗殴的行为人故意致人重伤的，聚众斗殴罪转化为故意伤害罪，对行为人以故意伤害罪一罪定罪从重处罚；故意致人死亡的，聚众斗殴罪转化为故意杀人罪，对行为人以故意杀人罪一罪定罪从重处罚。

第九，行为人非法组织他人卖血或者强迫他人卖血对他人造成伤害的，非法组织他人卖血罪或者强迫他人卖血罪转化为故意伤害罪，对行为人以故意伤害罪一罪定罪处罚。

第十，在挪用公款行为构成犯罪的情况下，携带挪用公款潜逃的，挪用公款罪转化为贪污罪，依照贪污罪定罪处罚。

第十一，在实施非法提供麻醉药品、精神病药品罪过程中如果有偿提供或者向贩毒分子提供麻醉药品、精神病药品，转化为贩卖毒品罪。

第十二，行为人实施妨碍公务罪、抗税罪、强迫交易罪和组织残疾人、儿童乞讨罪，如果致人重伤死亡的，转化后罪名定故意伤害罪或故意杀人罪。

第十三，首要分子实施妨碍公务罪，如果以聚众方式阻碍国家机关工作人员解救被收买的妇女、儿童，转化为聚众阻碍解救被收买的妇女、儿童罪。

## 六、包容犯

### 1. 包容犯的概念

所谓包容犯，是指行为人在实施某一犯罪行为过程中，又实施了另一不同性质的罪行，但后者被前者包容、刑法明文规定不并罚，而仅将后者作为前罪的加重处罚的犯罪形态。如走私毒品过程中，暴力抗拒抓捕等，情节严重的，以走私毒品罪的结果加重犯处理，属于包容犯。

2. 包容犯的种类

（1）绑架罪包容故意杀人罪、非法拘禁罪、敲诈勒索罪。行为人在实施绑架犯罪过程中，又致使被绑架人死亡、或者杀害被绑架人的，仍以绑架罪论处而且一般直接处以死刑，该杀害被绑架人的行为虽然足以符合故意杀人罪的犯罪构成，但依法对该行为不单独定罪评价，而作为绑架罪的加重构成情形，被绑架罪所包容。

（2）拐卖妇女罪包容强奸罪、非法拘禁罪与引诱、强迫卖淫罪。行为人在实施拐卖妇女的犯罪过程中，又对被拐卖的妇女实施奸淫行为的，该奸淫行为不单独定罪，而作为拐卖妇女罪的加重构成；行为人在实施拐卖妇女的犯罪行为过程中又实施诱骗、强迫被拐卖的妇女卖淫或者将被拐卖的妇女卖给他人迫使其卖淫的行为，该引诱、强迫卖淫行为不单独定罪，而作为拐卖妇女罪的加重构成，被其所包容。

（3）抢劫罪包容故意伤害罪、故意杀人罪。根据最高人民法院２００１年５月２２日《关于抢劫过程中故意杀人案件如何定罪问题的批复》的规定，行为人为劫取财物而预谋故意杀人，或者在劫取财物过程中，为制服被害人反抗而故意杀人的，以抢劫罪定罪处罚。即表明刑法第263条的"暴力"程度上可以达到致人死亡的程度，既然包含故意杀人的方法，那么故意伤害也必将包含在其中。此外，值得注意的是，如果行为人实施抢劫后，为灭口而故意杀人的，则应以抢劫罪和故意杀人罪定罪，实行数罪并罚。

（4）组织他人偷越国（边）境罪包容妨害公务罪、非法拘禁罪。行为人在实施组织他人偷越国（边）境犯罪行为过程中，又实施剥夺、限制被组织人人身自由的，或者又以暴力、威胁方法抗拒检查的，对该非法拘禁行为或妨害公务行为不单独定罪，而作为组织他人偷越国（边）境罪的加重构成，被其所包容。

（5）运送他人偷越国（边）境罪包容妨害公务罪，此罪不包容非法拘禁罪。行为人在实施运送他人偷越国（边）境犯罪行为过程中，又实施以暴力、威胁方法抗拒检查的，对该妨害公务行为不单独定罪，而作为运送他人偷越国（边）境罪的加重构成，被其所包容。

（6）走私、贩卖、制造、运输毒品罪包容妨害公务罪。行为人在实施走私、贩卖、制造、运输毒品犯罪行为过程中，又以暴力抗拒检查、拘留、逮捕，情节严重的，对该妨害公务行为不单独定罪，而作为走私、贩卖、制造、运输毒品罪的加重构成，被其所包容。

（7）组织卖淫罪、强迫卖淫罪包容强奸罪。行为人在实施组织卖淫、强迫卖淫犯罪行为过程中，以强奸的方式迫使妇女或幼女卖淫的，对该强奸行为不应单独定强奸罪或奸淫幼女罪，而作为组织卖淫罪、强迫卖淫罪的加重构成，被其包容。

（8）组织卖淫罪包容强迫卖淫罪、引诱、容留、介绍卖淫罪。组织行为本身是一个复合行为，组织卖淫行为具体表现为多种行为方式，包括强迫他人卖淫、引诱、容留、介绍他人卖淫等，对这些行为都不应单独定罪，而作为组织卖淫行为的有机组成部分，也可以认为被组织卖淫罪所包容。

# 第四节　实质竞合

## 一、实质竞合的概念与特征

### 1. 实质竞合的概念

实质竞合也叫实质数罪，是指行为人的犯罪事实符合数个犯罪构成，构成数个独立或相对独立之罪的犯罪形态。如甲某天实施了盗窃行为，几天后又碰到其仇敌乙，便将乙痛打一顿，致乙重伤，甲前后两个行为分别构成盗窃罪和故意伤害罪，这就是实质的数罪。

### 2. 实质竞合的特征

（1）实施数个犯罪行为。数罪首先要有数个犯罪行为。它们的性质则在所不问，无论是作为犯罪还是不作为犯罪，不管是故意犯罪还是过失犯罪，皆可构成。通说将数罪的类型区分为实质数罪与想象数罪，想象数罪即想象竞合犯，是指一个行为触犯数个罪名的犯罪形态。我们认为，想象数罪实际上只有一个犯罪行为，虽然触犯数个罪名但只有一个罪，没有数罪，因此将数罪作实质数罪与想象数罪的区分在逻辑上不成立。

（2）数个犯罪行为发生在刑罚执行完毕或者赦免以前。累犯虽然也是一人犯数罪，但不是实质竞合。

（3）实质数罪只包括并罚的数罪，不包括不并罚的数罪。有的学者对此有不同意见，认为异种数罪和同种数罪都是实质数罪的基本形式；异种数罪与同种数罪均可被分为并罚的数罪和非并罚的数罪。另外，通说还区分了判决宣告以前的数罪与刑罚执行期间的数罪，并罚数罪与非并罚数罪。我们认为这些区分意义不大，几乎显示不出实质竞合中逻辑上的相容关系。

以行为人的犯罪事实充分符合的数个犯罪构成的性质是否一致为标准，对数罪可以分为异种数罪与同种数罪。数个互不相关的行为符合数个不同的罪状，触犯数个不同罪名的数罪，即异种数罪，也即行为人出于数个不同的犯意，实施数个不同的行为，符合数个性质不同的基本犯罪构成，触犯数个不同罪名的数罪，是异种数罪。例如，某甲先犯强奸罪，后犯盗窃罪，又犯杀人罪，就是异种数罪的适例。出于数个相同的犯意（不是同一的或概括的犯意），实施数个相同的行为，符合数个性质相同的犯罪构成，触犯数个罪名相同的数罪，即同种数罪。例如，某甲出于报复，将与自己离婚的妇女王某杀死，后来为了图财，将与自己一起购货的同伴李某杀死，就是同种数罪的适例。实质竞合以并罚为其法律后果。在我国，同种数罪不予并罚，所以它不是我国刑法中的实质竞合。

（4）裁判的同一性，是实质竞合成立不可或缺的程序性条件。没有裁判同一性的条件，就没法形成同一裁判，因而无法成立实质竞合。

## 二、实质竞合的种类

### 1. 并罚的同种数罪

对同种数罪，不同的国家的刑法有不同的规定。如果刑法规定同种数罪并罚，则同种数罪属于实质竞合；如果刑法规定同种数罪不并罚，则同种数罪不属于实质竞合。我国刑法没有规定同种数罪并罚，所以我国刑法中同种数罪不属于实质竞合。

### 2. 并罚的牵连犯

（1）并罚牵连犯的概念。一般认为牵连犯，指以实施某一犯罪为目的，其方法行为或结果行为又触犯其他罪名的犯罪形态。时至今日，刑法理论对牵连犯的概念与处罚原则还没有形成一致的认识，各国刑法对牵连犯的规定也各有千秋，我国刑法对牵连犯的处罚规定分门别类：刑法分则条文对大多数牵连犯的处罚没有明文规定，有的规定实行数罪并罚，有的条文规定从一重罪处罚或从一重从重处罚。本书在前面已经论述了牵连犯的一般原理与非并罚牵连犯的处罚原则。这里仅论述并罚牵连犯的情形。

"并罚牵连犯"是指以实施某一犯罪为目的，其方法行为或结果行为又触犯其他罪名，并且刑法规定实行数罪并罚的牵连犯。例如，挪用公款后，进行非法活动构成其他犯罪的，以暴力威胁方法抗拒缉私，均属于并罚牵连犯，实行数罪并罚。

（2）并罚牵连犯与非并罚牵连犯的区别。二者的区别在于处罚不同，关键在于是否实行数罪并罚。对并罚牵连犯实际上作为简单数罪看待，实行数罪并罚；对非并罚牵连犯，不实行并罚，作为处罚的一罪实行从一重罪处断或从一重从重处断。为何有的牵连犯作为数罪实行并罚，有的牵连犯作为处断的一罪不并罚，有待深入研究。

（3）并罚牵连犯的处断原则。1988年《关于惩治贪污罪贿赂罪的补充规定》规定对受贿罪的牵连犯实行数罪并罚。我国《刑法》分则有的条文规定对牵连犯实行数罪并罚。

现行刑法在牵连犯的处罚问题上摒弃了牵连犯的处罚唯一性原则，实行"从一重罪处断"、"从一重从重处断"和"数罪并罚"三种处罚原则并列的方法。对此，有学者认为，牵连犯作为罪数形态的一种，它完全是与数罪并罚相对应的一组罪数形态概念中的一个，从根本上讲，既然是牵连犯就不应该有数罪并罚的问题，如果实行数罪并罚，也就不是牵连犯。无刑法规定性和不实行并罚性，理所当然的应该是牵连犯的本质特征。牵连犯是实质上的数罪，处断上的一罪。牵连犯虽在实质上属于数罪，但因数罪之间的特殊关系（即牵连关系）的存在而客观上降低了其社会危害的程度，因此，对其不实行并罚也确实有一定的合理性。也有学者认为，对牵连犯实行从一重处罚原则虽然从量刑上不会导致轻判之虞，但难以对被吸收的轻罪作出应有的否定评价，特别是对职务犯罪中的牵连犯如不实行并罚原则，就不利于引导公务员树立正确的是非观念，不利于预防职务犯罪。① 在学术界未能取得共识以前，可行的办法但不是最好的办法只能是现行刑法将牵连犯区分为并罚牵连犯与非并罚牵连犯，实行区别处罚制度。②

---

① 苏文革："对受贿罪牵连犯应实行数罪并罚"，检察日报2007年5月19日。

② 例如：第120条第2款规定，犯前款罪（组织、领导、参加恐怖组织罪）并实施杀人、爆炸、绑架等犯罪的，依照数罪并罚的规定处罚；第157条第2款规定，以暴力、威胁方法抗拒缉私的，以走私罪和本法第277条规定的阻碍国家机关工作人员依法执行职务罪，依照数罪并罚的规定处罚；第198条第2款的规定；第294条第3款规定，犯前两款罪（组织、领导、参加黑社会性质组织罪、入境发展黑社会组织罪）又有其他犯罪行为的，依照数罪并罚的规定处罚；第318条第2款规定，犯前款罪即组织他人偷越国（边）境罪，对被组织人有杀害、伤害、强奸、拐卖等犯罪行为，或者对检查人员有杀害、伤害等犯罪行为的，依照数罪并罚的规定处罚；第321条第3款规定，犯前两款罪即运送他人偷越国（边）境罪，对被运送人有杀害、伤害、强奸、拐卖等犯罪行为，或者对检查人员有杀害、伤害等犯罪行为的，依照数罪并罚的规定处罚。

### 三、数罪的处理

1. 对实质数罪，原则上实行并罚

异种数罪，即性质不同，罪名不同的数罪，属于实质数罪，依照法律规定应当予以并罚。例如，李某组织、领导了某恐怖组织，并在一次恐怖活动中杀害一名人质，对李某该如何处罚？刑法已将处在预备阶段的组织、领导恐怖组织行为直接规定为独立的犯罪，事实上这种预备犯成为法律上的既遂犯。对李某应按组织、领导恐怖组织罪和故意杀人罪数罪并罚。

2. 同种数罪不并罚

同种数罪，即性质相同、罪名相同的数罪。对异种数罪以及判决宣告之后，刑罚尚未执行完毕以前同种漏罪和再犯的同种新罪实行并罚，理论界的看法比较一致。但对于判决宣告以前一人所犯的同种数罪，如何处罚，是否也要按数罪并罚的原则处理，莫衷一是。

对同种数罪如何来处罚？刑法学界主要有"一罚论"、"并罚论"和"折衷论"三种不同的主张。"一罚论"认为，一个人犯有同种数罪时不应并罚，只需作为罪的从重情节或加重构成情节处罚即可；"并罚论"认为同种数罪与异种数罪一样，也应进行并罚；"折衷论"认为对同种数罪是否并罚，不能一概而论，应当根据罪刑相适应的原则，区别对待。折衷论又可以具体分为两种观点：一是以刑法的规定为标准，认为凡刑法分则条文规定有"情节严重"、"情节特别严重"、"情节特别恶劣"等情况，并且规定有多个幅度的法定刑的，对同种数罪可以按一罪判处较重的法定刑，不予并罚；如果分则条文没有不同情节的规定，且只有一个量刑幅度时，对同种数罪则要进行并罚。二是以刑罚适用的社会效果为准，认为一般对同种数罪按一罪的从重或加重构成情节处罚，可能轻纵罪犯时，便对同种数罪进行并罚。

对同种数罪是否并罚，首先要看刑法是否将同种数罪按数罪对待，对刑法分则中规定按一罪处理的同种数罪不能并罚，应遵循罪刑法定原则，以实现刑法保障人权的机能。对刑法分则没有规定按一罪处理的同种数罪，应遵循刑法总则的规定，实行数罪并罚。

# 第十二章　刑事责任

## 张德军追赶抢夺犯胡远辉和罗军案

**案情：**2004 年 8 月 14 日，罗军搭乘胡远辉驾驶的两轮摩托车，在成都市抢夺李女士的金项链后逃逸。市民张德军闻讯开车追赶至成都三环路龙潭立交桥上时，与摩托车发生碰撞，导致罗军左小腿被截肢，胡远辉身亡。后来罗军及胡远辉的家属要求成华区人民法院以故意伤害罪追究张德军的刑事责任，并索赔 56 万余元。2007 年年底，成华区法院一审认为，张德军等人追赶的主观意图是想将嫌犯扭送公安机关，其行为是合法、正当的。张最终被判无罪，不承担民事赔偿责任。

**问题：**第一，犯罪嫌疑人为了逃避抓捕而产生的伤害后果及损失，见义勇为人员是否承担刑事责任；第二，在任何情况下，见义勇为公民都不承担法律责任吗？

**提示：**第一，首先要分清楚张德军追赶抢夺犯胡远辉和罗军的行为性质属于正当防卫还是犯罪行为。如果是犯罪行为，则无疑产生刑事责任。见义勇为的公民扭送犯罪嫌疑人具有法律授予的权力，但是否承担刑事责任，依然要具体分析。第二，"见义勇为"不是刑法上的概念，并不是法定的阻却犯罪的正当事由。如果行为性质合法且没有造成不应有的损害，则可以认定张德军的行为属于正当防卫，正当防卫人没有法律责任。第三，张德军追赶抢夺犯胡远辉和罗军的行为究竟是否正当防卫，须按照正当防卫的条件和特征来分析。

## 第 12 章思考题：

1. 简述刑事责任的概念、本质、特点
2. 为什么说刑法是刑事责任法
3. 刑事责任与犯罪、刑罚是什么关系
4. 罪犯负刑事责任的根据是什么
5. 简述刑事责任的归责原则

6. 如何分析自杀是否要负刑事责任

7. 简述犯罪构成与刑事责任的关系

7. 简述刑事责任产生的时间及其变更原因

8. 简述刑事责任终止的方式及其法定原因

# 第一节 刑事责任的概念及其地位与意义

刑事责任的研究历来是刑法理论中的薄弱环节。现在"刑事责任"面临"生存问题",许多学者回避甚至否定刑事责任原理在刑法理论中存在的必要性。为此,曾有学者提出完善刑事责任立法的建议,以解决刑事责任与其在刑法中的地位不相称的问题。① 毋庸置疑,我国刑法学界对刑事责任的内容、本质、分类和归责原则的研究有待深入。

## 一、刑事责任的概念与特征

1. 刑事责任的概念

"从社会学上看,责任反映个人同其他人和社会的联系。没有责任,自由就会成为无政府状态,而人的权利就会成为无限制的任性。"② 法理学认为"责任"一词有多种含义,如"义务"、"谴责"、"结果"等等。由于法律责任、法律义务、法律后果、刑事制裁等概念的内涵和外延未能确定下来,所以与它们密切相关的概念也难以界定。在刑法学领域,"责任"一词有两种基本含义,第一种含义是指能够对行为人客观上符合犯罪构成要件的违法行为进行法律上的非难和谴责可能性,即主观归责可能性。大陆法系刑法学将有责性与犯罪构成要件的符合性、违法性并列作为犯罪成立的三大要件之一。第二种含义是指一种客观的法律责任,即刑事责任是犯罪行为所引起的一种法律责任。我国刑法学界多在第二种含义上使用刑事责任这一概念。我们认为,刑事责任是指犯罪主体实施犯罪行为所应负担并由司法机关强制其承受的刑罚和单纯否定性法律评价的法律责任。

2. 刑事责任的特征

刑事责任的特征是相对于民事责任、行政责任和违宪责任而言的。

---

① 参见张文等:《刑事责任要义》,北京大学出版社1997年版,第257—261页。

② 〔苏〕雅维茨:《法的一般理论》,朱景文译,辽宁人民出版社1986年版,第197页。

（1）刑事实体性。"刑事"即"有关刑法的"含义。刑事责任与民事责任不同，前者是一种由犯罪行为所引起的国家强制犯罪人承担的法律责任。无刑法即无刑事责任，无犯罪则无刑事责任。刑事责任首先是一种行为责任，刑事责任与行为人的犯罪行为有着必然的联系。犯罪是刑事责任产生的法律事实根据，没有犯罪就不可能有刑事责任；刑事责任是犯罪的必然法律后果，只要实施了犯罪，就不能不产生刑事责任。这体现了犯罪与刑事责任的质的一致性。同时由于各种犯罪的社会危害程度不同，犯罪人承担的刑事责任程度也不相同。

刑事责任是具有独立性的实体，它与刑罚不是同一概念，也不是捆绑在一起的，是可以相对独立和分开的。刑事责任并不必然导致刑罚，有些犯罪产生刑事责任，但没有被处以刑罚，所以刑事责任与刑罚是可以分开的不同范畴。

（2）严厉性。刑事责任是一种惩罚性责任，因而是所有法律责任中最严厉的一种。刑事责任是以犯罪人承受刑事惩罚或单纯的否定性法律评价为内容，此乃刑事责任的本质特征。刑事责任是性质最为严重、否定性评价最为强烈、制裁后果最为严厉的法律责任。人立足于天地之间，只有生命是最宝贵的。犯罪人如果是自然人，其犯罪罪大恶极，依法可以剥夺其生命。刑事责任体现了对犯罪行为的否定和对犯罪人的谴责。

（3）准据性。刑事责任为确定刑罚提供根据和标准。刑事责任不是道德责任、纪律责任和其他法律责任，而是以犯罪人承受刑事惩罚或单纯的否定性法律评价为内容的法律责任。刑事惩罚包括刑罚制裁和刑法规定的非刑罚处理方法的惩罚。单纯否定性法律评价，指免予刑事处罚，即只宣布被告人有罪，既不给予刑罚制裁，也不给予非刑罚处理方法的惩罚，仅以有罪宣告表明国家和社会对犯罪分子及其犯罪行为的否定性法律评价。

（4）专属性。刑事责任只能由犯罪人承担，刑事责任基本上是一种个人责任，不可转嫁，不能替代，不得株连无辜的他人包括罪犯家属。单位犯罪的刑事责任，罚金由单位承担，其他刑罚只能由单位主管和直接责任人员承担，不能由单位全体成员承担。

（5）强制性。刑事责任是犯罪人向国家所负的一种法律责任，刑事责任由代表国家的司法机关强制犯罪人承担，刑事责任具有必然性。刑事责任直接体现着国家对犯罪人及其犯罪行为的责难和谴责。在公诉案件中，国家不可放弃对犯罪人刑事责任的追究。刑事责任不能私了，不能通过和解、调解解决。但对告诉才处理的案件，被害人有证据证明的轻微刑事案件，人民法院可以调解；自诉人在宣告判决前，可以同被告人自行和解或者撤回自诉。

## 二、刑法是刑事责任法

### 1. 刑法的全部内容规定的是各种犯罪的刑事责任

刑事责任在刑法中占有举足轻重的地位，虽然在现行刑法中没有彰明较著。《刑法》总则中有13个条文21处提到刑事责任，并且《刑法》第5条似乎将刑事责任与犯罪和刑罚相提并论，总则第二章第一节的标题是"犯罪与刑事责任"，将犯罪与刑事责任并列，第三章、第四章均为对刑罚的规定，所以三足鼎立基本上符合现行刑法的规定。

众所周知，《刑法》分则中的章节并不仅仅是关于罪名和罪状的规定，条文的后段规定的是刑事责任。有的学者认为，现行刑法典分则各章节的名称是欠妥的。按照立法技术要求，规定犯罪行为及对该罪行的处罚的法律内容，科学的称谓只能是"××罪的刑事责任"，而不是"××罪"。[1]

### 2. 刑法是以刑事责任为后盾的其他法律的保障法

马克思指出："只有当这些规定遭到破坏时，责任法才发生效力。"[2] 其他法律由义务性规范、授权性规范和制裁性规范组成，而刑法中仅有制裁性规范。刑法仅制裁犯罪行为，规范性文件中没有"违反刑法，依法追究刑事责任"的表述，只有"构成犯罪的，依法追究刑事责任"的表述。这是因为刑法具有最后手段性，刑法是其他部门法得以实施的后盾与保障，刑法是其他部门法的保护法。正如有学者所指出的那样："刑法中的'刑'作为罪与刑（广义）的核心概念，其含义应该是指刑事责任。因此，刑法可以称为刑事责任法。"[3]

### 3. 刑事责任是联结犯罪与刑罚的中介和纽带

犯罪、刑事责任与刑罚是刑法的三大基本范畴或核心概念，是刑事否定评价的三重环节。犯罪是刑事责任的前提，刑罚是刑事责任的法律后果，刑事责任是联结犯罪与刑罚的中介和纽带。一个人犯了罪，就和国家发生了刑事法律关系，罪犯有义务交代罪行并接受审判和制裁，国家有权对其侦查、起诉、审判和制裁。刑罚是刑事责任最基本、最重要的实现方式，并通过刑事责任这一中介环节之调谐而与犯罪相对应，从而实现罪责刑关系的科学化。三者的研究内容和重心各有不同：犯罪论研究的是犯罪概念及其构成等问题，刑事责任论研究的是刑事责任之本质及其根据等问题，而刑罚论则研究刑罚的目的及其根

---

① 参见李颂银："法律调整对象新说"，www.66wen.com，2006年5月18日更新。
② 《马克思恩格斯全集》第19卷，人民出版社1965年版，第35页。
③ 王晨：《刑事责任的一般理论》，武汉大学出版社1998年版，第115页。

据等问题。

我国刑法理论的框架，从逻辑上讲应该是三足鼎立，即犯罪论——刑事责任论——刑罚论。

## 三、刑事责任与刑罚的关系

刑法学中概念堆砌，叠床架屋，其实使用"刑罚"概念足已，有人甚至有意或无意地将刑罚与刑事责任混为一谈。我们认为，刑事责任是刑事实体法上具有特定内容的独立实体。凡犯罪必有刑事责任，但并非所有的犯罪都被处以刑罚，免予刑罚并不否认刑事责任，说明刑事责任可以脱离刑罚而独立存在。

1. 刑事责任与刑罚的联系

（1）刑事责任的存在是适用刑罚的前提。没有刑事责任，绝不可能适用刑罚；只有存在刑事责任，才有刑罚的适用。

（2）刑事责任的大小决定刑罚的轻重，根据罪责刑相适应的原则，应结合行为人的主观恶性和人身危险性的大小，把握罪行和罪犯各个方面的因素综合体现的社会危害性程度，确定刑事责任的程度，适用相应轻重的刑罚。

（3）刑事责任主要通过刑罚而实现。《刑法》总则仅有两个条文规定非刑罚处理方法，而用56个条文规定刑罚。非刑罚处理方法是刑事责任次要的实现形式。

2. 刑事责任与刑罚的区别

（1）性质不同。刑事责任是一种法律责任，刑事责任是犯罪的法律后果；刑罚则是一种强制方法，是某些犯罪的裁判后果。

（2）内容不同。刑事责任是以犯罪人承受刑法规定的惩罚或单纯的否定性法律评价为内容，研究刑事责任就是要研究责任能力、责任形式、归责原则和免责原因等，刑罚则是以剥夺犯罪人一定的法益为内容。

（3）存在方式不同。刑事责任以比较抽象的观念或状态的形式存在；刑罚以比较具体、明确的形式存在（如剥夺生命刑、限制自由刑、财产刑）。

（4）产生与存在时间不同。刑事责任随实施犯罪而产生，刑罚则随法院的有罪判决生效而出现。刑罚执行完毕就是刑事责任的终结；免予刑事责任的人，刑事责任从公诉机关决定不起诉或法院免刑的有罪判决生效之日终结；犯罪后一直被追究刑事责任的人的刑事责任至追诉时效期满之日终结。

### 四、刑事责任的意义

1. 刑事责任原理作为观念形态指导有关定罪与刑罚的立法

在立法上，不仅形式刑法需要为各种犯罪行为配制刑事责任，刑法典围绕各种犯罪行为规定刑事责任，而且实质刑法或者附属刑法也要考虑刑法这个其他法律的保障法如何通过规定刑事责任来保障其他法律得以遵守。

2. 刑事责任对定罪具有牵制作用

刑事责任与犯罪互为因果，没有犯罪就没有刑事责任，但没有刑事责任也就没有犯罪，[①] 与大陆法系国家的"有责性要件"内涵不同，我国犯罪构成中的犯罪主观要件和犯罪主体要件都包含了刑事责任的内容。刑事责任不是在确定构成犯罪后才进入人们的视野，刑事责任并不是确定犯罪或法院有罪判决后产生的。行为人有无刑事责任与行为人的行为是否构成犯罪，按照我国现行刑事法律的规定，应该是一并评价和判定的。刑事责任和犯罪构成相适应，对行为人的主观可谴责性作了一次性的整体评价。行为人的行为是否构成犯罪，需要考虑行为人是否具有刑事责任能力，主观上是否具有罪过，是否存在"期待可能性"、不可抗力、意外事件、"合理信赖"等情况。所以，从思维过程来讲，司法实践中审判人员并不是在确认犯罪后才考虑行为人是否有刑事责任。

3. 刑事责任是刑罚的先导

刑事责任作为联结犯罪与刑罚的中介和纽带，对于认定犯罪后如何处罚罪犯具有决定意义，它是整个刑事司法活动的归宿。刑事责任的存在是适用刑罚的前提，没有刑事责任，绝不可能适用刑罚；刑事责任的大小决定刑罚的轻重。

## 第二节　刑事责任的本质、根据与归责原则

### 一、刑事责任的本质

揭示刑事责任的本质，旨在回答"为什么要使犯罪人承担刑事责任"的问

---

① 这里所讲的"犯罪"不是相当于犯罪构成客观方面的危害行为意义上的犯罪，而是指符合犯罪构成诸条件的"犯罪"。也许有人认为"没有刑事责任就没有犯罪"应改为"没有刑事责任能力就没有犯罪"，但"没有刑事责任能力"的人会有"刑事责任"吗?! 显然不能。二者关系有如先有鸡还是先有蛋，似乎难分先后，并且存在悖论。

题。关于刑事责任之本质，刑法理论上有多种学说，主要存在道义责任论与社会责任论之对峙。

1. 道义责任论与社会责任论的刑事责任本质观

（1）"道义责任论"。古典学派以"非决定论"为出发点，认为人具有意思自由，在面对实施合法行为与非法行为之选择时，其本应根据道义原则选择实施合法行为，但其却违背道义选择实施非法行为，因而对其非法行为负有道义上的责任，也即具有道义非难性。行为人邪恶的意念或者说反道义的意志，就是刑事责任的本质所在。但是，丧失辨认能力与控制能力的精神病人、异于常人的聋哑人等无责任能力者或限制责任能力者的行为客观上给社会造成了损害，社会如何处置？从道义责任的角度不能对其定罪科刑，但为了社会安全，从社会防卫的角度出发，不得不制止此类行为。因此，刑法规定了保安处分措施，这些措施既弥补了刑罚的不足，又可以不受道义责任的限制。

（2）"社会责任论"。其发端于19世纪末至20世纪初。"社会责任论"是以社会本位价值观为基础的责任学说。法学研究领域社会学实证主义的兴起为这种学说提供了理论基础。"社会责任论"认为意思自由是不存在的，人的行为是客观条件的产物，对犯罪人从道义上是无可非难的，在责任概念中排除了道义非难和选择自由，对于已经实施了犯罪的行为人，基于维护社会利益的立场，为使社会避免再受侵害，需要根据行为人的危险性对其采取防卫措施，因而，刑事责任的本质是防卫社会，是对合法的社会利益系统的维护，是社会为了维持自身的安全、免受犯罪分子的侵害而采取的防卫措施。

2. 刑事责任本质的科学观

刑事责任本质所要解决的是从根本上、从最深层次回答统治者为什么将某种行为规定为犯罪，并让行为人负担刑事责任的问题。马克思主义认为犯罪是孤立的个人反对现行统治关系的斗争。因此刑事责任的本质应该从犯罪中去找。① 从逻辑关系来讲，刑事责任是犯罪的必然结果。刑事责任是与犯罪同在的，有犯罪必有刑事责任，反之亦然。

定义是揭示概念本质的逻辑方法。刑法学界各种不同的关于刑事责任的定义都是力图揭示其本质。如上所述，我们认为，刑事责任是指犯罪主体实施犯罪行

---

① 有的学者提出刑事责任的本质就是"社会危害性"，这与犯罪的本质特征完全一致了。我们认为这是值得商榷的。刑事责任虽然与犯罪同时产生，二者具有必然的因果联系，但刑事责任是刑事实体法上一种独立的实体，它既独立于刑罚，又与犯罪有质的区别。两个不同的概念不可能本质相同，否则就是同一概念了。

为所应负担并由司法机关强制其承受的刑罚和单纯否定性法律评价的法律责任。

## 二、刑事责任的根据

刑事责任的根据就是确定刑事责任的事实标准和理论根据。

1. 刑事责任的事实根据

（1）犯罪过程中的事实（犯罪构成事实）——最主要最基本的根据。犯罪构成是确定刑事责任的根据，通说认为行为符合犯罪构成是刑事责任的唯一依据，刑事责任与犯罪构成在定罪上的功能是重合的。大陆法系国家中犯罪成立的第三个要件是"有责性或责任"，这一要件由来于刑罚的目的，即刑法出于保护法益而禁止一定的危害行为，并通过预告、惩罚犯罪人和制裁犯罪行为而让国民不产生犯意。[①] 我们将西方犯罪成立理论中的责任评价和构成要件该当性中的主观罪过在犯罪构成的主观要件中一并作了评价，这种"一并评价"使我们对犯罪认定过程简单化。然而正如许多学者所指出的那样，因为刑法理论上的层次不清，概念不清，甚至偷换概念，导致了我们在认定犯罪上的简单化，并由此而引起刑事责任的概念混乱、功能错位。

（2）其他事实根据。可以分为犯罪前事实（如有前科或累犯、一贯表现、犯罪动机、犯罪环境条件等）、犯罪后犯罪构成以外的事实（如犯罪后认罪态度、自首、退赃、社会治安形势）。

2. 刑事责任的理论根据

（1）辩证唯物主义的决定论。决定论是承认一切事物具有规律性、必然性和因果联系性，否认绝对意志自由的一种哲学观点。辩证唯物主义的决定论承认事物联系和发展的因果性、规律性，指出世界上没有无条件的自由意志，但并不否认人的主观能动性在揭示和运用客观规律中的作用。社会生活中的人们并不是秉承"造物主"的意志盲目行事，人类活动不能违背社会发展的历史规律，但在具体的社会活动中，每个人具有多种选择空间，在这些空间里人们有很大的行动自由，既可能做对社会有益的善事，还可能做些利己不损人的事情，也可能干出伤天害理、大逆不道的坏事。不做善事，却实施危害社会的行为，社会就有正当理由惩罚行为人。刑事责任与犯罪、刑罚三者之间存在着规律性、必然性和因果联系性，刑事责任与犯罪具有必然联系，刑罚与刑事责任存在本质联系。

---

① 参见〔日〕西田典之：《日本刑法总论》，刘明祥、王昭武译，中国人民大学出版社 2007 年版，第 180 页，第 158 页。

可能性又是相对于不可能性而言的。不可能性是指在现实中没有任何根据和条件，不符合事物发展的客观规律，永远不能实现的东西。刑法理论上的"期待可能性"理论直接来源于决定论的可能性理论。期待可能性是罪过产生的前提条件，不仅能决定罪过的有无，而且决定罪过程度的大小。期待可能性表明有"选择"的可能性，即行为人在行为时具有选择合法行为的可能性，为有期待可能性；如果在行为时无选择合法行为的可能性，为无期待可能性。在不能期待行为人实施合法行为的前提下，不能要求行为人对自己的行为承担法律责任。

（2）相对的意志自由论。一种事物的发展趋势存在两种相反的可能性。之所以有两种相反的可能性，在于人类有自由意志，人的相对自由的意志作了行为选择。意志自由，即行为人在行为时选择实施这种行为或那种行为的自由。如果一个人丧失了辨认或控制自己行为的能力，无法按照自己的意志行动，就不能要求行为人对自己的行为负责。

决定论林林总总，不一而足。其中，刑事人类学派以哲学上行为决定论为基础，完全否定意志自由，提出"天生犯罪人"等理论。如刑事人类学派的开山鼻祖，意大利法医学教授龙勃罗梭通过生理解剖认为，具有某种特定生理特征的人，不仅命中注定要犯罪，而且必定犯某种特定的罪——"罪犯定型"。生死由命，犯罪在天，犯罪与行为人意志完全无关。另一个代表人物菲利更直接地指出："我们不承认自由意志。"① 可见行为决定论在承认客观环境、行为人自身的人格、素质等对行为影响的同时，又无限夸大了这种影响。刑事人类学派的行为决定论并非一无是处，但完全否认人的自由意志的观点是违背客观事实的。

相对意志自由论认为，人的意志既有受先天遗传因素、客观环境因素和自身素质等的影响的一面，又有相对自由和主观能动性的一面，人在一定条件下具有按照自己的意志选择行为的自由。犯罪人，在被决定的同时也是自我决定的，是相对自由的主体。如果行为人在行为时有按照自己意志选择适法行为的可能性，法律自然应对其非难；反之如果行为人在行为时根本不存在选择的可能性，法律也不能强人所难，对其进行非难。意志自由程度高，选择的可能性大，主观恶性也大，故应承担较重的刑事责任；意志自由程度低，选择的可能性小，主观恶性也小，故应承担较轻的刑事责任。

---

① 〔意〕菲利：《实证派犯罪学》，郭建安译，中国政法大学出版社1987年版，第14页。

德国伟大的哲学家黑格尔对相对意志自由与法律责任的关系的探讨达到了他所处时代的最高水平。① 他在其不朽的名著《法哲学原理》一书中认为，意志和后果具有因果联系，因此必须反对单纯按行为后果来归责。一个人的责任只有当某种后果是表达了他的意志的行为所造成的才存在。法体现了个人自由（包括个人意志自由）与普遍的自由的真实关系，法是对片面的个人意志自由所产生的任性、偶然性、冲动的否定。对行为人适用刑罚，是尊重其人格，承认其有自由意志的表现。

### 三、刑事责任的归责原则

1. 罪过责任原则

我国法律总的坚持过错责任原则为其归责原则体系中的基本原则。刑法中的罪过责任原则，是以行为人的主观过错为归责要件，犯罪构成中必须有犯罪主观要件，将犯罪的主观方面分为犯罪故意与犯罪过失。有罪过，才能构成犯罪，无罪过，即无犯罪。无罪过事件虽有法益侵害性但因为不具备犯罪构成的主观方面所以不被认定为犯罪。

法学界有学者主张在坚持罪过责任为基本责任原则的同时，引进严格责任原则，作为罪过责任的例外。严格责任是指行为人因实施某种客观上侵害法益的行为或任其发生时，无要求有犯意证明而须承担的责任。大陆法系刑法理论一般不承认严格责任。现代意义上的刑法严格责任产生于英美法系刑法理论中，它作为一种刑法制度为英美法系所独有。因为它对行为人谨慎行事的要求更加严格和苛刻，所以叫"严格"责任。一般说来，这些犯罪行为人的犯意较为隐蔽，控诉方采用一般的归责方法难以证明，因而为了有效打击和预防此类犯罪，法律没有要求控诉方对行为人主观上有无罪过承担举证责任。所以，严格责任实际上是"不问罪过责任"，"无犯意即无犯罪"的原则并未受到挑战，追究严格责任只是不问其犯意如何。

2. 主观客观相统一的原则

对刑事被告人追究刑事责任，必须同时具备主客观两方面的条件，既要反对主观归罪，也要反对客观归罪，如果缺少其中主观或者客观任何一个方面的条件，就不能令被告人承担刑事责任。

主观归罪可能导致惩罚思想犯，或者混淆犯罪的性质，因此应坚决予以摒

---

① 在西方甚至直至今天也无人超越。

弃。"文革"中有的地方曾把错误思想（有的后来证明甚至是正确的思想）或犯意表示当做犯罪处理，历史的教训值得牢记。根据主观客观相统一的原则和犯罪构成，对事前的犯意不能当做事中的犯意，以事前的犯意定罪判刑（例如，行为人事前预谋杀人，但实施行为时改变犯意，进行故意伤害，却对其仍然以故意杀人未遂论处）；对书写反动日记但并未传播的行为不能以危害国家安全的犯罪论处；对扬言要危害社会而尚未付诸预备或实行行为的人不能予以拘捕。

客观归罪的实质是不问行为人主观上有无罪过或罪过形式，唯以客观行为和结果定罪处刑。客观归罪即缺乏犯罪构成中的犯罪主观要件，也违背了主观客观相统一的原则。因此，也应义无反顾地予以摒弃。在司法事件中，尤其要克服"攻其一点，不及其余"的现象。例如，只看到行为与结果的客观危害性，对无罪过事件中涉案被告人定罪判刑；再如，以危害行为所造成的实际结果给行为定性，忽视行为人对结果所持的真实心理状态，不问故意还是过失。

## 四、自杀是否产生刑事责任

大千世界，人是万物生灵中最宝贵的，应该珍惜自己的生命。一个人的生命，不仅仅属于公民个人，他还属于这个公民的家人以及和这个家庭有关系的社会其他人群。自杀行为不仅造成自身的伤害或者死亡的后果，也给家人及亲朋好友造成严重的感情伤害。公民的生命权是行使其他公民权利的基础和前提，生命权具有神圣不可侵犯性，不仅他人不得随意侵犯一个公民的生命权，即使公民自己也无权随意处分个人的生命。自杀不仅仅是处分个人的生命权，同时也侵犯了国家的利益。从这一层面上讲，"自杀"包括"相约自杀"具有社会危害性，具有应受惩罚性，个别情形具有刑事违法性，行为人应受到法律的追究，受到法律的制裁。刑法理论对于自杀是否引起刑事责任并无意见分歧，但对于引起他人自杀者的刑事责任问题至今尚无定论。司法实践对此也有不同的处理，有的追究刑事责任，有的则判为无罪。

1. 单纯自杀

单纯自杀指没有第三人介入，出于本人意愿结束生命的自杀，分自杀既遂与未遂。

（1）自杀既遂的不涉及刑事责任问题。甚至"畏罪自杀"既遂的，根据我国《刑事诉讼法》第 15 条第 5 款的规定，对其死前所犯罪行也不再追究刑事责任。因为人死后无法追究当事人即自杀者的刑事责任。

（2）自杀未遂的区别对待。对自杀前的犯罪行为应追究刑事责任；除了战时军人自杀实际上变成自伤，要追究自杀的责任（"战时自伤罪"）外，其余情况下自杀本身不是犯罪行为，无刑事责任；但因自杀引起其他法益严重受侵害的，要依法承担刑事责任（例如，铁路上的扳道夫吃安眠药自杀，没有及时扳道，导致火车颠覆，而扳道夫本人实际没死成）。

2. 第三人行为介入的自杀

介入自杀的外部原因种类繁多，自杀行为的形成相当复杂，涉及生物、心理、文化及环境等因素，根据精神医学研究报告，自杀的人70%有忧郁症，①精神疾病者自杀几率更高达20%。近几年个别大学生"跳楼"的直接原因或诱发因素有"心理障碍、生理疾患、学习和就业压力、情感挫折、经济压力、家庭变故以及周边生活环境等诸多因素"。相关学科从不同的角度来分析自杀的原因。从刑法理论来讲，"犯罪是行为"，"无行为则无犯罪"，对自杀的外部介入因素，只能局限于他人的行为，寻找刑法上的因果关系和分析是否存在不作为犯罪现象。

（1）第三人行为属于合法正常行为，或者只是一般违法行为。犯罪构成客观方面的主要要件是"危害行为"，如果行为人的先前行为是正当的，这时不存在犯罪问题。在这种情况下，第三人的行为不能视为法律上的原因，不能对第三人追究刑事责任。②例如，领导批评下属工作失误而引起下属想不通而自杀的。

第三人行为或只是一般错误、一般违法行为，他人自杀的主要原因是由于自杀者本人的心胸过于狭窄，这时也不存在犯罪问题。如做美容手术失败，到美容院做手术者觉得无颜见江东父老而自杀。再如，班主任在公开场合严厉批评某女同学早恋，该女生感到没面子而自杀的。

（2）帮助自杀。应死者生前要求而协助其实现自杀的行为，如安乐死。帮助自杀的方式分两种情形。第一，仅仅提供自杀自伤的工具、药品，自杀的实

---

① 在社会环境因素中，社会的脱序现象——暴力、犯罪、毒品、离婚、失业等，以及个别情况因素中的家庭问题、婚变、失落、迁移、失业、身体疾病、其他自杀事件的影响与暗示等，都是影响自杀的成因。社会学家认为，自杀的原因可以分为四种：第一，抑郁是导致自杀最主要的原因。郁郁寡欢，闷闷不乐，对什么都提不起兴趣。第二，危机和冲动。生活严重不如意，与亲人生离死别，丢掉工作，受到挫折。第三，衰老和疾病。风烛残年，疾病缠身，痛不欲生，无法自立，没有经济收入、失去尊严，有人觉得是解脱。第四，药物和酒精的影响。药物或酒精滥用会降低人的自控能力并导致自杀行为和自毁行为。

② "文革"中河南某中学一学生上课不认真学习英文，写下打油诗"我是中国人，何必学外文，不学ABC，照当接班人"，受到老师批评，结果该学生跳河自杀。当时该教师被错误地追究刑事责任，"文革"结束以后才得以平反。

行行为是由自杀者本人实施的。有的学者认为由于自杀者本人（正犯）没有刑事责任，实施帮助者更没有责任；也有的学者对此颇有微词。第二，帮助者应自杀者要求，实施实行行为。因为被害人承诺的原理，被害人无权处分自己的生命权，所以提供自杀帮助者成立故意杀人罪；如果自杀未遂，但造成了重伤，则成立故意伤害罪；若为轻伤，则无罪。

（3）教唆他人自杀。他人原本并无自杀的意图，行为人故意引诱、怂恿、唆使他人自杀，有的还表示自己也要和被唆使者一起自杀，主观上或许真的打算与被唆使者一起自杀。被教唆者自杀身亡的，教唆者构成故意杀人罪的教唆既遂；被教唆者非因教唆者的劝阻、制止、抢救而自杀未死，教唆者构成故意杀人罪教唆的未遂；被教唆者因教唆者的劝阻、制止、抢救而自杀未死的，教唆者构成故意杀人罪教唆的中止。

（4）被逼自杀。第三人的行为严重违背社会伦理和刑法禁止性规范，以暴力、威胁的方法，故意强迫他人自杀，或导致受害者失去生活勇气，失去选择其他方式的行动自由，致使受害人选择自杀的，应以故意杀人罪论处。此时犯罪分子实际上是借被害人之手杀死被害人，被害人是犯罪分子实施犯罪的工具。现实生活中某些人恃强凌弱，蛮横无理，无法无天，把别人逼上绝路。对此，导致他人自杀身亡的，行为人应负故意杀人罪的既遂之责；他人自杀未死的，或者他人自杀后遇救未死的，行为人的行为构成故意杀人罪未遂。

（5）第三人其他犯罪行为引起被害人自杀。第一，符合故意杀人罪犯罪构成要件的，直接按刑法规定确定为故意杀人罪。第二，刑法规定被害人死亡作为法定加重情节的按结果加重犯处理。例如，非法拘禁罪一般处 3 年以下有期徒刑，但具有"致人死亡"加重情节的，处 10 年以上有期徒刑。再如，暴力干涉婚姻自由引起被害人自杀的，自杀身亡作为加重处罚情节；第三，刑法没有规定加重构成，可以作为重要的酌定从重情节考虑，例如盗窃犯将学生上大学的数万元学费窃为己有，并挥霍一空，导致该生自杀的。

3. 相约共同自杀

所谓"相约自杀"，是指两个或两个以上的自然人相互约定，自愿共同自杀的行为。相约自杀也是第三人行为介入的自杀现象，由于存在"相约"，有时牵扯到共同犯罪，因而情况更为复杂。在司法实践中，"相约自杀"主要包括以下几个情形：

（1）相约后各自独自自杀。第一，相约共同自杀，无相互教唆、帮助自杀行为，则互不负责。如果相约方均实施了自杀行为并自杀身亡，则均不构成犯罪。第二，如果均实施自杀行为，一方身亡，一方因意志以外的因素自杀未得逞，未得逞一方也不构成犯罪。

也有学者认为，在相约自杀中，相约自杀的先行行为导致自杀者的生命处于极端危险之中，所以在相约自杀行为开始实施后，如果某个参与者自杀未死或放弃自杀行为，他就负有因自己先行的相约自杀行为救助其他参与相约自杀者的作为义务。不履行这种义务，能履行而不履行，一般应认定构成不作为的间接故意杀人罪。

我们认为，这种先行行为是否引起行为人"应为"即应予救助的义务，还必须分析这种先行行为是否与不救助必然产生的危害结果之间存在法律上的因果关系。如果存在，则应当肯定行为人有救助义务；如果不存在，则应否定行为人存在法律上的救助义务。不能把"先行行为"扩大解释为"前面发生的行为"。前面发生的行为不一定会必然导致自杀结果的发生。例如，张三借了李四的钱，到时未还，李四气死了。不能认定张三事先"借钱"或未履行债务的行为与李四死亡之间存在法律上的因果关系。法律上的因果关系是行为人负刑事责任的客观基础，没有这个基础，行为人自然不负刑事责任。

（2）相约自杀中的一方受托杀死另一方。相约自杀的一方应对方要求杀死对方而自己自杀未死的，构成情节较轻的故意杀人罪。如果其中一方按照约定或者对方的要求杀死对方后，其自杀未遂或者改变主意并未实施自杀行为，实施杀人行为的都构成故意杀人。这种情形实际上属于帮助自杀的情形。在正当行为"被害人承诺"中，我国刑法不承认任何人经被害人同意可以剥夺被害人的生命。但考虑到主客观情况所决定的这种案件的危害程度显然较普通故意杀人案件要小，因而在处罚上应予酌情从宽掌握，应以故意杀人罪法条中"情节较轻的"档次处理。

（3）诱骗他人自杀。在这种情形中，行为人相约他人自杀，但实际上并没有一起自杀。骗他人自杀者的行为实际上属于教唆他人自杀行为，应该认定构成故意杀人罪。①

（4）帮助他人自杀后自杀未遂。在这种情形中，双方相约自杀，其中一方为自杀提供了工具、场所等条件或者在另一方自杀时实施了具体的帮助行为，结果另一方实施了自杀行为，帮助方实施自杀行为后未死或者改变主意而未实施自杀行为。对此，有的学者认为帮助者无罪；有的学者认为帮助他人自杀实

---

① 参见陈兴良等著：《案例刑法教程》（下卷），中国政法大学出版社1994年版，第175-180页。

质是帮助杀人，应该按共同故意杀人罪中的帮助犯处理。

4. 第三人对自杀者不救助是否构成不作为犯罪

发现他人自杀，应好言相劝，从道义上予以救助。但一般人或与自杀者萍水相逢，素不相识，或无法定救助义务，不存在"见死不救罪"。

## 宋福祥不作为案

**案情：** 1994 年 6 月 30 日晚，被告人宋福祥（男，32 岁）酒后回到家中，因琐事与其妻李霞发生争吵厮打。李霞说："三天两头吵，活着还不如死了好。"宋说："那你就去死。"后李霞找绳子与凳子准备自缢时，宋福祥喊来邻居叶宛生对李霞进行规劝。见李霞情绪稍缓解后，叶宛生离去。叶宛生走后，夫妻二人又发生争吵厮打。这时李霞拿出绳索、板凳准备上吊，宋福祥却回卧室躺在床上，直到听到凳子响声后，才起身走到客厅。见李霞已经吊在客厅的窗户上，宋福祥没有上前采取任何的救助措施，而是离开家到一华里以外的父母家中告诉自己的父母。待其公婆赶到时，李霞已经窒息死亡。一审法院认为，被告人宋福祥放任李霞自缢身亡的故意不作为行为，已构成故意杀人罪。二审法院维持原判。宋福祥案件发生后，在实践上和理论上引起了很大的争议，在其定性问题上产生了很大分歧：有罪说认为，宋福祥的行为构成不作为的间接故意杀人罪；无罪说则认为宋福祥不构成犯罪。

**问题：** 第一，夫妻间救助义务是法律明文规定的还是来源于"先前行为"，宋福祥对上吊自杀的妻子应该履行救助义务吗？第二，宋福祥不履行救助义务与妻子自杀有无法律上的因果关系？第三，自杀为什么等同于或转变为他杀？

现实生活中，自杀案件非常复杂。例如夫妻之间不是举案齐眉，而是大动干戈，拳脚相加，一方自杀，另一方是否有救助的法定义务？原来情投意合甚至偷吃了禁果的男女最终分道扬镳，不能结秦晋之好，一方威胁对方"不成爱人便成仇人"，甚至"死给你看"。如果真的一气之下自杀既遂，生者是否脱得了干系？要不要负刑事责任？[①] 这些都应从不作为犯的义务来源具体分析。

---

① 刑法理论和司法实践中均有肯定派和否定派。如有的学者认为，恋人分手一方自杀的，男方的行为和女友的自杀行为没有法律上的因果关系，因此男方不需要承担任何法律上的责任包括刑事责任和民事赔偿责任。

## 第三节 刑事责任的产生、变更与消灭

### 一、刑事责任的产生

1. 刑事责任产生的起点时间

刑事责任从何时开始？我国刑法学界主要有两种不同观点：第一，刑事责任始于犯罪行为实施之时。第二，刑事责任始于法院作出有罪判决之时。我们赞同前者，理由是刑事责任伴随犯罪而产生，无犯罪则无刑事责任，有犯罪必有刑事责任。犯罪行为实施之后，不论是否发现这种犯罪，行为人的刑事责任即同时产生，并客观地存在着。司法机关追究刑事责任，只是使这种客观存在的刑事责任现实化的过程，并不是刑事责任产生的过程。否则无法理解刑法对于追诉时效的规定。

2. 刑事责任的产生阶段

有些犯罪，没有刑事责任产生的阶段，只有刑事责任产生的起点，例如举动犯，犯罪行为一实施即告完成，刑事责任的产生也是一瞬间。但有些犯罪，犯罪行为的实施有一个阶段，结果的出现与犯罪开始之间有时间差。从犯罪行为开始即刑事责任开始到犯罪结束或犯罪结果定型时为止的一段时间，为刑事责任的产生阶段。

### 二、刑事责任的变更

1. 刑事责任的变更的概念

刑事责任的变更是指从刑事责任定格到刑事责任的终止为止，这段时间中因发生法定事由而致刑事责任量减少的法律现象。例如犯罪分子因自首、立功而减小刑事责任。

2. 刑事责任的变更的法定原因

有的学者认为刑事责任变更的法定原因是：死刑缓期执行二年期满的减刑；管制、拘役、有期徒刑、无期徒刑的减刑；特赦；由于遭遇不能抗拒的灾祸缴纳确实有困难时罚金的减免。我们认为，这些原因除"特赦"外都不是刑事责任的变更的法定原因，而是刑罚的变更。刑罚的变更是在刑事责任的变更之后，而不是之前或同时。这种错误的根源在于将刑事责任与刑罚混为一谈。

刑事责任的变更的法定原因是：

（1）时间的经过。例如《刑法》第50条前段规定"判处死刑缓期执行的，在死刑缓期执行期间，如果没有故意犯罪，2年期满以后，减为无期徒刑"。这条规定中的"2年期满"就是死缓罪犯刑事责任变更的原因。

（2）承担刑事责任者作出的悔罪与对社会有益的行为。悔罪与对社会有益的行为包括自首、立功、送被害人抢救、积极退赃和其他消除犯罪后果等行为。《刑法》第67条第1款规定，犯罪以后自动投案，如实供述自己的罪行的，是自首。对于自首的犯罪分子，可以从轻或者减轻处罚。《刑法》第78条规定，被判处管制、拘役、有期徒刑、无期徒刑的犯罪分子，在执行期间，如果认真遵守监规，接受教育改造，确有悔改表现的，或者有立功表现的，可以减刑。这些条文规定刑事责任变更的原因是犯罪分子的悔罪或立功行为。

## 三、刑事责任的终结

### 1. 刑事责任的终结的方式种类

（1）刑事责任的实现方式。形式责任的实现方式，是指罪犯承担刑事责任和司法机关强制其承受刑事责任的具体方式或方法。其特征是：第一，法定性。它是刑法明文规定的国家制裁犯罪人的方法和犯罪人承担法律后果的方法。第二，实体性。刑事诉讼强制措施不是刑事责任的实现方式之一。因为刑事诉讼强制措施拘传、取保候审、监视居住、逮捕和拘留是为了保证刑事诉讼程序正常进行而采取的措施，是在刑事责任确认阶段的措施，不是在判决有罪确定应负刑事责任时使犯罪人承受的负担，不是在实体上对犯罪分子的制裁。

终结时间由于刑事责任实现的方式不同而不同：以刑罚为实现方式的，终结时间是刑罚执行完毕或赦免之时；以非刑罚处理方法为实现方式的，终结时间为非刑罚处理方法执行完毕之时；以免予刑罚处罚为实现方式的，终结时间为法院有罪判决发生法律效力之时。

（2）刑事责任的消灭方式。它是指行为人的行为已经构成犯罪，本应承担刑事责任，但由于出现了法定的阻却刑事责任的事由，使刑事责任归于消灭的方式。终结时间就是法定事由出现之时。

### 2. 刑事责任实现的具体方式

（1）基本方式——刑罚方法。即通过给予刑罚处罚的方法来实现，即宣告行为人的行为构成犯罪，通过给予刑罚处罚实现刑事责任。因为根据刑法典的规定绝大多数犯罪都必须给予刑事处罚，所以这是刑事责任最基本、最主要的实现方式。

（2）辅助方式——非刑罚处理方法。通说认为这是宣告行为人的行为构成犯罪，但通过适用实体上的非刑罚处罚方法实现刑事责任。《刑法》第 37 条规定："对于犯罪情节轻微不需要判处刑罚的，可以免予刑事处罚，但可以根据案件的不同情况，予以训诫或责令其具结悔过、赔礼道歉、赔偿损失或由主管部门予以行政处罚或行政处分。"也有学者认为这些方法不是解决刑事责任问题，所以它们不是解决刑事责任的方法。我们认为，"免予刑事处罚"实际上也是免除了罪犯的刑事责任。从逻辑上讲，只有先免除其刑事责任，才可能免除其刑罚。但这种免除其刑事责任的方式附带了条件，即要适用实体上的非刑罚处罚方法。

（3）特殊方式。即作出有罪判决但免予刑罚处罚，并且不给其他任何处分，这种方法仅通过宣告行为构成犯罪实现刑事责任。例如，《刑法》第 67 条第 1 款后段对自首者规定："其中，犯罪较轻的，可以免除处罚。"由于对免予刑罚判决的宣告，也是"一律公开进行"的，公开宣布行为人的行为是犯罪行为，就是对所实施的犯罪行为的否定评价和对犯罪人的谴责。刑事责任的实现方式中，特殊方式与辅助方式的共同点都是通过宣布有罪判决但免除罪犯刑事责任，不同点在于前者附加条件，后者没有附加。

3. 刑事责任的消灭方式的法定事由

（1）犯罪人死亡。《刑事诉讼法》第 15 条规定，犯罪嫌疑人、被告人死亡的，不追究刑事责任，已经追究的，应当撤销案件，或者不起诉，或者终止审理，或者宣告无罪。司法解释规定"被告人死亡的，应当裁定终止审理；对于根据已查明的案件事实和认定的证据材料，能够确认被告人无罪的，应当判决宣告被告人无罪"。如果死者生前的行为确实构成犯罪，其"刑事责任"也因公安机关撤销案件、检察机关不起诉、法院裁定终止审理而消除。我国古代有所谓戮尸刑，即为惩罚死者生前行为而斩杀死者尸体并示众以羞辱之的刑罚。唐太宗在魏征死后也曾开棺鞭尸，明神宗万历十六年颁行《戮尸条例》。死者已经没有主观意识，客观上不可能接受刑罚，再追究其刑事责任既不人道，也无多大实际意义。"文革"后审判林彪、江青两个反革命集团，对已经死去的林彪就不再起诉。

（2）犯罪已过追诉时效。《刑法》第 87 条规定，犯罪经过一定期限不再追诉，行为人刑事责任自动消灭。

（3）告诉才处理的犯罪，没有告诉或撤回告诉。但司法解释规定，因缺乏罪证而撤诉或被驳回的自诉案件，自诉人"又提出了新的足以证明被告人有罪的证据，再次提起自诉的，人民法院应当受理。"因此，犯亲告罪者的刑事责任的消除原因，可能是时间的经过（适用追诉时效的规定）、刑事责任的实现、追诉期间一直没有告诉或最后一次的撤诉、被驳回起诉。

（4）特赦。特赦是国家对某些犯罪或者特定的犯罪人免除刑罚的措施。已经赦免的罪行，不应立案追究。新中国有过 7 次特赦，对确认改恶从善的蒋介石集团、伪满洲国和伪蒙疆自治政府的战犯进行赦免，直至 1975 年赦免全部在押战犯。特赦既免除了特定罪犯的刑罚，又使这些罪犯的刑事责任归于消灭。

（5）转移处理（外交特权和豁免权）。通过外交途径解决享有外交特权和豁免权的外国人的刑事责任问题。

# 第十三章　刑罚的一般原理

## 村委会对张某重伤范某案予以调解案

**案情：**1995 年 4 月 26 日傍晚，某村范某不愿意与同村的张某继续保持恋爱关系，张某恼羞成怒，将范某刺成重伤，范某经抢救才幸免于难。张某父母请求村委会出面调解，愿意向范某及其亲属赔礼道歉。次日，村委会领导找到范某的父母，认为同一个村的抬头不见低头见，要双方大事化小，小事化了。范某的父母开始要求依法处理，村委会领导接着说：我们认为这是青年男女间因婚姻恋爱关系问题赌气、争吵造成的，不是故意犯罪，应当以教育为主来处理这个问题。经过反复磋商，在村委会领导主持下，张某的父母与范某的父母最终达成私了协议。当县公安局侦查员于 4 月 30 日逮捕张某时，该村领导将上述协议交给侦查员，说这一案件已经妥善解决，要求不要逮捕张某和追究其刑事责任。

**问题：**第一，双方自愿达成的私了协议是否有效？第二，国家的刑罚权能否由村委会行使？

**提示：**第一，张某的行为已经构成犯罪，依法只能由司法机关处理。第二，村委会对民事纠纷可以调解，但对于重大刑事案件只能由公安机关和司法机关处理。

**第 13 章思考题：**

1. 简述刑罚的概念
2. 什么叫刑罚权
3. 刑罚与其他法律制裁方法的区别
4. 刑罚的功能体现在哪些方面
5. 刑罚的目的是什么
6. 什么叫特殊预防与一般预防

## 第一节　刑罚与刑罚权的概念

### 一、刑罚的概念和特征

犯罪、刑事责任是刑罚的适用前提和基础，刑罚则通常是犯罪的必然后果，犯罪、刑事责任与刑罚共同构成了刑法的基本内容。刑罚制度经历了从刑罚体系由身体刑为中心到以自由刑为中心，由繁到简，由严酷到缓和，由注重过去到注重未来的演变。

刑罚，是指由国家审判机关依法对犯罪人适用的限制或剥夺其某种权益，并通过特定机构执行的最为严厉的强制性制裁方法。刑罚具有以下特征：

1. 刑罚是国家最高立法机关在刑法中制定的强制方法

规定犯罪和刑罚的法律是刑法，在当今世界上，刑法大多是由国家最高立法机关制定。在我国，只有全国人民代表大会及其常务委员会才有权制定、补充、修改刑法和其中的刑罚，其他中央或地方行政机关或地方立法机关颁行的法令中所创制的任何制裁措施都不具有刑罚的性质。

2. 刑罚是刑法中规定的并被赋予"刑罚"名称的强制方法

刑罚只能规定于刑法之中，刑法以外的其他法律所规定的任何制裁措施均不能称为刑罚。但应注意，刑法中规定的强制方法并非都是刑罚，如我国《刑法》中规定的判处赔偿经济损失、予以训诫、责令具结悔过、赔礼道歉、赔偿损失等，虽然也是强制方法，但都不是刑罚，只有那些被称为"刑罚"的强制方法才是刑罚。

3. 刑罚是由国家审判机关依照刑法和刑事诉讼法适用的强制方法

定罪量刑是国家审判权的一项重要内容。依照宪法的规定，审判权只能由法院独立行使。因此，只有人民法院有权适用刑罚，任何其他机关、组织和个人不得适用。并且刑罚只能由人民法院根据刑法和刑事诉讼法适用，不经过法定的刑事诉讼程序和裁判的必要形式，不能对犯罪嫌疑人适用刑罚。

4. 刑罚是用以惩罚犯罪行为人的强制方法

刑罚是因犯罪而产生，所以接受刑罚处罚的只能是实施犯罪行为的人，对无罪的人绝对不能适用刑罚。任何公民，无论其是否违反其他法律，只要未达到触犯刑法、构成犯罪的程度，便不能成为刑罚的对象。对不同性质的违法行为，法律规定了不同的法律制裁措施，有民事制裁、行政制裁和刑事制裁。只有违反刑法、构成犯罪，才能受到刑罚惩罚。

5. 刑罚是由特定机关执行的强制方法

根据刑法和刑事诉讼法的规定，死刑、罚金和没收财产由人民法院执行，无期徒刑和有期徒刑由监狱或其他劳改场所执行，管制由社区矫正机构执行，拘役和剥夺政治权利由公安机关执行。

6. 刑罚是最严厉的强制方法

在一国法律体系所设定的法律制裁措施中，刑罚是最为严厉的。它不仅可以剥夺犯罪人的财产、政治权利，而且可以剥夺其人身自由甚至生命，这是其他制裁措施所无法比拟的。如作为民事制裁措施的赔偿损失、恢复原状、支付违约金等，既不涉及被制裁人的人身自由，更无生命之虞；作为行政制裁的罚款、警告、吊销证照等，亦无关违法者的自由和生命，即使是行政制裁中的劳动教养和行政拘留，虽对人身自由有一定程度的限制，但其持续的时间短、制裁的强度轻，因而远不如刑罚严厉。

## 二、刑罚权的概念与种类

1. 刑罚权的概念

刑罚权是国家基于主权，为了对社会进行有效管理或统治，对犯罪人实行刑事制裁的权力，它是国家主权的主要内容之一。

2. 刑罚权的种类

（1）制刑权，是国家赋予立法机关创制刑罚的权力。内容是设定刑罚体系，规定量刑制度与情节，规定行刑制度与刑罚消灭制度。制刑权通过刑罚制度的立、改、废予以体现。

（2）求刑权，也称起诉权，是请求对犯罪人予以刑罚惩罚的权力，它主要表现为非亲告罪的起诉权。亲告罪的起诉权由国家赋予了自诉人，是否具有刑罚权的性质莫衷一是。有的学者认为求刑权纯属刑事诉讼法学的研究对象。

（3）量刑权，是审判机关对犯罪人的行为判定构成犯罪以后如何处罚的决定权，即科刑和处以何等刑罚的权力。

（4）行刑权，是行刑机关根据审判机关裁判对罪犯执行刑罚的权力。它是量刑权的逻辑延伸，是刑罚权的"最后归宿"。刑法学界对之研究不够深入，问津者不多。

### 三、刑罚与其他法律制裁方法的区别

1. 严厉程度不同

刑罚是最严厉的一种制裁方法。刑罚处罚涉及人的生命、自由、财产和政治权利等重大权益。同刑罚相比，其他强制方法均达不到如此严厉的程度，既不包括对生命的剥夺，一般也不涉及对违法人人身自由的剥夺，即使是剥夺人身自由，时间也较短暂，强度较弱。

2. 适用机关不同

刑罚只能由人民法院的刑事审判部门适用，任何其他机关、组织、团体、单位和个人均无权适用刑罚。而民事制裁只能由人民法院的民事审判部门适用，行政处罚一般由行政执法机关适用。

3. 适用对象不同

刑罚只能适用于罪犯。对于仅违反民法、行政法等而未构成犯罪的人，不能适用刑罚，只能根据其违法的性质和程度适用其他制裁方法。即使是对被指控犯罪的人，未经法院判决确认有罪，也不能适用刑罚。

4. 适用根据不同

刑罚要依刑法作出，其适用的法源是刑法，而其他法律制裁则分别依照民法或行政法的规定予以适用。

5. 法律后果不同

受过刑罚处罚的人，在法律上和事实上被视为有前科的人。据有关行政法的规定，受过刑罚处罚的人，有的将在一定期限内甚至终身被剥夺从事某种职业的资格。当其重新犯罪时，可能要受到比初犯者更为严厉的处罚。而仅受到民事、行政制裁的人，在法律评价和法律后果上，不一定受到以前行为的影响。

## 第二节　刑罚的功能

刑罚的功能，是指国家正确制定、裁量和执行刑罚对社会可能产生的积极作用。刑罚对不同的对象可能产生不同的功效与作用。刑罚的功能可以从三个方面加以概括。

### 一、刑罚对犯罪人的功能

刑罚是对犯罪人适用的强制方法，所以它首先对犯罪人发生作用：

1. 剥夺或限制功能

刑罚的主要方式表现为对犯罪人施加身体上的强制、权利上的限制和心理上的影响，使其再犯罪的能力受到剥夺或限制，这是刑罚对犯罪人剥夺或限制功能的主要方面。对犯罪人而言，死刑剥夺了其生命，从肉体上消灭了犯罪人，使期丧失了法律主体资格，不能再危害社会；无期徒刑、有期徒刑、拘役是剥夺犯罪人身体自由的刑罚，对犯罪人的自由进行强制，使其客观上与社会隔离，不致再危害社会；管制是限制了犯罪人的身体自由，尽管未剥夺其自由，但其活动受到执行机关的严格监控，使其不易实施危害社会的行为；罚金和没收财产是剥夺犯罪人一定的财产，使其在经济上受到损失，得到教训，从而抑制其重新犯罪的主观欲望。无论是何种刑罚，哪怕是最轻的一种，一经交付执行，就必然要剥夺或限制受刑人的某些权益，使其感受到刑罚的痛苦，从而起到阻止或抑制其继续犯罪的作用。

2. 个别威慑功能

刑罚的威慑功能，是指适用刑罚时使犯罪人产生因畏惧再次受到刑罚处罚而不敢再犯的心理效应。刑罚是惩罚犯罪人的手段，是国家对犯罪人的犯罪行为进行否定评价的表现。随着犯罪被揭露和刑罚的实际执行，犯罪人必然感受到相当痛苦，也认识到犯罪是要付出沉重代价的，这会促使其为避免今后再遭受类似的痛苦而抑制重新犯罪的意念。

3. 改造功能

改造功能是指在刑罚的执行过程中通过各种改造手段对犯罪人产生的改造效应。改造是我国刑罚对犯罪人的最主要功能，这一功能可分为两类：

一是劳动改造功能。犯罪分子大多是因好逸恶劳、贪图享受、追求淫乐而走向犯罪的。劳动创造了人类，劳动最光荣。通过刑罚的实施，对其进行劳动改造，使犯罪人逐步养成劳动的习惯，恢复其普通人的正常品性。我国《刑法》规定，对于被判处有期徒刑和无期徒刑的罪犯，凡有劳动能力的，必须参加劳动。作为刑罚改造中的劳动与社会上的劳动不同，它是强迫的、具有惩罚的性质，目的是通过劳动改造罪犯成为新人。

二是教育改造功能。教育感化人，教育使人获得重生。在实施刑罚过程中，我国始终注重教育对人的改造作用。在对犯罪人施以刑罚的同时，通过对犯罪人的各种教育对其进行改造：第一，思想教育。目的是使犯罪人知法、懂法、守法，增强犯罪人的法律意识，培养犯罪人的道德观念，使其自觉接受改造；第二，文化教育。据统计，犯罪人的文化素质普遍较低，通过在犯罪人服刑期间对其进行文化教育，提高其文化素质，增强其生存能力，方便服刑人在刑满后能尽快地融入社会，达成回归社会的目的；第三，职业教育。在刑罚实施的同时，对犯罪人进行职业教育，使其掌握某种专业技术，获得一技之长，回归社会后具有自食其力、独立生活的能力。

## 二、刑罚对被害人及其亲友的功能

### 1. 刑罚对被害人的功能

被害人是指其人身、财产或者其他权益遭受犯罪行为侵害的人。犯罪行为的实施不仅给被害人造成了人身、财产或名誉上的损害，难免存在复仇心理。然而，现代社会不允许私人复仇，当司法机关对犯罪人判处刑罚并付诸实施时，被害人的权利得到救济，在心理上会得到满足和欣慰，有助于打消被害人私自复仇的念头，避免发生新的犯罪。

### 2. 刑罚对被害人亲友的功能

犯罪除了直接给被害人造成侵害以外，往往给被害人亲友造成心理上的痛苦、恐惧、愤怒、仇恨等复杂的情绪体验，例如有的父母只有一个掌上明珠，被罪犯强奸或杀害，父母会痛不欲生，出于本能想报仇雪恨。对罪犯处以刑罚，体现社会的公正，被害人亲友才能得到安抚。

## 三、刑罚对社会其他成员的功能

### 1. 威慑功能

刑罚的威慑功能是针对社会上有可能犯罪的蠢蠢欲动者而言的。司法机关对犯罪人适用刑罚，会使他们感受到思想上、心理上的影响和震撼，出于对刑罚的畏惧而不敢犯罪。刑罚的威慑功能包括立法威慑和司法威慑两方面的内容。立法威慑是指在刑罚的创制上，立法规定某种犯罪应处以何种刑罚，将刑罚是犯罪的必然法律后果的信息传递、辐射到社会，蠢蠢欲动者了解后，因不愿为犯罪付出高昂的代价而止步。司法威慑是指通过揭露犯罪并对罪犯科以刑罚的刑事诉讼活动，将罪刑关系具体化的信息扩散传播到社会，使蠢蠢欲动者获得更加具体的认识，即犯罪就意味着要受到惩罚，从而不敢以身试法。

### 2. 教育功能

刑罚的教育功能是指制定、适用和执行刑罚本身带有的法律宣传的意义。通过在刑法中对犯罪规定一定的刑罚，使民众了解犯罪行为的具体表现及其法律后果，对犯罪与刑罚有总体的认识，从而自觉地遵守法律。通过对犯罪人判处相应的刑罚并执行，民众进一步知法、懂法，认识到犯罪与刑罚的相关性和不可避免性，显示国家有罪必罚、除恶务尽的决心，从而提高民众的守法水平。

3. 鼓励功能

这主要是指通过对犯罪人判处和执行刑罚，对广大民众产生的鼓舞和激励作用。犯罪行为是给社会造成严重危害后果的行为，广大奉公守法的民众无不对之痛恨。如果不及时揭露和惩罚犯罪，罪犯就会气焰嚣张，民众就会缺乏安全感；而在犯罪人受到应得的刑罚判处和执行时，民众会由衷地感到欢欣鼓舞，认识到正义必将战胜邪恶。

# 第三节　刑罚的目的

## 一、刑罚目的概说

1. 刑罚目的的概念

刑罚作为对罪犯适用的一种强制方法，本身并不涉及目的问题。这里所说的刑罚的目的，是指国家据以确定刑事政策、制定刑事法律，特别是设计刑罚制度的基本出发点，也是国家适用刑罚同犯罪作斗争所希望达到的效果。

刑罚目的贯穿于刑罚制定、适用和执行的全过程。既会影响立法上刑罚体系的确立、刑罚种类的设置等，也是刑罚运用过程中决定刑罚裁量结果的一个重要因素；在刑罚执行上，刑罚目的还会直接影响国家的行刑政策、原则和实践。

刑罚目的是在制定、适用、执行刑罚之前预先设立的，它是国家希望取得的效果，是一种主观愿望，这种愿望可能转变为现实，也可能与现实有所出入。

2. 刑罚目的理论

正因为刑罚目的左右着并贯穿于刑事法律和刑事政策制定、执行的全过程，刑罚目的历来为各国统治阶级重视，但却是中外刑法学者长期存在争议的问题。

西方国家对刑罚的目的分别提出过威吓主义、报应主义和教化主义等观点，近代以来，又先后提出了预防主义、教育主义和综合主义等刑罚目的的理论。其中综合主义的刑罚目的理论综合了以往各种理论的观点，使刑罚目的由一元化走向多元化，该理论因此成为世界各国刑事目的理论的主流观点。

我国刑法学界对刑罚目的理论也是观点各异，莫衷一是，主要观点有：

（1）广义目的说和狭义目的说。广义目的说认为，刑罚目的是国家制定、适用和执行刑罚所欲达到之效果。狭义目的说认为，刑罚目的是人民法院对罪犯适用刑罚所期望达到的效果。

（2）单一目的说和多种目的说。单一目的说认为，刑罚的目的应该是单一的，不可能是多任务的。多种目的说认为，刑罚目的在内容上是可以有两个或两个以上目的的。

（3）根本目的说和直接目的说。这两种学说均认为，刑罚的目的不是单一的，而是多层次的体系，分为根本目的和直接目的。根本目的在于预防犯罪；直接目的在于惩罚犯罪、威慑罪犯和不稳定分子、改造罪犯。

我们认为，刑罚的目的就是通过国家对犯罪分子适用刑罚，达到预防犯罪的效果。由于预防的对象不同，刑罚目的可划分为特殊预防和一般预防，即理论上所谓双面预防。

## 二、我国刑罚的目的

### 1. 特殊预防

（1）特殊预防的概念。特殊预防是指通过对犯罪分子适用刑罚，剥夺其继续犯罪的条件，并将其改造成为守法的公民，不再重新犯罪。

对罪犯适用刑罚，除了对极少数罪行极其严重者适用死刑外，主要是利用刑罚限制或剥夺其再犯能力，使其重新做人。特殊预防的这种作用表现为两个方面：

第一，剥夺犯罪人继续犯罪的条件。

对犯罪分子适用刑罚，意味着犯罪人在法律面前付出一定的代价，使其原来的权益受到限制和剥夺。通过剥夺或限制犯罪人的人身自由，使其终身或在一定期间内与社会隔离而不可能实施犯罪行为；通过剥夺犯罪人的财产，使其在一定时间内丧失再犯罪的物质条件。

第二，把犯罪人改造成守法公民。

通过把惩罚与教育改造结合起来，在惩罚的前提下，对犯罪人实施思想教育和必要的劳动改造，并针对其心理状态、人格特点等采取个别化的矫正，使之彻底消除犯罪心理，建立正常的守法心理，树立正确的世界观和人生观，弃恶从善，成为守法公民。

（2）特殊预防的方式。针对不同的犯罪人适用不同刑罚，是实现特殊预防的手段，具体表现为：第一，对极少数犯罪人，通过淘汰方式，使其永远不再犯罪。在犯罪人中，有极少数罪行极其严重的犯罪人，不得不对其适用死刑立即执行，将他们从社会上淘汰，使他们不致再危害社会。第二，对绝大多数犯罪人，通过适用自由刑的方式，使其在一定期限内与社会隔离，客观上无法危害社会，同时对其进行教育以便其回归社会。第三，对某些经济犯罪等贪财类犯罪，通过适用财产刑，剥夺其重新犯罪的物质条件，让其得不偿失，使其不敢、不愿再犯罪。

2. 一般预防

（1）一般预防的概念。一般预防，是指通过对犯罪人适用刑罚，威慑、警戒社会上的不稳定分子，防止他们走上犯罪道路。

利用刑罚威慑来防止潜在犯罪人犯罪的根据在于，刑罚的惩罚性会给犯罪人造成损失和痛苦。社会上不稳定分子在实施犯罪之前，必然会对已被适用刑罚的犯罪人所受之痛苦产生联想，从而产生畏惧感，进而因为害怕受惩罚而放弃犯罪。

（2）一般预防的方式。一般预防主要有以下三种方式：

第一，在刑罚的制定、适用和执行过程中，威慑社会上的不稳定分子，抑制他们的犯罪动机，不敢以身试法。

第二，通过制定、适用和执行刑罚，表明国家打击、惩罚犯罪的态度；同时，安抚被害人，防止其进行私人报复，平息他们的报复情绪，预防新的犯罪的发生。

第三，通过制定、适用和执行刑罚，鼓励广大公民积极地同犯罪作斗争。

3. 特殊预防和一般预防的关系

刑罚的特殊预防和一般预防是预防犯罪的两个方面，二者紧密结合、相辅相成，共同构成刑罚目的的完整内容。刑罚的制定、适用和执行的每一环节都包含着特殊预防和一般预防的目的，但二者在不同环节有所侧重，并非平行等同。

在刑罚的制定阶段，以一般预防为主，特殊预防为辅。因为此时刑罚的制定并非针对具体的某人某事，而是面向全社会昭示犯罪的法律后果，预防犯罪并不以特定的犯罪人为限。在刑罚的适用阶段，人民法院既要考虑特殊预防的需要，使刑罚符合惩罚和教育改造罪犯的要求，又要考虑一般预防的需要，使适用的刑罚足以威慑、儆戒不稳定分子。但二者的关系是优先考虑特殊预防的需要，其次考虑一般预防的需要，不能因为强调一般预防而背离罪刑相适应原则实行严刑峻法。①

在刑罚执行阶段，则以特殊预防为主，兼顾一般预防。对罪犯进行改造，必须针对每个罪犯的不同情况适用行刑、减刑、假释等刑罚制度，才能达到教育、改造的目的。刑罚执行的同时，还要兼顾一般预防的需要，以对不稳定分子起警示作用。

---

① 有的学者认为，"根据预防论的观点，刑罚的量应当取决于预防犯罪的目的，从而在犯罪论和刑罚论中出现了两个相对独立的罪刑体系"，产生了定罪量刑究竟应该以犯罪的社会危害性为根据还是以刑罚的目的为根据的理论困惑。——参见王昭振："罪刑关系在责任理论中的重构"，载《刑法问题与争鸣》2004 年第 1 辑，中国方正出版社 2004 年版，第 153 页。

# 第十四章 刑罚的体系和种类

## 张某故意杀人被判死缓案

**案情：**被告人张某 1998 年 10 月在为某新建办公楼看场期间，因工场物品被盗，怀疑系洪某所为。10 月 28 日上午，张某向洪某询问此事引发争吵并互殴。殴斗中，被告人张某用一根钢筋棍朝洪某的头部猛击数下，将洪某打倒在地，随后又拿出一把菜刀朝洪某的头、面、颈部乱砍数十刀，洪某当场死亡。张某尔后将洪某的尸体移至暖气管道房，用铁板和刨花皮掩盖。张某将杀人现场的血迹清理后，潜逃至外地。1999 年 11 月 4 日张某到原籍河南省某县公安局投案自首。

某市人民法院经审理认为被告人张某构成故意杀人罪，且手段残忍，罪行特别严重，论罪应予严惩。但念被告人在外逃一年后，慑于法律威力，主动投案自首，有悔罪表现，依法可以从轻处罚。根据我国刑法第 232 条、第 67 条之规定，以故意杀人罪，判处被告人张某死刑，缓期二年执行，剥夺政治权利终身。

**问题：**本案是否适宜判处死缓？死缓的适用条件是什么？

**提示：**第一，本案起因，张某犯罪动机值得一提。第二，张某主动投案自首，有悔罪表现。

## 第 14 章思考题：

1. 我国刑罚体系的特点有哪些
2. 简述我国的主刑种类及其基本内容
3. 简述我国的附加刑种类及其基本内容
4. 论述我国自由刑的分类、特点、期限及执行
5. 论述死刑适用的限制性条件
6. 剥夺政治权利的内容、适用对象、刑期及其计算
7. 死缓的适用条件、法律后果及期限计算
8. 论述罚金和没收财产的适用

# 第一节 刑罚的体系

## 一、刑罚体系的概念与特征

### 1. 刑罚体系的概念

刑罚体系是人民法院对犯罪行为进行审判和运用刑罚的法律依据，也是刑法各条文确定法定刑的基础。刑罚体系，是指刑法规定的、以发挥刑罚功能和实现刑罚目的为目标，按照一定的方法进行归类并依一定顺序排列的各种刑罚方法组成的有机整体。

### 2. 刑罚体系的特征

（1）刑罚体系只能由刑法加以规定。首先，除刑法之外的其他法律均无权规定刑罚体系；其次，刑罚的种类、幅度、适用根据和方法也只能由刑法加以规定。

（2）刑罚体系以刑罚的目的为指导。刑罚体系是围绕发挥刑罚的功能和实现刑罚的目的来设置的，有什么样的刑罚目的就会有什么样的刑罚体系与之配套。

（3）刑罚体系以各种刑罚方法为内容。刑罚方法即刑法所规定的各种刑种，各刑种构成了刑罚体系的基本内容。

（4）刑罚体系是一个有机整体。刑罚体系中设置哪些刑种，各刑种之间如何安排，是需要立法者合理确定、而不是任意地设置并进行简单堆砌的。作为一个有机整体的刑罚体系要求各刑种必须是轻重有序、比例适当、关系协调，具有层次性的。

根据剥夺利益的种类，刑罚可以分为生命刑、身体刑、自由刑、名誉刑和财产刑。

## 二、我国刑罚体系的结构

我国刑法从有利于发挥刑罚的功能、实现刑罚的目的出发，设置刑种，对刑种进行分类，并按一定的顺序加以排列，形成了一个以自由刑为中心的刑罚体系。我国刑法把刑罚方法即刑种分为两类，即主刑和附加刑。

主刑是我国刑罚体系中主要适用的刑罚，包括管制、拘役、有期徒刑、无期徒刑和死刑。其中，管制、拘役、有期徒刑和无期徒刑是自由刑，死刑是生命刑。

附加刑包括适用于一般犯罪分子的一般附加刑和适用于特殊犯罪分子的特殊附加刑。一般附加刑包括罚金、剥夺政治权利和没收财产。特殊附加刑即驱逐出境。其中，罚金和没收财产属于财产刑，剥夺政治权利、驱逐出境属于资格刑。

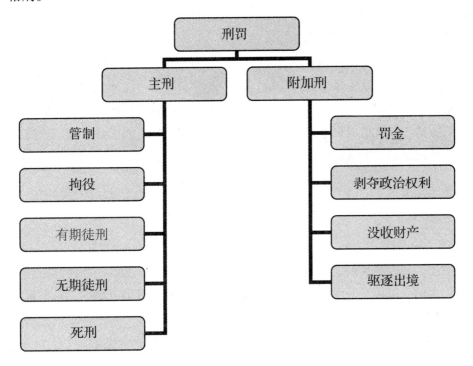

## 三、我国刑罚体系的特点

我国刑法所确立的前述刑罚体系，是在与犯罪作斗争的过程中逐步形成和发展起来的，是对我国多年刑事立法和司法经验的总结，具有以下特点：

1. 刑种多样，结构合理

我国刑罚体系中所设置的刑种，既有主刑，又有附加刑。主刑中有限制自由刑的管制，又有剥夺自由刑的拘役、有期徒刑和无期徒刑，还有剥夺生命刑的死刑；附加刑中既有财产刑的罚金和没收财产，又有资格刑的剥夺政治权利和适用于特殊犯罪分子的驱逐出境，整体上形成了包括限制自由刑、剥夺自由刑、生命刑、财产刑、资格刑的完整刑罚体系。

这种刑罚体系主刑与附加刑相结合，主刑在先，附加刑在后，主刑为主要适用的刑罚，附加刑为对主刑的补充，二者主次关系分明，并且各刑种均按照严厉程度从轻到重依次排列。

2. 宽严相济，衔接有序

惩办与宽大相结合的刑事政策是我国刑法制定的政策根据，也是刑罚体系确立的政策根据。惩办与宽大相结合的基本精神是根据犯罪和犯罪人的不同情况，具体分析，实行区别对待。我国刑罚体系中的主刑和附加刑都是轻重有序的，体现了我国宽严相济的刑事政策。

3. 主次分明，方法人道

我国的刑罚体系由多个刑种构成，但各刑种在体系中的地位有所不同。自由刑居于中心地位，其他刑种作为次要刑罚方法而存在。我国刑罚体系中的各种刑罚方法，具有造成犯罪人一定痛苦的属性，但不具有残虐性。我国没有摧残罪犯的肉体刑和贬低、侮辱罪犯人格的羞辱刑。

# 第二节 主 刑

主刑，又称基本刑，是对犯罪独立适用的主要刑罚方法。主刑的特点是：第一，主刑只能独立适用，而不能附加于其他刑罚方法适用；第二，对一种犯罪或同一罪犯一次只能判处一个主刑，而不能同时判处数个主刑。主刑是一类刑罚方法，具体包括管制、拘役、有期徒刑、无期徒刑和死刑五种。

## 一、管制

1. 管制的概念与特点

管制是指不予关押，但限制其一定自由，对罪犯依法实行社区矫正的刑罚方法，是我国特有的也是主刑中最轻的刑种。管制的特点是：

第一，对罪犯不予关押，仍留在原工作单位或原居住地工作和生活，不剥夺其人身自由，只限制其一定自由。

第二，限制犯罪分子一定的自由。被判处管制的罪犯虽然有人身自由，但他的工作、劳动和其他活动必须接受执行机关的管束和人民群众的监督。根据《刑法》第39条的规定，被判处管制的犯罪分子，在执行期间，应当遵守下列规定：遵守法律、行政法规，服从监督；未经执行机关批准，不得行使言论、出版、集会、结社、游行、示威自由的权利；按照执行机关规定报告自己的活动情况；遵守执行机关关于会客的规定；离开所居住的市、县或者迁居，应当报经执行机关批准。还可以根据犯罪情况，同时禁止犯罪分子在执行期间从事特定活动，进入特定区域、场所，接触特定的人。违者由公安机关依照《治安管理处罚法》的规定处罚。

第三，管制必须由人民法院依法判处，交由社区矫正机构执行，其他任何机关、单位、团体和个人都无权决定和执行。

第四，依法实行社区矫正。

2. 管制的适用对象

在我国刑罚体系中，管制是最轻的一种主刑。它的适用对象只能是罪行较轻、人身危险性较小、不需要关押的罪犯。管制主要适用于罪行性质不十分严重，社会危害性较小的犯罪。适用管制一方面可以少捕、少押罪犯，不至于影响罪犯的劳动和家庭生活；另外一方面，还可以充分发挥群众监督的作用，防止罪犯继续犯罪。

3. 管制的具体内容

最高人民法院、最高人民检察院、公安部、司法部 2011 年 4 月 28 日发布《关于对判处管制、宣告缓刑的犯罪分子适用禁止令有关问题的规定（试行）》，对判处管制、宣告缓刑的犯罪分子适用禁止令的有关问题进行了规定：对判处管制、宣告缓刑的犯罪分子，人民法院根据犯罪情况，认为从促进犯罪分子教育矫正、有效维护社会秩序的需要出发，确有必要禁止其在管制执行期间、缓刑考验期限内从事特定活动，进入特定区域、场所，接触特定人的，可以根据《刑法》第 38 条第 2 款、第 72 条第 2 款的规定，同时宣告禁止令。

（1）禁止从事特定活动。人民法院可以根据犯罪情况，禁止判处管制、宣告缓刑的犯罪分子在管制执行期间、缓刑考验期限内从事以下一项或者几项活动：第一，个人为进行违法犯罪活动而设立公司、企业、事业单位或者在设立公司、企业、事业单位后以实施犯罪为主要活动的，禁止设立公司、企业、事业单位；第二，实施证券犯罪、贷款犯罪、票据犯罪、信用卡犯罪等金融犯罪的，禁止从事证券交易、申领贷款、使用票据或者申领、使用信用卡等金融活动；第三，利用从事特定生产经营活动实施犯罪的，禁止从事相关生产经营活动；第四，附带民事赔偿义务未履行完毕，违法所得未追缴、退赔到位，或者罚金尚未足额缴纳的，禁止从事高消费活动；第五，其他确有必要禁止从事的活动。

（2）禁止进入特定区域、场所：人民法院可以根据犯罪情况，禁止判处管制、宣告缓刑的犯罪分子在管制执行期间、缓刑考验期限内进入以下一类或者几类区域、场所：第一，禁止进入夜总会、酒吧、迪厅、网吧等娱乐场所；第二，未经执行机关批准，禁止进入举办大型群众性活动的场所；第三，禁止进入中小学校区、幼儿园园区及周边地区，确因本人就学、居住等原因，经执行机关批准的除外；第四，其他确有必要禁止进入的区域、场所。

（3）禁止接触特定人员：第一，未经对方同意，禁止接触被害人及其法定代理人、近亲属；第二，未经对方同意，禁止接触证人及其法定代理人、近亲属；第三，未经对方同意，禁止接触控告人、批评人、举报人及其法定代理人、近亲属；第四，禁止接触同案犯；第五，禁止接触其他可能遭受其侵害、滋扰的人或者可能诱发其再次危害社会的人。

违反禁止令，具有下列情形之一的，应当认定为"情节严重"：第一，三次以上违反禁止令的；第二，因违反禁止令被治安管理处罚后，再次违反禁止令的；第三，违反禁止令，发生较为严重危害后果的；第四，其他情节严重的情形。

4. 管制及其禁止令的期限

（1）管制刑的期限。根据《刑法》的规定，管制的期限为3个月以上2年以下，数罪并罚时最高不能超过3年。管制的期限从判决执行之日起算，判决执行以前先行羁押的，羁押1日折抵刑期2日。管制是对人身自由的限制，而羁押属于剥夺人身自由的强制措施，因此羁押1日折抵刑期2日是适当的。

（2）禁止令的期限，既可以与管制执行的期限相同，也可以短于管制执行的期限，但不得少于3个月。

判处管制的犯罪分子在判决执行以前先行羁押以致管制执行的期限少于3个月的，禁止令的期限不受前款规定的最短期限的限制。

禁止令的执行期限，从管制执行之日起计算。

5. 管制的执行

根据《刑法》第38条第3款的规定，被判处管制的犯罪分子，依法实行社区矫正。禁止令由司法行政机关指导管理的社区矫正机构负责执行。判处管制的犯罪分子违反禁止令，由负责执行禁止令的社区矫正机构所在地的公安机关依照《中华人民共和国治安管理处罚法》第60条的规定处罚。

被判处管制的犯罪分子需要剥夺政治权利的，应当附加判处。对于危害国家安全的犯罪分子判处管制的，应当附加剥夺政治权利。剥夺政治权利的期限与管制的期限相等，同时执行。凡是没有附加剥夺政治权利的犯罪分子，在管制期间仍然享有政治权利。但是，犯罪分子在管制期间不能担任国有或集体企事业单位以及中外合资、中外合作企业的领导职务，不得外出经商。

被判处管制的犯罪分子，在劳动中应当同工同酬。根据有关司法解释，被判处管制的犯罪分子在管制期间，"若原所在单位确有特殊情况不能安排工作的，在不影响对其实行监督的情况下，经工商管理部门批准，可以在常住户口所在地自谋生计；家在农村的，亦可就地从事或承包一些农副业生产"。"国家行政机关工作人员被法院判处管制，其职务自然撤销，是否收回，由原单位根据其犯罪性质研究决定。不予收回，办理开除手续。收回的，安排参加劳动或临时性工作，参照被判处刑罚宣告缓刑人员的临时工资标准，发给适当报酬，管制期间悔改表现好的，期满解除管制后可以分配正式工作，重新确定职工和工资等级；表现不好的，予以开除。"

被判处管制的犯罪分子，管制期满，执行机关应立即向本人和其所在单位或者居住地的群众宣布解除管制，并且发给本人解除管制通知书。附加剥夺政治权利的，同时宣布恢复政治权利。

## 二、拘役

### 1. 拘役的概念

拘役是短期剥夺犯罪分子的人身自由，就近实行教育改造的刑罚方法。拘役是一种短期自由刑，是主刑中介于管制与有期徒刑之间的一种轻刑。

### 2. 拘役与刑事拘留、民事拘留、行政拘留的区别

拘役与刑事拘留、民事拘留、行政拘留都是短期剥夺自由的强制方法，但它们之间存在明显的区别，表现在：

（1）性质不同。拘役是一种刑罚方法；刑事拘留是刑事诉讼中的一种强制措施；民事拘留属于司法行政性质的处理，是民事诉讼中的一种强制措施；行政拘留是对违反治安管理的行为人的治安行政处罚。

（2）适用对象不同。拘役适用于罪行较轻的犯罪分子；刑事拘留适用于《刑事诉讼法》第80条规定的七种情形之一的现行犯或重大嫌疑分子；民事拘留适用于具有《民事诉讼法》第110条规定的六种行为之一，但又不构成犯罪的民事诉讼参与人或其他人；行政拘留适用于违反治安管理规定的行为人。

（3）适用的机关不同。拘役和民事拘留均由人民法院适用，但拘役由人民法院的刑事审判部门适用，民事拘留由人民法院的民事审判部门适用；刑事拘

留、行政拘留由公安机关适用。

（4）法律依据不同。拘役的依据是刑法；刑事拘留的依据是刑事诉讼法；民事拘留的依据是民事诉讼法；而行政拘留的依据则是治安管理处罚法。

3. 拘役的适用对象

拘役适用于罪行较轻，但仍需关押处理的犯罪分子。实践证明，对于这些罪行较轻的犯罪分子，如果不剥夺其短期自由，就不足以惩戒犯罪，如果判处有期徒刑又嫌过重，适用拘役能够收到较好的效果。

4. 拘役的期限

根据《刑法》第42条的规定，拘役的期限为1个月以上6个月以下。同时根据《刑法》第69条的规定，数罪并罚时最高不能超过1年。拘役的刑期，从判决执行之日起计算；判决执行以前先行羁押的，羁押1日折抵刑期1日。

5. 拘役的执行

根据《刑法》第43条第1款的规定，被判处拘役的犯罪分子，由公安机关就近执行。所谓"就近执行"是指在犯罪分子所在地的县、市或市辖区的公安机关设置的拘役所执行；未建立拘役所的，在就近的监狱执行；远离监狱的，可以在看守所执行。

被判处拘役的犯罪分子享有回家探亲的待遇。根据《刑法》第43条第2款的规定，被判处拘役的犯罪分子，在执行期间，每月可以回家一天至两天；参加劳动的，可以酌量发给报酬。拘役犯在服刑期间回家的天数应计算在刑期之内。这样，犯罪分子能与家庭和社会保持一定的联系，有利于犯罪分子接受其亲人和社会有关方面的教育，也使犯罪分子有机会帮助家庭解决一些实际困难。这对促进犯罪分子加速改造和减少社会负担都有好处。被判处拘役的罪犯参加劳动的，不同于被判处无期徒刑、有期徒刑和管制的罪犯那样或无任何报酬或同工同酬，而是由执行机关根据其在服刑期间的表现、生产技能和劳动收入等情况，发给适当报酬。

## 三、有期徒刑

1. 有期徒刑的概念

有期徒刑是剥夺犯罪分子一定期限的人身自由，实行强制劳动并接受教育和改造的刑罚方法。

在我国刑罚体系中，有期徒刑居于中心地位。由于有期徒刑的刑期幅度大，它既可以作为重刑适用于严重的犯罪行为，也可作为轻刑适用于危害较小的犯罪行为，这就为人民法院根据刑事案件的具体案情，依照惩办与宽大相结合的政策，比较灵活地具体适用提供了条件。

**2. 有期徒刑和拘役的区别**

根据我国刑法的规定，有期徒刑和拘役都是自由刑，都是剥夺犯罪分子一定期限的自由。但是，二者作为不同的刑罚方法存在着较大的区别，具体表现为：

（1）适用对象不同。拘役作为一种较轻的刑罚，只适用于罪行较轻的犯罪；而有期徒刑既可适用于罪行较轻的罪犯，也可适用于罪行较重的罪犯。

（2）刑期不同。拘役的期限为1个月以上6个月以下，数罪并罚最高不超过1年，而有期徒刑的期限为6个月以上15年以下，数罪并罚最高可达25年。所以拘役刑期短、起点低、幅度小；有期徒刑刑期长、起点高、幅度大。

（3）执行场所不同。被判处有期徒刑的犯罪分子，在监狱或者其他执行场所执行；被判处拘役的犯罪分子，由公安机关就近执行，主要是在当地的拘役所执行。

（4）待遇不同。被判处有期徒刑的犯罪分子，凡有劳动能力的，都应当参加无偿劳动，接受教育和改造，也没有每月可以回家休假的待遇；被判处拘役的犯罪分子，每月可以回家一天至两天，参加劳动的，可以取得一定报酬。

（5）法律后果不同。被判处拘役的犯罪分子除可能构成特殊累犯外，不可能构成一般累犯；而因故意犯普通刑事罪，被判处有期徒刑的犯罪分子，刑罚执行完毕或者赦免以后，在5年之内再犯应当判处有期徒刑以上刑罚的故意犯罪的，均构成累犯，应当从重处罚。

**3. 有期徒刑的适用对象**

有期徒刑在我国刑罚体系中居于中心地位，且其量刑幅度很大。《刑法》分则对所有罪都规定了有期徒刑，因此，有期徒刑适用于《刑法》规定的所有犯罪。

**4. 有期徒刑的刑期**

（1）一般情况。根据《刑法》的有关规定，有期徒刑的期限为6个月以上15年以下。

（2）特殊情况。在以下特殊情况中，可以提高：

①数罪并罚的，有期徒刑总和刑不满35年的，最高不超过20年；总和刑在35年以上的最高不超过25年。

②被判处死刑缓期执行的犯罪分子，在死刑缓期执行期间，如果确有重大立功表现，2年期满以后，减为25年有期徒刑。

③被判处无期徒刑的犯罪分子，在刑罚执行期间，确有悔改或立功表现，根据有关司法解释，也可以减为 18 年以上 20 年以下有期徒刑。

有期徒刑的刑期，从判决执行之日计算；判决执行以前先行羁押的，羁押 1 日折抵刑期 1 日。

5. 有期徒刑的执行

根据《刑法》第 46 条的规定，被判处有期徒刑的犯罪分子，在监狱或者其他执行场所执行。所谓"其他执行场所"，是指除了监狱以外的未成年犯管教所、拘役所等。如已满 14 周岁不满 18 周岁的未成年犯，在未成年犯管教所执行刑罚。被判处有期徒刑的罪犯，在被交付执行前，剩余刑期在 3 个月以下的，由看守所代为执行。被判处有期徒刑的罪犯，不论在什么场所执行刑罚，凡有劳动能力的，都应当参加劳动，接受教育和改造。

## 四、无期徒刑

1. 无期徒刑的概念

无期徒刑是剥夺犯罪分子终身自由，并强制其劳动改造的刑罚方法。

在我国刑罚体系中，无期徒刑是仅次于死刑的一种严厉的刑罚方法，是剥夺自由刑中最严厉的刑罚方法，因此主要适用于那些罪行严重、又不必判处死刑、但需要与社会永久隔离的犯罪分子。

2. 无期徒刑与有期徒刑的区别

（1）期限不同。有期徒刑剥夺的是犯罪分子一定期限的自由；而无期徒刑是剥夺犯罪分子终身自由。

（2）严厉程度不同。有期徒刑是介于无期徒刑和拘役之间的刑罚方法，比无期徒刑轻，比拘役重。无期徒刑是介于有期徒刑和死刑之间的刑罚方法，重于有期徒刑，轻于死刑。

（3）适用对象不同。有期徒刑的适用面较广，既适用于罪行较轻的罪犯，也适用于罪行较重的罪犯；无期徒刑只适用于罪行严重的罪犯。

（4）适用的其他规定不同。对判处有期徒刑的犯罪分子，不一定附加剥夺政治权利，而且判决之前先行羁押的，羁押的日期可以折抵刑期；对判处无期徒刑的犯罪分子，应当剥夺政治权利，且先前羁押的刑期不存在折抵的问题。

3. 无期徒刑的适用对象

无期徒刑主要适用于罪行严重，但不是必须判处死刑，判处有期徒刑又不足以对其进行惩罚的犯罪分子，即部分实施性质最严重、社会危害极大的犯罪的罪犯，如严重危害国家安全的犯罪分子和故意杀人、故意伤害、放火、决水、爆炸、投毒、抢劫、强奸、贩毒、走私、贪污、受贿等重大刑事犯罪分子。

根据司法解释，已满 14 周岁不满 16 周岁的人犯罪，一般不判处无期徒刑。未成年人犯罪只有罪行极其严重的，才可以适用无期徒刑。

4. 无期徒刑的执行

已判处无期徒刑的犯罪分子，在监狱或其他执行场所执行，并予以严格监管。凡有劳动能力的，都应当参加劳动，接受教育和改造。

对于被判处无期徒刑的犯罪分子而言，剥夺自由是没有期限的，但在实际执行中并不一定把犯罪分子关押到死，只要犯罪分子有悔过自新的表现，就可以回归社会，重获自由。

根据刑法的规定，被判处无期徒刑的犯罪分子，在服刑期间，如果认真遵守监规，接受教育改造，确有悔改或者立功表现，在刑罚执行一定期限后，可以适用减刑或假释。此外，在刑罚执行一定期限后，在国家发布特赦令的情况下，可以被特赦释放。

## 五、死刑

1. 死刑的概念

死刑是剥夺犯罪分子生命的刑罚方法，又叫生命刑，是最为严厉的刑罚方法。当代各国死刑的执行方法有枪决、绞刑、斩首、石刑、毒气杀、电杀等。日本是在监狱内用绞首的方法执行，我国采用枪决或者注射等方式执行。

2. 全球死刑废除概况

死刑，不仅仅是一个法律问题，它除了涉及罪与刑的关系，还涉及一个民族对于生死的认知和理解的问题。

**全球死刑废除情况统计表（截止 2012 年）**

| | 死刑存废状况 | 数量 |
|---|---|---|
| 废除死刑国家和地区 | 法律上废除所有死刑 | 97 |
| | 法律上废除死刑，但保留在特殊情况下可执行死刑 | 8 |
| | 事实上废除死刑（十年以上未执行死刑） | 35 |
| 维持死刑国家和地区 | 维持死刑 | 58 |

根据有关国际组织的统计，2012 全世界已经有 140 个国家和地区废除及不使用死刑（97 个废除所有死刑，8 个对一般状态下、非战时废除所有死刑，35

个法律尚未废除但实际上超过十年未执行死刑）；仍维持死刑的只有 58 个国家和地区（这 58 个国家和地区中，只有 21 个国家在 2011 年执行死刑）。目前全球已经有超过 2/3 的国家废除死刑。①

死刑存废问题至今仍是刑法学界争论不休的一个热门话题，主张废除死刑的与反对废除死刑的两派唇枪舌剑互不相让。②

仍维持死刑的国家和地区包括：阿富汗、伊朗、古巴、印度、中华人民共和国、台湾地区、索马里、新加坡、日本、美国等等。

我国在 1997 年修订刑法时，亦认真地考虑死刑存废的利弊得失，考虑到我国当前以及今后一定时期的社会治安形势，在"保留死刑、严格控制和慎重适用死刑"的死刑政策指导下，贯彻少杀、慎杀、防止错杀的刑事政策。我国新修订的《刑法》保留了死刑制度。

---

① 1849 年，罗马共和国废除了死刑，其宪法也是世界上第一个明确规定废除死刑的宪法。1998 年英国宣布废除所有和平时期的死刑。加拿大、法国和澳大利亚分别于 1976 年、1981 年和 1985 年废除死刑。

② 主张废除死刑的理由是：第一，死刑是野蛮之刑。废除它是尊重生命，保障人权的需要。政府和法律固然该扬善止恶，但"以暴制暴，以死止死"不是好方法。贝卡利亚说过，法律"阻止公民去做杀人犯，却安排一个公共的杀人犯"，死刑是合法化的谋杀；以暴制暴并非良策，心怀宽恕比心怀报仇更正面，死刑无法消除被害者家属的怨恨；死刑剥夺罪犯悔改的机会，它是野蛮时代复仇的遗风，助长人性的残忍。

第二，死刑误判难纠。废除它是防止误判与冤狱的需要。误判或冤狱使死刑导致无可挽救的后果（死刑若错杀冤枉无辜的人，则完全无法补救），个人实难以能保证自己不会在某天莫名其妙地被诬指成杀人犯。

第三，死刑是歧视之刑。死刑具有歧视性，在不自由的国家，被判死刑的常为贫穷、少数或弱势群体，或是用来消灭、控制政敌。大赦国际列举了巴基斯坦布托于 1979 年被处死，苏丹"共和兄弟"运动领袖被以"邪教"罪于 1979 年处以绞刑。1980 年韩国的金大中也曾被以共产主义者和组织暴乱的罪名处以死刑（1982 年获释）。

第四，死刑的吓阻作用值得怀疑，不具有特别的一般威慑功能。死刑不比无期徒刑更有吓阻，没有确实的数据表明死刑比无期徒刑更有用。终身监禁的人犯必须长期生活在监狱里面，比起死刑一枪毙命，更具痛苦性及威吓效果。

第五，死刑对于个别预防是不必要之刑。从隔离罪犯来看，死刑并非唯一隔离犯人的方法，终身监禁不得假释和死刑一样有将重罪者与社会隔绝与吓阻犯罪的效果。

第六，死刑是不人道之刑。死刑对受害者与其遗族没有什么帮助。没有死刑，尚有其他管道补偿受害者家属，死刑造成二度家庭悲剧，造成很多破碎家庭，引发更多社会问题。

第七，死刑是不经济之刑。死刑的特别程序须以大量的经济成本付出为代价。美国学者认为，从侦查、逮捕、关押、起诉、判处到处死一名罪犯，纳税人要支付百万美金，有的甚至高达 500 万美金。

第八，废除死刑有利于为办案保留一些证据。重刑犯可能知道一些重要的事实，但尚未吐露，不杀他们可能在未来帮助厘清其他案件，执行死刑可以说是毁灭证物。

第九，死刑具有不可分性。人的生命不可能分为整体与部分。死刑不能体现重罪重判，轻罪轻判，导致异罪同罚。

反对废除死刑的声音仍然不绝于耳。①

3. 死刑的适用对象

根据《刑法》第48条的规定，死刑只适用于罪行极其严重的犯罪分子。所谓"罪行极其严重"，是指犯罪行为对国家和人民利益危害特别严重和情节特别恶劣。而判断犯罪分子是否"罪行极其严重"，必须坚持主观罪过和客观危害相统一的原则，一方面要看犯罪分子的主观恶性是否达到了难以教育改造的程度，另一方面要看犯罪行为在客观上给国家和人民造成的危害是否特别严重，把这两方面结合起来全面衡量。

4. 死刑适用的限制

（1）死刑适用范围的限制。死刑只适用于罪行极其严重的犯罪分子。这是刑法总则对死刑适用范围所作的限制性规定。刑法分则将刑法总则的规定具体化，对即使可以适用死刑的犯罪，也都规定必须是"对国家和人民危害特别严重、情节特别恶劣"、"情节特别严重"、"危害特别严重"、"造成后果特别严重"、"致人重伤、死亡"、"致使公私财物遭受重大损失"等规定，以严格限制死刑的适用。此外，刑法分则对于死刑一般规定为选择性的、而不是绝对确定的法定刑。

（2）死刑适用对象的限制。"犯罪的时候不满18周岁的人和审判的时候怀孕的妇女，不适用死刑。"审判的时候已满75周岁的人，不适用死刑，但以特

---

① 反对废除死刑的理由是：

第一，死刑是实现对杀人者报复的必要手段。死刑能让杀人者付出相应的代价，废除死刑，对杀人者就失去了罪有应得的报复手段。

第二，死刑是避免私刑的必要手段。刑罚以公共报复的形式实现了个人报复愿望，可以避免私力报复行为。美国历史上曾发生西部殖民者组织"私人审判"的现象——因感到法律机构过于软弱，难以保护他们的财产，便自发组织民间审判机构以残酷的手段处罚财产犯罪。

第三，死刑具有最大的威慑功能。1975年，埃利克运用经济分析方法，认为1933－1970年每处死一名罪犯可挽救8条人命。

第四，死刑是彻底剥夺犯罪人再犯能力的必要之刑。

第五，死刑具有民意基础。

第六，处死杀人者是对人权、生命的尊重。人的生命具有等价性。如果废除死刑，就会放任需要以死刑来遏止的人杀人，从而使罪犯的生命高于受害人的生命。

第七，死刑抚慰受害者遗族的功能不能否定，是还给受害者公道的方法。

第八，死刑成本低廉。死刑只需一次执行，比起要庞大监禁费的无期徒刑便宜。

第九，死刑之利大于错杀之弊。误杀可尽力避免，即使不可避免，其所造成的后果也是追求死刑之利的必要的正当代价。死刑的误判毕竟只是极个别的，受死刑的保护而免遭谋杀的人数要多得多。

第十，死刑不是野蛮之刑。对杀人者不处以死刑就是对杀人等野蛮行为的放纵、姑息与迁就。死刑与犯罪的杀人性质不可同日而语，刑罚具有合法的目的。如果说死刑是公共杀人，很荒谬，那么对贪污犯处以罚金不一样吗？！

别残忍手段致人死亡的除外。

第一，这里所说的"不适用死刑"是指既不适用死刑立即执行，也不适用死刑缓期二年执行。这表明了我国对未成年人、老年人和怀孕的妇女的特殊保护，也是刑罚人道性原则的具体体现。

第二，"审判的时候怀孕"，需作扩大解释，不仅指人民法院审理案件的时候怀孕的妇女，也包括因刑事犯罪被羁押至案件起诉到人民法院之前怀孕的妇女，还包括在羁押的整个期间人工流产或自然流产的妇女。怀孕的妇女不适用死刑的时间最终得以拘留和逮捕为界限，在拘留、逮捕之前分娩的就可以适用死刑。怀孕是一种价值无涉的自然状态，只要在羁押期间怀孕或怀过孕，不论怀孕是否违反国家计划生育政策，不论是否分娩，不论是否自然流产或人工流产，不论是否出于非法目的，不论通过什么手段怀上了孕，一律不得适用死刑。这一规定是人道主义的必然要求，我国加入的《1949 年日内瓦公约两次附加议定书》规定"对怀孕妇女和幼童母亲，不应执行死刑"。联合国经社理事会1984 年 5 月 23 日批准的《关于保护面对死刑的人的权利的保障措施》第 3 条规定"对孕妇或新生婴儿的母亲不得执行死刑"。有学者对此规定有质疑，认为保护无辜的胎儿是对的，但让罪大恶极的孕妇逃避死刑是不对的。

如果审判的时候没有发现被告人怀孕而判处其死刑，在执行行刑命令之前发现罪犯正在怀孕，仍然应当停止执行，立即报最高人民法院依法改判。某女被告人依法被判死刑后，与看守发生不正当性关系导致怀孕，后来改判。

第三，犯罪时不满 18 周岁，被抓获归案时已满 18 周岁的，仍然不能适用死刑。

（3）死刑适用程序上的限制。首先，在刑事案件的管辖上，根据《刑事诉讼法》第 20 条的规定，死刑案件只能由中级以上人民法院进行一审，基层人民法院无权审理，更无权对被告人适用死刑。

其次，在死刑的核准程序上，《刑法》第 48 条第 2 款规定："死刑除依法由最高人民法院判决的以外，都应当报请最高人民法院核准。"

在我国司法实践中，全国人大常委会曾将部分死刑核准权下放到高级人民法院，即《关于死刑案件核准问题的决定》规定，因杀人、抢劫、强奸、爆炸、放火等罪行被判处死刑的案件，可由省、自治区、直辖市高级人民法院核准，不必报请最高人民法院核准。此后，最高人民法院又发出通知，决定将毒品案件的死刑核准权授权给部分高级人民法院。

为了统一死刑的适用标准，控制死刑的适用，自 2007 年 1 月 1 日起，各高级人民法院不再行使死刑的核准权，由最高人民法院统一核准。这在制度上为死刑的正确、公正适用提供了有力的制度保障。

死刑缓刑执行的，可以由高级人民法院判决或者核准。

5. 死刑缓期二年执行

《刑法》第48条规定，适用死刑如果不是必须立即执行的，可以判处死刑同时宣告缓期二年执行，这就是死刑缓期二年执行，简称死缓。死缓不是一个独立的刑种，而是死刑的一种执行方式或执行制度。

（1）死缓的适用条件。死缓的适用需要具备以下条件：

第一，适用的对象必须是应当判处死刑的犯罪分子，即罪行极其严重，论罪应判死刑。这是适用死缓的前提。

第二，不是必须立即执行。所谓的不是必须立即执行，没有法律明文规定和司法解释，主要是根据审判经验来进行判断，如犯罪后自首、立功或者有其他法定从轻情节的；在共同犯罪中罪行不是最严重的；被害人的过错导致犯罪人激愤犯罪的；有令人怜悯情节的；积极赔偿被害人损失取得被害人一方谅解的；有其他应当留有余地的情况等。

（2）死缓的考验期限。被判处死缓的犯罪人，有两年的缓期执行考验期限。与三种自由刑的刑期都是从"判决执行之日"起计算不同，死缓的考验期从"判决确定之日"起计算，判决之前先行羁押的期间，不计算在死缓的考验期限之内。

（3）死缓考验的结果。死缓的两年考验期限结束，对于被判处死缓的犯罪人，有两种结果，一是不再执行死刑，二是执行死刑。具体而言，分为三种情况：

第一，在死缓执行期间如果没有故意犯罪，两年期限届满后，减为无期徒刑。

第二，在死缓执行期间，如果没有故意犯罪，同时确有重大立功表现，两年期满后，减为25年有期徒刑。至于何种情形属于重大立功表现，由《刑法》第78条予以规定。

第三，在死缓执行期间，如果故意犯罪，查证属实的，由最高人民法院核准，执行死刑，不必等到死缓考验期届满。

根据反对解释，如果在死缓执行期间，罪犯抗拒改造，态度恶劣，有一般违法行为甚至有过失犯罪，都不得核准执行死刑。

对被死缓的累犯以及因故意杀人、强奸、抢劫、绑架、放火、爆炸、投放危险物质或有组织的暴力性犯罪被判处死缓的犯罪分子，人民法院根据犯罪情节可以同时决定对其限制减刑。

先行羁押的时间应折抵依法被判决的三种有期自由刑，但前提是所涉嫌的犯罪事实与后来法院审理的是同一犯罪事实。如某人犯罪同时将他人打成轻微伤被行政拘留 15 天，此 15 天不应折抵刑期。

**主刑比较一览表**

|  | 性质 | 刑期 | 羁押折抵刑期比例 | 执行机关 | 主要内容 | 待遇 |
|---|---|---|---|---|---|---|
| 管制 | 限制自由 | 3 个月 – 2 年，数罪并罚 3 年 | 1:2 | 社区矫正机构 | 不予关押、限制自由、社区矫正 | 同工同酬 |
| 拘役 | 短期剥夺自由 | 1 个月 – 6 个月，数罪并罚 1 年 | 1:1 | 公安 | 就近关押、剥夺较短期限自由 | 酌量给报酬，每月可回家一两天 |
| 有期徒刑 | 长期剥夺自由 | 6 个月 – 15 年，数罪并罚 25 年 | 1:1 | 监狱或其他执行场所（少管所、看守所） | 剥夺一定期限自由、适用最广泛 | 有劳动能力者须无偿参加劳动 |
| 无期徒刑 | 终身剥夺自由 | 无 | 无 | 监狱 | 终身监禁、有期变通、须剥夺政治权利 | 同上 |
| 死刑 | 剥夺生命 | 无 | 无 | 法院（立即执行）监狱（死缓） | 死刑政策、适用对象三种例外、执行方式、须剥夺政治权利 |  |

# 第三节　附加刑

附加刑，是补充主刑适用的刑罚方法。附加刑可以附加于主刑适用，也可以单独适用。附加刑种类相同的合并执行，种类不同的，分别执行。附加刑的主要种类有：罚金、剥夺政治权利和没收财产。

# 一、罚金

## 1. 罚金的概念

罚金是人民法院判处犯罪分子向国家缴纳一定数额金钱的刑罚方法。罚金是一种财产刑，是对犯罪分子财产权益的剥夺。罚金与罚款的不同之处体现在：

（1）性质不同。罚金是刑罚方法，罚款是行政处罚方法或是民事诉讼中的强制措施。

（2）适用前提不同。罚金的适用前提是行为构成犯罪，罚款适用于行政违法行为或民事诉讼违法行为。

（3）适用机关不同。罚金的适用机关是人民法院，罚款的适用机关既有人民法院又有行政机关。

（4）适用的法律根据不同。罚金适用的法律根据是刑法，罚款适用的法律根据是行政法或民事诉讼法。

## 2. 罚金的适用对象

罚金主要适用于贪图财物或者与财产有关的犯罪，同时也适用于少数妨害社会管理秩序的犯罪。罚金刑适用的目的是通过对犯罪人判处罚金剥夺其借以犯罪的经济基础，同时，也是对犯罪人贪财思想的惩罚和教育，以预防犯罪分子再次实施犯罪。

## 3. 罚金的适用方式

罚金的适用方式有四种：

（1）单科式。即单独适用罚金。《刑法》规定的单科罚金主要适用于单位犯罪。

（2）选科式。作为附加刑的罚金，既可附加适用，也可单独适用。《刑法》分则规定了单独适用的罚金与其他刑种并列，可供选择适用。

（3）并科式。即在对犯罪分子判处主刑的同时附加适用罚金，并且是必须附加适用。

（4）复合式。即罚金既可以附加主刑适用，也可以作为一种与有关主刑并列的刑种供选择适用。

## 4. 罚金的数额

根据《刑法》的规定，罚金数额的裁量包括以下几种情况：

（1）比例制。即不规定具体的罚金数额，而是根据犯罪数额的一定比例确定罚金的数额。

（2）倍数制。即不规定具体的罚金数额，而是根据犯罪数额的一定倍数确定罚金的数额。

（3）比例兼倍数制。即不规定具体的罚金数额，而是根据犯罪数额的一定比例和倍数确定罚金的数额。

（4）特定数额制。即立法明确规定罚金的数额。根据《关于适用财产刑若干问题的规定》第 2 条的规定，罚金原则上不能少于 1000 元，未成年人犯罪时罚金不少于 500 元。

（5）无限额制。《刑法》分则仅规定选处、单处或者并处罚金，不规定罚金的具体数额限度，由人民法院根据犯罪情节自由裁量罚金的具体数额。

5. 罚金的缴纳执行

根据《刑法》第 53 条的规定，罚金的缴纳包括以下几种做法：

（1）一次缴纳。犯罪分子在判决指定的期限内将罚金一次缴纳完毕。

（2）分期缴纳。指犯罪分子在判决指定的期限内分期将罚金缴纳完毕。主要适用于罚金数额较多，犯罪人无力一次缴纳的情况。

（3）强制缴纳。判决缴纳罚金，指定的期限届满，犯罪人有缴纳能力而拒不缴纳，人民法院采取查封、拍卖财产、冻结存款等措施，强制其缴纳。

（4）随时缴纳。即对于不能全部缴纳罚金的，法院在任何时候发现被执行人有可以执行的财产，随时都可以追缴。不能全部缴纳罚金，是指通过分期缴纳或者强制缴纳的方式，在缴纳期满后，仍无法使被执行人缴纳全部罚金。

（5）减少或免除缴纳。即犯罪人由于遭遇不能抗拒的灾祸，缴纳判决所确定的罚金数额确实有困难，由犯罪分子提出申请，人民法院经查证属实，可以根据其遭受灾祸的轻重情况，裁定减少罚金数额或免除缴纳全部罚金。

## 二、剥夺政治权利

1. 剥夺政治权利的概念和内容

（1）概念。剥夺政治权利，是指剥夺犯罪分子参加国家管理和政治活动的权利的刑罚方法。剥夺政治权利是一种资格刑。

（2）内容。根据《刑法》第 54 条的规定，剥夺政治权利的内容包括：

第一，选举权、被选举权；

第二，言论、出版、集会、结社、游行、示威自由；

第三，担任国家机关任何职务的权利；

第四，担任国有公司、企业、事业单位和人民团体领导职务的权利。但可以担任其他非领导职务。

剥夺政治权利的方式是同时完全剥夺上述权利。

2. 剥夺政治权利的适用对象

剥夺政治权利的适用对象比较广泛，既可以适用于严重的犯罪，也可以适用于较轻的犯罪，既可以适用于危害国家安全的犯罪，也可以适用于普通刑事犯罪。其适用对象，因适用形式的不同而有所不同。

独立适用的剥夺政治权利，适用于《刑法》分则明文规定的罪行较轻、不需要判处主刑的罪犯。

第一，应当附加剥夺政治权利。从罪种上看，对危害国家安全的犯罪分子，应当附加剥夺政治权利；从刑种上看，对被判处死刑和无期徒刑的犯罪分子，应当附加剥夺政治权利终身。但司法实践中，对于本来就没有中国公民享有的政治权利的外国人，不必判决"剥夺"。

第二，可以附加剥夺政治权利。对实施故意杀人、强奸、放火、爆炸、投毒、抢劫等严重破坏社会秩序行为的犯罪分子，可附加剥夺政治权利。同时，根据最高人民法院的司法解释，对于故意伤害、盗窃等其他严重破坏社会秩序的犯罪，犯罪分子主观恶性较深、犯罪情节恶劣、罪行严重的，也可附加剥夺政治权利。

3. 剥夺政治权利的期限

剥夺政治权利的期限分为以下四种情况：

第一，被判处死刑、无期徒刑的犯罪分子，应当剥夺政治权利终身。

第二，在死刑缓期执行减为有期徒刑或者无期徒刑减为有期徒刑的时候，应当将附加剥夺政治权利的期限改为3年以上10年以下。

第三，独立适用或者判处有期徒刑、拘役附加剥夺政治权利的期限为1年以上5年以下。

第四，判处管制附加剥夺政治权利的期限与管制的期限相同。

4. 剥夺政治权利的刑期计算和执行

根据《刑法》和其他有关法律的规定，剥夺政治权利刑期的计算有以下四种情况：

第一，判处管制附加剥夺政治权利的，剥夺政治权利的期限从管制判决执行之日起计算，剥夺政治权利的期限与管制的刑期相等，同时执行。

第二，判处拘役附加剥夺政治权利的，剥夺政治权利的期限从拘役执行完毕之日起计算。

第三，判处有期徒刑附加剥夺政治权利的，剥夺政治权利的期限从有期徒刑执行完毕或者假释之日起计算。

第四，单处剥夺政治权利的，剥夺政治权利的期限从判决执行之日起计算。

需要注意的是，判处拘役、有期徒刑附加剥夺政治权利的，剥夺政治权利当然适用于主刑执行期间。对这类犯人，在有期徒刑、拘役执行期间，当然剥夺政治权利。假设某罪犯被判 10 年有期徒刑，附加剥夺政治权利 4 年，该罪犯在服刑期间没有被减刑、假释，则实际不享有政治权利达 14 年。但被判处管制、拘役、有期徒刑而没有附加剥夺政治权利的犯罪分子，在执行期间仍然享有政治权利。

剥夺政治权利由公安机关执行。被剥夺政治权利的犯罪分子，在执行期间，应当遵守法律、行政法规和公安部门有关监督管理的规定，服从监督，不得行使《刑法》第 54 条规定的各项权利。剥夺政治权利期满，执行机关应当通知本人，并在相应的范围内宣布恢复其政治权利。

### 三、没收财产

1. 没收财产的概念

没收财产是将犯罪分子个人所有财产的一部分或者全部强制无偿地收归国有的刑罚方法。没收财产作为一种财产刑，是我国刑罚的附加刑中最重的一种。

2. 没收财产与罚金的区别

（1）适用对象不同。罚金只适用于情节较轻的贪利性犯罪或单位犯罪；没收财产则适用于危害国家安全的犯罪、走私犯罪及其他严重破坏经济秩序的犯罪及以营利为目的的妨害社会管理秩序罪。

（2）刑罚的内容不同。没收财产是剥夺犯罪分子个人现实所有财产的一部分或者全部，既可以是没收金钱，也可以是没收其他财物；而罚金则是剥夺犯罪分子一定数额的金钱，这些金钱不一定是现实所有的。

（3）执行方法不同。罚金可以分期缴纳，如果由于犯罪分子遭遇不能抗拒的灾祸，还可以酌情减少或者免除；没收财产的执行具有一次性的特点，即没收财产刑一旦宣告，就一次性地没收犯罪分子的财产的一部分或者全部，不存在分期执行和减免的问题。

3. 没收财产的适用对象

根据《刑法》分则的规定，没收财产主要适用于以下几类犯罪：（1）危害国家安全犯罪；（2）严重的经济犯罪；（3）严重的财产犯罪；（4）其他严重的刑事犯罪。

4. 没收财产的范围

根据《刑法》第59条的规定，没收财产的确定必须遵守两个原则：一是只能没收属于犯罪人个人合法所有并且没有用于犯罪的财产。属于犯罪人家属所有或者应有的财产不得没收；"非法"财产不在没收之列，犯罪分子违法所得应当予以追缴或者责令退赔，对被害人的合法财产应当及时返还；违禁品和供犯罪所用的本人财物应当予以没收。它们均不属于没收财产。

二是在确定没收财产的范围时，既可以没收犯罪人财产的一部分，也可以没收犯罪人财产的全部，应当根据犯罪人犯罪的具体情况而定。

需要注意的是，在没收犯罪人的全部财产时，应当为犯罪人本人及其扶养的家属保留必要的维持基本生活的部分财产。

5. 没收财产的执行

没收财产由人民法院执行，在必要的时候可以会同公安机关执行。在执行中，如果发现有被犯罪分子非法占有的公民个人的财产，经原所有人请求，查证属实后，应当归还原所有人。

同时，根据《刑法》第60条的规定，没收财产前，犯罪分子所负正当债务，需要以没收的财产偿还的，经债权人请求，应当偿还。应具备三个条件：第一，该债务是在没收财产以前犯罪分子所负的正当债务；第二，需要以没收的财产偿还；第三，经债权人请求。只要具备这三个条件，司法机关就必须满足权利人的请求，司法机关没有批准是否偿还的权力。

根据《刑法》第36条第2款的规定，承担民事赔偿责任的犯罪分子，同时被判处没收财产的，应先承担对被害人的民事赔偿责任。

犯罪分子被判处罚金和没收部分财产的，应分别执行；被判处罚金和没收全部财产的，采取吸收原则，仅执行没收财产刑即可。

## 四、驱逐出境

驱逐出境，是指将犯罪的外国人强制驱逐出中国国境的一种刑罚方法。特点是：

第一，适用对象的特定性。驱逐出境只适用于在我国犯罪的外国人，包括无国籍人。对虽在我国境内犯罪但享有外交特权与豁免权的外国人不适用。

第二，适用形式的灵活性。《刑法》第35条规定："对于犯罪的外国人，可以独立适用或者附加适用驱逐出境。"是"可以"而非"应当"或"必须"驱逐出境。驱逐出境既可以独立适用，也可以附加适用，符合附加刑的特点，属于附加刑。驱逐出境附加适用时，应当在主刑执行完毕后将犯罪的外国人驱逐出中国国境。它的适用涉及国与国的关系，应当谨慎使用。独立适用驱逐出境的，应当从判决确定之日起执行。

第三，它是资格刑，剥夺的是外国人在中国的居留资格。作为刑罚中附加刑的驱逐出境与《中华人民共和国出境入境管理法》第81条规定的驱逐出境不可同日而语。后者是作为行政处罚方法存在的，与作为刑罚方法的驱逐出境存在本质区别。

# 第四节 非刑罚的处理方法

## 一、非刑罚处理方法的概念

非刑罚处理方法，是指刑法规定在特定情况下，由人民法院对犯罪人进行处理的刑罚方法以外的其他方法。

非刑罚处理方法不是刑罚方法，因此不具有刑罚处罚所产生的法律后果，但非刑罚处理方法的结果对于犯罪人和被害人来说，都具有重要意义。

在刑法中规定非刑罚处理方法，表明我国对犯罪的处理不是单纯地依赖刑罚，而是兼采多种方法。对于那些罪行轻微、不需要判处刑罚的犯罪分子，给予适用的非刑罚处理，一方面体现了我国刑法惩办与宽大相结合的基本刑事政策，另一方面也给予犯罪分子一定的否定评价，使其受到教育、警诫，不致再犯罪。

## 二、非刑罚处理方法的种类

根据《刑法》第36条和第37条的规定，非刑罚处理方法包括以下三类：

1. 赔偿损失

赔偿损失，是指人民法院根据犯罪人的犯罪行为给被害人造成的损失情况，判处犯罪人给予被害人一定的经济赔偿的方法。具体的做法有两种：

（1）判处赔偿经济损失。即由人民法院对犯罪分子除依法给予刑事处罚外，并根据其犯罪行为给被害人造成的经济损失情况，判处犯罪分子给予被害人一定经济赔偿的处理方法。

（2）责令赔偿损失。即由人民法院对犯罪情节轻微不需要判处刑罚的犯罪分子，在免除刑事处罚的同时，根据其犯罪行为对被害人造成的经济损失情况，责令其向被害人支付一定数额的金钱，以赔偿被害人经济损失的处理方法。

2. 训诫、责令具结悔过、赔礼道歉

训诫，是人民法院对犯罪分子当庭予以批评或谴责，并责令其改正的一种教育方法。责令具结悔过，是指人民法院责令犯罪分子用书面方式保证悔改，以后不再重新犯罪的一种教育方法。

责令赔礼道歉，是人民法院责令犯罪分子公开向被害人当面承认错误，表示歉意的一种教育方式。

3. 由主管部门予以行政处罚或者行政处分

由主管部门予以行政处罚或者行政处分，是指人民法院根据案件的情况，向犯罪分子的主管部门提出对犯罪分子予以行政处罚或者行政处分的建议，由主管部门给予犯罪分子一定的行政处罚或者行政处分的一种非刑罚处理方法，人民法院并不直接作出行政处罚或者行政处分决定。行政处罚指行政法意义上的处罚，如行政拘留、罚款、劳动教养等；行政处分指犯罪分子所在单位给予行政纪律处分，如开除、记过、警告等。人民法院对主管部门如何处理不进行干预，但主管部门应当将处理结果通知人民法院。

# 第十五章　刑罚裁量

## 李某交代自己与王某共同杀人案

**案情：** 自 2000 年以来，被告人李某先后盗窃 10 余次，盗窃物品价值 30000 余元，2006 年 6 月李某被公安机关拘留。李某在被拘留期间，除如实交代了盗窃行为，还交代了 2004 年 4 月某晚伙同王某到某厂职工宿舍抢劫财物并杀死一人的罪行。经司法机关查证属实，依法将同案犯王某逮捕归案。王某对抢劫杀人的罪行供认不讳。

**问题：** 第一，李某有无自首和立功情节？第二，本案有无共犯？

**提示：** 第一，李某如实交代司法机关还未掌握的本人其他犯罪行为，属于特别自首。第二，李某交代与王某共同杀人，经查证属实，属于立功。

**第 15 章思考题：**

1. 刑罚裁量的概念、意义与原则是什么
2. 简述法定情节与酌定情节的概念与适用
3. 简述累犯的概念、分类及其条件
4. 简述自首的概念、分类、认定与法律后果
5. 立功的概念、认定与法律后果
6. 数罪并罚的概念与原则
7. 缓刑的概念、分类、条件

# 第一节　刑罚裁量概述

## 一、刑罚裁量的概念和特征

### 1. 刑罚裁量的概念

刑罚裁量，简称量刑，指人民法院在查明犯罪事实、认定犯罪性质的基础上，根据犯罪行为人所犯罪行及刑事责任的轻重，依法对犯罪人裁量刑罚的审判活动。

### 2. 量刑的特征

（1）量刑的主体是审判机关。在我国，只能由人民法院裁量刑罚。刑罚的裁量权是国家刑罚权的重要组成部分，属于国家刑事审判权。我国审判权包括刑事审判权统一由法院行使，其他任何机关、团体或个人都不能行使。

（2）量刑的对象只能是犯罪分子。犯罪引起刑事责任，刑罚是刑事责任的主要法律后果，因此，未经刑事审判确认有罪的人，不能成为量刑的对象。

（3）定罪是量刑的前提。量刑的基础是定罪，即查明犯罪事实、认定犯罪性质。人民法院只有在正确定罪后，才能决定对犯罪人适用何种刑罚。定罪不但要确定犯罪行为人构成什么性质的罪，还要进一步确定犯罪行为人是构成该犯罪的基本罪、重罪还是轻罪。

（4）刑事责任的大小是量刑轻重的唯一根据。刑事责任的大小不仅表现为犯罪人行为的社会危害程度，还表现为行为人的人身危险性程度。在量刑过程中，判断刑事责任大小的唯一根据只能是案件的各种从重和从轻处罚的量刑情节。

（5）量刑的内容是裁量刑罚。即确认犯罪行为人是否需要判处刑罚，确认对犯罪行为人应当适用的刑种和刑度，以及确认对其适用的刑罚方式。

## 二、刑罚裁量的任务

量刑是人民法院行使国家刑事审判权的重要环节。如何正确地对犯罪行为人适用刑罚，使之不失偏颇，具有重要意义。量刑的主要任务是：

### 1. 决定对已经构成犯罪的行为人是否需要判处刑罚

量刑的前提是行为人构成了犯罪。但是，犯罪行为的表现形态是多种多样的，这不仅表现在不同性质的犯罪之间，即使是同一性质的犯罪，也会因行为人的不同、犯罪场景不同，在事实、情节、后果、程度、影响等各方面存在差异，这些差异导致人民法院在对犯罪人裁量刑罚时必须区别对待、进行个案分析。量刑的首要任务是决定对犯罪人是否判处刑罚。在犯罪行为人不具有刑法规定的免除处罚情节时，应当判处刑罚；反之，如果犯罪行为人具备法定的免除处罚情节的，则应宣告免予刑事处罚。

2. 对犯罪行为人应当适用的刑种和刑度的确认

人民法院在确认行为人的行为构成犯罪后，除了具有法定免除处罚情节的以外，均应对犯罪行为人根据其行为的性质和犯罪的具体情况适用刑罚。我国《刑法》对各项犯罪刑罚的规定具有多刑种和宽幅度的特点，大多数罪名的刑罚幅度为从管制、拘役到无期徒刑、死刑，这就要求法官在具体适用刑罚时必须做到对犯罪行为人判处的刑罚与其所犯之罪及刑事责任相适应，准确量刑。

3. 对犯罪行为人适用刑罚方式与制度的确认

在确定了犯罪行为人应当适用的刑种和刑度之后，亦应同时考虑对犯罪行为人以哪种方式或制度来执行刑罚的问题。按照我国《刑法》的规定，对绝大多数犯罪决定适用某种刑罚的判决一经生效，该刑罚便立即执行。但是，鉴于犯罪行为人的情况千差万别，犯罪的情节各有不同，在适用刑罚的方式与制度上也会表现出一定的差别，如我国《刑法》规定了缓刑制度、死缓制度等，因此，量刑亦应包括决定对所判刑罚以何种方式来执行的问题。

## 三、刑罚裁量的意义

1. 量刑是实现刑法任务的重要环节之一

刑法的基本任务是惩罚犯罪分子，预防和减少犯罪，保护国家和人民的利益。这一任务主要是通过对犯罪分子的定罪量刑来完成的。对量刑而言，定罪是前提，对定罪而言，量刑是归宿，定罪和量刑不可偏废。量刑的过程是对犯罪行为落实刑事责任，以实现罪责刑相适应的刑法基本原则的过程。

2. 量刑是正确行刑的前提和基本保障

如果说量刑是对定罪的自然延伸，行刑就是量刑的逻辑后果。只有通过量刑，并将其执行，才能使刑罚的特殊预防和一般预防功能切实发挥，实现刑罚的目的。只有量刑正确，行刑才有正确的方向。因此，量刑不仅是刑事审判的重要组成部分，而且是确保刑罚执行取得最佳效果的必要条件。

3. 量刑有利于督促审判机关提高办案质量

人民法院行使国家刑事审判权，主要职责是对被告人的行为进行定罪量刑，做到定性准确，量刑适当。量刑适当是指对案件既不能罪轻刑重，也不能罪重刑轻，应当罚当其罪。量刑作为审判的重要一环，对督促人民法院提高办案质量具有重要意义。

4. 正确量刑有助于维护公民的合法权益和社会安定

正确的量刑既能保障犯罪行为人的合法权益，也能调动全体公民遵纪守法的自觉性和积极性，实现预防犯罪的目的。如果量刑失当，必将在社会上造成不良影响。只有正确量刑，才能维护社会主义法治的尊严和人民法院的司法权威，使刑罚充分发挥保护人民，惩治犯罪，保障国家长治久安的作用。

## 第二节　刑罚裁量的原则

量刑原则是指依照《刑法》的规定，贯穿全部量刑活动并对量刑工作具有指导意义和制约作用的法律准则。我国《刑法》第 61 条规定："对于犯罪分子决定刑罚的时候，应当根据犯罪的事实、犯罪的性质、情节和对于社会的危害程度，依照本法的有关规定判处。"这一规定包括了量刑的两项基本原则：以犯罪事实为依据，以刑法为准绳。

### 一、以犯罪事实为依据的原则

犯罪事实是处理刑事案件最基本的依据，是人民法院据以确定犯罪行为人的犯罪性质、情节和对社会危害程度的根本。所谓犯罪事实，有广义和狭义之分。狭义的犯罪事实，仅指犯罪构成的基本事实，即在犯罪实施过程中所发生的表明犯罪人罪行轻重和刑事责任大小的各种情况，包括行为人的罪过、犯罪的行为以及手段、犯罪主体的个人情况以及犯罪的性质等，是犯罪行为人在罪中的事实。广义的犯罪事实，不仅指犯罪实施过程中所发生的能够表明行为人罪行轻重和刑事责任大小的各种主客观事实情况，还包括了犯罪行为人在罪前的事实和罪后的事实，罪前的一贯表现，罪后的认罪态度等。坚持和贯彻以犯罪事实为依据的量刑原则，包含了以下内容：

1. 查清犯罪事实

犯罪事实包括《刑法》第 61 条规定的"犯罪的事实、犯罪的性质、情节和对于社会的危害程度"等四个方面的事实情况。犯罪事实是量刑的物质基础，没有犯罪事实，就不会产生刑事责任，更没有量刑的客观基础。只有在查清犯罪事实的前提下，才可能确定行为人的行为是否构成犯罪，构成何种犯罪，是否需判处刑罚，给予何种刑罚以及刑罚的执行制度等。所以，要做到量刑适当，就必须首先查清犯罪事实。

2. 准确认定犯罪性质

所谓犯罪性质，是指具体犯罪的罪质，亦即构成犯罪的一切主客观事实所统一表现出来的犯罪性质。犯罪是一种复杂的社会现象，不同的犯罪体现不同的社会危害性，各种犯罪之间存在着量和质的区别。不同性质的犯罪，其社会危害性是不同的，刑事处罚的轻重也应有区别。因此，在查清犯罪事实的基础上，正确认定犯罪性质，即正确认定某一行为构成哪一个具体的犯罪，就可以正确区分此罪与彼罪，从而确定应当适用的刑罚，实现量刑的合法性和公正性。

3. 正确分析犯罪情节

犯罪情节是指与犯罪行为人及犯罪行为有关的各种事实。犯罪情节可以分为两种，一种是影响犯罪性质的情节，是构成犯罪的必备因素，称为定罪情节，如有的《刑法》条文规定必须是"情节严重的"才构成犯罪，这种情节就关系到罪与非罪的问题。还有一种是量刑情节，即决定犯罪性质的基本事实以外的、影响犯罪的社会危害程度的事实情况，它不决定犯罪的性质，但影响量刑的轻重。如同样是故意杀人，动机各不相同，有因图财杀人，有因情杀人，有因报复杀人，有因激愤杀人等。从故意杀人犯罪的犯罪构成来看，这些动机尽管不影响定罪，但是在量刑时，则是必须考虑的情节。这里讲的情节是指量刑情节。《刑法》正是根据不同的情节，对同一犯罪规定不同的量刑幅度。如《刑法》第233条规定："过失致人死亡的，处三年以上七年以下有期徒刑；情节较轻的，处三年以下有期徒刑。本法另有规定的，依照规定。"这就是过失致人死亡的不同情节，刑法为此规定了轻重不同的量刑幅度。人民法院在确定了犯罪的性质，解决了该罪运用哪个刑法条文规定的量刑幅度以后，还必须全面掌握犯罪情节，根据犯罪情节的不同，决定在哪个量刑幅度以内或以下裁量应判处的刑罚。

4. 综合评价犯罪的危害程度

任何犯罪都会给社会造成损害，既包括有形的物质性的损害，也包括无形的非物质性的损害。犯罪的危害程度即是通过犯罪事实、犯罪性质、犯罪情节表现出来的对社会的危害。对社会的危害程度是区分罪与非罪、重罪与轻罪以及决定是否判处刑罚和刑罚的轻重的主要根据之一。不同的犯罪对社会的危害程度不相同，即使是同一种犯罪，对社会的危害程度也不相同。因此，人民法院在量刑的时候，必须正确评判犯罪的社会危害程度，只有这样才能对犯罪分子准确量刑。

## 二、以刑法为准绳的原则

以犯罪事实为依据对犯罪人裁量刑罚，这只是说明刑罚的裁量具备了基本的前提和基础，但是量刑是否准确，还需要看量刑时是否严格依照《刑法》的规定。根据我国《刑法》第 61 条的规定，对犯罪分子决定刑罚的时候，应当"依照本法的有关规定"，这就要求量刑必须以《刑法》的规定为准绳，这是罪刑法定原则在量刑活动中的体现。具体而言，应体现在以下几个方面：

1. 在刑法规定的刑罚种类和量刑幅度内量刑

《刑法》分则中凡是有关罪刑的条文都是由两个基本部分构成的，一部分是对罪状的描述，这是认定犯罪的依据；一部分是对法定刑的规定，这是量刑的依据。我国《刑法》所规定的法定刑都是相对确定的法定刑，除了少数条文之外，都有两种以上的刑罚种类供选择，所有的条文都有一定的量刑幅度，这就为人民法院提供了较大的适用刑罚的考虑余地。所以，在量刑的时候应当做到：首先，要按照《刑法》对各种量刑情节的规定，选择适当的刑种；其次，要根据《刑法》规定的各种刑罚的具体内容和适用条件，权衡犯罪人刑事责任的轻重，判处适当的刑度；最后，由于不同法条规定了不同的附加刑适用条件及处罚的范围，所以要注意在适用主刑的同时适用各种附加刑。在任何情况下，对犯罪人所适用的刑罚必须是《刑法》分则条文规定的刑罚种类，并应在《刑法》分则条文的量刑幅度内裁量刑罚。

2. 依照刑法关于量刑情节的适用原则进行量刑

我国《刑法》对量刑规定了各种情节。《刑法》总则既规定了关于犯罪与刑罚的一般原理、原则，也规定了在适用刑罚时的有关制度，而《刑法》分则是将《刑法》总则规定的犯罪与刑罚的一般原理、原则适用到各种具体犯罪之中。量刑时，首先应明确，哪些是适用于一切犯罪的情节，哪些是只能适用于特定犯罪的情节，各种量刑情节成立的条件是什么，防止量刑时发生遗漏和适用不当。其次，要明确各种情节的特定含义，即：从重、从轻、减轻与免除处罚的特定含义是什么；哪些是从轻处罚情节，哪些是从重处罚情节；以及"应当"、"可以"情节的适用。最后，要明确各种量刑情节的功能，即哪些是单功能情节，哪些情节是多功能的等。

## 三、禁止对同一量刑情节重复评价

禁止重复评价原则对量刑也有要求，即禁止对同一量刑情节重复评价。早在古罗马时期，罗马法就规定"对同一案件不可提起两次诉讼"、"任何人不应受两次磨难"。现在许多国家通过法律规范明文规定，如《德国基本法》第130条规定了"任何人不得因同一行为，受到普通刑法多次刑罚"，美国《宪法修正案》第5条规定，"任何人不得因同一罪行而两次遭受生命或健康的危险"。日本《宪法》第39条规定："任何人不得因同一次犯罪而两次被判刑。"俄罗斯《宪法》第50条规定："任何人不得因同一次犯罪而两次被判刑。"法国《刑事诉讼法》第692条、意大利《刑事诉讼法》第649条也有相关的规定。

在我国，刑法虽然没有明文规定这一原则，但刑法理论和司法实践都肯定这一原则。在量刑时，对各种情节不能重复评价。例如，毒品犯罪行为人，既符合累犯构成，又符合毒品再犯情形的，只能按照其中一项从重处罚，不能双管齐下，进行两次从重处罚。① 累犯是法定的从重量刑情节，而再犯一般而言仅仅是酌定情节，但《刑法》第356条规定的毒品再犯则属于法定量刑情节。该条规定："因走私、贩卖、运输、制造非法持有毒品罪被判过刑，又犯本节规定之罪的，从重处罚。"为协调这种矛盾，2008年12月1日最高人民法院又发布《全国部分法院审理毒品犯罪案件工作座谈会纪要》，该文件第八部分规定，对同时构成累犯和毒品再犯的被告人，应当同时引用刑法关于累犯和毒品再犯的条款从重处罚。"应当同时引用刑法关于累犯和毒品再犯的条款从重处罚"这一规定，并不意味着对符合累犯的毒品再犯两次从重处罚。根据禁止对同一量刑情节重复评价的原则，对此应进一步解释为：对于构成累犯的毒品再犯，虽然同时引用累犯和毒品再犯的条款，但对此只从重处罚一次，从重处罚之后对该毒品犯罪仍不得适用缓刑、假释；对于不构成累犯的毒品再犯，虽然依法应从重处罚，但从重处罚之后依法仍有缓刑、假释的适用可能性。

---

① 2000年4月4日《最高人民法院全国法院审理毒品犯罪案件工作座谈会纪要》规定：对依法同时构成再犯和累犯的被告人，今后一律适用《刑法》第356条规定的再犯条款从重处罚。这一司法解释遭到理论界普遍质疑，许多学者认为既符合累犯条件又属于毒品再犯情形的，应按照累犯处理，因为《刑法》第356条的再犯规定仅适用于不成立累犯的情形，否则意味着对符合累犯的毒品犯罪人可以适用缓刑、假释，而其他犯罪的累犯则不得适用缓刑、假释，这明显不合理、不公平。

## 第三节 刑罚裁量情节

### 一、刑罚裁量情节的概念与特征

1. 刑罚裁量情节的概念

刑罚裁量情节，简称量刑情节，是指在某种行为已经构成犯罪的前提下，法院在对犯罪行为人决定刑罚适用和刑罚轻重的时候必须考虑的各种情节。

2. 量刑情节的基本特征

第一，量刑情节是表明行为的社会危害性以及行为人人身危险性程度，从而影响刑罚轻重的各种主客观事实情况。

第二，量刑情节是在某种行为已构成犯罪的基础上考虑的用以影响量刑的各种事实。

第三，量刑情节必须以法定刑的范围为基础。

第四，量刑情节是对犯罪人落实刑事责任和实现刑罚个别化的根据。

### 二、量刑情节的分类

根据不同的标准可将量刑情节划分为不同的种类：

1. 法定情节与酌定情节

这是以量刑情节是否由《刑法》明文规定为标准作的划分。

法定情节指《刑法》明文规定的在裁量刑罚时人民法院应当考虑的情节。《刑法》总则中规定的法定情节，对各类犯罪均适用；在《刑法》分则中规定的法定情节，仅对特定的犯罪适用。

酌定情节指《刑法》未作明文规定，法院根据刑事立法精神和有关刑事政策，结合司法审判实践经验，在量刑时灵活掌握并酌情适用的情节。

2. 从重情节与从宽情节

这是以情节对量刑产生的轻重或处罚宽严的性质为标准作的划分。

从重情节是指对犯罪人的量刑结果将产生不利影响的情节，即从重处罚的情节。所谓从重处罚，是指在法定刑中间线以上判处适当的刑罚（或刑期），但是不能突破法定刑上限。

从宽情节是指对犯罪人的量刑结果具有从宽或有利影响的情节，包括从轻处罚情节、减轻处罚情节和免除处罚情节。其中，从轻情节是指在法定刑的范围内选择较轻的刑种或较短的刑期，但不能低于法定刑的下限；减轻处罚是指低于法定最低刑判处适当的刑罚；免除处罚是指对犯罪人作有罪判决，但免除刑罚。

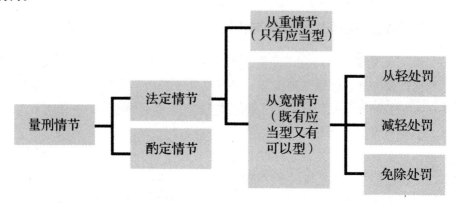

### 3. 命令性情节与授权性情节

这是以《刑法》是否就法定情节的功能作出绝对性规定为标准所作的划分。

命令性情节，是指《刑法》明文规定的，对量刑结果必须产生从宽或从重影响的情节，这些情节是人民法院必须予以适用的。一般来说，命令性情节的相关条文通常冠以"应当"字样表示法律的硬性规定，对于具有此类情节的犯罪行为人必须予以适用，审判人员没有任意选择的余地。

授权性情节，是指《刑法》规定的对量刑结果可能产生从宽影响的情节，是由人民法院在审理案件时斟酌适用的。一般来说，授权性情节的相关条文通常冠以"可以"字样来表示柔性规定，包含了既可以适用也可以不适用的意思，对于具有这类情节的犯罪行为人是否适用，由审判人员根据具体案情决定。

## 三、法定量刑情节

法定量刑情节是由刑法明文规定的，人民法院在裁量刑罚时应当考虑的情节，分为命令性的和授权性的法定量刑情节。

### 1. 命令性法定量刑情节

总结《刑法》条文使用"应当"如何裁量刑罚的表述方法，包括了以下情形：

（1）应当免除处罚的情节。如《刑法》第 24 条规定中止犯没有造成损害的，应当免除处罚。

（2）应当减轻处罚的情节。如《刑法》第24条第2款规定的中止犯造成损害的，应当减轻处罚。

（3）应当减轻或免除处罚的情节。如《刑法》第20条第2款规定防卫过当的，应当减轻或者免除处罚；《刑法》第21条第2款规定紧急避险过当的，应当减轻或免除处罚；《刑法》第28条规定对于胁从犯，应当按照他的犯罪情节减轻处罚或者免除处罚；《刑法》第68条第2款规定犯罪后自首又有重大立功表现的，应当减轻或者免除处罚。

（4）应当从轻、减轻或者免除处罚的情节。如《刑法》第27条第2款规定对于从犯，应当从轻、减轻处罚或者免除处罚。

（5）应当从轻或者减轻处罚的情节。如《刑法》第17条第3款规定已满14周岁不满18周岁的人犯罪，应当从轻或者免除处罚。

（6）应当从重处罚的情节。如《刑法》第29条第1款规定教唆不满18周岁的人犯罪的，应当从重处罚；《刑法》第65条第1款规定累犯应当从重处罚；《刑法》第104条第2款规定策动、胁迫、勾引、收买国家机关工作人员、武装部队人员、人民警察、民兵进行武装叛乱或者武装暴乱的，依照前款规定从重处罚；第106条规定与境外机构、组织、个人相勾结，实施《刑法》第103条、第104条、第105条规定之罪的，从重处罚；等等。

2. 授权性法定量刑情节

（1）可以免除处罚的情节：《刑法》第37条规定，对于犯罪情节轻微不需要判处刑罚的，可以免予刑事处罚，但是可以根据案件的不同情况，予以训诫或者责令具结悔过、赔礼道歉、赔偿损失，或者由主管部门予以行政处罚或者行政处分；《刑法》第67条第1款规定，犯罪较轻的自首犯，可以免除处罚；《刑法》第351条第3款规定，非法种植毒品原植物在收获前自动铲除的，可以免除处罚。

（2）可以免除或者减轻处罚的情节：《刑法》第10条规定，凡在中华人民共和国领域外犯罪，依照本法应当负刑事责任的，虽然经过外国审判，仍然可以依照本法追究，但是在外国已经受过刑罚处罚的，可以免除或者减轻处罚；《刑法》第68条第1款规定，有重大立功表现的，可以减轻或者免除处罚；《刑法》第164条第3款规定，在被追诉前主动交代向公司、企业工作人员行贿的，可以减轻处罚或者免除处罚；《刑法》第383条第1款规定，个人贪污数额在5000元以上不满1万元，犯罪后有悔改表现、积极退赃的，可以减轻处罚或者免予刑事处罚，由其所在单位或者上级主管机关给予行政处分；《刑法》第392条第2款规定，在被追诉前主动交代介绍贿赂行为的，可以减轻处罚或者免除处罚。

（3）可以从轻、减轻处罚或者免除处罚的情节：《刑法》第19条规定，又聋又哑的人或者盲人犯罪的，可以从轻、减轻或者免除处罚；《刑法》第22条第2款规定，对于预备犯，可以比照既遂犯从轻、减轻处罚或者免除处罚。

（4）可以从轻或者减轻处罚的情节：《刑法》第18条第3款规定，尚未完全丧失辨认或者控制自己行为能力的精神病人犯罪的，可以从轻或者减轻处罚；《刑法》第23条第2款规定，对于未遂犯，可以比照既遂犯从轻或者减轻处罚；《刑法》第29条第2款规定，如果被教唆的人没有犯被教唆的罪，对于教唆犯，可以从轻或者减轻处罚；《刑法》第67条规定，对于自首的犯罪分子，可以从轻或者减轻处罚；《刑法》第68条第1款规定，犯罪分子有立功表现的，可以从轻或者减轻处罚。

### 四、酌定量刑情节

酌定量刑情节是刑法未明文规定，是在刑法理论的指导下，根据立法精神和刑事政策，由法院从审判经验中总结出来的，在量刑时可以从重或从轻处罚的酌情考虑情节。从理论上讲，除了定罪情节、法定量刑情节之外，凡是能够在一定程度上表明行为社会危害性的和行为人人身危险性以及体现党和国家刑事政策的主客观事实情况，都属于酌定量刑情节的范畴，因而酌定量刑情节具有丰富的内容和多种表现形式。常见的酌定量刑情节主要有以下几种：

1. 犯罪的手段

除了个别犯罪要求特定手段从而是犯罪构成要件之外，绝大多数犯罪对犯罪手段都没有特殊要求，在这种情况下，犯罪手段的不同直接体现着犯罪行为不同的社会危害程度，是量刑时需要考虑的一个重要情节。

2. 犯罪的对象

犯罪行为人在犯罪时所针对的对象不同，反映了犯罪社会危害程度的不同，是量刑时的一个重要情节，如侵犯未成年人、残疾人等弱势人群的犯罪，就比侵犯其他对象的相同犯罪具有更大的社会危害性。

3. 犯罪的结果

这里所说的犯罪的结果，既包括犯罪的直接结果，也包括犯罪的间接结果。即使危害结果是犯罪构成的要件，危害结果的轻重也能反映行为的社会危害性程度，从而对量刑产生影响。在危害结果不是犯罪构成的要件时，危害结果的轻重同样反映行为的社会危害性程度，因而是量刑时应酌情考虑的重要情节。

4. 犯罪的环境

犯罪的环境是指犯罪行为人在实施犯罪时所处的时间和地点。犯罪行为总是在一定的时空条件下发生的，但在《刑法》未将特定的时空条件规定为犯罪构成要件时，犯罪的环境对量刑也具有一定的影响。在这种情况下，不同的时空环境，不仅能表明行为的社会危害性程度，而且能反映行为人的主观恶性程度，从而对量刑发生影响。

5. 犯罪的动机

犯罪动机不同，直接表明犯罪行为人主观恶性的程度不同，因而是量刑时必须考虑的重要因素。如出于追求享乐生活动机的贪污和确实家庭困难的贪污虽然在罪名上没有区别，但却是在量刑时应当考虑的一个因素。

6. 犯罪后的态度

犯罪后的态度对已经构成的犯罪来说没有任何意义，但是，行为人犯罪后的态度如何，是反映行为人人身危险性大小以及改造难易程度的一个重要因素，因而对量刑具有重要的参考价值。如犯罪后坦白认罪、主动退赃和犯罪后拒不认罪、拒不退赃的对量刑具有不同的影响。

7. 犯罪人的一贯表现及有无前科

在犯罪之前的一贯表现，是在对犯罪人裁量刑罚时的需要考虑的情节。一个人的品行体现在平时的言行中，平时的言行表现虽然不影响其行为的定性，但由于它能够反映行为人的人身危险性程度，因而对于刑罚裁量具有不可忽视的影响。以前是否犯过罪和受过刑事处罚，也是酌定情节。

8. 特殊情况

《刑法》第63条第2款规定，虽然不具有《刑法》规定的减轻处罚情节，但是根据案件的特殊情况，经最高人民法院核准，也可以在法定刑以下判处刑罚。这主要是指某些可能影响到我国政治、外交、民族、宗教等事务的案件。

# 第四节 刑罚裁量制度

我国《刑法》规定的刑罚裁量制度包括累犯制度、自首制度、立功制度、数罪并罚制度和缓刑制度。人民法院在审判实践中应根据案件的具体情况，决定是否适用及适用何种刑罚裁量制度。

## 一、累犯

### 1. 累犯的概念

累犯,是指受到过一定的刑罚处罚,刑罚执行完毕或者赦免以后,在一定的时间内又犯被判处一定刑罚之罪的犯罪分子。累犯与再犯不同。再犯即再次犯罪,是指两次或两次以上实施犯罪,对于再犯只是次数上对行为人实施犯罪进行界定,在实施时间上并没有限制。累犯肯定是再犯,但再犯未必是累犯。累犯是法定从重量刑情节,再犯一般是酌定情节(但《刑法》第356条规定的毒品再犯属于法定量刑情节)。两者具体的区别体现在:

第一,累犯的两次犯罪必须都是故意犯罪;而再犯没有此种要求。

第二,累犯对前罪与后罪判处的刑罚有一定的要求;而再犯不要求前后两罪必须达到何种的刑罚处罚。

第三,累犯对前后两罪的时间有要求;而再犯对前后罪没有时间上的要求。

### 2. 累犯制度的意义

在刑罚处罚中,累犯从严处罚是世界各国通行的做法。刑罚设置的目的是通过刑罚处罚和改造,能够使犯罪行为人改恶从善,重新做人,成为守法的公民。但对于少数受过刑罚处罚的犯罪行为人,刑罚执行完毕或赦免后仍不思悔改,在一定时间内再次犯罪,这些累犯较之初犯具有更深的主观恶性和危险性,对社会的危害性更大,所以应对累犯从严惩处。只有这样,才能有效地保证刑罚的特殊预防和一般预防目的的实现。根据《刑法》第65条和第66条的规定,累犯分为一般累犯和特殊累犯两类。

### 3. 一般累犯

一般累犯,又称普通累犯,根据《刑法》第65条的规定,是指因故意犯罪已判处有期徒刑以上刑罚,在刑罚执行完毕或者赦免以后5年内,再犯应当判处有期徒刑以上刑罚之故意犯罪的犯罪分子。

一般累犯的成立条件为:

(1)主观条件:前罪和后罪必须都是故意犯罪。这是构成一般累犯的主观条件。如果前后两罪或者其中一罪是过失犯罪,就不能构成累犯。我国《刑法》特别规定累犯的构成中"过失犯罪除外",就是因为过失犯罪较故意犯罪所反映的行为社会危害性及行为人的主观恶性要轻得多。立法上严格控制累犯的范围,以便集中力量打击那些在主观上出于故意的累犯。

（2）刑种条件：前罪所判处的刑罚和后罪所应当判处的刑罚都是有期徒刑以上的刑罚。（只有刑种限制没有刑期限制）。构成累犯的前罪被判处的刑罚和后罪应当判处的刑罚均低于有期徒刑，或其中之一低于有期徒刑的，均不构成累犯。需要注意的是这里所说的"有期徒刑以上的刑罚"，是指有期徒刑、无期徒刑和死刑缓期2年执行。另外，对于后罪应当判处有期徒刑以上刑罚，不是指该罪的法定刑为有期徒刑以上刑罚，而是指所犯的后罪根据其犯罪事实和刑事法律应当判处有期徒刑以上刑罚。对于前罪被判处有期徒刑以上刑罚来说，这是已然发生的。而对于后罪应当判处有期徒刑以上刑罚来说则是未然的，但这种未然不是不可知的，而是根据犯罪行为人的犯罪事实等因素，由人民法院审判人员作出的判断。

（3）时间条件：后罪发生的时间必须在前罪的刑罚执行完毕或赦免以后5年以内。这是构成一般累犯的时间条件。根据上述规定，如果犯罪行为人在刑罚执行完毕或者赦免满5年以后再次犯罪的，不构成累犯；而犯罪行为人在前罪刑罚执行未完毕前再次犯罪的，也不构成累犯。这里所说的"刑罚执行完毕"是指犯罪人被判处的主刑已经执行完毕，被判处的附加刑即使在主刑执行完毕之后仍然在执行，而犯罪行为人又犯新罪，并不影响累犯的构成。同时，需要注意两点：一是对于被假释的犯罪行为人，5年期间应当从假释期满之日计算而非假释之日；在假释考验期满后5年内犯新罪的，可以构成累犯，因为假释考验期满被认为是原判刑罚已经执行完毕；二是对于被判处有期徒刑宣告缓刑的犯罪行为人，在缓刑考验期满后的5年之内又犯罪的，不能构成累犯，因为缓刑是附条件的不执行所宣告的刑罚，考验期满，原判的刑罚就不再执行了，而不是刑罚已经执行完毕，因此不应算累犯。

附加刑是否执行完毕不影响累犯的成立。

（4）主体条件：一般累犯必须前后两罪行为时年满18周岁。

4. 特殊累犯

特殊累犯，又称特别累犯，根据《刑法》第66条的规定，是指危害国家安全、恐怖活动犯罪、黑社会性质的组织犯罪的犯罪分子，在刑罚执行完毕或者赦免以后任何时候再犯上述任一类罪的，都构成累犯。

构成特殊累犯须具备以下条件：

（1）前后两罪案件特别：都必须是危害国家安全的犯罪、恐怖活动犯罪、黑社会性质的组织犯罪中的某一类犯罪。这是构成特殊累犯的罪名条件。否则不成立特殊累犯，如果符合一般累犯，应按照一般累犯进行处理。

（2）前后两罪没有刑罚种类及其轻重的限制。这是指构成特殊累犯在刑种上无限制条件。特殊累犯对前后罪所判处的刑罚种类没有限制，即使前后两罪或其中一罪被判处或者应判处管制、拘役或者单处某种附加刑，也不影响特殊累犯的成立。

（3）前后两罪没有5年间隔的时间限制。后罪发生在前罪刑罚执行完毕或者赦免以后的任何时间，不受前后罪发生间隔时间的限制。这是指构成特殊累犯在时间上无限制条件。前罪的刑罚执行完毕或者赦免以后，任何时候再犯危害国家安全罪的，即构成特别累犯，不受前后两罪相距时间长短的限制。

另外，特别累犯还没有前后两罪必须年满18周岁这一年龄的限制。

5. 对累犯的处罚

犯罪分子在刑罚执行完毕或者赦免以后的特定时间之内又再次犯罪的，与初次犯罪的犯罪行为人相比，不仅具有更深的主观恶性和更大的人身危险性，其所实施的犯罪行为也具有更为严重的社会危害性。因此，各国刑法都规定对累犯从重处罚，但所采用的具体处罚不尽相同。

根据我国《刑法》第65条第1款的规定，对累犯应当从重处罚，即采取必须从重处罚的原则。但是，在理解对累犯的从重处罚原则时，需要注意：

（1）累犯不得从轻而应当从重处罚。这是处理累犯的出发点，即不管是一般累犯还是特殊累犯，都必须在法定刑的限度以内，对其判处相对较重的刑罚，即适用较重的刑种或较长的刑期。从重处罚是相对于不构成累犯所应承担的刑事责任而言的，即从重处罚的参照标准应是在其不构成累犯时应承担的刑事责任。

（2）累犯不适用缓刑。这也是因累犯具有更深的主观恶性与更大的人身危险性而作的特别规定。

（3）累犯不能假释。

## 二、自首

1. 自首的概念与自首制度的意义

根据我国《刑法》第67条的规定，自首是指犯罪人在犯罪以后自动投案，如实供述自己罪行，或者被采取强制措施的犯罪嫌疑人、被告人和正在服刑的罪犯，如实供述司法机关还未掌握的本人其他罪行的行为。

自首制度是当今世界各国刑事立法中普遍采用的量刑制度之一。自首制度对于鼓励犯罪人犯罪后改过自新，分化瓦解共同犯罪人，减少国家对刑事侦查、审判的投入等具有重要意义。我国《刑法》规定的自首制度，是与惩办与宽大相结合的刑事政策匹配的，是这一刑事政策的具体化和法律化。实践证明，对自首的犯罪分子实施从宽处理有利于分化瓦解犯罪势力，争取大多数犯罪分子，促使他们悔过自新，对犯罪案件的及时处理，降低打击犯罪的成本具有重要意义。根据《刑法》第67条的规定，自首分为一般自首和特别自首两种。

2. 一般自首

一般自首，是指犯罪分子犯罪以后自动投案①，如实供述自己罪行的行为。据此，成立一般自首必须具备以下条件：

（1）犯罪以后自动投案。自动投案是成立自首的前提条件，没有这个前提，就谈不上自首。所谓自动投案，一般是指犯罪分子在犯罪以后，归案之前，出于本人的意志而向有关机关或有关个人承认自己实施了犯罪，并自动将自己置于有关机关的控制之下，等待进一步交代犯罪事实，接受司法机关审判的行为。对于自动投案要注意以下几点：

第一，投案时间。投案行为必须发生在犯罪人实施犯罪行为之后、尚未归案之前。自动投案可以包括：在犯罪事实未被发觉时投案；在犯罪事实虽被发觉，但没有查出犯罪人的时候投案；犯罪事实和犯罪嫌疑人都被发觉，但是犯罪人未受到讯问、未被采取强制措施时投案；犯罪后逃跑，在通缉、追捕的过程中投案；经查实确已准备去投案，或者正在投案途中被公安机关捕获的，应当视为自动投案。

第二，投案对象。包括司法机关和其他有关单位和人员。犯罪嫌疑人向其

---

① 关于"自动投案"的具体认定，2010年12月22日最高人民法院《关于处理自首和立功若干具体问题的意见》规定，犯罪嫌疑人具有以下情形之一的，也应当视为自动投案：1. 犯罪后主动报案，虽未表明自己是作案人，但没有逃离现场，在司法机关询问时交代自己罪行的；2. 明知他人报案而在现场等待，抓捕时无拒捕行为，供认犯罪事实的；3. 在司法机关未确定犯罪嫌疑人，尚在一般性排查询问时主动交代自己罪行的；4. 因特定违法行为被采取劳动教养、行政拘留、司法拘留、强制隔离戒毒等行政、司法强制措施期间，主动向执行机关交代尚未被掌握的犯罪行为的；5. 其他符合立法本意，应当视为自动投案的情形。

罪行未被有关部门、司法机关发觉，仅因形迹可疑被盘问、教育后，主动交代了犯罪事实的，应当视为自动投案，但有关部门、司法机关在其身上、随身携带的物品、驾乘的交通工具等处发现与犯罪有关的物品的，不能认定为自动投案。

交通肇事后保护现场、抢救伤者，并向公安机关报告的，应认定为自动投案，构成自首的，因上述行为同时系犯罪嫌疑人的法定义务，对其是否从宽、从宽幅度要适当从严掌握。交通肇事逃逸后自动投案，如实供述自己罪行的，应认定为自首，但应依法以较重法定刑为基准，视情况决定对其是否从宽处罚以及从宽处罚的幅度。

犯罪嫌疑人被亲友采用捆绑等手段送到司法机关，或者在亲友带领侦查人员前来抓捕时无拒捕行为，并如实供认犯罪事实的，虽然不能认定为自动投案，但可以参照法律对自首的有关规定酌情从轻处罚。

所在单位、城乡基层组织或者其他有关负责人员投案的，视为自首。

第三，投案方式。

一是亲首。自动投案是犯罪分子基于本人的意志亲自投案。即犯罪分子投案的动机可以是多种多样的，有出于真诚悔罪的，有慑于法律威严的，有为争取宽大处理的，有因潜逃生活所迫的，等等。这些不同的动机并不影响其投案的自动性。自动投案与被动归案不同，后者无投案意愿即投案的自觉性。有关部门、司法机关在犯罪嫌疑人身上、随身携带的物品、驾乘的交通工具等处发现与犯罪有关的物品的，不能认定为自动投案。

二是代首。犯罪嫌疑人因病、伤或者为了减轻犯罪后果，委托他人先代为投案，或者先以电报、信函投案的；罪行尚未被司法机关发觉，仅形迹可疑，被有关组织或者司法机关盘问、教育后，主动交代自己的罪行的，也视为自动投案。但犯罪嫌疑人以化名或匿名将犯罪所得送到司法机关或新闻单位或归还原处，或者用电话、书信等方式匿名向司法机关报案或指出赃物所在。这些行为并没有反映犯罪人本人的自首诚意，不能成立自首。但是，这种主动交出非法所得的行为，表明其悔罪的态度，处理时可以考虑适当从宽。

三是送首。如有关机关通知犯罪人的家长、监护人后，或者家长、监护人主动报案后，犯罪人被送去归案。在这种情况下，虽然不是犯罪人积极主动的投案，但是离开了犯罪人本人的意志，投案在事实上是不可能实施的，所以也应视为自动投案。但犯罪嫌疑人被亲友采用捆绑等手段送到司法机关，或者在亲友带领下侦查人员前来抓捕时无拒捕行为，并如实供认犯罪事实的，不能认定为自动投案。

四是陪首。家长、亲友规劝、陪同投案。

第四，自愿置于司法控制之下，等待进一步交代犯罪事实。最高人民法院关于自首的司法解释规定，犯罪嫌疑人自动投案后又逃跑的，不能认定为自首。此为自首成立的排除性条件。

（2）如实供述自己的罪行。即犯罪人自动投案后，如实交代自己所犯的全部罪行。只有如此才足以证明其有自首的诚意，也才能为司法机关追诉其罪行并予以从宽处理提供客观根据。

如何认定"如实供述自己的罪行"，司法解释规定，除供述自己的主要犯罪事实外，还应包括姓名、年龄、职业、住址、前科等情况。犯罪嫌疑人供述的身份等情况与真实情况虽有差别，但不影响定罪量刑的，应认定为如实供述自己的罪行。犯罪嫌疑人自动投案后隐瞒自己的真实身份等情况，影响对其定罪量刑的，不能认定为如实供述自己的罪行。

犯罪嫌疑人多次实施同种罪行的，应当综合考虑已交代的犯罪事实与未交代的犯罪事实的危害程度，决定是否认定为如实供述主要犯罪事实。虽然投案后没有交代全部犯罪事实，但如实交代的犯罪情节重于未交代的犯罪情节，或者如实交代的犯罪数额多于未交代的犯罪数额，一般应认定为如实供述自己的主要犯罪事实。无法区分已交代的与未交代的犯罪情节的严重程度，或者已交代的犯罪数额与未交代的犯罪数额相当，一般不认定为如实供述自己的主要犯罪事实。犯罪嫌疑人自动投案时虽然没有交代自己的主要犯罪事实，但在司法机关掌握其主要犯罪事实之前主动交代的，应认定为如实供述自己的罪行。

如实供述自己的罪行应该满足以下条件：

第一，所供述的必须是犯罪事实。作为刑法上的自首制度，其关系到犯罪和刑罚，因此，犯罪人所应供述的，应当是具有刑法意义的事实，即犯罪事实。与犯罪和刑罚无关的事实，不应纳入自首制度的考虑范围。

第二，所供述的必须是自己的犯罪事实。即投案人所供述的罪行必须是自己实施并应由本人承担刑事责任的罪行。如果犯罪人所供述的不是自己的犯罪事实，而是与自己无关的他人的罪行就不是自首，不能按照自首来处理。但是，在共同犯罪中，共同犯罪人在自首供述自己的犯罪行为时，由于共同犯罪的性质所决定，还必须供述自己所了解的、与自己的罪行密切相关的其他共犯人的罪行。最高人民法院关于自首的司法解释明确规定，共同犯罪案件中的犯罪嫌疑人，除如实供述自己的罪行外，还应当供述所知的同案犯，主犯应当供述所知其他同案犯的共同犯罪事实。

此外，如果是一人犯数罪，犯罪人如实供述自己所犯全部数罪的，应认定为全案均成立自首；如果只供述了其中一罪，则只视此一罪具有自首情节。

第三，供述自己的罪行可以是多种方式。犯罪人供述自己的罪行，是对自己所犯罪行的一种表达。其表达可以是多种多样的，既可以是口头的，也可以是书面的，还可以是其他方式的，只要符合《刑法》所规定的如实供述罪行的要求即可。

犯罪后主动投案，一审时拒不认罪，二审时又认罪，能否认定为自首？值得探讨，有的学者主张成立自首。

3. 特别自首

根据《刑法》第67条第2款的规定，采取强制措施的犯罪嫌疑人、被告人和正在服刑的罪犯，如实供述司法机关还未掌握的本人其他罪行的，以自首论。

特别自首的成立必须具备以下条件：

第一，主体必须是被采取强制措施的犯罪嫌疑人、被告人和正在服刑的罪犯。所谓被采取强制措施的犯罪嫌疑人、被告人，是指根据我国刑事诉讼法的规定，被采取了拘传、拘留、取保候审、监视居住或逮捕等强制措施的犯罪嫌疑人、被告人；所谓正在服刑的罪犯，是指已经人民法院判决，正在被执行所判刑罚的罪犯。

第二，如实供述司法机关还未掌握的本人其他罪行。所谓本人其他罪行，是指犯罪人被采取强制措施或者服刑所依据的犯罪行为以外的罪行。所谓司法机关不了解、未掌握的罪行，包括两种情况：一是犯罪事实未被掌握；二是犯罪事实虽然已被掌握，但犯罪嫌疑人尚未被发觉的。

4. 自首与坦白

所谓坦白，一般是指犯罪分子被动归案之后，自己如实供述被指控的犯罪事实的行为。自首与坦白既有相同点，又有不同之处。

自首与坦白的相同之处：第一，两者均以自己实施了犯罪行为为前提；第二，两者都能在归案后如实交代自己的犯罪事实；第三，犯罪人都可以得到适当从宽处罚。

自首与坦白的不同之处：第一，自首是犯罪人自动投案，坦白则是犯罪人被动归案；第二，自首所供述的既可以是已被发觉的罪行，也可以是尚未被发觉的罪行，如果是犯罪嫌疑人、被告人和正在服刑的罪犯的自首，则交代的必须是司法机关尚未掌握的其他罪行；而坦白所交代的是司法机关已掌握的或者司法机关虽未掌握但与被指控罪行同一性质的罪行；第三，自首基本上是主动供述自己的罪行，而坦白则多是被动供述自己的罪行；第四，在人身危险性上，自首的人身危险性相对较小，坦白的人身危险性相对较大。

5. 单位自首

第一，单位犯罪后可以成立单位自首。对此司法解释持肯定态度。

第二，单位自首包括：单位集体决定自动投案的；单位负责人决定投案自首的；单位直接负责的主管人员投案自首的。

第三，单位自首的效果及于个人，但以个人如实交代其掌握的罪行为条件。

第四，个人自首的效果不能及于单位。直接责任人员自动投案并如实交代自己知道的犯罪事实的，只对该直接责任人员认定为自首。

6. 自首的法律后果

自首表明犯罪人有一定的认罪表现，因此《刑法》对自首规定了从宽处罚的原则。根据《刑法》第 67 条第 1 款的规定，对于自首的犯罪分子，可以从轻或者减轻处罚。其中，犯罪较轻的，可以免除处罚。可见对于自首的处罚包括以下几种情况：

第一，犯罪以后自首的，无论罪行轻重，都可以从轻或者减轻处罚。可以从轻或者减轻处罚，表明我国《刑法》对于自首采取的是相对从宽处罚原则。"可以"表明对自首的犯罪人是否从宽处罚，要由审判人员根据具体的案件情况而定。

第二，犯罪较轻的，可以免除处罚。在这里犯罪较轻是免除处罚的前提。

## 三、立功

1. 立功的概念和意义

根据《刑法》第 68 条的规定，立功是指犯罪分子揭发他人的犯罪行为，查证属实，或者提供重要线索，从而得以侦破其他案件的行为。根据这一规定及我国的司法实践经验，成立立功必须要具备以下条件：

（1）主体条件。立功人必须是犯罪人。即只有实施了犯罪行为并依法应承担刑事责任的人，才是成立立功的适格主体。至于犯罪人实施何种犯罪行为，被判处何种刑罚，则不受任何限制。

（2）时间条件。作为刑罚裁量情节的立功，一般在判决或裁定作出之前。

（3）内容上，立功的内容应当是真实有效的。所谓真实，即犯罪人揭发、检举本人罪行以外的其他犯罪人的犯罪行为，或向司法机关提供的案件线索，或者其他立功行为的内容是客观存在的。所谓有效，是指犯罪人的立功行为有利于司法机关及时准确地侦破案件，排除了社会治安的严重隐患，为国家节省了司法资源，有效地保护了国家的利益。

我国《刑法》设置的立功制度及从宽处罚原则，具有重要的意义：有利于节省司法资源，提高司法机关的破案速度；有利于促使其他犯罪人主动归案，瓦解犯罪分子，减少社会的犯罪隐患；有助于激励犯罪人悔过自新，改恶从善，进而较好地协调和发挥刑罚的惩罚犯罪和教育改造罪犯的重要作用。

2. 立功的种类及表现

刑法理论上的立功分为两种，即附属于减刑制度的立功和附属于量刑制度的立功。而《刑法》中规定的立功仅指后者，属于与自首制度、累犯制度并列的一种重要的刑罚裁量制度，仅适用于刑事诉讼中的被告人，是法定从宽处罚的情节。根据《刑法》第68条的规定，作为量刑制度的立功分为一般立功和重大立功。

一般立功是指犯罪分子揭发他人的犯罪行为经查证属实是较轻的犯罪，或者司法机关根据犯罪分子提供的线索侦破的案件是一般犯罪案件。一般立功主要表现为：揭发他人犯罪行为，包括共同犯罪案件中的犯罪分子揭发同案犯所参与的共同犯罪以外的其他犯罪行为，查证属实的①；提供重要线索，从而得以侦破其他案件的；协助司法机关抓捕其他罪犯（包括同案犯）的；在押期间制止他人犯罪活动的等等。

重大立功主要表现为：犯罪分子有检举、揭发他人重大犯罪行为，查证属实的；提供重要线索，从而得以侦破其他重大案件的；阻止他人重大犯罪活动；协助司法机关抓捕其他重大犯罪嫌疑人（包括同案犯）；对国家和社会有其他重大贡献等表现。在这里所谓的"重大犯罪"、"重大案件"、"重大犯罪嫌疑人"的标准，一般是指犯罪嫌疑人、被告人可能被判处无期徒刑以上刑罚或者案件在本省、自治区、直辖市或者全国范围内有较大影响等情况。

共同犯罪中，如果交代的是同案犯的共犯行为，则属于自首；如果交代的共犯之外的其他犯罪行为，则是立功。

---

① 被告人检举揭发或者协助抓获的人的行为构成犯罪，但因法定事由不追究刑事责任、不起诉、终止审理的，不影响对被告人立功表现的认定；被告人检举揭发或者协助抓获的人的行为应判处无期徒刑以上刑罚，但因具有法定、酌定从宽情节，宣告刑为有期徒刑或者更轻刑罚的，不影响对被告人重大立功表现的认定。

关于"协助抓捕其他犯罪嫌疑人"的具体认定，司法解释规定得非常明确。①

3. 立功的法律后果

立功是法定的从宽处罚情节。根据《刑法》第68条的规定，立功的法律后果有两种：

第一，犯罪分子有一般立功表现的，可以从轻或者减轻处罚。

第二，犯罪分子有重大立功表现的，可以减轻或者免除处罚。

## 四、数罪并罚

1. 数罪并罚的概念与特点

（1）数罪并罚的概念。数罪并罚，顾名思义，是指一人所犯数个罪合并处罚的制度。按照《刑法》第69条、第70条、第71条的规定，所谓数罪并罚，是指对判决宣告前一人所犯数罪，或者判决宣告以后、刑罚执行完毕以前，发现遗漏罪或犯罪人在刑罚执行完毕之前又犯新罪的，人民法院依照刑法的规定，在分别定罪量刑后，按照法定的并罚原则及刑期计算方法，决定对其应执行的刑罚的制度。

（2）数罪并罚制度的特点。

第一，必须是一人犯数罪。一人犯有两个或两个以上的罪，这是数罪并罚的前提。数罪，就犯罪的罪过形式和犯罪的形态而言，既可以是故意犯罪，也可以是过失犯罪；既可以是单独犯形式，也可以是共犯形式；既包含了犯罪形态的既遂，也可以表现为预备、未遂以及中止等形态。

第二，所犯数罪必须是发生在法定的时间界限内。这是数罪并罚的时间界限。即一人所犯数罪必须发生在判决宣告以前，或者发生在判决宣告以后，刑罚执行完毕以前。如果在刑罚执行完毕以后又犯罪的，符合累犯条件的，应当作为累犯从重处罚，但是不涉及数罪并罚的问题。

第三，在对数罪分别定罪量刑的基础上，依照并罚的原则，决定应当执行

---

① 犯罪分子具有下列行为之一，使司法机关抓获其他犯罪嫌疑人的，属于"协助司法机关抓捕其他犯罪嫌疑人"：1. 按照司法机关的安排，以打电话、发信息等方式将其他犯罪嫌疑人（包括同案犯）约至指定地点的；2. 按照司法机关的安排，当场指认、辨认其他犯罪嫌疑人（包括同案犯）的；3. 带领侦查人员抓获其他犯罪嫌疑人（包括同案犯）的；4. 提供司法机关尚未掌握的其他案件犯罪嫌疑人的联络方式、藏匿地址的，等等。

犯罪分子提供同案犯姓名、住址、体貌特征等基本情况，或者提供犯罪前、犯罪中掌握、使用的同案犯联络方式、藏匿地址，司法机关据此抓捕同案犯的，不能认定为协助司法机关抓捕同案犯。

的刑罚。这是数罪并罚的操作原则，即对涉及的数罪分别进行定罪量刑，然后决定合并执行的刑罚。需要注意的是，数罪并罚的结果是对数罪产生一个判决结果，而不是各自独立的数个判决结果。

2. 数罪并罚的原则

数罪并罚的原则，是指对一个人所犯数罪合并处罚所依据的基本准则。数罪并罚的原则，是数罪并罚的核心，体现着一国刑法所奉行的刑事政策的性质和特征，亦从根本上制约着一国数罪并罚制度的具体内容及其适用效果。从世界各国的刑事立法例来看，数罪并罚的原则大体上分为四种，即吸收原则、并科原则、限制加重原则和折衷原则。

《刑法》第69条规定："判决宣告以前一人犯数罪的，除判处死刑和无期徒刑的以外，应当在总和刑期以下、数刑中最高刑期以上，酌情决定执行的刑期，但是管制最高不能超过三年，拘役最高不能超过一年，有期徒刑总和刑期不满三十五年的，最高不能超过二十年，总和刑期在三十五年以上的，最高不能超过二十五年。数罪中有判处附加刑的，附加刑仍须执行，其中附加刑种类相同的，合并执行，种类不同的，分别执行。"这一规定明确了我国数罪并罚的基本原则是折衷原则，即以限制加重原则为主，兼采吸收原则和并科原则。具体包含以下内容：

（1）数刑中只要有一个是死刑或者无期徒刑的，应当执行死刑或者无期徒刑。这是因为，同一个人不可能既执行死刑或者无期徒刑，又执行有期徒刑、拘役或者管制。可见我国对犯数罪的死刑犯和无期徒刑犯采取吸收原则。

（2）对犯数罪的有期徒刑犯、拘役犯、管制犯采取限制加重原则。数刑中有两个以上有期徒刑、两个以上拘役或者两个以上管制的，应当在总和刑期以下、数刑中最高刑期以上，酌情决定应当执行的刑期；但是管制最高不能超过3年，拘役最高不能超过1年，有期徒刑最高不能超过25年。

《刑法》第69条明确规定了对同种有期自由刑的合并处罚，但是，对于不同种有期自由刑如何合并处罚决定执行的刑期，刑法未作规定，对此有不同的主张，如吸收说、分别执行说，折抵说、比例并罚说等，目前尚不能达成共识。但理论上较多的人倾向于折抵说，即将不同刑种折抵为一种较重的刑种，即数刑中包含有期徒刑的，应将拘役和管制折抵为有期徒刑；数刑中没有有期徒刑的，将管制折抵为拘役，折抵为同一刑种后，再按限制加重原则实行数罪并罚。因折抵后有将轻刑升格为重刑之嫌，所以在适用限制加重原则时应当适当从轻确定执行的刑罚。这一问题的最终解决须待立法作出专门规定。

（3）如果数罪中有判处附加刑的，附加刑仍须执行，即采取并科原则，不论犯罪人被判处的主刑为何种刑罚，都不影响附加刑的执行。这是由附加刑的属性所决定的，附加刑既不能被主刑所吸收，不同种类的附加刑通常也不能相互吸收。

3. 数罪并罚的几种情况

根据《刑法》第69条、第70条、第71条的规定，适用数罪并罚有三种情况：

（1）判决宣告以前一人犯数罪的并罚。判决宣告以前一人犯数罪并均已被发现的，这是适用数罪并罚的基本形式。对于此种数罪，应当对所犯各罪分别定罪量刑，然后按照《刑法》第69条规定的原则和方法，决定应当执行的刑罚。

（2）判决宣告以后、刑罚执行完毕以前，发现被判刑的犯罪分子在判决宣告以前还有其他罪没有判决的，即出现了"漏罪"。按照《刑法》第70条的规定，应当对新发现的罪作出判决，把前后两个判决所判处的刑罚，根据《刑法》第69条规定的原则和方法，决定应当执行的刑罚，已经执行的刑期，应当计算在新判决所决定的刑期之内。在上述情况下，是用原判决确定的刑罚与对新发现的罪所判处的刑罚进行并罚，然后，从新判决所决定的刑期中将已经执行的刑期减去。通常把这种数罪并罚计算刑期的方法称为"先并后减"。

（3）判决宣告以后、刑罚执行完毕以前又犯新罪的并罚。《刑法》第71条规定："判决宣告以后，刑罚执行完毕以前，被判刑的犯罪分子又犯罪的，应当对新犯的罪作出判决，把前罪没有执行的刑罚和后罪所判处的刑罚，依照本法第69条的规定，决定执行的刑罚。"在这种情况下，是用前罪没有执行的刑罚与新犯的罪所判处的刑罚进行并罚，犯罪分子已经执行的刑期，不计算在新判决确定的刑期之内。通常把这种数罪并罚计算刑期的方法称为"先减后并"。

从上述"漏罪"和"新罪"的数罪并罚来，"先并后减"和"先减后并"这两种计算刑期的方法有着很大的区别。"先并后减"是以前罪原判的刑罚为基础，而"先减后并"则是以前罪没有执行的刑罚为基础。由此可见，用"先减后并"方法比"先并后减"方法在一定条件下使犯罪人实际承担惩罚要重，甚至很可能超过25年的刑期。《刑法》对数罪并罚的这种规定，主要是考虑，犯罪分子在服刑期间又犯新罪，说明其社会危害性更大，主观恶性深，当然要给予严厉的惩罚。

## 五、缓刑

### 1. 缓刑的概念和意义

缓刑，是指对被判处一定刑罚的犯罪分子，在其具备法定条件的情况下，在一定的考验期间内附条件地不执行原判刑罚的一种制度。

从世界各国的刑事立法来看，缓刑主要有三种：刑罚暂缓宣告、刑罚暂缓执行和缓予起诉。我国《刑法》所规定的缓刑，属于刑罚暂缓执行，即对原判刑罚附条件不执行的一种刑罚制度。缓刑不是独立的刑种，而是附属于主刑的一种刑罚制度。

缓刑不同于免除处罚。免除处罚，是人民法院对被告人作出有罪判决，但根据案件的具体情况，认为不需要判处刑罚，因而宣告免予刑事处罚，即只是定罪并不判刑。而缓刑是在对犯罪分子作出有罪判决并判处刑罚的基础上，宣告暂缓执行所宣告的刑罚，但同时保有执行刑罚的可能性，如缓刑犯违反有关缓刑的规定，就要撤销缓刑，执行原判刑罚。

缓刑不同于监外执行。监外执行是根据被关押者的具体情况而采取的一种临时性的刑罚执行方法，具体而言是指对被判处无期徒刑、有期徒刑或者拘役的犯罪分子，确实具有法律所规定的某种特殊情况，如患有严重疾病需要保外就医，或者是怀孕或正在哺乳的妇女，不宜在监内执行刑罚，可以准许暂予监外执行。监外执行的条件消失，就应当收监执行。与缓刑相比，两者在适用对象、适用的条件、适用的方法以及适用的法律依据上均不同。

缓刑和死刑缓期2年执行亦不相同。死缓虽然含有暂缓执行原判刑罚的意思，但是死缓是从属于死刑的一种刑罚制度，其所适用的对象和考验的方法都与缓刑不相同。

缓刑是我国惩办与宽大相结合，惩罚与教育改造相结合的刑事政策在刑罚制度中的具体运用。正确适用缓刑制度，对于减少罪犯的关押数量，在保证社会治安的前提下将犯罪分子放在社会上改造，调动一切积极因素共同把犯罪分子改造成为守法公民，具有重要的意义。

我国《刑法》除规定了一般缓刑制度外，还规定了特殊缓刑制度，即战时缓刑。战时缓刑指在战时，对被判处3年以下有期徒刑没有现实危险的犯罪军人，暂缓其刑罚执行，允许其戴罪立功，确有立功表现时，可以撤销原判刑罚，不以犯罪论处的制度。

2. 一般缓刑的适用条件

根据《刑法》第72条、第74条的规定，适用一般缓刑必须具备下列条件：

（1）对象条件：缓刑只适用于被判处拘役或者3年以下有期徒刑的犯罪分子。这是适用缓刑的前提条件。缓刑并不对犯罪分子实行关押，而是把犯罪分子放在社会上进行改造，因此，从保证社会治安的角度考虑，只能适用于罪行较轻的犯罪分子。根据《刑法》规定，对被判处管制的犯罪分子不实行关押，所以不发生适用缓刑的问题。被判处3年以上有期徒刑的犯罪分子，由于罪行较重，不适宜放在社会上，亦不能适用缓刑。

（2）实质条件：根据犯罪分子的犯罪情节和悔罪表现，认为适用缓刑确实不致再危害社会。这是适用缓刑的实质条件。依照法律规定，应当以犯罪分子的犯罪情节和悔罪表现，作为判断其在适用缓刑后是否会再危害社会的根据。只有犯罪情节较轻，并且有悔罪表现，适用缓刑确实不致再危害社会的，才可以适用缓刑。但是必须注意的是，由于犯罪人尚未适用缓刑，因而确实不致再危害社会只能是审判人员的一种推测或预先判断，这种推测或判断必须以事实为基础。

符合上述条件的不满18周岁的人、怀孕的妇女和已满75周岁的人，应当宣告缓刑。

（3）禁止条件：犯罪分子必须不是累犯或犯罪集团的首要分子。这是适用缓刑的禁止条件。累犯屡教不改，在执行一定刑罚之后又在法定期限内再犯新罪，其人身危险性较大，适用缓刑难以防止其再犯新罪。所以，即使累犯被判处拘役或3年以下有期徒刑，也不能适用缓刑。

3. 战时缓刑的适用条件

《刑法》第449条规定："在战时，对被判处三年以下有期徒刑没有现实危险宣告缓刑的犯罪军人，允许其戴罪立功，确有立功表现时，可以撤销原判刑罚，不以犯罪论处。"据此，适用战时缓刑应具备以下条件：

（1）必须是在战时，这是适用的时间条件。在和平时期或非战时条件下，均不能适用战时缓刑。所谓战时，是指国家宣布进入战争状态，部队受领作战任务或者遭敌突然袭击时。部队执行戒严任务或者处置突发暴力事件时，以战时论。

（2）适用的对象只能是被判处3年以下有期徒刑的犯罪军人。未犯罪的军人，或者虽是犯罪军人，但被判处刑罚为3年以上有期徒刑的，不能适用战时缓刑。

（3）必须是在战争条件下宣告缓刑没有现实危险。若被判断为适用缓刑具有现实危险，即使是被判处3年以下有期徒刑，也不能适用缓刑。

**4. 缓刑的考验期限**

缓刑的考验期，是指对被宣告缓刑的犯罪分子进行考察的一定期间。缓刑是对所判刑罚附条件的不执行，因此，需要对犯罪人规定一定的考验期，才能使缓刑制度发挥积极的作用。

《刑法》第73条规定："拘役的缓刑考验期限为原判刑期以上1年以下，但是不能少于2个月。有期徒刑的缓刑考验期限为原判刑期以上5年以下，但是不能少于1年。缓刑考验期限，从判决确定之日起计算。"其与自由刑的刑期是从判决执行之日起计算不同。缓刑考验期的长短以原判刑罚的长短为前提。缓刑的考验期一般以不短于原判刑期、不超过原判刑期的一倍为宜。

**5. 缓刑犯的处理**

《刑法》第75条规定："被宣告缓刑的犯罪分子，应当遵守下列规定：（一）遵守法律、行政法规，服从监督；（二）按照考察机关的规定报告自己的活动情况；（三）遵守考察机关关于会客的规定；（四）离开所居住的市、县或者迁居，应当报经考察机关批准。"这是缓刑犯在缓刑考验期内必须遵守的规定。

另据《刑法》第76条规定："对宣告缓刑的犯罪分子，在缓刑考验期限内，依法实行社区矫正，如果没有本法第七十七条规定的情形，缓刑考验期满，原判的刑罚就不再执行，并公开予以宣告。"缓刑的考察工作由社区矫正机构负责，同时，缓刑犯所在单位或者基层组织应当予以配合。

缓刑犯在缓刑考验期内，根据不同的表现情况，有三种不同的结果：

第一，缓刑犯在缓刑考验期内如果又犯新罪，或被发现在判决宣告以前存在"漏罪"的，则应当撤销缓刑，并对犯罪人所犯的全部犯罪实施数罪并罚。无论是缓刑考验期内犯新罪，还是缓刑考验期满后犯新罪，都不可能是累犯。

在缓刑考验期满后才发现在判决宣告以前存在"漏罪"的，不能撤销缓刑，只能对所漏之罪单独定罪量刑。

第二，缓刑犯在缓刑考验期内违反法律、行政法规或者国务院有关部门关于缓刑的监督管理规定，或者违反人民法院判决中的禁止令，情节严重的，应当撤销缓刑，执行原判刑罚。

第三，缓刑犯在缓刑考验期内没有上述情况，缓刑考验期满，原判的刑罚就不再执行，并且由执行机关予以公开宣告。

# 第十六章　刑罚执行

## 黄某假释案

**案情：**被告人黄某是某工程建设总公司工程师，后因贪污罪被判处有期徒刑 12 年。在狱中，黄某积极改造，并配合管教人员，为所在监狱的短期犯人开设建筑工人技术培训课，获得好评，并多次获得奖励。1997 年初，黄某的服刑期限尚未超过 6 年，但因某重大水利项目急需一批经验丰富并从事过多年水利建设的专家作为顾问团成员，所以其所在的监狱向最高人民法院提出假释建议书。最高人民法院依法组成合议庭，裁定准予黄某假释，回原单位参加工程建设。

**问题：**第一，能否以工作需要为由要求假释罪犯？第二，假释的适用条件是什么？第三，假释有什么程序？

**提示：**假释对象限于被判处有期徒刑和无期徒刑的犯罪分子。

**第 16 章思考题：**

1. 简述刑罚执行的概念与原则
2. 简述减刑的概念、条件与时间计算
3. 简述假释的概念、条件、考验期与法律后果

## 第一节　刑罚执行概述

### 一、刑罚执行的概念和特征

1. 刑罚执行的概念

刑罚执行，是指被国家赋予刑罚执行权的司法机关，根据人民法院已经发生法律效力的判决所确定的刑罚，将刑罚内容付诸实施的刑事司法活动。

2. 刑罚执行的特征

（1）主体的法定性。刑罚执行是国家刑事司法活动的组成部分，刑罚只能由法律规定的享有刑罚执行权的国家机关来执行。根据《刑法》以及《刑事诉讼法》的规定，被判处死刑缓期2年执行、无期徒刑、有期徒刑的罪犯，在监狱内执行刑罚。被判处拘役、剥夺政治权利的罪犯，由公安机关执行。被判处管制的罪犯，由社区矫正机构负责执行。死刑立即执行和罚金、没收财产的判决，由人民法院执行。上述规定表明，只有法定的机关才是刑罚执行的主体，检察机关负责对刑罚执行的监督。

（2）内容的确定性。刑罚执行的根据是人民法院生效的刑事裁判。没有人民法院生效的刑事裁判，司法机关无权对任何公民执行刑罚。刑罚执行的主要内容就是将人民法院生效的刑事判决或裁定所确定的刑罚付诸实施。

（3）刑事司法活动的终局性。刑罚的执行是国家刑事司法活动的最后一个阶段，是具有终局性特征的刑事司法活动。

## 二、刑罚执行的原则

1. 教育性原则

教育性原则，是指执行刑罚应从实现特殊预防及一般预防的目的出发，对犯罪人及社会公众进行积极的教育，而非消极的惩罚与威慑。它要求在行刑中要做到正确执行刑罚、坚持惩罚与改造相结合，对受刑人的改造以教育疏导为主，以强制性的执行措施为辅，转变其犯罪思想，提高其文化素质，使其掌握生存技能，为回归社会做好准备。

2. 人道性原则

刑罚执行中的人道性原则，是指尊重犯人人格，禁止使用残酷的处罚手段，关心犯人的实际困难，保证罪犯享有的法定权利，给予其执行期间必要的物质保障。第一，不歧视罪犯，不用肉刑，不侮辱虐待，竭力消除罪犯自暴自弃思想和对立情绪；第二，正确适用死缓制度，减少死刑立即执行的适用；第三，在生活上关心罪犯，医治其心理上的创伤；第四，不歧视、不嫌弃刑满释放人员，给他们出路，为其提供工作和劳动的机会。

3. 个别化原则

刑罚执行的个别化原则，是指在刑罚执行过程中，应根据犯罪人的具体情况，采取个别待遇措施，即根据犯罪人的具体状况、犯罪性质及特点、罪行严重程度及人身危险性大小等，给予不同的处遇，采取不同的教育改造方式。我国行刑中的减刑、假释制度，奖惩措施，劳动工种的分配等内容，都是个别化原则的表现。

4. 社会化原则

刑罚执行的社会化原则，是指在刑罚执行过程中要依靠社会力量对受刑人进行帮教，使罪犯能够顺利地回归社会。社会原则主要包括两方面内容：一是调动社会力量参与对罪犯的教育改造；二是培养罪犯适应社会生活的能力。

# 第二节　减　　刑

## 一、减刑的概念和意义

### 1. 减刑的概念

减刑，是指对被判处管制、拘役、有期徒刑和无期徒刑的犯罪分子，在刑罚执行期间，由于确有悔改或者立功表现，因而将其原判刑罚予以减轻的一种刑罚执行变更制度。

减轻原判刑罚包括了两种情形：一是将原判较重的刑种减为较轻的刑种；二是将原判较长的刑期减为较短的刑期。

### 2. 减刑的意义

减刑是我国特有的一项刑罚执行制度，为我国刑事立法的独创。犯罪人在服刑期间的悔改表现因人而异，有积极的，也有消极的。在不违反刑事判决公正性的情况下，规定一定的条件，对原判刑罚予以减轻，可以鼓励犯罪分子积极改造。这体现了我国惩办与宽大、惩罚与教育相结合的刑事政策。正确地执行减刑制度，对于促进犯罪分子的改造，督促他们认罪伏法，将他们改造成为守法公民，具有重要意义。

## 二、减刑的适用条件

根据《刑法》第78条的规定，对犯罪分子减刑，必须符合以下条件：

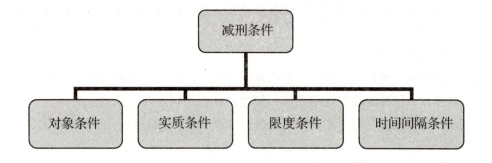

1. 对象条件

减刑适用的对象是被判处管制、拘役、有期徒刑、无期徒刑的犯罪分子。这是适用减刑的对象条件。对于符合上述条件的正在服刑的罪犯，无论其犯罪行为是故意还是过失，是重罪还是轻罪，只要具备了法定的其他减刑条件都可以减刑。

《刑法》第78条规定的减刑不包括附加刑的减轻，不包括死缓减为无期徒刑或有期徒刑。

2. 实质条件

《刑法》对减刑明确规定了可以减刑和应当减刑两种，分别有不同的适用条件。

（1）"可以减刑"的实质条件：犯罪分子在刑罚执行期间认真遵守监规，接受教育和改造，确有悔改表现或者立功表现。

犯罪分子在认真遵守监规，接受教育改造的前提下，或有悔改表现，或有立功表现，具备其中之一的，人民法院就可以根据实际情况决定是否适宜减刑。

所谓"确有悔改表现"，要求犯罪分子同时具备以下四个方面情形：第一，在刑罚执行期间认罪伏法；第二，认真遵守监规，接受教育改造；第三，积极参加政治、文化、技术学习；第四，积极参加劳动，完成劳动任务。

所谓"立功表现"，要求犯罪分子应具有下列情形之一：第一，阻止他人犯罪活动的；第二，检举、揭发监内外犯罪活动，或者提供重要破案线索经查证属实的；第三，在生产、科研中进行技术革新，成绩突出的；第四，在抢险救灾或排除重大事故中表现积极的；第五，有其他有利于国家和社会的突出事迹的。

（2）"应当减刑"的实质条件：犯罪分子在刑罚执行期间有重大立功表现。犯罪分子在刑罚执行期间有下列情形之一的，视为有重大立功表现：第一，阻止他人重大犯罪活动的；第二，检举监狱内外重大犯罪活动，经查证属实的；第三，有发明创造或者重大技术革新的；第四，在日常生产、生活中舍己救人的；第五，在抗御自然灾害或者排除重大事故中，有突出表现的；第六，对国家和社会有其他重大贡献的。

3. 限度条件

减刑的目的是鼓励犯罪分子加速改造，它的适用必须以原判刑罚为基础，因此，减刑必须有一定的限度。如果减刑幅度过大，会使犯罪分子觉得减刑太容易，不仅有损于国家法律的严肃性和法院判决的权威性，而且不利于犯罪分子的改造；反之，如果减刑幅度过小，又会使犯罪分子觉得减刑太难，起不到鼓励犯罪分子积极改造的作用，失去减刑制度的意义。

为此，《刑法》及相关的司法解释规定减刑的限度为：

第一，减刑以后实际执行的刑期，被判处管制、拘役、有期徒刑的，不能少于原判刑期的二分之一。

第二，对有期徒刑罪犯减刑时，有附加剥夺政治权利的刑期可以酌减，酌减后剥夺政治权利的期限，最短不得少于1年。

第三，对判处拘役或者3年以下有期徒刑、宣告缓刑的犯罪分子，一般不适用减刑。

第四，对判处无期徒刑的，经过一次或几次减刑以后实际执行的刑期，不少于13年。

第五，死刑缓期减为无期徒刑的，不能少于25年。死刑缓期减为25年的，不能少于20年。

第六，对被判处死缓的累犯以及因故意杀人、强奸、抢劫、绑架、放火、爆炸、投放危险物质或者有组织的暴力性犯罪被判处死缓的犯罪分子，人民法院根据犯罪情节可以同时决定对其限制减刑。

4. 时间间隔条件

《刑法》和有关司法解释规定了适用减刑的起始和间隔时间：

（1）有期徒刑罪犯的减刑起始时间和间隔时间为：被判处5年以上有期徒刑的罪犯，一般在执行一年半以上方可减刑；两次减刑之间一般应当间隔1年以上。被判处10年以上有期徒刑的罪犯，一次减2年至3年有期徒刑之后，再减刑时，其间隔时间一般不得少于2年。被判处不满5年有期徒刑的罪犯，可以比照上述规定，适当缩短起始和间隔时间。确有立功表现的，可以不受上述减刑起始和间隔时间的限制。

（2）无期徒刑罪犯在执行期间，如果确有悔改表现，或者有立功表现的，服刑 2 年以后，可以减刑。一般减为 20 年以上 22 年以下有期徒刑；有重大立功表现的可以减为 15 年以上 20 年以下有期徒刑。

（3）无期徒刑罪犯在刑罚执行期间又犯罪的，对新罪被判处有期徒刑以下刑罚的，自新罪判决确定之日起一般在 2 年之内不予减刑；对新罪判处无期徒刑的，减刑的起始时间要适当延长。

### 三、减刑的程序与减刑后的刑期计算

1. 减刑的程序

非经法定程序不得减刑。根据《刑法》第 79 条的规定，对于犯罪分子的减刑，由执行机关向罪犯服刑所在地的中级以上人民法院提出减刑建议书。无期徒刑和死缓的减刑，需报请罪犯服刑所在地的高级人民法院裁定。人民法院应当组成合议庭进行审理，对确有悔改或者立功表现的，裁定予以减刑。

2. 减刑后的刑期计算

减刑以后的刑期计算方法，因原刑罚的不同而有所不同。根据《刑法》第 80 条的规定和有关立法精神，减刑后刑期的计算办法如下：

第一，原被判处管制、拘役、有期徒刑的，减刑后的刑期自原判决执行之日起计算。已执行的刑期，应当计入减刑后的刑期内。

第二，原被判处无期徒刑而减为有期徒刑的刑期，从裁定减刑之日起计算，已执行的刑期，不计入减刑后的刑期之内。对于无期徒刑减为有期徒刑之后，再次减刑的，其刑期的计算，应按有期徒刑减刑的方法计算，即应当从前次裁定减为有期徒刑之日起计算。

第三，死缓减为有期徒刑的，有期徒刑的刑期自死缓考验期满之日计算。

## 第三节　假　　释

### 一、假释的概念、特征和意义

1. 假释的概念

假释，是指被判处有期徒刑或者无期徒刑的犯罪分子，在执行了一定时间

的刑罚之后，如果认真遵守监规，接受教育改造，确有悔改表现，不致再危害社会的，司法机关将其附条件地予以提前释放的一种刑罚执行制度。

2. 假释的特征

假释是附条件地提前释放的刑罚执行制度，它与监外执行、缓刑、刑满释放、减刑虽有相似之处，但存在着本质的区别。

（1）假释与刑满释放不同。刑满释放是犯罪分子原判刑罚已经执行完毕，无条件地回到社会，不存在执行剩余刑期的问题。而假释虽然在形式上也是解除监禁回到社会，但是还保留着执行原判刑罚剩余刑期的可能性。

（2）假释与减刑不同。假释只能适用于被判处有期徒刑、无期徒刑并且已经执行了一部分刑期的犯罪分子。假释只能宣告一次，而且附有期限和条件。而减刑则是对被判处有期徒刑、无期徒刑、管制、拘役的犯罪分子在刑罚执行期间确有悔改或者立功表现的，适当减轻其原判的刑罚，《刑法》没有规定考验期限，对于被减去的刑罚也不存在再次执行的问题。

（3）假释与监外执行不同。监外执行是由于犯罪分子确实存在着法律所规定的特殊情况而暂不在监内执行刑罚，一旦监外执行的条件消灭而刑期又未满，犯罪分子仍然需要收监执行。假释是根据犯罪分子在刑罚执行过程中的悔罪表现而附条件地予以提前释放，只要在考验期内遵守假释的规定，期限届满，就认为原判刑罚已经执行完毕，不发生再收监执行的问题。

（4）假释与缓刑不同。假释是在犯罪分子服刑的过程中根据犯罪分子的表现由人民法院裁定的，缓刑是在对犯罪分子作出判决的同时宣告的；假释是附条件地不执行原判刑罚的剩余刑期，缓刑是附条件地不执行全部原判刑罚；被判3年以上有期徒刑的犯罪分子不能适用缓刑，但是可以适用假释；被判处拘役的犯罪分子不能适用假释，但是可以适用缓刑。

3. 假释的意义

假释是我国《刑法》中一项重要的刑罚执行制度，正确地适用假释，把那些经过一定期间的服刑确有悔改表现、没有必要继续关押的罪犯放到社会上进行改造，可以有效地鼓励犯罪分子改过自新。假释制度体现了我国惩办与宽大相结合、惩罚与教育相结合的刑事政策，对于实现我国刑法的任务和预防犯罪并逐步减少犯罪发生的刑罚目的，具有重要意义。

## 二、假释的条件

根据《刑法》第81条的规定，对犯罪分子适用假释，必须遵守下列条件：

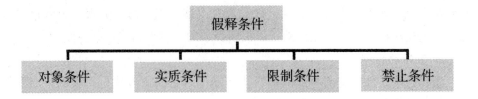

### 1. 对象条件

假释只适用于被判处有期徒刑或无期徒刑的犯罪分子，包括原被判为非暴力性犯罪的死刑缓期执行，2 年期满被减为无期徒刑或者有期徒刑的犯罪人。但对累犯和因故意杀人、爆炸、抢劫、强奸、绑架、放火、投放危险物质或者有组织的暴力性犯罪被判处 10 年以上有期徒刑、无期徒刑的犯罪分子，不得假释。

对被判处死缓的犯罪分子不得直接假释；死缓减为无期徒刑或有期徒刑后符合条件的可以假释。

### 2. 实质条件

被判处有期徒刑、无期徒刑的犯罪分子在刑罚执行期间，必须认真遵守监规，接受教育改造，确有悔改表现，不致再危害社会。只有符合这样的条件，才能适用假释，不具备这个实质条件，即使犯罪分子服刑的时间已经达到适用假释的刑期条件，也不能假释。

"确有悔改表现"是指：第一，认罪伏法；第二，遵守监规，接受教育改造；第三，积极参加政治、文化、技术学习；第四，积极参加劳动，完成劳动任务。"不致再危害社会"是指罪犯在劳动改造期间一贯表现好，确有悔改表现不致重新犯罪的，或者老弱病残并丧失作案能力的。

### 3. 限制条件

被判处有期徒刑或者无期徒刑的罪犯，必须是已被执行了一定刑期，才能适用假释。因为只有在犯罪分子已经执行一定刑期的情况下，才能根据犯罪分子在服刑期间的各方面表现，准确分析和判断其是否已经真正悔改，才能体现出人民法院判决的严肃性和稳定性。

对判处有期徒刑的罪犯适用假释，执行原判刑期 1/2 以上的，才可以假释。被判处无期徒刑的犯罪分子，实际执行 13 年以上，才可以适用假释。如果有特殊情况，经最高人民法院核准，可以不受上述执行刑期的限制。特殊情况是指国家政治、国防、外交等方面的特殊需要的情况。有的学者认为，死缓减为无期徒刑或有期徒刑后，依法适用假释的，实际执行的最低刑期为 14 年（包括 2

年考验期在内）。

4. 禁止性条件

对累犯以及因故意杀人、强奸、抢劫、绑架、放火、爆炸、投放危险物质或者有组织的暴力性犯罪被判处 10 年以上有期徒刑、无期徒刑的犯罪分子，不得假释。

"暴力性犯罪"不限于上述列举的几种犯罪，其他诸如伤害、武装叛乱、武装暴乱、劫持航空器等凡对人身行使暴力的暴力性犯罪都在其列；如果不是暴力性犯罪，即使刑期在 10 年以上或者无期徒刑，只要符合假释条件，仍然可以假释；根据有关司法解释，对于一人所犯数罪，只要有一罪属于暴力性犯罪且被判 10 年以上有期徒刑或者无期徒刑，就不能适用假释。它是指一罪被判处 10 年以上有期徒刑或者无期徒刑，而不是数罪并罚后刑期在 10 年以上（例如，张三犯甲罪被判 11 年，犯乙罪被判 6 年，数罪并罚 14 年，对张三不得假释；李四犯甲罪被判 9 年，犯乙罪被判 8 年，数罪并罚 15 年，对李四可以假释）。

## 三、假释的程序与假释的考验

1. 假释的程序

假释程序与减刑程序完全相同。根据《刑法》第 82 条的规定，对于犯罪分子的假释，依照《刑法》第 79 条规定的程序进行，非经法定程序不得假释。具体的做法为，由执行机关向中级以上人民法院提出假释建议书。中级以上人民法院应当组成合议庭对假释案件进行审理。符合法定假释条件的，裁定予以假释。无期徒刑犯的假释，应由罪犯服刑地的高级人民法院审理。

2. 假释的考验期

假释是对正在服刑的犯罪分子附条件地予以提前释放，这种提前释放并不意味着刑罚已经执行完毕，而是在刑罚执行期间将犯罪分子放在社会上进行改造。所以，《刑法》对假释犯的考察作了明确规定。对于假释犯的考验期限，《刑法》的规定为：有期徒刑假释的考验期限为没有执行完毕的刑期，无期徒刑的假释考验期限为 10 年。假释考验期限，从假释之日起计算。

对假释的犯罪分子，在假释考验期内，依法实行社区矫正。假释犯在假释考验期限内应当遵守下列规定：第一，遵守法律、行政法规，服从监督；第二，按照监督机关的规定报告自己的活动情况；第三，遵守监督机关关于会客的规定；第四，离开所居住的市、县或者迁居，应当报经监督机关批准。

### 四、假释的后果

依照《刑法》第 85 条、第 86 条的规定以及 2012 年 7 月 1 日施行的最高人民法院《关于办理减刑、假释案件具体应用法律若干问题的规定》，根据假释犯在假释考验期限内的不同表现，分别作出不同的处理：

第一，假释犯在假释考验期限内，有违反法律、行政法规或者国务院有关部门关于假释的监督管理规定的行为，尚未构成新的犯罪的，应当依照法定程序撤销假释，收监执行未执行完毕的刑罚。已经执行的假释考验期，不能用来折抵刑期。

第二，假释犯在假释考验期限内再犯新罪的，按照先减后并的方法实行并罚；假释后所经过的考验期，不得计算在新判决决定的刑期之内。假释考验期内犯新罪的，不成立累犯。

第三，假释犯如果在假释考验期满以后，才发现其在假释考验期限内又犯新罪，只要没有超过追诉时效期限的，也应当撤销假释，按照先减后并的方法实行并罚。

第四，假释犯在假释考验期限内，发现其在判决宣告以前还有其他罪行没有判决，应当撤销假释，分别依照《刑法》第 70 条规定，先并后减，实行数罪并罚。假释后所经过的考验期，不得计算在新判决决定的刑期之内。

如果在假释考验期满后，才发现被假释的犯罪分子在判决宣告以前还有其他罪行没有判决的，不能撤销假释，只能对新发现的犯罪另行定罪处罚。

第五，假释犯在假释考验期内没有出现《刑法》第 86 条规定的情形，即没有再犯新罪或者发现漏罪，也没有违反法律、行政法规或者公安部门有关假释的监督管理规定的行为，假释考验期满，就认为原判刑罚已经执行完毕。

第六，犯罪分子被假释后，原判附加刑的，附加刑仍须继续执行。原判有附加剥夺政治权利的，附加剥夺政治权利的刑期从假释之日起计算。

# 第十七章　刑罚消灭

## 关某 20 多年前杀害妻子樊某案

**案情：** 关某的妻子樊某长期瘫痪在床，终日呻吟，时而喊叫。对此，被告人关某非常厌烦，多次酒后辱骂、殴打被害人樊某。1970 年 4 月 12 日晚上，被告人关某在朋友家喝酒后回家，听见被害人樊某又在呻吟和喊叫，心里顿生反感，加上酒后情绪激动，被告人遂用棍子猛击卧病在床的妻子，妻子一命呜呼。关某酒醒以后，知道大事不好，遂逃之夭夭。但关某整日提心吊胆，疑神疑鬼，一有风吹草动，就坐卧不安。一晃 20 多年过去了，关某终于忍受不了精神的巨大压力和对法律的恐惧，于 1995 年 7 月向公安机关自首。

**问题：** 第一，关某酒醉后杀人要负法律责任吗？第二，本案有没有超过追诉时效？是否绝对不再追诉？

**提示：** 第一，生理醉酒人实施危害行为要负刑事责任。第二，法定最高刑为死刑的，追诉时效为 20 年。如果 20 年以后认为必须追诉的，须报最高人民检察院核准。

### 第 17 章思考题：

1. 简述刑罚消灭的概念与事由
2. 时效制度设置的意义有哪些
3. 简述时效、追诉时效和行刑时效的概念
4. 追诉时效期限如何计算
5. 简述追诉时效的中断与延长
6. 为什么要建立赦免制度
7. 我国赦免制度的特点有哪些
8. 赦免罪犯是否违背罪刑法定原则
9. 简述大赦、特赦的概念
10. 简述大赦与特赦的区别

# 第一节　刑罚消灭概述

## 一、刑罚消灭的概念与特征

### 1. 刑罚消灭的概念

我国的刑罚消灭制度，是指法律所规定的各种导致刑罚消灭事由的制度。对于犯罪人而言，刑罚消灭意味着刑事责任的终结，对于国家而言，刑罚消灭意味着国家对犯罪人刑罚权的丧失。刑罚消灭制度"政出多门"，具体内容散落几家——监狱学研究由于刑罚执行完毕而导致的刑罚消灭；刑事诉讼法研究因犯罪人死亡而导致的刑罚消灭；刑法学研究因缓刑和假释考验期满而导致的刑罚消灭，但因为分别与缓刑制度和假释制度联系紧密，故而通常为缓刑制度和假释制度所包容。所以，本章所讲的刑罚消灭实际上仅仅是我国刑罚消灭制度中的时效和赦免制度。

### 2. 刑罚消灭的特征

（1）刑罚消灭的前提是对犯罪人应当适用或执行刑罚或者正在执行刑罚。如果不存在这个前提条件，刑罚消灭就无从谈起。而无论是应当适用刑罚还是已经适用刑罚，都以犯罪的存在为前提。

（2）刑罚消灭意味着代表国家的司法机关丧失其对犯罪人行使具体的刑罚权。国家对犯罪人刑罚权的消灭，具体包括求刑、量刑和行刑权的消灭。

（3）刑罚消灭以法定或事实原因为根据。引起刑罚消灭的原因有多种，有法定原因，如不起诉、免除刑罚、赦免、减刑、时效期满等，这些都是法律明确规定的；也有事实原因，如犯罪人死亡、刑罚执行完毕等这些客观发生的事实使刑罚自然不存在。

## 二、刑罚消灭的事由

### 1. 导致刑罚消灭的一般事由

（1）刑罚执行完毕。刑罚执行完毕后，被刑罚的公民已经没有刑事责任，刑罚理所当然归于消灭。

（2）缓刑、假释考验期满。被宣告缓刑的罪犯，在缓刑考验期限内没有法定撤销缓刑的情形，缓刑考验期满后，原判刑罚不再执行，行刑权便归于消灭，刑罚亦消灭。

被假释的罪犯，在假释考验期限内没有法定撤销假释的情形，假释考验期满，即视为刑罚执行完毕，行刑权归于消灭。

（3）犯罪人死亡。如果犯罪人在起诉前死亡，求刑权消灭；如果犯罪人在判决确定前死亡，量刑权消灭；如果犯罪人在刑罚执行过程中死亡，行刑权一般也归于消灭。

（4）困难减免。判处罚金刑的罪犯，确因遭遇不能克服的灾祸而困难，可以酌情减免。

（5）超过时效期限。犯罪发生后，司法机关超过追诉时效而未追诉，求刑权归于消灭。刑罚宣告后，超过行刑时效而未执行，行刑权归于消灭。

（6）赦免。赦免包括大赦和特赦，实行赦免可以导致行刑权的消灭。

（7）亲告罪没有告发或撤诉的。

2. 我国《刑法》规定的导致刑罚消灭的事由

（1）狭义上的法定原因。超过追诉时效、经特赦免除处罚的。

（2）事实原因。犯罪人死亡的；告诉才处理的犯罪，没有告诉或者撤回告诉的；被判处罚金的犯罪人由于遭遇不能抗拒的灾祸确有困难的，可以酌情减少或者免除。事实原因的范围也是刑法规定的，所以从实际上事实原因也是广义上的法定原因。

## 第二节　刑事时效

**刑事时效示意图**

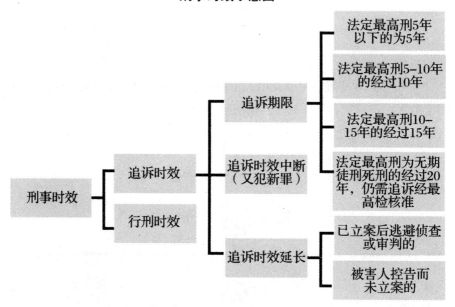

### 一、刑事时效的概念、种类和意义

**1. 刑事时效的概念**

刑事时效，又称刑法上的时效，是指刑事法律规定的国家对犯罪人行使刑事追诉权和刑罚执行权的有效期限。在有效期限内，国家如果不行使刑事追诉权和刑罚执行权，这些权力即归于消灭，对犯罪人就不能再追诉或者执行刑罚。

**2. 刑事时效的种类**

刑事时效分为追诉时效和行刑时效。各国刑法一般既规定追诉时效，也规定行刑时效，我国刑法只规定了追诉时效。

（1）追诉时效，是指我国刑法规定的对犯罪分子追究刑事责任有效期限的制度。超过法定追诉期限，司法机关或有告诉权的人不得再对犯罪人进行追诉，已经追诉的，应撤销案件或不起诉，或终止审判。追诉时效完成，是刑罚请求权消灭的重要事由之一。一旦超过追诉时效，国家求刑权、量刑权即告消灭，刑罚随之消灭。

（2）行刑时效，是指按照法律的规定对犯罪人执行刑罚的有效期限。犯罪人被科以刑罚后，只有在行刑时效期内，刑罚执行机关才有权对犯罪人执行所判处的刑罚。超过行刑的时效未执行刑罚的，便不能再对犯罪人执行所判处的刑罚了。行刑时效届满，是刑罚执行权消灭的一项重要事由。

3. 刑事时效的意义

（1）有利于刑罚目的的实现。对犯罪分子施以刑罚不是为了惩罚而惩罚，而是通过惩罚对犯罪分子进行教育改造，从而达到预防犯罪的目的。如果犯罪分子实施犯罪行为后，在相当长的一段时间内没有受到追诉，也没有再犯罪，可以说明，这名犯罪分子已经得到了一定程度的改造，对社会已经没有危害了。在这种情况下，再对其施以刑罚没有必要，无法达到刑罚的目的。

（2）在犯罪人经过一定期限未犯新罪的情况下，如果再追究其刑事责任，会适得其反，既起不到特殊预防的作用，也起不到警诫社会上不稳定分子和教育群众的作用，反而引起犯罪人的敌视、抗拒审判和改造。

（3）时效有利于司法机关集中精力打击现行犯罪。追诉时效的规定，使司法机关不必为陈年旧案耗费精力，影响现行案件的办理，妨碍对现行犯的及时打击。因为现行的犯罪对社会具有更大的危害性，追诉时效的设置，可以使司法机关从旧案中解脱出来，集中解决现行案件。犯罪案件发生后，经过一定期限没有审理和追诉，时过境迁，证据失散，侦查、起诉、审判难以顺利进行。而设立时效制度，既符合经济性原则，又有利于司法审判机关集中精力审理现行案件。

（4）有利于社会的安定团结。犯罪后经过一定的时期，因犯罪破坏的某一社会秩序以及失衡的公众心理已经得到恢复，被害人对其的仇恨也因为时间的流逝而消解，其对社会的危险性已经消除。在这种情况下，不再追诉犯罪分子，有利于社会的稳定，反之如果予以追诉，必将使各种矛盾复燃，从而引起社会的不稳定。

根据《刑法》第87条的规定，20年以后认为必须追诉的，须报最高人民检察院核准。这个规定，从理论上说，追诉期限是无限的，说明对于某些罪大恶极的罪行，不管时间过了多久，报最高人民检察院核准后还可以追诉。为了祖国的统一大业，祖国大陆本着历史从宽、以和为贵的中华民族的传统美德，对这一规定又作了限定，对有关人员网开一面。1988年3月14日，最高人民法院、最高人民检察院《关于不再追诉去台人员在中华人民共和国成立前的犯罪行为的公告》规定，台湾同胞来祖国大陆探亲旅游的日益增多。这对于促进海峡两岸的"三通"和实现祖国和平统一大业将起到积极的作用。为此，对去台人员中在中华人民共和国成立前在大陆犯有罪行的，根据《中华人民共和国刑法》第76条关于对犯罪追诉时效的规定的精神，决定对其当时所犯罪行不再追诉。次年"两高"又发布了《不再追诉去台人员在新中国成立后当地人民政权建立前的犯罪行为公告》。两个司法解释体现了祖国大陆方面不计前嫌，以中华民族统一大业为重的博大胸襟和长远眼光。

## 二、追诉时效

### 1. 追诉时效的期限

根据《刑法》第87条的规定，犯罪经过下列期限不再追诉：第一，法定最高刑不满5年有期徒刑的，经过5年；第二，法定最高刑为5年以上不满10年有期徒刑的，经过10年；第三，法定最高刑为10年以上有期徒刑的，经过15年；第四，法定最高刑为无期徒刑、死刑的，经过20年。如果20年以后认为必须追诉的，须报最高人民检察院核准。

追诉时效期限不是以实际应当判处的刑罚为准，而是以法定最高刑为标准，即根据行为人所犯罪行轻重，判定应当适用的刑法条款和量刑幅度，按其法定最高刑计算追诉时效期限，包括以下几种情况：第一，在只规定一个量刑幅度的条文中，应依照该条文的法定最高刑确定追诉时效期限；第二，在同条或同款中规定有两个以上不同的量刑幅度的，应按照行为人应当适用的量刑幅度的法定最高刑确定追诉时效期限；第三，在几条或同条的几款中分别对行为人所犯罪行的量刑幅度作了规定时，应按照与其罪行相对应的条或款的法定最高刑确定其追诉时效期限。

从刑法对追诉时效期限的规定可以看出，各种犯罪的追诉期限都比较适当，犯罪分子企图利用追诉时效的规定达到逃避刑罚惩罚的目的，其可能性是很小的。

### 2. 追诉时效的计算

（1）一般犯罪追诉期限的计算。所谓的一般犯罪，是指没有连续与继续犯罪状态的犯罪。一般犯罪追诉期限是"从犯罪之日起计算"。所谓犯罪之日，是指犯罪成立之日，具体而言，即行为符合犯罪构成之日。

（2）连续犯和继续犯追诉期限的计算。根据《刑法》第89条第1款的规定，犯罪行为有连续或者继续状态的，追诉时效从犯罪行为终了之日起计算。连续犯和继续犯追诉期限的计算标准为犯罪行为终了之日。连续犯犯罪行为终了之日，就是指最后一个犯罪行为成立之日；继续犯犯罪行为终了之日即是持续状态结束之日。

3. 追诉时效的中断

追诉时效的中断，是指在追诉时效进行期间，因发生法律规定的事由，使已经经过的时效期间归于无效，法律规定事由终了之时，时效重新开始计算。

我国《刑法》第89条第2款规定，在追诉期限内又犯罪的，前罪追诉的期限从犯后罪之日起计算。据此规定，追诉时效中断后时效起算的时间为"犯后罪之日"。追诉时效中断制度可以防止犯罪人利用时效制度逃避罪责，继续犯罪。

# 郭某案例

**案情：** 郭某1988年犯甲罪，该罪法定最高刑为7年有期徒刑，一时没有被发现；1997年郭某又犯法定最高刑为10年有期徒刑的乙罪。如何计算追诉时效。

**提示：** 第一，甲罪法定最高刑为7年有期徒刑，追诉时效为10年，对甲罪的追诉时效期间到1998年止；但1997年郭某又犯乙罪，故甲罪的追诉时效中断，从犯乙罪之日起重新计算，再计算10年，到2007年还可以追诉甲罪。第二，乙罪法定最高刑为10年有期徒刑，追诉时效为15年，对乙罪在2012年前可进行追诉。

4. 追诉时效的延长

追诉时效的延长，是指在追诉时效进行期间，由于发生了法律规定的事由，致使追诉期限延伸的制度。我国追诉时效延长分为两种情况：

（1）在人民检察院、公安机关、国家安全机关立案侦查或在人民法院受理案件以后，犯罪人逃避侦查或者审判的，不受追诉期限的限制。国家有关机关客观上已启动追诉程序，不能随意停止。从犯罪人方面说，其在追诉机关对其犯罪已立案侦查或受理案件的情况下，有逃避侦查或审判的行为。

立案是刑事诉讼过程中一个独立的诉讼阶段，是指公安机关、人民检察院和人民法院对刑事案件的接受、审查和最终作出受理决定的诉讼活动。侦查，是指公安机关、人民检察院为了收集证据，查明刑事案件的事实，抓获犯罪人，而依法进行的专门调查工作和有关的强制性措施。这里的"立案侦查"是仅指立案，还是指立案并侦查？立案和侦查总是连续的，可以将立案侦查理解为立案。

"逃避侦查或审判"是指从犯罪人在追诉机关立案侦查后，有逃避侦查或审判的行为。如果犯罪分子犯罪后，正常外出，并未隐瞒姓名和住所，就不能按逃避侦查或审判论处；或者追诉机关虽已立案侦查，但未对犯罪人进行过任何调查询问，最终时效期限超过，这种情况，犯罪人只是未主动向司法机关自首，没有采取积极的逃避行为，就不能按逃避侦查或审判论处。

立案侦查后外逃的犯罪嫌疑人，没有追究时效的限制。也就是说，犯罪嫌疑人实施的行为，已经立案侦查，无论过多长时间，都逃避不了国家对其刑事责任的追究。

（2）被害人在追诉期限内提出控告，人民法院、人民检察院、公安机关应当立案而不予立案的，不受追诉期限的限制。现行《刑法》之所以增加这一法条，从立法意图分析，主要是为了保护被害人的合法权益。因为，在被害人已及时提出控告的情况下，如由于国家追诉机关的失职造成超过追诉时效，或者因为案件复杂一时不能予以侦破，侦查机关因考虑破案率等原因故意不予立案，导致不能对犯罪人进行追诉，不能弘扬社会正义，是背离罪刑法定原则的。因此，《刑法》的这一规定从立法的源头上堵塞漏洞，天网恢恢，疏而不漏。

被告人是否向具有管辖权的司法机关或公安机关提出，可以在所不问。

若行为人在逃期间又实施其他犯罪的，则该新罪的追诉时效按正常情形处理。

（3）法定最高刑为无期徒刑、死刑的，追诉时效为20年，如果20年以后认为必须追诉的，报经最高人民检察院核准。这一规定实际上无限延长追诉时效的期间。不管该案件过了多少年，对某些犯罪分子行使国家的追诉权，不受追诉时效的限制。当然这种特殊的延长有特殊的限制，即应当报请最高人民检察院核准。这种程序上的严格限制有利于维护刑法的谦抑性，有效地预防国家司法机关对这一条的滥用。这种特殊的追诉时效的延长既有效地威慑犯罪分子，又符合保障人权的宗旨。

# 第三节 赦 免

## 一、赦免的概念与种类

### 1. 赦免的概念

赦免，是指国家以政令的形式，宣告对犯罪人免除其罪、免除其刑的法律制度。赦免权是国家权力的重要内容，现代许多国家是在宪法中规定赦免法律制度。赦免权的性质，法学界有立法权属性说、司法权属性说、行政权属性说和混合属性说，至今难以达成共识。

有的学者认为，赦免具有补充性、强制性与象征性的外在形式特征。[①]

2. 赦免种类

（1）大赦，通常被称为普遍的赦免，是指国家对某一时期内犯有一定罪行的犯罪人免予追诉或免除其罪刑的赦免制度。大赦的特点在于，它既赦免犯罪人的罪，也赦免犯罪人的刑，涉及面比较宽。

（2）特赦，是指对某类或者某个特定的犯罪人免除其刑罚的一部或全部。特赦的特点在于，它一般只赦免犯罪人的刑，而不赦免犯罪人的罪。特赦对象是特定的犯罪人；效果是只免除刑罚的执行而不消灭犯罪记录。

## 二、我国赦免制度及其特点

1. 我国古代的赦免制度

在我国，见于史册最早的赦令的是《春秋》所载庄公二十二年（公元前672年）"春王正月，肆大眚"。大赦之名则起于秦庄襄王元年（公元前249年）"大赦罪人"[②]。以后历代历朝都有大赦，这种可以期待的"皇恩大赦"，按照儒家的经典，大赦原来是针对那些过失杀人犯。到了战国的时候，逐步形成大赦。自公元前208年秦二世颁布大赦令后，赦免成为定制。赦免分大赦、曲赦、特赦、别赦，还有录囚。从公元前236年到1644年，中国曾有973次大赦，平均2年零7个月就大赦一次。频繁的大赦不失为中国古代法律制度的一大特色。历代大赦的起因，大多与皇帝或皇室有关，诸如登基加冕、改元、结婚生子、祭祀天地，以及自然灾害、得到珍珠宝贝和珍禽异兽。当然，为了防止大赦可能导致重罪罪犯逍遥法外，历代赦令往往都对赦免的对象附加若干限制。十恶不赦，杀人、放火、劫囚、官吏犯赃、合造毒药等一般不得赦免，最多只能减等处刑。这种一般罪行常赦的做法旨在缓和阶级矛盾，消除犯人的反抗情绪，养成百姓对皇帝感恩戴德的卑屈心理，体现皇帝视天下百姓为其"子民"的大家长意识。[③]

---

① 参见阴建峰："论赦免的概念及其属性"，《法学家》2005年第4期。

② 《史记·本纪》。

③ 参见杨振洪：《中华法系研究》，岳麓书社1995年版，第184-185页。

**2. 我国现行特赦制度的特点**

我国在 1954 年制定实施的宪法中曾经有大赦和特赦的规定，但在以后的实践中并没有实行过大赦，只实行过特赦。我国 1982 年制定实施的宪法中也只规定了特赦而没有规定大赦。所以，我国现行的赦免制度仅指特赦制度。

我国的特赦制度具有以下特点：

（1）特赦的对象：为成批的罪犯并且主要是战争罪犯。新中国成立以来，我国共实行过 7 次特赦。

（2）特赦是针对被关押改造了一定期限、确实改恶从善的犯罪分子实行的。中国历史上的最后一位皇帝溥仪从 1945 年被红军逮捕到 1959 年释放，前后被关押了 14 年。

（3）特赦不是免除犯罪分子的全部刑罚，而是只免除其刑罚执行过程中的未执行部分，或者酌情减轻原来判处的刑罚。特赦的效力只及于刑而不及于罪。

（4）程序严格。根据我国《宪法》的规定，特赦经全国人民代表大会常务委员会决定，由国家主席发布特赦令。例如，中国历史上的最后一位皇帝溥仪的特赦令就是毛主席签发的。溥仪 1950 年 8 月初从苏联被押解回国后，在抚顺战犯管理所经过长期的学习、改造。1959 年 12 月 4 日，中华人民共和国主席毛泽东为其签发特赦令："该犯关押已经满 10 年。在关押期间，经过劳动改造和思想教育，已经有确实改恶从善的表现，符合特赦令第一条的规定，予以释放。"

# 后 记

本人1978年4月从吉林某部退伍回来考上大学，1982年作为唯一留系的毕业生开始迈入法学殿堂，除中途在西政进修1年、安大读研究生3年、湖师大出版社干编辑5年、广东省社科院法学研究所挂职数年外，我站大学讲台已经20多年。一晃快船到码头车到站，顾盼走过的人生路，该对自己的学术生涯做总结了。此书的出版，算作总结之一。吾在法学圈子里乃一散兵游勇，客串过许多法学部门。人生阅历、教学经历和学识背景使我倍感在所有部门法学中，刑法学总论是内容最丰富、最引人入胜，也是国民人人应该了解的法学理论。

本书原稿本是华南师范大学法学院的"命题作文"。书中学术观点和教学经验，或许是有感而发，或许是姑妄言之。以此为脚本所做的课件在教学中得到肯定。本书定位为非刑法硕士研究生、法学本科生的教学用书，或作为司法考试的复习备考参考书，亦可作为国人茶余饭后法学知识消费的读物。

刑法学总论的教科书已是百花齐放。为了防止滥竽充数，力图不落窠臼，写作中我执意要求：第一，博采众长，扬榷古今，适当介绍两大法系国家刑法学别具一格的理论观点，兼顾科学性、系统性、知识性和可读性。我们管窥蠡测，恐有挂一漏万之嫌，但留下我们另辟蹊径之足迹。第二，立足于学术研究的高度，直面课堂教学的现实，并且注意到司法考试对刑法知识点广度和深度的要求，对刑法知识点进行梳理、归纳、比较，力求好用易懂。我们注重阐述法律规定背后的法律精神，使读者通过学习刑法学原理"知其然，更知其所以然"。书中不少章节内容是从研究生教学、本科教学和司法考试辅导讲稿中经过筛选提炼出来的，本书写作过程中已经兼顾到上述各类读者群的需求。本书每章开头以案例切入，并将"内容问题化"，列出思考题，许多章节配制了一些形象直观的图表。第三，谋篇布局与字里行间，务求遵守逻辑规则。理性思维的底线是遵守逻辑规则。古希腊之所以群星璀璨，与学术大师在逻辑学方面得心应手不无关系。刑法理论中最难的竞合理论问题其实有许多属于简单的逻辑学问题。君不见学术研究中的逻辑问题俯拾即是：刑法学中最核心的"犯罪"概念的内涵与外延不明确，"犯罪"与"犯罪行为"这两个具有同一关系的概念被当成了同一概念，以致梳不清理还乱；刑法基本原则的适用明明存在例外，通说却说它"贯穿全部刑法规范"；任何犯罪都不可能侵害到我国社会主义社会关系的整体，我国刑法理论却从前苏联搬来"一般犯罪客体"这个子虚乌有的"零概念"；世界分为主观世界和客观世界，犯罪主体的年龄等要素是客观的，却不包含在犯罪的客观方面。甚至现行《刑法》也有匪夷所思恐有逻辑错误之处，诸如"惩罚犯罪"（犯罪只能禁止，不存在惩罚的可能性，如交通肇事行为发生时不可能惩罚交通肇事行为本身，行为发生后惩罚的对象是交通肇事者）；"过失犯罪，法律有规定的才负刑事责任"（有的逻辑学家居然论证此语没有逻辑错误。所有的过失犯罪都应产生刑事责任，没有刑法规定可以不负刑事责任的"过失犯罪"）；"正当防卫明显超过必要限度造成重大损害的，应当负刑事责任"（正当防卫行为是合法行为，除了民法上的客观责任以外，合法行为为什么要负法律责任？其实，量变到质变需要越过"度"，防卫行为超过必要的限度就不是"正当防卫"了）。学贵质疑，当学生时我就不愿"唯书唯上"、人云亦云。探赜索隐，穷原竟委，无不感到学习、研究刑法理论应有逻辑学这门预备知识支撑。我们在写作中，对此倍加谨饬，但各位作者写作风格各一，实难求全，疏漏纰缪之处祈望方家斧正。

本书框架由我拟定，作者还有杨源哲、肖玲、刘维捷和潘星丞。导言和第1、5、6、12章由本人执笔；刘维捷博士撰写了第3章；杨源哲博士撰写了第2、4、7、8、9、10章；潘星丞博士写出了第11章的初稿，本人做了重大修改；肖玲博士撰写了第13章至第17章，本人作了较大修补。全书初稿由杨源哲进行统稿修改，最后所有章节由我杀青定稿。

我亦曾为他人作嫁，深知编辑默默无闻的艰辛。本书出版之际谨向中国法制出版社以及本书责任编辑深表谢忱。本院2007级、2008级和2012级部分研究生对书稿作过校对，一并致谢。

杨振洪谨记

2013年4月定稿于广州罗马家园寓所

**图书在版编目（CIP）数据**

刑法学总论新教程/杨振洪，杨源哲主编. —北京：
中国法制出版社，2013.6

ISBN 978 - 7 - 5093 - 4732 - 4

Ⅰ. ①刑⋯　Ⅱ. ①杨⋯②杨⋯　Ⅲ. ①刑法 – 法的理
论 – 中国 – 高等学校 – 教材　Ⅳ. ①D924.01

中国版本图书馆 CIP 数据核字（2013）第 172692 号

策划编辑　戴　蕊　　　　责任编辑　戴　蕊　　　　封面设计　周黎明

**刑法学总论新教程**
XINGFAXUE ZONGLUN XINJIAOCHENG

主编/杨振洪　杨源哲
经销/新华书店
印刷/三河市紫恒印装有限公司
开本/710×1000 毫米　16　　　　　　　　印张/ 28.25　字数/ 404 千
版次/2013 年 6 月第 1 版　　　　　　　　　2013 年 6 月第 1 次印刷

**中国法制出版社出版**
书号 ISBN 978 - 7 - 5093 - 4732 - 4　　　　　　　　定价：60.00 元

北京西单横二条 2 号　邮政编码 100031　　　　　　传真：66031119
网址：http：//www.zgfzs.com　　　　　　　　编辑部电话：66065921
市场营销部电话：66033296　　　　　　　　　　邮购部电话：66033288